U0673655

国家出版基金项目

"十二五"国家重点图书出版规划项目

中国共产党先驱领袖文库

陈独秀文集

第一卷

人民出版社

陈 独 秀

（1879—1942）

满地干戈莫遍飞，孤身贫病交人怕。爆酒爱花借灶神，灶神职为人击力。硅钱放炮接财神，财神不管年关急；年关过，将奈何；自然身便可死。

陈独秀（1879—1942）中国共产党的创始人和早期领导人之一。字仲甫，安徽怀宁（今安庆）人。早年留学日本。1915年起主编《新青年》，提倡民主与科学。1917年任北京大学文科学长。1918年与李大钊等创办《每周评论》，倡导新文化，是五四新文化运动的主要组织者和领导者。五四运动后接受和宣传马克思主义。1920年在上海成立第一个共产主义小组，并发起成立中国共产党。1921年7月在中国共产党第一次全国代表大会上，被选为中央局书记。至1927年，一直担任党的主要领导工作。大革命失败后，在"八七"会议上被撤消总书记职务。在离开中央领导岗位后，曾被推选为中国托派组织的首领。1932年被国民党政府逮捕，抗战爆发后出狱。1942年5月27日病逝于四川江津。

陈独秀

晚年陈独秀

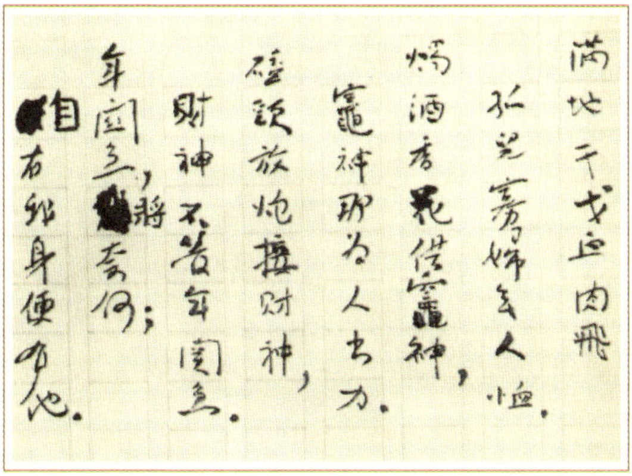
满地干戈血肉飞，
孤儿寡妇哭人恤。
烛酒香花供灶神，
灶神那为人出力。
爆竹放炮接财神，
财神不管年关急。
年关急，将奈何；
自有外身便分化。

陈独秀手稿

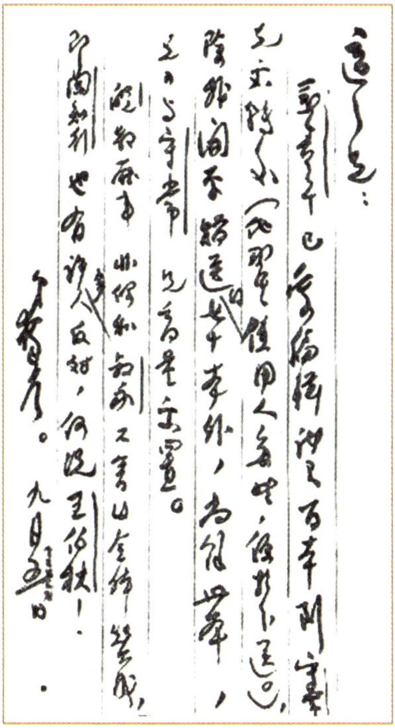

陈独秀手迹

陈独秀手迹

陈独秀手迹

陈独秀致胡适、李大钊信

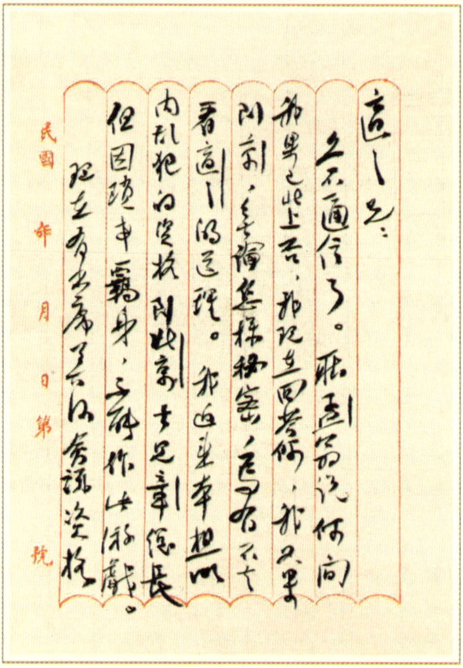

陈独秀致胡适信

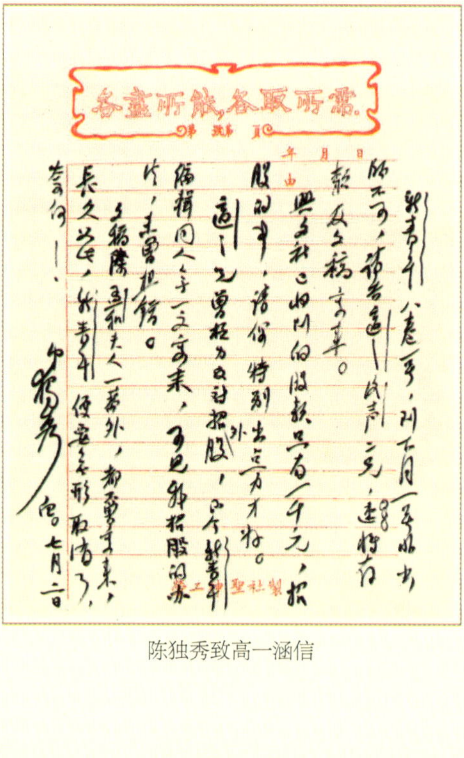

陈独秀致高一涵信

新青年

1918年北京大学文科毕业合影（前排右2为陈独秀）

1918年6月冯友兰毕业时的师生合影。校长蔡元培（前排右四）、文科学长陈独秀（前排右三）、马叙伦（前排右五）、梁漱溟（前排右二）、冯友兰（二排左四）

陈独秀墓

《中国共产党先驱领袖文库》
出版说明

　　为纪念新中国成立六十周年，人民出版社决定，启动《中国共产党先驱领袖文库》编辑出版工程。

　　本文库所称先驱领袖，是指在新中国成立前就义或逝世的无产阶级革命家。他们均为中国共产党早期革命运动领袖，或为党的创始人，或为工人、农民、青年、妇女等运动的杰出领导人。他们与毛泽东、周恩来、刘少奇、朱德等一道共同组成了我党早期领袖群体，为党的发展壮大，为民族的解放，为新中国的诞生做出了不可磨灭的贡献。他们的光辉业绩将永载史册，他们的革命精神将永远值得我们学习、继承与发扬。

　　新中国成立以来，以人民出版社为主的相关单位曾陆续出版了一些先驱领袖的著作，为保存党史文献、弘扬革命传统做出了应有贡献。但由于各种原因，仍有一些先驱领袖的著作尚未整理出版。而已出版的著作，多数出版时间已较为久远，总体缺乏系统性，许多还囿于当时的政治环境局限及史料限制等而存在一些缺憾。有鉴于此，人民出版社决定，在新中国成立六十周年之际，组织出版《中国共产党先驱领袖文库》。将共和国成立前辞世的无产阶级革命家的著作集中整理并系统出版，这是新中国成立以来的第一次。文库的出版，对于推动中国共产党历史研究，推进马克思主义中国化、时代化、大众化，构建社会主义核心价值体系，建设社会主义文化强国，均具有重要意义。

本文库所收著作分为文集与全集两种。无论何种类型，均力求全面、准确、系统，并均经由中共中央党史研究室等相关部门审定。该工程得到了相关单位及专家学者的积极响应与鼎力支持，也得到国家新闻出版总署等部门的高度肯定与支持，被列为国家出版基金项目和"十二五"国家重点图书出版规划项目。

本文库从二〇一一年起分批陆续出版。

人民出版社

二〇一一年七月

目　　录

安徽爱国会演说 ························· 1
　　（一九〇三年五月二十六日）

开办《安徽俗话报》的缘故 ············· 5
　　（一九〇四年三月三十一日）

瓜分中国 ····························· 10
　　（一九〇四年三月三十一日）

论安徽的矿务 ························· 13
　　（一九〇四年四月三十日）

安徽的煤矿 ··························· 17
　　（一九〇四年四月三十日）

恶俗篇 ······························· 20

　　第一篇　婚姻上 ···················· 20
　　　　（一九〇四年五月十五日）

第二篇　婚姻中 ·· 23
　　（一九〇四年五月二十九日）

第三篇　婚姻下 ·· 25
　　（一九〇四年九月二十四日）

第四篇　敬菩萨 ·· 28
　　（一九〇四年七月十三日）

第五篇　妇女的装扮 ······································ 32
　　（一九〇四年九月二十四日）

国语教育 ·· 35
　　（一九〇四年五月十五日）

说国家 ·· 37
　　（一九〇四年六月十四日）

中国历代的大事 ·· 40

　汤武革命 ·· 40
　　（一九〇四年六月二十四日）

　十四年共和 ·· 43
　　（一九〇四年七月十三日）

　王政复兴 ·· 45
　　（一九〇四年七月二十七日）

亡国篇 ·· 47

　第一章　亡国的解说 ···································· 47
　　（一九〇四年七月二十七日）

　第二章　中国灭亡的现象 ································ 48
　　（一九〇四年七月二十七日、八月十一日、八月二十五日、
　　十月九日、十一月七日）

第三章 亡国的原因（一） …………………………… 61
　　　（一九〇四年十二月七日）

　　亡国的原因（二） …………………………………… 64
　　　（一九〇五年六月三日）

论戏曲 ……………………………………………………… 67
　（一九〇四年九月十日）

王阳明先生训蒙大意的解释 ……………………………… 72
　（一九〇四年十月二十三日、十一月二十一日）

西洋各国小学堂的情形 …………………………………… 78
　（一九〇四年十二月二十一日）

安庆独立之布告 …………………………………………… 81
　（一九一三年七月二十二日）

爱国心与自觉心 …………………………………………… 82
　（一九一四年十一月十日）

敬告青年 …………………………………………………… 89
　（一九一五年九月十五日）

法兰西人与近世文明 ……………………………………… 97
　（一九一五年九月十五日）

答王庸工（国体） ………………………………………… 101
　（一九一五年九月十五日）

今日之教育方针 …………………………………………… 103
　（一九一五年十月十五日）

答李平敬 …………………………………………………… 111
　（一九一五年十月十五日）

抵抗力 ··· 113

　　（一九一五年十一月十五日）

现代欧洲文艺史谭 ··· 119

　　（一九一五年十一月十五日、十二月十五日）

答李大魁（佛教） ··· 124

　　（一九一五年十一月十五日）

东西民族根本思想之差异 ····································· 126

　　（一九一五年十二月十五日）

一九一六年 ··· 131

　　（一九一六年一月十五日）

吾人最后之觉悟 ··· 136

　　（一九一六年二月十五日）

新青年 ··· 141

　　（一九一六年九月一日）

当代二大科学家之思想 ······································· 145

　　（一九一六年九月一日、十一月一日）

答汪叔潜（政党政治） ······································· 160

　　（一九一六年九月一日）

我之爱国主义 ··· 162

　　（一九一六年十月一日）

驳康有为致总统总理书 ······································· 170

　　（一九一六年十月一日）

答胡适之（文学革命） ······································· 175

　　（一九一六年十月一日）

宪法与孔教 …………………………………………… 177

（一九一六年十一月一日）

孔子之道与现代生活 …………………………………… 184

（一九一六年十二月一日）

袁世凯复活 ……………………………………………… 192

（一九一六年十二月一日）

答毕云程 ………………………………………………… 195

（一九一六年十二月一日）

答孔昭铭 ………………………………………………… 196

（一九一六年十二月一日）

再论孔教问题 …………………………………………… 197

（一九一七年一月一日）

答吴又陵 ………………………………………………… 201

（一九一七年一月一日）

文学革命论 ……………………………………………… 202

（一九一七年二月一日）

再答常乃惪 ……………………………………………… 206

（一九一七年二月一日）

对德外交 ………………………………………………… 208

（一九一七年三月一日）

答傅桂馨 ………………………………………………… 213

（一九一七年三月一日）

三答常乃惪 ……………………………………………… 214

（一九一七年三月一日）

答淮山逸民 …………………………………………… 215
（一九一七年三月一日）

答俞颂华 …………………………………………… 217
（一九一七年三月一日）

答佩剑青年 ………………………………………… 220
（一九一七年三月一日）

民党与时局 ………………………………………… 222
（一九一七年三月十五日、十六日）

俄罗斯革命与我国民之觉悟 ………………………… 225
（一九一七年四月一日）

四答常乃惪 ………………………………………… 228
（一九一七年四月一日）

答 I. T. M …………………………………………… 230
（一九一七年四月一日）

旧思想与国体问题——在北京神州学会讲演 ………… 232
（一九一七年五月一日）

再答胡适之 ………………………………………… 236
（一九一七年五月一日）

答刘竞夫 …………………………………………… 237
（一九一七年五月一日）

再答俞颂华 ………………………………………… 238
（一九一七年五月一日）

答李亨嘉 …………………………………………… 241
（一九一七年五月一日）

答胡子承 ……………………………………………… 243
　　（一九一七年五月一日）

时局杂感 ……………………………………………… 244
　　（一九一七年六月一日）

答钱玄同 ……………………………………………… 248
　　（一九一七年六月一日）

近代西洋教育——在天津南开学校演讲 …………… 250
　　（一九一七年七月一日）

答李协丞 ……………………………………………… 255
　　（一九一七年七月一日）

答《新青年》爱读者 ………………………………… 257
　　（一九一七年七月一日）

再答吴又陵 …………………………………………… 259
　　（一九一七年七月一日）

答顾克刚 ……………………………………………… 260
　　（一九一七年七月一日）

复辟与尊孔 …………………………………………… 262
　　（一九一七年八月一日）

答陶孟和 ……………………………………………… 268
　　（一九一七年八月一日）

人生真义 ……………………………………………… 271
　　（一九一八年二月十五日）

驳康有为《共和平议》 ……………………………… 275
　　（一九一八年三月十五日）

随感录 …………………………………………………… 298
　　（一九一八年四月十五日）

有鬼论质疑 ……………………………………………… 302
　　（一九一八年五月十五日）

答南丰美以美会基督徒悔 ……………………………… 304
　　（一九一八年六月十五日）

今日中国之政治问题 …………………………………… 305
　　（一九一八年七月十五日）

随感录 …………………………………………………… 309
　　（一九一八年七月十五日）

偶像破坏论 ……………………………………………… 312
　　（一九一八年八月十五日）

对易乙玄的答复（有鬼论） …………………………… 315
　　（一九一八年八月十五日）

随感录 …………………………………………………… 319
　　（一九一八年八月十五日）

质问《东方杂志》记者——《东方杂志》与复辟问题 …… 323
　　（一九一八年九月十五日）

答易宗夔（论《新青年》之主张） ……………………… 330
　　（一九一八年十月十五日）

克林德碑 ………………………………………………… 331
　　（一九一八年十一月十五日）

《每周评论》发刊词 …………………………………… 343
　　（一九一八年十二月二十二日）

随感录 ……………………………………………… 345
　　（一九一八年十二月二十二日）

欧战后东洋民族之觉悟及要求 ………………… 347
　　（一九一八年十二月二十九日）

随感录 ……………………………………………… 350
　　（一九一八年十二月二十九日）

国防军问题（告四国银行团）………………… 353
　　（一九一九年一月五日）

随感录 ……………………………………………… 356
　　（一九一九年一月五日）

《新青年》罪案之答辩书 ……………………… 361
　　（一九一九年一月十五日）

除三害 ……………………………………………… 364
　　（一九一九年一月十九日）

随感录 ……………………………………………… 367
　　（一九一九年一月十九日）

烧烟土 ……………………………………………… 369
　　（一九一九年一月二十六日）

请问蒋观云先生 ………………………………… 372
　　（一九一九年一月二十六日）

我的国内和平意见 ……………………………… 374

　　（一）先决问题…………………………… 374
　　（一九一九年二月二日）

（二）废督问题 ·························· 376

　　（一九一九年二月九日）

（三）裁兵问题 ·························· 380

　　（一九一九年二月十六日）

（四）国防军问题 ·························· 382

　　（一九一九年二月二十三日）

（五）国会问题 ·························· 384

　　（一九一九年三月二日）

（六）宪法问题 ·························· 388

　　（一九一九年五月二十日）

随感录 ······························ 390

　　（一九一九年二月九日）

再质问《东方杂志》记者 ····················· 394

　　（一九一九年二月十五日）

随感录 ······························ 408

　　（一九一九年二月二十三日）

随感录 ······························ 411

　　（一九一九年三月二日）

人种差别待遇问题 ······················· 413

　　（一九一九年三月九日）

随感录 ······························ 415

　　（一九一九年三月九日）

随感录 ······························ 419

　　（一九一九年三月十六日）

关于北京大学的谣言 …………………………………… 421
　　（一九一九年三月十六日）

为什么要南北分立？——南北人民分立呢？还是南北特殊
　　势力分立呢？ ………………………………………… 425
　　（一九一九年三月二十三日）

朝鲜独立运动之感想 …………………………………… 428
　　（一九一九年三月二十三日）

随感录 …………………………………………………… 430
　　（一九一九年三月二十三日）

随感录 …………………………………………………… 433
　　（一九一九年三月三十日）

随感录 …………………………………………………… 435
　　（一九一九年四月六日）

随感录 …………………………………………………… 439
　　（一九一九年四月十三日）

我们应该怎样？（录少年中国学会会务报告） ………… 444
　　（一九一九年四月十五日）

随感录 …………………………………………………… 448
　　（一九一九年四月二十日）

随感录 …………………………………………………… 452
　　（一九一九年四月二十七日）

贫民的哭声 ……………………………………………… 457
　　（一九一九年四月二十七日）

随感录 …………………………………………………… 460
　　（一九一九年五月四日）

孔教研究 ·· 462
　（一九一九年五月四日）

对日外交的根本罪恶——造成这根本罪恶的人是谁？ ········ 465
　（一九一九年五月十一日）

为山东问题敬告各方面 ···························· 469
　（一九一九年五月十八日）

山东问题与上海商会 ······························ 473
　（一九一九年五月十八日）

山东问题与国民觉悟——对外对内两种彻底的觉悟 ·········· 479
　（一九一九年五月二十六日）

随感录 ·· 482
　（一九一九年五月二十六日）

随感录 ·· 484
　（一九一九年六月一日）

随感录 ·· 486
　（一九一九年六月八日）

我们究竟应当不应当爱国？ ·························· 489
　（一九一九年六月八日）

在《国民》杂志成立周年大会上的致词 ················ 492
　（一九一九年十月十二日）

实行民治的基础 ···································· 494
　（一九一九年十一月二日）

本志宣言 ·· 506
　（一九一九年十二月一日）

随感录 ·························· 509
（一九一九年十二月一日）

告北京劳动界 ·················· 518
（一九一九年十二月一日）

对于国民大会底感想 ············ 522
（一九一九年十二月十一日）

自杀论——思想变动与青年自杀 ··· 525
（一九二〇年一月一日）

随感录 ·························· 541
（一九二〇年一月一日）

中国革命党应该补习的功课 ······· 553
（一九二〇年一月三日）

欢迎湖南人底精神 ·············· 555
（一九二〇年一月五日）

告新文化运动的诸同志 ·········· 557
（一九二〇年一月十一、十二日）

基督教与中国人 ················ 564
（一九二〇年二月一日）

新教育之精神——在武昌高等师范学校的演讲 ··· 575
（一九二〇年七月三十一日）

马尔塞斯人口论与中国人口问题 ··· 581
（一九二〇年三月一日）

关于西南大学之谈话——反对在沪设立 ··· 594
（一九二〇年三月八日）

教育缺点——在江苏省教育会上的演讲 ⋯⋯⋯⋯⋯⋯⋯⋯⋯ 597
　（一九二〇年三月三十日、三月三十一日、四月一日）

安徽爱国会演说

（一九〇三年五月二十六日）

我等今日方开演〔说〕会，议阻俄约事，适湖北学生转寄来北京师范、仕学二馆学生与各省学堂公函，言之沉痛，恐诸公阅鉴难周，兹特照原函讲读一通。

读毕复泣告诸君曰：

俄约七条，各报遍载，诸君谅已见之，其约之横暴无礼处请略言之。

该约第一条即东三省官制中国政府不得擅改。以本国政府改本国官制，与俄何与？其阻之者有二意：一夺中国设官之权，一阻中国革新内政故耳。

第二条为不准将东三省开辟口岸与各国通商。通商不通商，应为中国主权内自由之举动，他国何得干涉？俄之为此者，欲独占东三省，恐他国之稍分其利益也。

第三条为东三省矿产须独归俄人开采。一国财源，矿业居其大半；俄取东三省矿业，不啻全取东三省矣。

第四条为铁路归俄兵保护。东三省铁道沿途已为俄兵保护，今复以此为言者，欲于铁道之地皆归俄兵占领耳。

第五条为东三省练兵必须延请俄人。兵权占政权之大端；俄人此计，欲夺兵权，且使中国出人出饷，其狡如何！

第六条牛庄关税当归俄人管理。各省税司延用外人已为失计，然尚由私聘，非由其政府逼迫者；今俄人挟其国力以取此，是俄人直自取牛庄关税耳！

第七条为俄于各省城设商务局。商务所包者广，一设商务局，三省地方各事皆归彼族辖治矣。

诚如是约，举凡政权、商权、矿路权、兵权、税权，均归俄人之手，则东三省已非我有，而且要我以设官练兵，是犹之田已卖而还要纳税也。

我政府若允此约，各国必执利益均沾之说瓜分我中国；若不许，则必与俄战。我国与俄战之仇固结不解，我国之人有一人不与俄死战皆非丈夫！

俄人虐待我中国人已非一日。仆游东三省时，曾目睹此情形。中国人坐火车者，虽已买票，常于黑夜风雨中无故被俄兵乘醉逐下，或打死于车中，华官不敢过问。沿铁道居民时被淫虐者更言不胜言。前年金州有俄兵奸淫妇女而且杀之，地方老绅率村民二百人向俄官理论，非徒置之不理，且用兵将二百人全行击毙。俄官设验疫所于牛庄，纳多金者则免，否则虽无病者亦置黑狱中，非纳贿不放。其无钱而囚死狱中者，时有所闻。

不但俄如是也，凡亡国之民，如印度、波兰无不如此。各国将来瓜分我中国，其惨状亦何堪设想！我中国人如在梦中，尚不知有灭国为奴之惨，即知解而亦淡然视之，不思起而救之。盖中国人性质，只争生死，不争荣辱，但求偷生苟活于世上，灭国为奴皆甘心受之。外国人性质，只争荣辱，不争生死，宁为国民而死，不为奴隶而生。其性质相异如是，其现象亦各自不同。故各国人敢于出死力以侮我中国者，皆云中国〔人〕无爱国心，只知贪生畏死，虽如何辱之，彼亦不敢反抗，即瓜分之，中国人决不敢多言。呜呼！我国人果真如此耶？抑彼族妄言耶？思之当一大痛哭。

我等今日当力戒此弊，辟平日跑反之狂言，当尽死守土地之责任；除平日为己之私见，当守合群爱国之目的；改平日骂官之浅见，以振独立尚任之精神。现在俄约事急，我等当就力所能及，筹一切实办法。诸君必各有高见。

据仆之意，有三要件：

第一消息。如此次俄之密约，已在前月，本月初上海始知之，沿江沿海今始遍传，再入内地，不知何日始可得此消息！若欧美、日本各国，前月已喧传于各报。中国人尚不知之，其何以防之？

第二思想。谓中国人天然无爱国性，吾终不服，特以无人提倡刺击，以私见蔽其性灵耳。若能运广长舌，将众人脑筋中爱国机关拨动，则虽压制其不许爱国，恐不可得。

第三体魄。我全国之人皆奄奄无生气，若长此不振，即以农、工、商、矿等实业，亦必战败于生计界，而不可以生存；况欲执干戈卫社稷乎！

我等虽人少力薄，但能依此三要件，筹出切实办法，于国事终不无影响。

呜呼！此事关系全国存亡，全国人尚淡视之，殊令人寒心。即以皖垣而论，赴此会集议者不过二百余人。计此等漠视国事之徒，约分四种：

第一种，平日口谈忠孝，斥人为叛逆，一遇国难，则置之不问，绝不肯兴办公益之事，惟思积款于外国银行，心中怀有执顺民旗降敌一大保身妙策，是为国贼，是为逆党。是等国贼、逆党不杀尽，国终必亡。波兰卖国贵族私通敌兵，攻击义师，前车可鉴也。

第二种，只保身家，不问国事，以国家之兴衰治乱，皆政府之责，人民何必干预。不知国事不支，岂政府独受其累！各人身家又焉能保？全国中无深谋远虑之绅商皆此类也。

第三种为似开通而不开通之士流。以空言无益，贵行实事。此论极是，但其并不能实行，较之空言尚可发人思想，犹居其下流也。

第四种草野愚民，不知俄约之迫，并不知瓜分之说，其爱国思想更何由发达？全国中乡鄙农民皆是也。

凡我国中人士，十有八九不出此四种，国安得不亡！种安得不灭！全国人既如是沉梦不醒，我等既稍育一知半解，再委弃不顾，则神州四百兆人岂非无一人耶！故我等在全国中虽居少数之少数，亦必尽力将国事担任起来，庶使后世读中国亡国史者，勿谓此时中国无一人也。此即今日开会本意。

诸君如有高见，望剖爱国热肠于大众之前。如再迟疑，稍阅时日，求如今日之集议演说，恐亦梦想不得矣！噫嘻，痛哉！乞诸君快赐教。

署名：陈由己

《苏报》

1903 年 5 月 26 日

开办《安徽俗话报》[*] 的缘故

（一九〇四年三月三十一日）

唉！人生在世，糊里糊涂的过去，一项学问也不懂得，一样事体也不知道，岂不可耻吗？就是有钱的，天天躺在家里，陪着娇妻美妾，吃的珍香百味，好不快活。但是不通时事，若遇有兵荒扰乱的时候，那里可以避乱，那里可以谋生，那里是荒年多盗，那里是太平无事，这都要打听的一些真实的消息，才好保得身家性命哩。若说起穷人来，越发要懂得点学问，通达些时事，出外去见人谋事，包管人家也看得起些，却是因为想学点学问通些时事，个个人都是要上学攻书，这岂不是一桩难事么？但是有一样巧妙的法子，就是买几种报来家看看，也可以学点学问，通些时事，这就算事半而功倍了。但是现在各种日报旬报，虽然出得不少，却都是深文奥意，满纸的之乎也者矣焉哉字眼，没有多读书的人，那里能狗〔够〕看得懂呢？这样说起来，只有用最浅近最好懂的俗话，写在纸上，做成一种俗话报，才算是项好的法子。所以各省做好事的人，可怜他们同乡不能够多多识字读书

＊《安徽俗话报》是辛亥革命前最有影响力的白话报刊之一，1904 年 2 月在安庆创刊，后迁芜湖出版，1905 年 8 月因被查封终刊。创办人与主要撰稿人为陈独秀。

的，难以学点学问，通些时事，就做出俗话报，给他们的同乡亲戚朋友看看。现在已经出了好几种：上海有《中国白话报》，杭州有《杭州白话报》，绍兴有《绍兴白话报》，宁波有《宁波白话报》，潮州有《潮州白话报》，苏州有《苏州白话报》，我都看见过。我就想起我们安徽省，地面着实很大，念书的人也不见多，还是没有这种俗话报。皖南皖北老山里头，离上海又远，各种报都看不着。别说是做生意的，做手艺的，就是顶呱呱读书的秀才，也是一年三百六十天，坐在家里，没有报看，好像睡在鼓里一般，他乡外府出了倒下天来的事体，也是不能够知道的。譬如庚子年，各国的兵，都已经占了北京城，我们安徽省徽州、颍州的人，还在传说义和团大得胜战。那时候若是有了这种俗话报看，也可以得点实在信息，何至于说这样梦话呢？我因为这个缘故，就约了几位顶相好的朋友，大家拿出钱来，在我们安徽省，来开办这种俗话报。我这种俗话报的主义，是很浅近的，很和平的，大家别要疑心我有什么奇怪吓人的议论。我开办这报，是有两个主义，索性老老实实的说出来，好叫大家放心。第一是要把各处的事体，说给我们安徽人听听，免得大家躲在鼓里，外边事体一件都不知道。况且现在东三省的事，一天紧似一天，若有什么好歹的消息，就可以登在这报上，告诉大家，大家也好有个防备。我们做报的人，就算是大家打听信息的人，这话不好吗？第二是要把各项浅近的学问，用通行的俗话演出来，好教我们安徽人无钱多读书的，看了这俗话报，也可以长点见识。我这两种主义，想大家都是喜欢的，大家只管放心来买看看。不是我自己夸口的话，这报的好处：一是门类分得多，各项人看着都有益处；二是做报的都是安徽人，所说的话，大家可以懂得；三是价钱便宜，穷人也可以买得起。还有多少好处，一时也说不尽。读书的人看了，可以长多少见识，而且本省外省本国外国的事体，没有一样不知道，这真算得秀才不出门能知天下事了。教书的人看了，也可以学些教书的巧妙法子。种田的看了，也可以知道各处年成好歹。做手艺的看了，也可以学些新鲜手艺。做生意的看了，也可以晓得各处的行情。做官的看了，也可以明白各地的利弊。当兵的看了，也可以知道各处的虚实。女人孩子们看了，也可以多认些字，学点文法，还看些有趣的小说，学些好听的歌儿。就是有钱的人，一件事都不想做，躺在鸦片烟灯上，拿一本这俗话报，看看里边的小说、戏曲和各样笑话儿，也着实可以消遣。做小生意的人，为了衣食儿女，白天里东奔西走，忙了一天，晚上闲空的时候，买一本这俗话报看看，倒也开心，比到那庙里听书、烟馆里吃烟，要好得多了。我说的这些好处，大家如若不相信，再请看看后头的章程，便可知道详细了。

《安徽俗话报》的章程

一这报的主义，是要用顶浅俗的话说，告诉我们安徽人，教大家好通达学问，明白时事。并不是说些无味的白话，大家别要当作怪物，也别要当作儿戏，才不负做报人的苦心。

一报里面的文章，共分十三门：

第一门论说，是就着眼面前的事体和道理讲给大家听听。

第二门要紧的新闻，无论是本国的外国的凡是有了要紧的信息，都要照实登出。

第三门本省的新闻，凡是安徽地方的治乱，工艺的盛衰，年成的好歹，学堂的光景以及各种奇怪的案情，都打听得清清楚楚告诉大家。

第四门历史，是把从古到今的国政民情，圣贤豪杰细细说来，给大家做个榜样，比那三国演义、说唐、说宋还要有趣。

第五门地理，凡是本省的外省的本国的外国的山川、城镇、风俗、物产都要样样写出，但不是什么看坟山、谋风水的地理，大家别要认错了。

第六门教育，这门又分为二类：一是读书的法子，好教穷寒人家妇女孩子们不要花钱，从先生也能够读书识字通点文法；一是教书的法子，好教做先生的用些巧妙的法子，不至误人子弟。

第七门实业，无论农工商贾，凡有新鲜巧妙的法子，学会了就可发财的，都要明明白白告诉大家。

第八门小说，无非说些人情世故、佳人才子、英雄好汉，大家请看包管比水浒、红楼、西厢、封神、七侠五义、再生缘、天雨花还要有趣哩。

第九门诗词，找些有趣的试〔诗〕歌词曲，大家看得高兴起来，拿着琵琶〔琶〕弦子唱唱，到比十杯酒、麻城歌、鲜花调、梳妆台好听多了。

第十门闲谈，无论古时的现在的本国的外国的凡是奇怪的事，好笑的事，随便写出几条，大家闲来无事看看倒也开心哩。

第十一门行情，我们徽班的生意，在长江一带要算顶大了，现在我要将本省外省本国外国各种的行情打听清楚告诉大家，全望主徽班的格外大发其财，我才欢喜哩。

第十二门要件，凡是各种的紧要章程、条约、奏折、告示、书信、游记都要用俗话写出。

第十三门来文，若是列位看报的做了俗话的文章送来，本报也可以选些好的登出。

一这报每月出两本，到了初一、十五就可出报，风雨无阻。

一每本二十页，若是列位看报的说我俗话做得好，日后再加几页或每月多出一本也可以的。

一每本定价，零卖每本大钱五十文，全年二十四本大钱一千文，半年五百文，本省邮费在内，外省全年另加邮费洋二角。

一如有人愿作代派处的，至十份以外，概提二成酬劳，但要先付报费然后寄报。

一本报的本钱全靠各处同乡捐助，如有关心乡谊的官绅捐钱帮助本报，凡捐数过洋五元的，敬送本报一年，并将捐助诸公姓氏写在报后作为收据。

一各项绅商的告白，都可以代登，收价格外便宜，临时面议。

一时势逼迫急于出报，所以章程门类都订得不很完全，以后还望各位同乡常常指教。

署名：三爱

《安徽俗话报》第一期

1904 年 3 月 31 日

瓜 分 中 国

（一九〇四年三月三十一日）

　　唉嗟！这是怎么好呢？我们中国人，又要做洋人的百姓了呵！这样大祸临门，别说住在深山僻县的人，连影儿也不知道，就是省城和通商码头的人，也未见得个个人都晓得十分清楚，这不是要活活的急死人吗？现在正在过新年，大家都是欢天喜地的，我单单要说些这样不吉利的话，这不是讨大家的厌吗？唉！但是祸已临头，却顾不得什么讨人厌不讨人厌，也要老老实实告诉大家，好赶紧有个预备哩。这件事非同小可，就是因为俄国占了奉天省，各国都替中国大为不平，说俄国无缘无故的占人家土地，实在无理得很，以为这回中国一定要和俄国打战了。那晓得中国官，最怕俄国活象老鼠见了猫一般，眼看着他占了奉天，那敢道半个不字。各国人看见中国这样容易欺负，都道中国一定是保不住的了，与其把这个肥羊尾子，让俄国独得，不如趁早我们也都来分一点儿罢。因此各国驻扎北京的钦差，私下里商议起来，打算把我们几千年祖宗相倚的好中国，当作切瓜一般，你一块，我一块，大家分分，这名目就叫做"瓜分中国"。照他们的瓜分图上，说是俄国占了东三省，还要占直隶、山西、陕西、甘肃；德国要占山东、河南；法国要占云南、贵州、广西；日本要占福建；义大利要占浙江；这靠着长江的四川、两湖、三江几省，就分在英国名下了。听说前几个月英国人就送一张瓜分中国图给两江制台看看，并指着图上长江各省要归英国所有，就向两江制台要挟三件事体：一是英国要派一员大总督，驻扎南京，管理沿江各处的地方；二是要在瓜洲口驻扎大兵；三是要在沿江一带要紧的地方，修造炮台。要照这样办起来，就合俄国在东三省一样，这沿江几省，就干干净净的进了英国的荷包里吗？若想拦阻他，不答应他这样办法，自必要大动干戈，两下里见个输赢。唉！不是我自家看不起自家的话，我们中国现在的兵力，要和外国打战，那是怎能觳打得胜呢？长江几省算是南京的兵顶多，兵数到有一两万，却都是操练不精的。那班带兵官，别说是打战的本事了，那不吃鸦片烟不克扣军饷的，倒有几个呢？那南京以下各处，更有什么着实的营盘，就是江阴、圖山、镇江各处的炮台，也很不坚固，要想靠这些炮台拦阻外国兵轮，就算是望梅止渴了。若说起安徽的兵来，更是不中用，全省这们〔么〕大，兵数不过一万。这一万人还是些老弱残兵，打土匪也有些费事，若是外国兵马一涌而来，那里抵挡得住呢？除去了兵，那班做官的、读书的、种田的、做手艺的、做生意的、做衙门的和些妇女孩子们，到着兵临城下的时候，更是没法抵挡的了。这样看起来，难道外国兵来了，我们就顺手归降他不成吗？我想稍有点人味儿的，哪个肯做外国顺民呢。唉！到了那个时候，真是求生不得求死不能，才算无法可设，不如趁着外国兵还没有来的时候，偷点空儿，大家赶紧振作起来，有钱的出钱，无钱的出力，或是办团练，或是练兵，或是开学堂学些武备、枪炮、机器、开矿各样有用的学问。我们中国地大人众，大家要肯齐心竭力办起事来，马上就能国富兵强，那还有怕外洋人欺负的道理呢？大家若还是像现在这样于国家有益的事，一件也不办，只晓得个个人躲在家里舒服，要知道英国兵一声进长江破了城池，那时候还能彀舒服吗？别说穷人到了那时，没有饭吃，就是有钱的绅士和做生意的人，也是国亡家破四字相连了。说起读书的人，都是肩不能挑手不能提硬要饿死。至于妇女们，更要受洋兵糟蹋，那些话我也不忍说了。就是他不马上来占城池，他只要南京驻了大总督，要紧的地方修了炮台，那时我中国练兵收税，样样都要听他的号令，这就把中国的官民人等，一把捏在他的手掌心里了。只要各处矿山上铁路上教堂里，中国人有一点不如他的意，马上他就调些兵来横打横杀，中国人只得忍气吞声，性命活像稻草一般了。到了这个时候，再想练兵造炮，和他论个长短，是比现在还要难一万倍了。唉！大家睡到半夜，仔细想想看看，还是大家振作起来，做强国的百姓好，还是各保身家不问国事，终久是身家不保，做亡国的百姓好呢?!

署名：三爱

《安徽俗话报》第一期

1904 年 3 月 31 日

论安徽的矿务

（一九〇四年四月三十日）

唉！我们中国人，只知道恨洋人，杀教士，倒是洋人把我们中国人的命脉弄着去了，我们中国人还是不在意里哩。你道什么是中国人的命脉呢？就是各处的矿山了。列位呀！要晓得矿山是地下的宝贝，全国的精华，无论那一个，都是要自家开采，不肯让别人家来开的。世界上只有我们中国，好像是一个傻子财主，祖宗丢下来许多好产业，被旁人占去了，他也不知道发急的。我们中国别的省份，暂且不论。只说我们安徽省，矿山很多，只是自家不肯开采，以至各国人看红了眼睛，都想来吃一块唐僧肉。前一期这报上，本省新闻里那一条全省矿山被卖的情形，列位都是看见的了。照那样看起来，这十五州县的矿山，都被聂抚台送进洋人的荷包了。唉！这笔大家产，送把洋人不算，还要惹下后来无穷的大祸哩。他们洋人，占人家的土地，灭人家的国度，其先总是哄著那地方的官民，开采几处矿山。他既开了矿，必定又要造运矿的铁路。既开矿山，又造铁路，那两下交涉的事体，自然是一天多似一天。只要两下里有个参差，那洋人必定借保护商务为名，调些洋兵来驻扎矿山铁路左近。到了洋兵来的时候，他们那种强梁的举动，还用再说吗。也不必说俄国灭波兰，英国灭印度那些惨事。想列位没看过外国史书的，说起来也是不知道，只单看看眼前的东三省，当初也不过是让俄国开几处矿山，造一条铁路。东三省的人，都看着不在意里，那晓得到了拳匪乱起，俄国只借保护矿山铁路为名，调来大兵，就把偌大的东三省占住了，算是他的土地。中国的官民，都要听他的号令。到了现在和日本相争，更是把东三省的人，糟蹋得不堪了，这都不是当初让他开矿造路的结果么？现在我们安徽省，又把矿山送给洋人来开采，只怕和东三省害了一样的病，这岂不是惹下后来无穷的大祸吗？我们安徽人无冤无罪的，弄下这样大祸，只怪前任聂抚台，不知怎么糊里糊涂的，给安徽人留下这样大祸。当初他私自把这些矿权送把洋人，瞒了安徽人，可怜安徽人那能知道，到了现在，才有人看穿了，说起闲话来。在北京的安徽京官们，说道聂抚台巴结洋人，把我们安徽人的产业，当礼物送了，我们是断断不依的。又听见本省候补的人说，是个什么候补官姓姚的，和聂抚台什么一个会说洋话的儿子，不知道两个人，怎么鬼弄鬼，在聂抚台面前替洋人说合这件矿事，把安徽人卖了，还说他们各人得了五万银子的中资，所以这样替洋人出力。像这些话，到处哄传，要是真有此事，实在可恨了。但是他们做官的，干了这些黑心的事体，他糊笼糊笼，走了就没事。我们安徽人，是走不了的，祖宗的坟基，子孙的产业，世世代代都要在这里过活，也能彀跟着他们一块儿糊笼吗？总要打算一个挽回的法子，把我们安徽人子孙万代的产业，弄得清清亮亮，稳稳当当，才是道理。但是现在木已成舟，这十五州县的矿山，都已经订了合同，让英国人和巴西国人开采，虽说是还未咨准外务部，但各省督抚，都有总理各国事务的官衔，既然是抚台和他们订的合同，如何能不算事呢？至于说是前任抚台的事，现任抚台不认，这更是说小孩子话了。那洋人只晓得是中国的抚台和他订的合同，他就要照着合同办事，他到不管你什么前任现任，和什么姓聂的姓诚的。照这样看起来，要想把那些合同作废，不准那洋人来开采十五州县的矿山，恐怕是望梅止渴了。况且矿山乃天地间自然之利，埋在地下，实在可惜得很。自己国的矿产，自己不肯开采，又不许旁人开采，也不是道理。各国人都知道中国矿多，久已就想来开采了，却好庚子年议和的时候，那和约上又明说，准其各国人的中国开矿。从今以后，还想将矿产埋在地下，万万年都不许外人开采，你看是能不能呢？依我看起来，各省的矿山，自己开采，是第一件要紧的事，不让洋人开采，还是第二件要紧的事。办了第一件，就自然没有了第二件。若是只办第二件，不办第一件，那二件，也终久是办不成的。我们安徽人，要是从前不信风水的邪说，拿出钱来办了第一件，大家早已发了大财，又何至有现在第二件的难办呢？我看现在还是赶紧办第一件要紧，那第二件自然是不办而办了。从前湖南，也有好几处要紧的矿，被无耻的绅士，私下里卖给洋人开采，后来旁的绅士知道了，连忙拿出钱来，一面创设全省开矿公司，一面请赵抚台和洋绅商量，将卖去的矿山收回。洋人看见湖南人自己立了公司要开，而且平日也赏识赵抚台能替百姓办事，便答应赵抚台退回了矿山。现在湖南全省的矿山，都归湖南矿务公司开办，没丝毫利权，在洋人手里了。我们安徽要想挽回这十五州县的矿事，也只有照湖南这样办法最好。我们安徽的矿，不止这十五州县让了洋人，还有沿江一带的煤矿，因为百姓们拦阻，地方官封禁，就有些糊涂绅士，串通洋人出头开采的。若是立了全省矿务总公司，像这些煤矿，都可以归公司开办，何至勾引洋人出头呢。就是这十五州县大矿罢，乘着限期未到，洋人未来的时候，公司里赶紧拣那有名的矿山，一齐买下来，归公司开办。到了洋人来开办的时候，要紧的矿山，都已为公司所有。他虽有开矿的合同，怎奈无矿可开，活像老婆死了，还收着一张庚帖，有什么用处呢？但是有些人说这样办法虽好，怎奈没有钱，如何能立公司，这便是巧妇也不能做无米的饭了。唉！我想这样话真是放狗屁。我们安徽有三千多万人，除下妇女一半，再除下老幼贫苦的一千万人不算，其余的壮丁，每人出五角钱，也有三百万元，还说无钱吗？这全省的矿产，是关系全省人子子孙孙的事，各人问问心看，这五角钱应该出不应该出呢？说起有钱的来，我们安徽人百几十万银子的财主，该有多少，各家拿出些须来，也不伤神，况且开矿还是赚钱的事，并不像拿钱做好事有去无来的。唉！有钱的人现在不肯出钱，办全省的正经事，定要叫利权落在洋人手里，闹得后来和东三省一样，那时众人受苦不了，就是剐守财奴的肉做元子吃，也是不济事的了。

署名：三爱

《安徽俗话报》第二期

1904 年 4 月 30 日

安徽的煤矿

（一九〇四年四月三十日）

东流县·清水塘…草煤………山价五百元

西华岭…同…………同

兔形……铁煤………不知………和洋人合股

马家墩…草煤………同…………同

贵池县·独山……有煤油………山价二千元…同

粟子牌…草煤………山价一千元

柘岭……同…………不知………和洋人合股

和岭……同…………同…………同

宿松县·毛狗岭…烟煤………山价二百余元

荆桥庄…铁煤………不知………山主筹款挂洋旗开采

沙坡山…草煤………同…………租给洋人开采

高家洼…烟煤………同…………纠葛未清闻洋

人已付五百元

太湖县·冷家铺…焦煤………同…………洋人打算开采

新昌……烟煤………同…………同

怀宁县·官塘冲…草煤………同…………洋人开而暂停

大凹山…同…………同…………德商已开数万吨还未停

青阳县·插花山…草煤………不知………洋人打算开采

```
          甘家冲…同…………同…………同
庐江县·盘石岭…同…………同…………通裕公司打算开采
          马鞍山…同…………同…………同
广德州·牛头山…烟煤………同
宣城县·某山……未见煤……同…………前和日本人合股
                          现拟作废
繁昌县·好几处…未知………同…………外省人用土法开采
```

照以上所查考的看起来，安徽省的煤矿，也着实不少。但是十州县内二十几处，就有十七处，或合洋股，或挂洋股，或挂洋旗，中国人独自办得妥当的却很少。你看那高家洼和和岭的合同，都不勾引洋人出头，才能彀开采么？唉！我们中国人，自家开自家的矿，何必定要勾引洋人出头，这不是开门揖盗吗？但是列位要知道他勾引洋人，是有两层原故的，一是吓乡下人，一是吓做官的。怎么是吓乡下人呢？原来我们中国人，是深信地理风水的，看见人家开山挖矿，便疑心和他家的坟山有碍，就是相隔好几里路，都要去拦阻，说是挖断了他祖坟的来龙。还更有整城整村的人出来拦阻，说是挖断了他全城全村的来龙，便无情无理的蛮闹起来。若说是洋人来开采，他们便不敢乱闹了。怎么是吓做官的呢？原来各处开矿的，大半没有领得执照，仅凭山主的标业契纸。那地方上无赖的人，见他开矿发财，便起邪心，藉个事体，和他兴讼，不说地界不清，就说有害风水，地方官遇了这些事体，不是以封禁二字了案，就是多分几成归官，才准开采。要是有洋人出头的，官便不敢这样办法。凡是中国商人，禀请本地州县官，或省城商务局，要开矿山，那做官的无不百般扭难，总以滋生事端四字批驳不准。要是洋人去领开采的执照，那官场便双手奉上，并不敢稍迟一刻。因此民间都知道官怕洋人，于是或卖或租或合股，都找洋人出名，甘心情愿，分几成利给洋人，作为保护之费，洋人也落得稍费唇舌，便坐分利益了。可见那些勾引洋人开矿的人，不是被乡下人和做官的逼迫得不能不如此，也未必肯白送钱给洋人哩！

署名：三爱

《安徽俗话报》第二期

1904 年 4 月 30 日

恶 俗 篇*

　　我们中国希奇古怪的坏风俗，实在是多的很，一时也说不尽，现在我拣那顶要紧的，顶有关系国家强弱的，说几件给列位听听。列位要是觉得我的话说得有理，不说全改了，就是能改去一半，那怕把我的嘴说歪了，手写断了，我都是心服情愿的。以后每册一篇，按期说来，列位听着。

第一篇　婚姻上

　　古人说得好，有夫妇然后有父子，有父子然后有朋友，有朋友然后有君臣。照这样说起来，夫妇乃人伦之首，为人间第一件要紧的勾当，若无夫妇，便没世界。偏偏我们中国人，于夫妇一事，不甚讲究，草草了事，往往不合情理。所以我这恶俗篇上，把婚姻一篇，放在头里。你道中国人婚姻的坏处是什么呢？就是

---

　　* 恶俗篇批判中国人的婚姻观、宗教观，发表时间不一，本书将其统一于一个题目之下。

不合情理四个大字。世界上无论什么事件，都逃不出情理二字，况是男女婚姻大事，更是不消说的了。可恨我们中国人，于婚姻一事，自始至终，没有一件事合乎情理。待我把那些不合情理的事，分为上中下三篇，细细说来。

第一是结婚的规矩不合乎情理。原来人类婚嫁的缘由，乃因男女相悦，不忍相离，所以男女结婚。不由二人心服情愿，要由旁人替他作主，强逼成婚，这不是大大的不合情理吗？你看中国人结婚的规矩，那一个不是父兄作主，有一个是男女相悦，心服情愿的吗？唉！开店的人请个伙计，还要两下里情投意合，才能相安。漫说是夫妇相处几十年的大事，就好不问青红皂白，硬将两不相识，毫无爱情的人，配为夫妇吗？若是配得两下里都还合式哩，就算是天大的幸福，但要相貌、才能、性情、德性，有一样不如式，便终身难以和睦，生出多少参差。那守规矩的人，不是毫无爱情，难以生育，就是郁抑成疾，除死方休。那不守规矩的人，还要闹出许多新鲜笑话儿来。像这样事，想列位的本家亲戚朋友邻舍中间，也眼见过很多，耳闻得不少罢。只是人人都说那班女子不守本分，我却不敢说这样不合情理的话。"巧妻常伴拙夫眠"，岂不是天地间一桩不平的恨事吗？这都是结婚由父兄作主，不问男女二人愿意不愿意的好结果。还有些男女的好歹，连父兄也不知道，那从小儿说亲和指腹为婚的，不都是这样么。只因攀扯人家的富贵，或是恋了亲戚的交情，孩子没有一尺长，便慌着说媒定亲，到后来是个瞎子也不晓得，是个哑子也不晓得，是个疯子、傻子、瘫子、跛子都不晓得，是个身带暗疾不能生养、不能长寿的也不晓得，男的是个愚笨无能的也不晓得，是个无赖败家的也不晓得，女的是个懒惰泼辣的也不晓得，是个流荡不顾廉耻的也不晓得。唉！你想男女婚姻，乃终身大事，就是这样糊涂办法，天下做老子娘的，岂不坑害了多少好儿好女吗?!这还罢了，我们安徽有几处，还有一种最可恨可杀可怜可哭的坏风俗，就叫做什么等儿媳。这等儿媳的规矩，是因为没有儿子，就娶下一位媳妇，等着儿子。若是等到二十多岁儿子还不来，那媳妇才可以择配他人，算是开笼放雀了。最可惨的是那媳妇一直等到十八九岁，那儿子到来了，只是"十八岁大姐周岁郎"，那媳妇也少不得守十几年青春活寡，才能够成亲婚配。你道这是天地间何等不合情理的惨事哩！现在世界万国结婚的规矩，要算西洋各国顶文明。他们都是男女自己择配，相貌才能性情德性，两边都是旗鼓相当的，所以西洋人夫妻的爱情，中国人做梦也想不到。中国男子待女人，不过是养着他替我生儿子罢了。女人待丈夫，不过是靠着他穿衣吃饭罢了，所以女人没有好衣穿、好菜吃、好首饰戴，便有埋怨男人。男人没有儿子，便要娶妾，恩爱钟情的夫妇，普天下能有几人呢？就是日本结婚的规矩，虽有由父母作主的，也要和儿女相商，二意情愿才能算事。那有像中国强奸似的这样野蛮风俗呢?!"但愿天下父母心，爱惜人间儿女苦。"虽难仿西洋的章程，也要学日本的规矩，而今而后，再莫办这样不合情理的事了。

署名：三爱

《安徽俗话报》第三期

1904 年 5 月 15 日

第二篇　婚姻中

第二成婚的规矩不合乎情理。原来成婚是人生一件大事，人人都说是喜事，我也说算是喜事。成婚的日子，亲戚朋友，本家邻舍，都来送贺礼，吃喜酒，大家热热闹闹，有文有礼，本是一桩大喜事。但是其中有三桩事，却实在不合乎情理。第一桩是淘气的事，第二桩是伤心的事，第三桩是受罪的事。两下里既然结了亲，男女二人，要心服情愿，这是不消说的了。就是两边的家庭，也是情投意合，没有什么不合式了。偏偏我们中国人做事，真是出乎情理之外，亲事都已经说好了，到了接亲的时候，女家为了聘礼，男家为了嫁妆，还要大闹一场。无论男家的聘礼怎样好，女家总是不合式，纵然男的懂得大体，不讲究这些小事，那里边一班女太太们，也定要吹毛求疵，寻点小毛病来吵闹。倘若媒人从中说了谎话，衣服首饰礼物等件，有一样前言不符后语，更要闹得天翻地覆，把那班王八蛋做媒的儿子，头都骂来了，腿都跑匾〔扁〕了，肚子都气大了。这时候男女两家，就和仇人一般，那男家见了嫁妆不好，也是要说闲话的，即便嘴里不骂出来，那冷言冷语，姑娘过了门一年半载，还有难免的，这不是淘气的事吗。到了过门的日子，鼓乐喧天，正是一桩喜事，谁人不应当眉开眼笑呢？偏偏一家的老老小小，都要张开大嘴痛哭起来，好像死了人一般，这不是伤心的事吗？说起受罪的事来，即更是不合情理的很。新妇过门的时候，穿大红、戴凤冠、系玉带，好像粧〔装〕殓死人一般。另外头上还要披一块大红方巾，浑身上下通红，手脸一点儿也看不见，乍一见真真有些吓人。坐的那顶大花轿，上下四旁，没有一点空儿出气，轿门还要锁住，那身体弱的人，便要闷个七死八活。上下轿的时候，自己还不能随便走，必定学那瘫子似的，要好几位牵亲太太扶着上轿下轿。进了门，下了轿，又不能爽快进房，还要将地下铺的两条红毡子，前后掷换，名叫做"传红"。那新人小小的三寸金莲，已经是寸步难移了，还要踏着一双厚底的男鞋，名叫做"同鞋到老"。一步一步挨进房里，夫妇相会，并不说话，只是低着头，二人都呆子似的坐在床沿上，名叫做"坐帐"。坐了片刻，又有人牵了去，拜天地、拜祖宗、拜堂、拜花烛、拜床，满屋拜得团团转，真是令人头昏脑晕。这还罢了，还有"闹新房"的规矩，更是可耻得很。成婚三日以内，不分尊卑长幼亲疏内外的人，都可以想些新鲜奇怪的法子，来糟蹋新人。那一班表弟兄和同学的朋友们，更是要拿烟送茶，捏脚看手，胡行乱语，无所不至。可怜那新人任人怎地糟蹋，只得合着眼，低着头，半句话也不能说，好像犯了什么大法，应该任人凌辱的一般。我们中国人，平日很讲究什么规矩礼法，到了这闹新人的时候，无论什么人，都可以跑进来轻薄一番，真真有些不雅。大家反是相习成风，不以为怪，不知道那做新人的真是受罪不浅了。以上所说的三桩事，有一桩合乎情理吗？第一桩，结婚以男女相悦为真正第一件正经，和旁人并没相干。若父母从中需索聘礼，便是将女儿去换礼物了，这是合乎情理吗？第二桩，成婚本来是喜事，家里反当丧事哭起来，好像实在不忍教女儿出嫁的样子，其实女儿也未必有这样心思。到了临上轿的时候，还要哭哭啼啼，拉拉扯扯，惟恐早一刻，总要缠到半夜天明，这是合乎情理吗？第三桩，平日也是那个人，做新人也是那个人，怎么到了做新人的时候，就应该给人家糟蹋呢？况且世界上人，男女平权，毫无差别，怎么女人就这样下贱，应该听众人凌辱，不敢违拗，比妓女还不如呢，这是合乎情理吗？我想以后读书明理的青年男女，必不肯遵守这样不合情理的规矩了。

署名：三爱

《安徽俗话报》第四期

1904 年 5 月 29 日

第三篇　婚姻下

第三不能退婚的规矩不合乎情理。我在第一篇上，说过结婚的规矩，总要男女相悦，自己作主，才合乎情理。我说出这话来，读书明理的青年男女，说我这话有理的，大概不少。但是有一班年老的人，以为男女结婚，要由自己作主，恐怕男女混杂，生出多少笑话儿来。况且中国女子，毫无学问，就是自己作主，也未必拣得着有才德的女婿，到〔倒〕不如父兄作主，替他尽心选择的妥当。他们这样说，虽不合乎世界上的公理，按之中国的真情，却也不大错。若是除了自幼儿结亲的风俗，等男女都长大成人，由父兄尽心替他择婚，择得了合式的，再和男女二人相商，商量妥当了，方才结亲，这法子还勉强可以行得。至于成婚后不能退婚的规矩，更是大大的不合乎情理了。原来结婚的事，无论是自己择配，或是父兄替他尽心择配，断没有个个都择得合式，不走一眼的。若是配定就不能再退，那不是有误终身么。列位想想看，我们本家亲戚朋友邻舍之中，像那有才有德的姑娘，许配了一位愚蠢无识的姑爷，也是有的；许配了一位吃喝嫖赌败家荡产，不能养妻室儿女的，也是有的；还有许配了一位吃鸦片烟、做扒手，无所不为的，也是有的。你想一位有才有德的姑娘，定要终身婚配这样的不成器姑爷，不许退婚，岂不是活活的要他死在十八层地狱吗。也有一位有才干有学问的男子，配了一位极丑陋极愚蠢不能管家立业的老婆；或者是一位才貌双全的才子，配了一位一字不识的蠢妇；或者是一位忠厚老实的丈夫，配了一位淫荡泼辣的婆娘。这样的男子，配了这样的女人，不能退婚再娶，也算是终身恨事了。平常合股做生意的，皮〔脾〕气不同，还必定要拆伙，何况是夫妇大事，相处至少也有三四十年，若是配屈了，二人便和对头一般，如何能勉强拘在一处，终身不得其所呢？所以现在世界各国的法律，男女不合，都可以禀官退婚，各人另择嫁娶，以免二人不和，勉强配为夫妇，随后弄出不美的事来。他们西洋各国有学问的人，讲究退婚的道理，说退婚的规矩，有两层大大的好处：

一是增进人类的幸福。原来人生在世，惟有夫妻搭伙最久，若是遇不着恩爱钟情的夫妇，便是终身的晦气。女子嫁了混账不成器的男人，跟他受罪一生，就是有财主娘家可靠，也不是长久之计。若遇了不贤惠的嫂嫂弟媳妇，说起闲话来，更是无味得很。要遇了像这样的男人，都能退婚改嫁一个合式的，岂不是大大的幸福吗。男子娶了一个泼辣不规矩的女人，或是好吃懒做，或是不孝父母，或是胡行乱为，倾家败产，人家家道兴衰，全靠着妇人当家，配了像这样的女人，怎能够有起家的道理呢？若能退婚再娶，岂不是人类的幸福吗。

　　一是保全国家的安宁。夫妻配合得不当，成了仇雠，时常闹气，那一家必不安宁。若家家都不安宁，那一国如何能安宁呢？若是夫妇不睦，都可以退婚，另择合式的嫁娶，那全国的才子佳人，都各得其所，家家没有了怨气，便于国家也自然要添一段太平景象了。

　　照这样说起来，一国的法律，若没有退婚的例子，于国家治乱，都很有关系哩。我们中国的律例，女子不好，男子虽有七出的权利，男子不好，却没说女子可以退婚，这不是大大不平的事吗？天生男女都是一样，怎么男子可以退女人，女人就不可以退男人呢？岂是女子天生的下贱，应该受男子糟蹋的吗？男女不合式都可以退婚，这是天经地义，一定不可移的道理了。我们中国还有一样坏风俗，说起来更是可恶得很，女人死了，男人照例可以续弦，人人不以为奇。男人死了，女人便要守寡，终身不能再嫁。要是有钱的，还可以过日子，只有些穷寒人家，小儿细女，你说不改嫁，所靠何人呢？还有些体面人家，男人死了，女人要想嫁人，那娘婆二家亲戚，必定要出头逼着他守寡，说是体面人家女人改嫁，惹人笑话。殊不知留在家里，后来也要弄出笑话儿来，到〔倒〕不如爽爽快快大大方方的改嫁的好。若是夫妻恩爱得很，丈夫死了，女人不肯改嫁他人，这也是他的恋爱自由，旁人要逼他嫁人，这本是不通的话。但是他自己本来愿意改嫁，若是拘了守节、体面、请旌表、树节孝坊种种迂腐的话，不能改嫁，真是冤沉苦海了。

署名：三爱

《安徽俗话报》第六期

1904 年 9 月 24 日

第四篇　敬菩萨

唉！人生在世，弄钱是不容易的，辛辛苦苦弄的几文钱，除了衣食而外，完纳国税，教育子弟，到〔倒〕是正经。偏偏我们中国人，无论穷富老幼，都要白费银钱，办些无益的事，好像把钱丢在水里响都不响。你道是什么事呢？就是敬菩萨了。那佛教的道理，象这救苦救难的观世音，不生不灭的金刚佛，我是顶信服的，顶敬重的，但是叫我去拜那泥塑木雕的佛像，我却不肯。因为那佛像是人做成的，并不是真佛，真佛的经上，明明说无我相，我们反要造一个佛像来拜，岂不是和佛教大相反背了吗？至于白费些银钱，来烧香敬佛，更是不通的事。佛教最讲究讨饭觅食，搭救众生，那肯叫天下人都因为敬菩萨烧香烧穷了么。偏偏我们中国人，不问佛菩萨喜欢不喜欢，只管烧香打醮做会做斋，也不晓得花了多少有用的银钱，那里有丝毫益处呢。那班敬菩萨烧香的偏偏烧得高兴，烧什么灶神香，烧什么土地香，烧什么城隍香，烧什么药王香，烧什么火神香，烧什么观音娘娘香，烧什么送子娘娘香。还有一班人，男男女女，老老少少，成群结伴的去到九华山、汪洋庙，朝山进香，花费许多冤枉钱，无非是想发财发福，求子求寿。其实香烧过了，钱花尽了，还是不发财，不发福，不得子，不长寿的，也不知有多少。那有钱的花几文，还不算什么，只可怜的是一班穷人，东挪西借，典当衣服去烧香敬佛的，可怜肉包子打狗，有去无来，把有用的钱财，只供给着那班和尚们，养得肥头胖脑的，钱多了还要吃鸦片烟嫖婊子哩。这还是不算，还有那世家的姑娘们、少奶奶们、姨太太们，或是到庙里烧香，或是请和尚道士来家做斋，或是容留那尼姑们，来家念经化缘，穿房入户，弄出种种的笑话儿来，其名是敬菩萨，其实是恭维了活菩萨，这都不是烧香敬菩萨的好结果么。说起打醮来，更是花钱多得很，按年按季的，都要打个什么太平醮，那一乡打醮，那一乡各家都要摊捐，那一街打醮，那一街各家都要摊捐，好像钱粮国课一般，一家也不能免。打起醮来，或是三天三夜，或是七天七夜。顶阔气的，还有什么七七四十九天大醮，花费的银子，总有好几万。问起有什么益处来，大家都说打了醮，就可免一方瘟疫火烛之灾。哈哈！这样话真说得可笑，要知道瘟疫火烛之灾，并非是菩萨降下来的，乃是人住的地方，吃的东西不干净，才要起瘟疫病。天气干燥，人家不小心火烛，才至于起火。若果真瘟疫病是有瘟神作祟，必定要打醮请下菩萨，方才能赶去瘟神，这便是那菩萨必定要人打醮请请他，才肯出头替人驱邪消灾。像他这样装腔作势，若果众人不打醮请他，他便听着瘟神在世上胡闹不成么。那火灾若果是火神降下来的，必定要打醮请请火神，才能免灾，要是不打醮请他，他便要把火烧人家，像这样混账王八蛋的火神，还应该敬重他吗？要说因为人做了恶事，瘟神火神就要降下灾难，那去恶行善就是了，也何必要打醮来拍菩萨的马屁，难道菩萨也合好恭维贪贿赂的赃官一样吗？人做了恶事，打醮请请菩萨，就可以饶过吗？我看打醮是白花钱有损无益的事，不过是好着那班首事们从中落几文钱养老婆孩子罢了。说起做会来，更是可笑得很，有什么雷祖会，又有什么火神会，又有什么关帝会，又有什么观音会，又有什么土地会，或是大家凑钱，或是会中积有公款，年年做起会来，无非是叫几个和尚道士吹吹唱唱，大家吃吃喝喝罢了。高起兴来，还要唱几本神戏，专点那打樱桃卖胭脂，唱着开心，哈哈，想必菩萨也喜欢看这样的淫戏，不然怎么不发气呢？至于那出城隍会，各城各镇，热闹非常。那看会的男男女女，堆山塞海，那班出会的儿子，忙得大汗披头，其名是敬重菩萨，其实是借此偷看妇女。抬着一个泥塑木雕的鸟城隍，满街乱串，家家都要恭恭敬敬，摆起香案，跪着迎接，以为城隍菩萨有多大的灵验，可以保佑众人，不能得罪他的。殊不知城隍并没什么灵验，那小小的黄黑脸儿，乃是人用檀香做成的。那块檀香，平常也无人尊重，到了做着城隍菩萨的头，人人就要对他磕头，都说他有灵验。安庆城隍菩萨穿的袍，常时被庙官的儿子，偷着去当银子过鸦片瘾，城隍都不能制住他，你看城隍有什么灵验呢？若到了兵荒扰乱的时候，大家弄得妻离子散，平常那一个不敬重菩萨，也不知受了多少香烟，到了这个时候，那些鸟菩萨，可能来帮助一点儿么？若说众人应该有难，所以菩萨不来搭救，怎么那班鸟土地、城隍、药王、火神、如来、观世音、四大金刚、三尊大佛，也都是泥菩萨下水自身难保呢。唉！你看平日大家烧香敬佛，打醮做会，何等高兴，仔细想想看，岂不是上了大当吗？说起做斋来，那也不是一件荒唐事么。死了人，已经是倒运了，加上还要做斋，又是破财的事，观一个灯，做一个拯济，连经钱、火烛、香纸、火食，总要用上好几吊，拜一回忏，放一堂焰口，总要用上十多吊钱。要是产妇死了，破血污池跑桥，用钱还要多些。自古道和尚是色中饿鬼，既然出了死人的惨事，还要破费些钱财，请这班饿鬼来在家中，吹吹唱唱，你道成何事体。要说为人在世，做了恶事，死后必定要做斋念佛，超度亡人，解了罪恶，才能够超升天堂，这样话真同放狗屁一般。漫说天地间没有什么菩萨，就是有什么菩萨，人做了恶，只要做做斋请请他，便可以解罪，那有钱的人，生在世上，大可以无恶不作，只要死后多做几回斋，多念几堂经，就没了罪。如果有这样趋炎附势的鸟菩萨，那真是没有天理了。我看断无此理。所以无论有菩萨无菩萨，人有罪无罪，死后都不必做斋念佛。就是有菩萨，你无罪又何必要做斋来解，若是有罪，就是做一百堂斋，也是解不脱的了。可见做斋也是一件白花钱，毫无益处的事。你看我们中国十八省的人，那一处的人，不喜欢烧香打醮做会做斋，无非是想求福消灾罢了。唉！一年到头，十八省的人，为着这四件事，也不晓得用了多少钱，耽搁了多少时日，闹出了多少笑话，难道个个人都得了福，消了灾么？我看不但不能消灾得福，还因此得祸哩！我们中国人，专欢喜烧香敬菩萨，菩萨并不保佑，我们中国人，还是人人倒运，国家衰弱，受西洋人种种的凌辱。那西洋人不信有什么菩萨，像那烧香打醮做会做斋的事，一概不做，他反来国势富强，专欺负我们敬菩萨的人。照这样看起来，菩萨是断断敬不得的了，不如将那烧香打醮做会做斋的钱，多办些学堂，教育出人才来整顿国家，或是办些开垦、工艺、矿务诸样有益于国，有利于己的事，都比敬菩萨有效验多了。

署名：三爱

《安徽俗话报》第七期

1904 年 7 月 13 日

第五篇　妇女的装扮

　　我想如今中国的妇女，一生一世，在黑暗地狱中，受极重的刑罚，如同犯重罪的囚犯一般，但是妇女们受这个刑罚，风俗习惯已久，大家不知不觉受惯了，所以拿受刑法的苦境，像快乐的，越是大富大贵的女人，越是高兴受大刑法。这个刑法也不是衙门里的刑法，就是家里的刑法，谁知这个家里的刑法，比起那衙门里的刑法来，还不知重过几倍哩。衙门里的刑法，若罪不至于死，受了三年五载，就有出头日子，讲到家里的刑法，是永远无满限的了。列位要知道我所说的是甚么刑法，待我慢慢地一样一样说出来，给列位听了，就可明白了。第一样便是脚镣的刑法。列位看我们中国的妇女，拿一双脚缠的像粽子一般，皮开肉烂，不管痛，也不管痒，但晓得缠得极小，任凭你行走如何不便，也不去管他，比犯重罪的囚犯，装钉脚镣，还要苦得几倍哩。我拿缠脚的妇女们，比钉镣的犯人，不是嘲笑他们，真真活像的呢。第二样便是手拷〔铐〕的刑法。甚么手拷〔铐〕呢？便是妇女们手上所带镯头，好比得犯人的手拷〔铐〕，我看见富家的妇女，两只手带了十来只镯头，都是翡翠的、玳瑁的、金银珠嵌的、白玉金镶的，带了有四五斤重笨，伸手吃饭都不便，洗脸穿衣也不便，垂下了两手，动都不能动，这个样儿，不活像犯人带的手拷〔铐〕一般么？第三样是两只耳朵。穿了两三个孔儿，挂了几只圈儿，越是有钱的，越挂得多，耳朵挂得皮开肉烂，也不晓得痛痒，一心要他人称赞一声好看。唉，这个刑罚，便是衙门里犯罪的犯人，不曾见过的。列位想想做妇女们，犯了甚么大罪，要受这个刑罚，吃这般的苦呢？第四样是链条锁头颈的刑法。我见女人家头子上，都要套上一条兜兜链。这条链是甚么意思呢？我倒晓得的，不过是男子面前要好看罢了。哈哈，我好笑这般妇女们，只为要讨男人喜欢，便把自己当做犯人，当做牛马，还不晓得，倒大家高高兴兴，讲究链条的长短粗细，姑娘说嫂嫂的链条是金的，嫂嫂笑姑娘链条是银的，姐姐道妹子的链条长，妹子说姐姐的链条粗，还要埋怨爹娘，办得不公平，倒忘却了自己活像犯人的模样，你们想想好笑不好笑呢？第五样是一面枷。这面枷并不是真枷，也是比仿的样子，便是做官做府的人家，最有钱的财主人家，做新娘的时候，披在肩膀上的披肩，列位看起来比做一面枷，像不像呢？那个披肩上，还钉了许多金银珠翠，玛瑙玉器，不说虚话足有六七斤重，压在肩膀上，头颈都不能动一动，背脊骨都不能曲一曲，这个模样，我拿来比做带枷，倒有七八分像哩。第六样是打皮巴掌。我看见我们中国的妇女们，四五十岁的老太太，二三十岁的少奶奶，十七八岁大小姐，十二三岁的小姑娘，都要拿些胭脂和粉来搽脸。拿了胭脂粉，用两只手在脸上乱打乱拍，拍得通红，列位想这不像犯罪的人被差人打了皮巴掌一般么？况且粉里面含的铅质很多，最伤皮肤，久了比打着皮巴掌还厉害哩。咳，这六样打扮，我拿来比犯罪的人受刑法，样样都像，但是有些不明白的妇女们，听了我这些说话，都要骂我是放屁，说我是梦话。唉，各位姐妹们，不要动气，我也是一片好心，要劝劝你们拿这些装扮首饰的费，改做读书的本钱，要有益处多了。列位请看财主家的少奶奶大小姐，所用的首饰费，多的不下二三千洋钱，少的也有千几百洋钱，小户人家的姑娘媳妇，办些首饰，也要三十几元。每逢亲戚人家，婚姻喜事，或是出外烧香看戏，定要装扮得十分齐齐整整，满头插的是珠翠，浑身穿的是绸缎，如同花蝴蝶儿一般，休怪那般油头滑脑的人，射住两只眼睛，看个不住，你们妇女们别要怪他不正经，我且请问你们做妇女们的，受了许多苦处，装扮得似蝴蝶儿一般，到底是给他人看呢，还是自己看呢？你们仔细想想，便明白了。咳，我想来想去，想这般妇女们的装扮，是甚么意思，一向有些不明白，想到如今，想出一个缘故来了。晓得了，晓得了，我中国的妇女们，还是几千年前，被混账的男人，拿女子来当做玩弄的器具，这般妇女们，受了这个愚，便永远在黑暗地狱，受尽了万般的苦楚，一线儿亮光都没有，到如今越弄越愚，连苦恼都不晓得。相习成风，积非成是，像这样坏风俗，真是大有害于世道人心呀！

未署名

《安徽俗话报》第十二期

1904 年 9 月 24 日

国 语 教 育

（一九〇四年五月十五日）

现在各国的蒙小学堂里，顶要紧的功课，就是"国语教育"一科。什么是国语教育呢？就是教本国的话。我说出这话来，列位必定好笑，以为只有人学外国话，那里有人本国话还不会说，也要到学堂里去学的道理呢？殊不知列位这样说，便说错了。所以必定要重国语教育，有两层道理。一是小孩子不懂得深文奥义，只有把古今事体，和些人情物理，用本国通用的俗话，编成课本，给他们读。等他们知识渐渐的开了，再读有文理的书。一是全国地方大得很，若一处人说一处的话，本国人见面不懂本国人的话，便和见了外国人一样，那里还有同国亲爱的意思呢？所以必定要有国语教育，全国人才能够说一样的话。照这两层道理看起来，国语教育，一定是要紧的功课了。你看我们中国小孩子读的书，都是很深的文法，连举人秀才，也不能都懂得，漫说是小孩子了，这是第一层道理。再说起中国话来，十八省的人，十八样话，一省里各府州县的说〔话〕，又是各不相同。若是再不重国语教育，还成个什么国度呢？就说我们安徽省，安庆、庐州、凤阳、颍州、池州、太平这六府的话，虽说不同，还差不到十二分。惟有徽州、宁国二府的话，别处人一个字也听不懂。就是这二府十二县，这一县又不懂得那一县的话。要是别处开个学堂，请这两府的人去当教习，还要请个通事，学生才能够懂得。不然先生只顾讲书，学生只好张了大嘴看着，那里懂得他讲些什么，你看可笑不可笑呢？所以我劝徽宁二府的人，要是新开学堂，总要加国语教育一科。即使做不到外国那样完全的国语读本，也要请一位懂得官话的先生，每天教一点钟的官话。本国话究竟比外国话易学些，若是学习三年，大约就可以够用了。免得官话一句不懂，日后走到外省外府，就像到了外国一般，实在是不方便哩。若是采择小孩子所懂得的古今史事，中外地理，人情物理，嘉言善行，用各处通行的官话，编成课本，行销各处，这更是顶好的法子了。

署名：三爱

《安徽俗话报》第三期

1904 年 5 月 15 日

说 国 家

（一九〇四年六月十四日）

我十年以前，在家里读书的时候，天天只知道吃饭睡觉。就是发奋有为，也不过是念念文章，想骗几层功名，光耀门楣罢了。那知道国家是什么东西，和我有什么关系呢？到了甲午年，才听见人说有个什么日本国，把我们中国打败了。到了庚子年，又有什么英国、俄国、法国、德国、意国、美国、奥国、日本八国的联合军，把中国打败了。此时我才晓得，世界上的人，原来是分做一国一国的，此疆彼界，各不相下。我们中国，也是世界万国中之一国，我也是中国之一人。一国的盛衰荣辱，全国的人都是一样消受，我一个人如何能逃脱得出呢。我想到这里，不觉一身冷汗，十分惭愧。我生长二十多岁，才知道有个国家，才知道国家乃是全国人的大家，才知道人人有应当尽力于这大家的大义。我从前只知道，一身快乐，一家荣耀，国家大事，与我无干。那晓得全树将枯，岂可一枝独活；全巢将覆，焉能一卵独完。自古道国亡家破，四字相连。若是大家坏了，我一身也就不能快乐了，一家也就不能荣耀了。我越思越想，悲从中来。我们中国何以不如外国，要被外国欺负，此中必有缘故。我便去到各国，查看一番。那晓得世界上的国度，被外国欺负的，也不只中华一国。像那波兰、埃及、犹大〔太〕、印度、缅甸、安南等国，都已经被外国灭做属国了。推其缘故，都因为是那些国的人，只知道保全身家性命，不肯尽忠报国。把国家大事，都靠着皇帝一人胡为，或倚仗外人保护，或任教徒把持，大家不问国事，所以才弄到灭亡地步。再看那英、法、德、俄等国，人人都明白国家是各人大家的道理。各人尽心国事，弄得国富兵强，人人快乐，家家荣耀。照这样看起来，我敢下一断语，道："当今世界各国，人人都知道保卫国家的，其国必强。人人都不知道保卫国家的，其国必亡。"所以现在西洋各强国的国民，国家思想，极其发达。那班有学问的人，著出书来，讲究国家的道理，名叫做"国家学"。这种学问很深，这种书也很多，一时也说不尽。其中顶要紧的，是讲明怎样才算得是个国家，待我讲给列位听听。

第一国家要有一定的土地。凡是一国，必不可无一定的土地，好像做一所房子，不可没有一片地基一般。你看天地间有悬在半虚空里的房子吗？漫说是偌大的国度，若是没有土地，更是万万不行的了。所以这土地，是建立国家第一件要紧的事。你看现在东西各强国，尺土寸地，都不肯让人，就是这个道理了。

第二国家要有一定的人民。国家是人民建立的。虽有土地，若无人民，也是一片荒郊，如何能有国家呢？但是一国的人民，一定要是同种类、同历史、同风俗、同言语的民族。断断没有好几种民族，夹七夹八的住在一国，可以相安的道理。所以现在西洋各国，都是一种人，建立一个独立的国家，不受他种人的辖治，这就叫做"民族国家主义"。若单讲国家主义，不讲民族国家主义，这国家到〔倒〕是谁的国家呢？原来因为民族不同，才分建国家。若是不讲民族主义，这便是四海大同，天下一家了，又何必此疆彼界，建立国家呢？照这样看起来，凡一个国家必定要有一定的人民，是万万不可混乱的了。

　　第三国家要有一定的主权。凡是一国，总要有自己做主的权柄，这就叫做"主权"。这主权原来是全国国民所共有，但是行这主权的，乃归代表全国国民的政府。一国之中，只有主权居于至高极尊的地位，再没别的什么能加乎其上了。上自君主，下至走卒，有一个侵犯这主权的，都算是大逆不道。一国之中，像那制定刑法、征收关税、修整军备、办理外交、升降官吏、关闭海口、修造铁路、采挖矿山、开通航路等种种国政，都应当仗着主权，任意办理，外国不能丝毫干预，才算得是独立的国家。若是有一样被外国干预，听外国的号令，不得独行本国的意见，便是别国的属地。凡是一国失了主权，就是外国不来占据土地，改换政府，也正是鸡犬不惊，山河易主了。这主权岂不是国家一定不可少的吗？以上三样，缺少一样，都不能算是一个国。可怜我们中国，也算是世界上一个自古有名的大国，到了今日，这三样事是怎么样呢？列位细细的想想看呀！

署名：三爱

《安徽俗话报》第五期

1904 年 6 月 14 日

中国历代的大事

汤 武 革 命

启王在位之时，国中没甚大事。启王以后的国王，虽多昏庸，幸而有各路诸侯辅佐，还不大错事，况且中国国势已定，四方苗夷各族，都已经被中国征服，不敢生心，所以也不至有外祸。随后到了禺〔禹〕王第十七代孙子夏桀为王的时候，便朝纲大乱了。桀王专听那宠妃妹喜的话，横征重税，搜尽百姓银钱，供那宫中滥费，种种虐民的暴政，都是自从轩辕老祖宗开国以来八百多年，未曾受过的。你看那全国人民，自然要切齿痛恨，反对朝廷了。那班在朝的大臣，见事不好，都劝王改过，收回各项不顺民情的政令，桀王那里肯听。当时诸侯有一位名叫成汤的，才略素广，也痛恨国王的暴政，因此得罪了桀王的人，都去投奔成汤。成汤又访得了一位贤人，姓伊名尹的，本在有莘地方耕田，成汤请得他来帮理政事。后来伊尹又去到桀王那里，想劝桀王改革弊政，以免革命的骚动，那晓得桀王还是置之不理，伊尹只得又跑回成汤那边。像这样跑来跑去，共总跑了五回，只是桀王冥顽不灵，绝无回心转意。伊尹看见无可指望了，便断了运动国王的念头，劝成汤赶紧倡义兴兵，废去昏君，免得同胞久受困苦。成汤见他言之有理，便大兴人马，直向京城进发，不几日革命军便破了王军，占了京城，将国王桀赶到南巢地方（就是现在安徽巢县），把从前桀王所发虐民的政令，都一齐废去。全国人民，重见天日，没一人不称颂成汤功德的。成汤便接了王位，子孙相继为王，称为商朝。将京城迁到黄河南岸亳城地方（现在安徽亳州），用伊尹做了宰相，在京城内外，设了些大小学堂，教育众人的德性才艺。这时候读书明理的人，大半是世家子弟，平民专心经营衣食，不暇求学，因此认识字的都很少，汤王设了这些学堂，到着实有益。汤王归天之后，六百多年，接王位的人名叫做纣的，又昏乱起来，全国民心，又各处汹汹，有个朝不保夕的样子。纣王便加收重税，招养兵卒，压制众民，不许议论国政。那晓得防民之口，甚于防川，纣王这样政策，不但不能禁止，而且火上加油，越发激成民变。当日百姓最恨纣王的事，有五大件：一是搜刮民间银钱，供那宠妃妲己的浪用；二是杀戮无罪的人做成肉林，取那妲己笑乐；三是不许民间谈论国事，如犯朝旨不按国律，即行处死；四是纵容权臣飞廉和恶来等，欺压平民；五是收敛民间的米谷，堆在巨桥，不顾万民的饥饿。有一位大臣名叫比干的，劝王革去虐政。纣王那里肯听，他以为全国的土地人民钱财都是国王的私产，任便我怎样行为，谁人敢违抗呢。那比干屡次苦劝，纣王反动了怒，将比干斩首示众，满朝文武，都吓得舌吐三寸。有两位顶有名的贤臣，一名微子的，逃隐山林去了；一名箕子的，假装疯癫，辞官不做了。满朝没半个正人君子，揽权执政的，无非是飞廉、恶来一班狗党，国政更不堪闻问了。当时诸侯行政宽厚，最同纣王反对的，就是周文王。文王久有仿照商朝汤王废君救民的念头，只是纣王虽然暴虐，却有些勇略，兵多粮足，文王也只得忍气吞声，服从他的号令。有一天文王出外打猎，访得了一位贤人，姓姜名吕尚，表字子牙。这姜子牙的为人，与众不同，生平志气，只知有保国救民四个大字，除此以外的钱财官爵，都看做狗矢一般。俗人都笑他是呆子，所以到了六十多岁，还是穷苦不堪，天天在渭水河边，钓鱼度日。恰好遇了文王访贤，二人谈得情投意合，请他进京，商量兴兵伐纣，不幸大事未成，文王一病身亡。太子发就是随后称为武王的，照例子顶父职。这时纣王的政事，一天暴虐似一天，全国英雄，都来归附武王，像那太颠、伯夷、叔齐、闳夭、散宜生等，还有武王的两位兄弟，名叫周公旦和召公奭的，都是文武全才。武王便择了好日好时，拜姜子牙为军师，兴兵攻打纣王。向东走到了孟津地方，有八百多诸侯，带兵来会。到了京城南牧野地方，便和王军开战。王军都倒戈叛纣，纣兵大败，退入城中，寻了自尽。武王进得京城，便将纣王和妲己斩了首，挂在白旗竿上示众，无罪的囚犯，一齐放去，并将积在巨桥的粟米，藏在鹿台的钱财，施放贫民。万民无不称快，武王便接了王位，改称周朝。

署名：三爱

《安徽俗话报》第六期

1904 年 6 月 24 日

十四年共和

　　一国非民智大开，民权牢固，国基总不能大安。徒只望君明臣良，那明君良臣活在的时候，国家还可以勉强安宁，明君良臣一去，便是人亡政息，国家仍旧要衰败下来。你看成康之世，国势何等强盛，成康死后，昭王接位，国家马上就衰乱了。各路诸侯，也都不大服王家的命令。王所行的政事，不洽人心，王南游到汉水，被人谋害了。穆王接位，颇发奋为雄，大得民心，诸侯畏服。王曾骑八骏马，西游昆仑山，闻徐戎作乱，复骑骏马，一天走千里，数日赶回，将徐戎克服了。随后又征服了犬戎（苗子的后裔），从此国内稍安。穆王第五代孙子，厉王接位的时候，便大用专制虐民手段，搜刮国民的财帛，以供国王的奢侈。国中诗人，作诗数王罪恶，劝王改过。王置之不理，复用那顶奸巧顶刻薄的一位荣夷公，做卿士，总揽国政，戕害国民，国民大愤。每回下一旨意，万民同声怨骂。召公虎劝王道：民怨已深了，王若不改，恐有大变。王不听，反大怒，设法觅得一位善于警察的卫巫，叫他带领许多无赖之徒，四下里明查暗访，如有二人，私聚在一处谈论国政的，便拿去斩首。这时王家派出去的暗察，遍地都是，国民一举一动，一言一听，都不得自由，真是敢怒而不敢言。厉王因此大喜，对召公道："你说有什么大变，你看我防得如此严紧，万民其奈我何。"召公答道："徒防无益，防民之口，甚于防川，即能防于一时，一旦决裂，其祸更大。"王仍不听，而且更加暴虐，防察一天紧似一天，赋税一天重似一天，国民莫不怒发冲冠，革命的暗潮，也一天涨似一天。国民正在惊涛怒潮之中，突有一班聪明的人，发出一种壮快议论，大声疾呼道：逐昏王！逐昏王！此言一出，好像春雷一动，百草发芽一般，国民无不揭竿响应，革命军大得胜利，无人肯替王出力平乱，不几日便直捣王都，围了王宫。王束手无策，仓皇出奔于彘（现在山西平阳府霍州的彘城）。太子靖藏在召公的家里，国民革命军，深恨厉王入骨，无所泄忿，便围召公家，想拿出太子靖，斩首泄恨。召公寻思道，国民革命军，逐去昏君，原属大义，我又何敢拦阻。但从前王行虐政的时候，我曾力谏，和王成仇，今使王太子死于我家，人将说我借公义以报复私仇，借公报私，大丈夫所不为。遂命自己的儿子，代替王太子，王太子才得逃脱了。厉王逃去之后，国民新创共和制度，不立国王，公举周公（周公旦的后人）、召公（召公奭〔奭〕的后人）二人，为全国国民的代表，协办内外一切国政，号曰共和。政体性质，仿佛和西洋人所说的贵族共和政体相同，时在孔圣人降生前二百九十一年，离黄帝老祖宗登位的那一年，刚刚一千七百四十二年。行了十四年，国内太平，家家富足，人人有道，史书上称做中国空前绝后的太平世界。

署名：三爱

《安徽俗话报》第七期

1904 年 7 月 13 日

王政复兴

共和十四年，厉王死于彘。周召二公，本来有心复兴王室，看见昏王已死，国民仇恨王室的心事，渐渐怀忘，便乘机奉藏在召公家里的王太子，名叫靖的，登了王位，是为宣王，国民也无异言。却说这位宣王，自幼儿逃难出来，受过千辛万苦，生长召公家中，又受了召公多少教育，和那历代国王，生长深宫，不知世事的，自然是大不相同。所以登位以后，英明果断，要算是周朝一个贤君，加之又有周召二公尽心辅佐，自然政治修明了。初厉王乱国的时候，四方戎狄都乘势侵略中国，宣王登位，便点将出师，征讨四夷。当时西戎叛乱于西，灭犬邱、大骆二族。王便命大夫秦仲，去打西戎，秦仲大败，被西戎所杀。王便命秦仲的儿子，兄弟五人，子顶父职，统兵七千，再打西戎，把西戎打得大败，便把大骆、犬邱的地方，给秦仲的长子管理，称做西垂大夫（在现在的甘肃秦州地界），这就是后世秦朝开创的始祖了。北方的獫狁，也在是时内侵中国，逼近京师了。王便命尹吉甫北伐獫狁，赶出太原地方去了，方才班师回朝。这时南方荆蛮（现在两湖地方），也在那里蠢动。王命方叔带兵出征，那晓得方叔乃是征獫狁有名的一员猛将，荆蛮的人，闻说是方叔爹爹出征，都只得树了降旗。这时淮河南方的淮夷，也有些不服王化，王命召虎带兵，沿江东下，讨平了淮夷，以南直到海滨，都被汉兵征服了。王见召虎既平淮夷，但淮河北岸的徐戎，还没有归降中国，恐怕留下后患，乃调齐大兵，御驾亲征，拜太师皇父为统帅，郑伯休父为司马。另外带了仲山甫和张仲孝友两位贤臣，讨平了徐戎，一时四方归服。宣王得胜回朝，召集各路诸侯，会于东都，一来操练兵事，二来打猎取乐。宣王在位四十六年，内修政事，外攘四夷，自从黄帝老祖宗打退苗人以后，要算得我们汉种人第二次征服异族了。

署名：三爱

《安徽俗话报》第八期

1904 年 7 月 27 日

亡 国 篇*

第一章 亡国的解说

"亡国"这两个字怎样解说？我们中国人懂得透的很少，先要懂得"国"字怎样解说，那自然就明白亡国是怎样解说了。这国原来是一国人所公有的国，并不是皇帝一人所私有的国，皇帝也是这国里的一个人。这国里无论是那个做皇帝，只要是本国的人，于国并无损坏。我们中国人，不懂得国字和朝廷的分别，历代换了一姓做皇帝，就称做亡国，殊不知一国里，换了一姓做皇帝，这国还是国，并未亡了，这只可称做"换朝"，不可称做"亡国"。必定这国让外国人做了皇帝，或土地主权，被外国占去，这才算是"亡国"。不但亡国和换朝不同，而且亡国还不必换朝。只要这国的土地、利权、主权，被外国占夺去了，也不必要外国人来做皇帝，并且朝廷官吏，依然不换，而国却真是亡了。照这样

---

* 本篇界定亡国的概念，列举亡国现象并分析亡国的原因，各章发表时间不一，本书将其整合在一个标题之下。

看起来，我们中国，还算是一个国，还是已经亡了呢？依我说现在的国势，朝廷官吏，虽说还在，国却算是世界上一个亡国了。诸位若不相信，让我再将我们中国已经灭亡的现象，说给诸位听听罢。

第二章　中国灭亡的现象

上章所说的土地、利权、主权三样，被外国占夺去了就算是亡国，我们中国已经灭亡的现象，正是这三样呀！

一、土地灭亡的现象

土地是国家第一件要紧的东西。第五期报上说国家那一篇里也曾说过，现在世界各国，神圣不可侵犯的国土，是尺寸都不肯让人的。常言道人人有三不让：一祖坟不让，二田地不让，三老婆不让。况且是一个堂堂皇皇国家，岂可随便将土地让给外国吗？我中国土地虽大，也挡不住今朝割一块，明朝又割一块，不上几年，这全国不要一齐割完了么。除现在各国总占的土地不算，今将北京政府，明明的订个条约，把中国的土地送给各国的列表于后。诸位请看呀！请看呀！！请看呀！！！

道光二十二年	英国	割取香港	
咸丰八年	俄国	割取黑龙江省北境和吉林省东境	
光绪二十一年	日本	割取台湾和澎湖列岛	
二十四年	德国	租借胶州湾	以九十九年为期
二十五年	俄国	租借旅顺口和大连湾	以二十五年为期

续表

同年	英国	租借威海卫和刘公岛	以二十五年为期
同年	法国	租借广州湾	以九十九年为期
同年	英国	租借九龙	以九十九年为期

以上所列的几处地方，不是我们中国神圣不可侵犯的国土，睁着眼睛让外洋各国占了么？况且香港、旅顺、胶州、威海、九龙、广州湾，是我中国五个顶好的海口，送了外国，尤其可惜。现在想在世界上算一个强国，通商行军，都必定要有海上的权力，因为现在五洲万国，都是海上往来，若一国没有海权，便活像人没有手足，不能行动了。但是想揽海上的权力，必定要大兴海军。想大兴海军，必定要本国沿岸，有顶好的海口，才好做海军的根据地，像那香港、旅顺、胶州、威海、九龙、广州湾，都是山围水绕，天造地设。祖宗遗留的海口，怎奈已经拱手让了他人。即使中国异日能够大兴海军，已没了绝好的军港，将兵轮放在什么地方呢？到〔倒〕是他们英、俄、德、法各国，在中国地界有了屯兵停船的军港，一旦有事，不是反客为主么？唉！我们黄帝老祖宗丢下来几千年的好江山，到了今日子孙们无用，糊里糊涂的让了外人。我每回北到天津，南到广东，路过外国占领我中国的旅顺、威海、胶州、九龙、香港这些地方，眼见得故国山河，已不是我汉种人的世界，既悲已往，又思将来，岂不是一件可恼可哭可惊可怕的事体么！

署名：三爱

《安徽俗话报》第八期

1904 年 7 月 27 日

二、利权灭亡的现象

铁路、矿产、货物，这三样是一国顶要紧的利权。若是这三样利权灭亡了，那国里就是有皇帝，有官吏，也不算是一个国度了。列位弟兄们，听我将我们中国这三样利权，已经灭亡的现象，一一讲来。

（甲）铁路

现在世界上，万国交通，水有轮船，陆有铁路，瞬息千里，好像缩地法一般，所以现在各国，都拼命架造铁路。况且我们中国，地方着实大得很，东西南北，相隔都有好几千里，行路的人，都是用那小车小船，实在耽搁时日而且受罪得很。若是造了铁路，平日出门行路，运送货物，无不方便。至于和外国打起来，运兵运粮，都要用铁路才好。譬如外国攻打中国北方，我们全国的精兵自然要调到北方，他若是变个方向，来攻打南方，用兵轮运兵，只要三四天就到了。我中国因为没有铁路，要想把兵再调到南方，至少也要十天，其间相差六七天，你看是怎么好呢。照这样看起来，我们中国要赶紧拼命在各省架造铁路，是一定不可移的道理了。所以从前的李中堂，现在的张制台，也曾极力请政府多造铁路，怎奈政府里的大臣，和民间的绅商，都不肯办铁路，说是洋鬼子的事我们不学。近来外洋人看见中国人不晓得自己造铁路的好处，便向中国政府纷纷请办各处的铁路。政府里那班大臣最怕洋人，也就不顾利害，把全国的架造铁路利权，一处一处，双手奉送了各国。现在据最近的查考，各国人所得在中国架造铁路的利权列表如下：

京津线	北京到天津	中国自造	已成	二百五十里
津榆线	天津到山海关	同	同	七百里
津沽线	天津到大沽口	同	同	
榆营线	山海关到营口	押于英国	同	六百里
东清线	哈尔滨到旅顺	俄国造	同	三千里
京张线	北京到张家口	俄国要造	未动工	
库张线	库伦到张家口	俄国造	未动工	三千里
正太线	正定府到太原	俄国造	已动工	四百里
芦汉线	北京到汉口	比国造	将成	二千五百里
粤汉线	汉口到广东	美国造	已动工	二千三百里
胶济线	胶州到济南府	德国造	已成	一千二百里
津镇线	天津到镇江	德英合造	未动工	二千里
津保线	天津到保定	英国造	未动工	
泽浦线	山西泽州到南京	同	同	
浦信线	南京到信阳州	同	已动工	七百里
沪宁线	上海到南京	同	同	
淞沪线	吴淞口到上海	同	已成	
宁沪线	宁波到上海	同	未动工	
宁汉线	南京到汉口	同	同	
滇缅线	缅甸到云南省	同	已动工	一千里
滇缅线	缅甸到顺宁	同	同	
海宁线	北海到南宁	法国造	未动工	
海云线	海防到云南省	同	已动工	
河龙线	河内到龙州	同	同	
闽汉线	厦门到汉口	日本国造	未动工	
京江线	北京到九江	美国造	同	

照以上的表看起来，中国自造的铁路狠少。英、法、德、俄、美、日、比七国，占得中国铁路的利权，有二十多条，而且都是些要紧的地方。俄、德占北方，英国占扬子江，美、法占南方，全国中往来要紧的大路，都让他们各霸一方。日后我中国就是有力量来造铁路，也只好在边疆小路，大埠通区已被洋人占尽了。现在各国谋富强的法子，都是以多造铁路，为独一无二的法门，他们侵占别国，也是以在别国承造铁路，为至妙极高的毒手。他铁路所到的地方，就是他国的势力所到的地方。你看我们中国，不到十年，十八省的铁路，都要造齐，热闹倒很热闹，但是鸡犬不惊，山河变色，举目四看，十八省的火车，来往纵横，都是碧眼黄须人的世界了。大权既落在他们之手，日后我们中国人，只好帮他做做修路搬货的苦工，像那运货搭客无穷的大利，都归那洋人所得了。至于和他打起仗来，他更要用他的铁路，运炮运兵，到〔倒〕是反客为主，十分灵便。到那时我们四万万人民，便是束手听他糟踏。中华一片土，岂不拱手奉送他人了吗。列位若不相信，东三省就是个榜样。东三省自从让俄人造铁路以来，东三省的土地，还算得是中国的土地吗？东三省的人民，让那俄国鬼子，糟踏的还了得吗？现在内地十八省，那一省不有洋人仿照俄国的主义，来造铁路呢。单说我们安徽，英国造的浦信铁路，岂不是走凤阳、颍州两府经过吗。唉！我们安徽人，个个还在睡觉哩，那里晓得我们安徽省，已经在英国人势力之下了，我哀我中国，我更哀我安徽。

署名：三爱

《安徽俗话报》第九期

1904 年 8 月 11 日

（乙）矿产

一国里的财产，矿业要算是一大宗。我们中国的矿产，著名的多得狠，金、银、铜、铁，遍于全国，若是开挖起来，岂不是大大的一个富国么。但是这些矿产，现在大半都落在外洋人的手里，我看不到十年，中国的金银财宝，都要让他们搬空了。到那时候中国人都成了穷鬼，就是做矿工的人，也不过弄几个工钱糊口而已，大宗银钱，已被洋人弄去了。列位如若不信，待我将中国历年让给外人的矿权，一一说明于后。

山西省	孟县潞安泽州平阳府属的煤矿火油	英国福公司	限六十年
河南省	怀庆河南二府和黄河北各山的矿	同前	
云南省	全省铜矿和他矿	英法合办	限八十五年
四川省	六州厅县的煤火油铁等矿	英普济公司	限五十年
贵州省	平远县雾山的云母矿	法大罗洋行	限三十年
同省	印江县狮毛山的银矿磨岭的铁矿	法亨利公司	限四十年
广西省	上思州马尾岭的黑铅矿	法元亨公司	限三十年
福建省	建宁邵武汀州三府所属的各矿	法大东公司	限五十年
浙江省	严衢温处四府的矿	意大利惠工公司	
安徽省	铜陵县铜官山的铜矿	英华伦公司	限五十年
同省	潜山太湖宿松怀宁泾县繁昌六处	英人伊德	
同省	庐江凤阳定远寿州四州县的矿	巴西国人锡尼都	
同省	宿松县高家洼的煤矿	西班牙国通裕公司	
同省	贵池县和岭的煤矿	同前	

以上所列各处，都是著名的大矿，不已经落在洋人手里了么？山西的矿顶大，是山西商务局，送给英人的。河南的矿也不在少处，是河南巡抚送给英人的。云南的矿，是云贵总督送给英法两国人的。洋人每年还送二万两银子给云南的官吏哩。四川的

矿，是四川保福公司的总办严翙昌，送给英人的。贵州平远县的矿，是天益公司，得十万银子卖把大罗洋行的。印江的矿，是宝奂公司总办曹允斌，送给法人的。广西的矿，是天盛矿务公司总办马惟骥，送给法人的。福建的矿，是福建全省矿务官局，卖给法人的。浙江的矿，是本省不要脸的绅士高尔伊，每年得银十万两，便将四府的精华，卖把意大利国了。安徽的矿，是前任好抚台聂缉椝，送给外国的。列位呀！我中国的矿产，实在是富足得狠，若是自家开采起来，真是万世子孙使用不尽的财产。像这样的奇货，自家拘了风水的邪说，不肯开采，也难怪洋人都来垂涎，却好又遇了中国有这班好总督、好抚台、好总办、好绅士们替洋人出力，黑着良心，将本国四千年来祖传的金银财宝，你一处，我一家，私下里送了外人。这一班忘〔王〕八羔子，在外国到〔倒〕算是些忠臣孝子，在中国岂不是个大大卖国的汉奸么！我中国矿产虽多，也挡不住这班汉奸们送掉起来，实在是快得狠，大家这样纷纷乱送，也不用洋人带兵来瓜分，好一片锦绣江山，便自然自在的到了他的荷包里了。你看凡是一个国要富强起来，像那各处的铁路，各处的枪炮厂、制造厂，都是样样要兴办的，但是要办这些事，非有金、银、煤、铁各样矿产不可。我们中国的矿产既然落在外人手里，要想办那铁路、枪炮厂、兵轮厂、制造厂，拿什么来办呢，难道用纸做不成吗？一国没有铁路，运货运兵，都不方便了。一国没有枪炮厂、兵轮厂，怎能够敌挡外国呢？一国没有制造厂，工艺怎的能兴，国家怎的能富呢？所以〔一〕国的矿产若落在外国手里，那一国的死命，便也握在外人掌中。大利既去，大权既失，那时全国的人，只有供他奔走，仰他鼻息了，万世子孙，那有翻身的日子呢？我所以说中国失了矿产的利权，便是一种已经灭亡的现象，列位以为如何?!

署名：三爱

《安徽俗话报》第十期

1904 年 8 月 25 日

（丙）货物

世上无论一件什么东西，一好一丑，两下里比较起来，人人都要那好的，不要那丑的，这是一定的人情。人人欢喜那好的，那好的便一天一天兴旺起来，人人不要那丑的，那丑的便一天一天衰败下去，久而久之，便烟销〔消〕灰灭，不能生存在世上了，这是凡百东西好胜丑败一定的道理。照这样看起来，我们中国所出的百样货物，比较西洋各国的东西，那个好那个丑，列位都是知道的了。在下本来也想动用的东西，都用中国的货物，以免我们中国人的银钱，被外国人弄去了。但是中国的货物，实在是不中用，非是在下无爱国心专门崇拜西洋人的话，实在是西洋货物，比中国的合用多了。譬如洋布、洋火、洋肥皂、洋蜡烛、洋针、洋钉、洋纸各项东西，列位有一个人不欢喜用的吗？我们中国自从道光二十二年，开五口通商以来，至今六十三年，洋货进口，一年多似一年。人人都知道我中国赔洋款的银钱，被洋人拿去不少，不知道这六十三年中间，那各国的商人，搬去我们中国的银钱，真是不计其数哩。我们中国人，虽有在外国做生意的，但是两下比较起来，历年总是外国进口货多，中国出口货少。据前几年洋关总税务司查进出口货的价值，列表于下：

年　份	进口货价值	出口货价值
光绪二十年	一六二一〇二九一一两	一二八一〇四五二二两
二十一年	一七一六九六七一五	一四三二九三二一一
二十二年	二〇二五八九九九四	一三一〇八一四二一
二十三年	二〇二八二八六二五	一六三五〇一三五八
二十四年	二〇九五七九三三四	一五九〇三七一四九

　　据以上所查的表看起来，每年都要少好几千万两银子，五年共少二万二千三百七十九万五千九百七十两。由此类推，通商六十三年，我中国的银钱，漏到外洋去的，这笔帐还算得清么？不说赔款和洋债的利息了，就是商务一项，年年这样吃亏，我中国人还有不一天穷似一天的道理吗？你道是什么缘故呢？无非是西洋货制造得好，人家愿买，中国货制造得不合用，人家不愿意要的缘故罢了。好的日渐兴旺，不好的日渐灭亡，这是天地间一定不移的道理。货物销不销，也逃不出这个道理。日本国从前未曾变法维新的时候，也是不知道考究工艺的学问，各种货物，都制造得不好，进口货一天一天多起来。随后日本商人，懂得这个道理，便大开工厂，仿造西洋各样货物，不到几年，国里动用的货物，一概是本国制造的。外洋进口货，一年少似一年，外国商人，想弄他们的钱颇不容易。到了近几年，不但日本本国人用的货物，是他自己造的，并且还能仿造各种西洋货，卖给中国、高丽、南洋各处，所以他能够国富兵强，不怕西洋人欺负。只有我中国，通商几十年，洋货日人，银钱日出，弄得国瘠民贫，还不设法抵制。有钱的大绅大商，只知道买田做屋开店捐官，不肯拿钱开办工厂。读书的人，只知道教书谋馆做文章考功名，也不肯讲求工艺制造的学问。举国昏昏，一天穷似一天。我看再过几十

年，中国人所有吃用的东西，一概是外国进口货，那时中国人更不知要穷到什么鬼象。可怜呀！中国人的国灭了，连中国的货物都绝了种，你想这时候中国的人，还是快活不快活呢？列位仔细想想看，我也不忍说了。列位如若不相信，你就看现在的中国情形，各城各镇，都有几家专卖洋货的店，各人所用的东西，总有一大半是外国进口的货。近几年上海、通州、湖北、四川各处，虽设了几个制造洋纱、洋火、洋肥皂的工厂，然也出货很少，还不及洋货百分之一，怎能够挽回权利呢。至于做衣用的针和铁钉，人人都是用洋货。列位想想看，现在还有人用中国针和中国钉的么，这两样中国货已经是绝了种了吗！

署名：三爱

《安徽俗话报》第十三期

1904 年 10 月 9 日

三、主权灭亡的现象

一国有一国的主权，现在世界上，没有个没主权的国度。主权是什么呢？就是在国内办理各项政事，都有自己做主的权柄，决不受别国的干涉。就是在万国的交际上，按照万国公法，一国有一国的主权，那一国也不能够吃亏的，若被别国损害了一国的主权就是辱了全国，恐怕立刻便要翻脸。若是本国官吏，不知道保守本国的主权，让别国损害了，他的官儿立刻就做不妥。你道一国的主权，为何要这样贵重呢？原来一家都有一家的主权，若是自己家的事被别家侵害了，不由自家作主，尚且不能，何况是堂堂一个国度呢。若说起我们中国的主权来，在下真是含着眼泪不忍说了。为什么呢？我中国的主权，已经被东西各国夺尽了，到了今日，我中国那里还算得是一个独立自主的国家呢。不过和女人孩子一般，听人家指挥播弄罢了。列位如果不相信，听我将中国一国的主权已经灭亡的现象，一一讲来，有心肝有血气的中国人听着：

（一）审判权。照万国国际公法上说：凡是自主国，在本国国内有完全审判的主权，无论是那一国的人，都要遵守他国的法律，犯了法都要归他国的官审判，按他国律治罪，惟公使是代表一国主权的人不在此例。若是外国人，归各本国领事管，不听所居留国的官审判，这叫做"治外法权"，意思是法权行到本国治外去了。所居留的那一国，让外国人有了这样的治外法权，那国便叫做"被领事审判国"，老实说就是半自主国便了。列位你看我们中国，和各国所立的条约，不都是外国人归他本国领〔事〕管吗？现在世界各国之中，像这样的"被领事审判国"，只有土耳其和我中华两国。我中国更有可耻的，不但是在中国的外国人归他领事管，而且上海、天津这几处租界上的中国人，犯了罪还要归外国领事审判哩。你说我中国审判的主权，到〔倒〕是灭亡了没有呢？

（二）国防权。一国无论平时战时，都要设法防备敌国。譬如整顿海陆军，严守要隘，设这等种种的国防，以备不测，这是国家自卫上应有的权利，别国也不能够侵犯的。所以现在东西各国，国内也都防备森严，除非打败了战的时候，平日外国兵队，不能进他国境一步。若是有人，在他紧要的海口，测量形势，或是窥探他的炮台，拿住都要重重的办罪。至于别国的兵轮，要想开到他内江内河里去，更是万万不行的。就是停在他海口里，也要说明来历，并约定停泊几天。他允许进去，才能够进去，到了期限，就要开出，丝毫都不能含糊的。若是不依从他的规矩，便是侵犯了他国防的主权，他便以敌人相待，开炮轰打了。你看我们中国的国防，漫说沿海，就是内地的要隘，也听外人随便测量。漫说海口听外国兵轮随便停泊，就是长江里，也是任他出入上下，如入无人之境。长江一带各国的兵轮，你来我往，跑得比中国人还熟些。现在得一步进一步，还要跑进洞庭湖、鄱阳湖里去操水操，渐渐的有反客为主的势子，中国人那敢拦阻他，直同表〔婊〕子院一般，听大老官们随意进来玩耍罢了。中国的文武大官，每逢外国兵轮过境，只忙着应酬接风，乘便还要讨讨好，想教外国人在政府里说他几句好话，便可以升官发财，那里管什么国防不国防呢。

（三）收税权。目下万国交通，断不能闭关自守，各国通商，彼此都有益处，原不必禁止。但是设关收税，各国都有自己做主的权柄，无论抽收若干，别国都不能干涉的。我们中国江海各关进口税，自从立约通商以来，定为值百抽五，至今不能更改。无论中国外国，没有这样轻的税则，至少也值百抽十，甚至有值百抽百的，中国关税这样轻，国家这样穷，要想把关税加重一点，外国都不答应。关是中国的关，加收关税，是中国主权分内所能够做的事，只因外国不准，便不能够加，这还算有收税的主权么？再者各省的房捐铺捐，全中国人，没有一家不出的，独那些不明白国家大义的教民，倚仗着外人势力，不肯出捐，官也就不能奈何他，这不是中国失了收税权的凭据么。

（四）航路权。一国的内河，虽不能禁止外国的商船来做生意，但是本国人的航路权，外人是断乎不能干涉的。譬如英国、日本国，他们国的轮船公司，随便怎么做生意，别国人能干涉他么？都是我中国长江的招商局轮船，必定要和外国的太古怡和洋行，约定一样的船只，不能够独自加添。长江是我中国的长江，招商〔局〕是我中国的轮船公司，只有中国可以限制外国航路权，那有外国公司，能限制中国航路权的道理呢？至于内河的航路，也是各国一概通行，中国人小火轮，多半还要挂洋旗，才不受洋关和地方官的挑剔。列位你想本国的主人，不能禁止外客的航路权，这还罢了，反来本地主人，还要仗着外客的势力，才能够有航路权，这不是反客为主了么？

（五）设官权。设官理政，也是各国主权分内应行的事，无论怎样升降调转，都由各国政府自己做主，别国不能丝毫干涉的。只有我们中国，无论文武大小官员，只要不如外国人的意，外国人就可以叫中国政府，马上革职或是调到别处去。驻外国的公使，是代表一国主权的人，外人不能侵犯的。中国简放各国的公使，往往要和各国政府相商，他答应了，才敢放去。戊戌年中国驻德国的公使，放了黄公度，德人不答应，中国只得换别的人。至于说起税关的税务司来，税关是中国国家所设的，税务司是中国政府所派的，中国政府无论派什么人，都不与别国相干。偏偏中国全国江海关的总税务司，被英国人把持了几十年，全国的财政邮政，都归他一手包揽，政府不能够改换他人，列位你想这不是一桩希奇可怕的事么。

（六）货币权。货币乃是全国财政的机关，各国都是通用本国所做的货币，别国的钱，断不能在本国使用的。只有我们中国，外国的英洋本洋，一概通行。本国所铸的龙洋，缴纳钱粮国税，还不能用。至于天津、上海二处，外国的钞票，市面都能通行。这样事关系一国货币的主权也非同小可哩。列位呀！照以上所说的看起来，我们中国土地、利权、主权，那一项不是已经灭亡的现象呢！现在虽说是有四万万人，上面的政府官长何等威风，下面的士农工商何等快乐，殊不知大家都落在外国人势力之下，还有什么威风快乐呢？事到如今，若说还没有灭种，还没有亡国，真是不害羞的话了。

署名：三爱
《安徽俗话报》第十五期

1904 年 11 月 7 日

第三章　亡国的原因（一）

照上一章所说的中国各种灭亡的现象，我中国是一个已经亡了的国，列位是知道的了。但是堂堂一个中华大国，怎么就弄得这步田地呢？凡百事必有原因，方有结果。若说起中国所以亡国原因来，这话却长得很。列位如不嫌烦，待在下一桩一桩讲出来，大家若以为然，便痛改前非，或者可以起死回生，也未可知哩。你道是那几桩原因呢？也不是皇帝不好，也不是做官的不好，也不是兵不强，也不是财不足，也不是外国欺负中国，也不是土匪作乱，依我看起来，凡是一国的兴亡，都是随着国民性质的好歹转移。我们中国人，天生的有几种不好的性质，便是亡国的原因了。

第一桩，只知道有家，不知道有国。我们中国，家族的制度，在各国之中顶算完备的了。所以中国人最重的是家，每家有家谱，有族长，有户尊，有房长，有祠堂，有钱的还要设个义庄义学。在家族上的念头，总算是极其要好了。个个人一生的希望，不外成家立业，讨老婆，生儿子，发财，做官这几件事。做官原来是办国家的事体，但是现在中国的官，无非是想弄几文钱，回家去阔气，至于国家怎样才能够兴旺，怎样才可以比世界各国还要强盛，怎样才可以为民除害，怎样才可以为国兴利，这些事他们做梦也想不到的。一生所筹画的，不外得好缺弄钱回家买田做屋，讨小老婆生儿子，儿子念书发达，女儿许配财主婆家，这些事都无非为着一家，怎算是为官报国的本分呢。至于士农工商各项平民，更是各保身家，便是俗话所说的"各人自扫门前雪，不管他人瓦上霜"。若和他说起国家的事，他总说国事有皇帝官府作主，和我等小百姓何干呢！越是有钱的世家，越发只知道保守家产，越发不关心国事。列位呀！列位呀！要知道国亡家破四字相连，国若大乱，家何能保？一个国度，是无数家族聚成的，一国好比一个人的全身，一家好比全身上的一块肉。譬如一块肉有了病，只要全身不死，这一块肉的病总可以治得好。若全身都死了，就是你拼命单保这一块肉，也是保不住的了。我所以说一国大乱，一家不能独保，便是这个道理。你若定要说国事不与一身一家相干，我还要说一件事给大家听听。你不看庚子年拳匪闹事的时候，北方的人说这是国家的事，有皇帝作主，和我们百姓何干？南方的人说这是北方的事，与我们南方人何干？殊不知联军破了北京，被洋兵糟蹋的，还是百姓，还是皇帝呢？被抢被劫破家荡产的，还是皇帝，还是百姓呢？议和之后，赔款四万万两银子，还是皇帝自己家里拿出来的，还是百姓出的捐呢？乱事虽在北方，筹议赔款，南〔方〕几省到底摊了没有呢？像这等家国相关的道理，大家仔细想想便明白了。从前有一个古国，叫做犹太国，在亚细亚洲西方，只因犹太的百姓，但知有家，不知有国，把国里的事，都丢在脑背后，弄得国势渐渐的衰弱下来，随后被土耳其国灭了，一直到如今，犹太人东飘西荡，无国可归，到处被别国人欺侮，只因没有国家保护，只得忍气吞声，任人陵〔凌〕辱。即如去年，在俄国的犹太人，被俄国杀死的贫富老幼，也不知有多少，犹太人没有国家出头和俄人争论，真是哑子吃黄连，说不出来苦哩。我们中国人，只知有家，不知有国的毛病，正合〔和〕犹太人一样。只知有家，所以全国四万万人，各保身家，一国的土地、利权、主权，被别国占去了，一毫都不知道着急。不知有国，所以看着保国救国的事，不是为非作事，就是越分办事，不知道家国相关的道理，所以道国家的兴亡治乱，与我身家无关。还有一班目无国法，丧尽天良的人，甘心替外国人当走狗，或是做汉奸，打探中国军情，告诉外国；或是替洋兵当引导，打中国人；或是替外国人出力，来占中国土地；或是贪洋人的财利，私卖矿山铁路的利权；或是倚仗洋势，抵抗官府，欺压平民；像做这等种种黑心的事，不都是因为不懂得爱国的大义吗？我所以说只知有家，不知有国，是中国人亡国的原因哩。

署名：三爱

《安徽俗话报》第十七期

1904 年 12 月 7 日

亡国的原因（二）

　　第二桩只知道听天命，不知道尽人力。俗话常说什么"靠天吃饭"、"万事自有天作主"、"穷通祸福，都是天定"、"万般由命不由人"、"听天由命"、"拗得过人，拗不过天"，像这般糊涂的俗话，也不知有多少，一时那里说得尽。总之以为世上无论什么事情，都有个天命作主，人不用费一毫心，用一丝力的，若无天命，就是费尽心力，也是枉然。哈哈！这样话真是不通得很，譬如靠天吃饭这句话，人若是不出去做事弄钱寻饭吃，坐在家里，难道天上吊下饭得来吃不成吗？就是有柴有米放在家里，若是不用人力去煮，但靠着有命的不死，那米能够自然熟着跑到嘴里来吗？照这样看起来，无论什么事体，但知靠天命，不去尽人力，是断乎不能的了。偏偏我们中国人，无论何事，都是听天由命，不知道万事全靠人力做成的，因此国度衰弱到这步田地，还是懞懞懂懂的说梦话；说什么天命如此，气数当然，人力不能挽回。我想说这些话的人，并未尝出过人力挽回，何以晓得人力不能挽回呢？最可笑的，是有一班人说道：我中国现在虽是衰弱，不过一时气运不好，终有兴盛的日子，洋人不过一时横强，好比日中的露水，不能够长久的。唉！中国人也是人，洋人也是人，他何以该气运好要兴，我何以气运不好该败呢？我看断无此理。天地间无论什么事，能尽人力振作自强的，就要兴旺，不尽人力振作自强的，就要衰败，大而一国，小而一家，都逃不过这个道理。若是国家的事，人人都靠着天命，束手待毙，不去尽人力振作自强，便合那不出去弄钱做事，专等着天上吊下饭来吃的人差不多。这样国度，那里还有能够兴盛的日子呢?! 我中国人都是听天由命，不肯尽人力振作自强，所以一国的土地、利权、主权，被洋人占夺去了，也不知设法挽回哩。我看日后洋人来灭中国，中国人做洋奴，扯顺民旗的，少不得又是这班听天由命的人了。何以见得呢? 因为他们不信服有人力胜天的道理，专门听天由命，日后洋人若是得了中国，他们也就不会用人力来抵抗，只是抱定听天由命的主义，扯起顺民旗，做洋人的奴隶罢了。不但日后洋人来是如此，你看我的中国自古以来换朝的时候，那新朝的皇帝要出来收伏人心，也都是用天命来压服人，所以皇帝叫做天子，上谕开首就是什么"奉天承运"，建国的年号，也是常用天字，像那天启、天命、天聪等类。试把中国二十四史细细的翻来一看，那一朝开创的皇帝，起兵要夺朝代的时候，不是用什么"天命有归"、"顺天者存，逆天者亡"这等话头来笼络人呢? 那班愚民，也就信他是有天命，还附会道他是什么紫微星下凡，又说是什么十八罗汉转劫，所以众人才不敢不服从他哩。他们信服天命有两种：一种是邪说，一种是势力。邪说是造些极荒唐的谣言，像那汉高祖赤帝子斩蛇，汉光武龙气的话一样，愚民便信服他是真命天子去做他的百姓。势力是什么话呢? 那天本是无声无臭的，那班听天由命的人，究竟不知道怎样是得了天命的凭据，便把何人势力的大小，定天心的向背，那个势力大些的，就以为他是天命所归，就服从他做他的顺民。现在洋人在中国的势力，一天大似一天，有些人此刻所以不肯去做洋奴顺民，还以为是盛衰循环的道理，只望中国终有重兴的日子，倘若后来见中国终久不能兴盛起来，他却不怪中国人，不能尽人力振作自强，还要疑心到天命归了外国，便抱定听天由命的主义，自然死心踏地的去做洋奴顺民，不以〔为〕奇了。唉！照这样看起来，我中华几千年文明的大国，竟要被听天由命四个字，遗〔贻〕误大事了。列位要知道天是一股气，并没什么私心作主，专要洋人兴旺中国衰败的道理。命是格外荒唐的话了，俗话说得好："祸福无门，为人日招"，那有什么命定的话呢？不过是算命的胡乱凑几个天干地支叫做命，骗骗饭吃罢了。我中国人到了这样时势，还要听天由命，不肯尽人力来挽回利权，振作自强，那土地、利权、主权，自然都要被洋人占尽。我们丢下不要的东西，旁人自然要拿去，这是一定的道理，那里能怪得天怪得命呢?！

署名：三爱

《安徽俗话报》第十七期

1905 年 6 月 3 日

论 戏 曲

（一九〇四年九月十日）

　　列位呀！有一件事，世界上人没有一个不喜欢，无论男男女女老老少少，个个都诚心悦意，受他的教训，他可算得是世界上第一大教育家。却是说出来，列位有些不相信，你道是一件什么事呢？就是唱戏的事啊。列位看俗话报的，各人自己想想看，有一个不喜欢看戏的吗？我看列位到戏园里去看戏，比到学堂里去读书心里喜欢多了，脚下也走的快多了，所以没有一个人看戏不大大的被戏感动的。譬如看了长板〔坂〕坡、恶虎村，便生些英雄气概；看了烧骨计、红梅阁，便要动哀怨的心肠；看了文昭关、武十回，便起了报仇的念头；看了卖胭脂、荡湖船，还要动那淫欲的邪念。此外像那神仙鬼怪富贵荣华，我们中国人这些下贱性质，那一样不是受了戏曲的教训，深信不疑呢！依我说起来，戏馆子是众人的大学堂，戏子是众人大教师，世上人都是他们教训出来的，列位看我这话说得错不错呢？

　　但是有一班书呆子们说道，世界上要紧的事业多得很，有用的学问也不少，怎么你都不提起，何必单单说这俚俗淫靡游荡无益的戏曲，果真就这样要紧吗。况且娼优吏卒四项人，朝廷的功令，还不许他过考为官，就是寻常人家，忘八戏子吹鼓手，那个看得起他们。你今把戏子的身份说得这样高法，未免有些荒唐罢。哈哈！列位呀！我看书呆子此言差矣！世上人的贵贱，应当在品行善恶上分别，原不在执业高低，况且只有我中国，把唱戏当作贱业，不许和他人平等。西洋各国，是把戏子和文人学士，一样看待。因为唱戏一事，与一国的风俗教化，大有关系，万不能不当一件正经事做，那好把戏子看贱了呢。就是考起中国戏曲的来由，也不是贱业。古代圣贤，都是亲自学习音律，像那云门、咸池、韶护、大武各种的乐，上自郊庙，下至里巷，都是看得很重的。到了周朝就变为雅颂（就是我们念的诗经），汉朝以后变为乐府，唐、宋变为填词，元朝变为昆曲，近两百年，才变为戏曲，可见当今的戏曲，原和古乐是一脉相传的。按戏曲分梆子、二黄、西皮三种曲调，南北通行，已非一日，若是声色俱佳，极其容易感人。孔子常道："移风易俗，莫善乎乐"。孟子也说过："今之乐犹古之乐也"。戏曲也算是今乐，若一定要说戏曲不好，一味尊重古乐，恐怕也合叫现在人用的字，都要写篆体一般。原来这音乐一事，也要随时代改变，今古不同。现在的人，漫说听了古代云门、咸池古乐不懂，就是懂得昆曲的人，也不甚多了。所以古时有个魏文侯，听了古乐便要睡觉。楚庄王见了优孟（合现在的戏子差不多）方才动心。你道是什么缘故呢？原来古乐的风俗言语，都和当时不同，那听不懂的怎样不要生厌呢？譬如我们忽然奏起中国古乐来，言语曲调，列位都不懂得，列位也要生厌哩。所以现在的西皮二黄，通用当时的官话，人人能懂，便容易感人。你要说他俚俗，正因他俚俗人家才能够懂哩。你要说他是游荡无益的事，到〔倒〕也不见得，那唱得好的戏，无非是演古劝今，怎算是无益呢。况且还有三件事，我们平日看不着的，戏上才看得见。你道是那三件呢？一是先王的衣冠，一是绿林豪客（像花蝴蝶、一枝桃、闹嘉兴等类），一是儿女英雄（像木〔穆〕桂英、樊梨花、韩夫人等类）。列位要懂得这三件事的好歹，便知道书呆子的话是未免有些迂腐了。

但是唱戏虽不是歹事，现在所唱的戏，却也是有些不好的地方，以致授人口实，难怪有些人说唱戏不是正经事。我也不能全然袒护戏子，说他尽善尽美。但是要说戏曲有些不好的地方，应当改良，我是大以为然。若是说唱戏全然不是正经事，正经人断不可看，实在是迂腐的话，我断断不敢承认。戏曲究竟是不是正经事，以前已经说过，至于各种戏曲有好的，有不好的，有应当改良的地方，待我一一讲来。各位唱戏的弟兄姊妹们听者。

一要多多的新排有益风化的戏。把我们中国古时荆轲、聂政、张良、南霁云、岳飞、文天祥、陆秀夫、方孝孺、王阳明、史可法、袁崇焕、黄道周、李定国、瞿式耜等，这班大英雄的事迹，排出新戏，要做得忠孝义烈，唱得激昂慷慨，真是于世道人心，大有益处。就是旧有的戏，像那吃人肉、长板〔坂〕坡、九更天、换子、替死、刺梁、鱼藏剑，这些戏看起来也可以发生人忠义的心哩。

一可采用西法。戏中夹些演说，大可长人识见，或是试演那光学电学各种戏法，看戏的还可以练习格致的学问。

一不唱神仙鬼怪的戏。鬼神本是个渺茫的东西，煽惑愚民，为害不浅。你看庚子年的义和拳，不都是想学戏上的天兵天将吗？像那泗州城、五雷阵、南天门这一路的戏，已经是荒唐可笑得很。尤其可恶的，是武松杀嫂，本是报仇主义的一出好戏，却要弄鬼来。武松武艺过人，本没有不能敌挡西门庆的事理，何必要鬼来帮助，才免于败，便将武二的神威，做得一文不值，这样出鬼出怪，大大的不合情理，真要改良才好哩。

一不可唱淫戏。像那月华缘、荡湖船、小上坟、双摇会、海潮珠、打樱桃、下情书、送银灯、翠屏山、乌龙院、缝搭膊、庙会、拾玉镯、珍珠衫这等的戏，实在是伤风败俗。有班人说唱戏不是正经事，把戏子当作贱业，都因为有这等淫戏的缘故。看戏的年青妇女多得很，遇了男戏子做这些淫戏，也就难看了。何况还有班女戏子，他也居然现身说法，做出那些丑态，丝毫不知道羞耻，妇女们看了，实在是不成话说，这等戏是定要禁止的呀！

一除去富贵功名的俗套。我们中国人，从出娘胎一直到进棺材，只知道混自己的功名富贵，至于国家的治乱，有用的学问，一概不管，这便是人才缺少，国家衰弱的原因。戏中若改去这等荣华富贵的思想，像那封龙图、回龙阁、红鸾禧、天开榜、双官诰等戏，一概不唱，到也狠于风俗有益哩。

我们中国的戏曲，要能照以上所说的五样改变过来，还能说唱戏是游荡无益的事吗？现在国势危急，内地风气，还是不开。各处维新的志士设出多少开通风气的法子，像那开办学堂虽好，可惜教人甚少，见效太缓。做小说、开报馆，容易开人智慧，但是认不得字的人，还是得不着益处。我看惟有戏曲改良，多唱些暗对时事开通风气的新戏，无论高下三等人，看看都可以感动，便是聋子也看得见，瞎子也听得见，这不是开通风气第一方便的法门吗？听说现在上海丹桂、春仙两个戏园，都排了些时事新戏，春仙茶园里有个出名戏子，名叫汪笑侬的，新排的桃花扇和瓜种兰因两本戏曲，看戏的人被他感动的不少。我很盼望内地各处的戏馆，也排些开通民智的新戏唱起来，看戏的人都受他的感化，变成了有血性、有知识的好人，方不愧为我所说的世界上第一大教育家哩！

署名：三爱

《安徽俗话报》第十一期

1904 年 9 月 10 日

王阳明先生训蒙大意的解释

（一九〇四年十月二十三日、十一月二十一日）

> 古之教者，教以人伦，后世记诵词章之习起，而先
> 王之教亡。

先生这几句话的意思，是说古时候教人的道理，是要教人去实行那忠孝节义，才算是尽了人伦，才算是一个人。后来教人的法子，是专门教人抱着几本古书，闭了眼睛乱念，并不知道讲究书里所说的道理。教学生照样去做，照这个样子，就是书念的极多，又记的极熟，到底有什么用处呢？或者专门教学生做文章，就是文章做的刮刮叫，还是不能够实实在在做忠孝节义的事，这也算得是一个人么？先生深恨后世教育的主义专重在熟读古书做好文章去应考，混那功名富贵把古圣贤教人实行忠孝节义的大道理，反丢在九霄云外。所以起首就提出这几句话，是说破后世教育的病根哩！

> 今教童子，惟当以孝弟忠信礼义廉耻为专务。

这几句话，是先生教人的大主义，和后世专门教人念书做文

章的，大不相同。孝是孝敬父母，弟是爱敬弟兄，忠是尽忠报国，信是心口如一不肯欺人，礼是遇事有礼不侵害他人，义是待人公道自守本分，廉是不取非义之财，耻是真心学好不做不如人的事。做童子的时候，便专门把这些道理教训他，根基培稳，长大成人，自然是有用的国民了。

其栽培涵养之方，则宜诱之歌诗，以发其志；导之习礼，以肃其威仪；讽之读书，以开其知觉。今人往往以歌诗习礼为不切时务，此皆末俗庸鄙之见，乌足以知古人立教之意哉？

这几句话，是先生教育的方法。歌诗是最容易感动人的，礼仪也是很可以训练人的，读书听讲也可以开人的知识。所以先生用这三样法子，教育童子。俗人不以歌诗习礼为重，便失了古人立教的本意。这也是先生痛恨当时的人，不知道培养童子的德性，开发童子的知觉，专门记书做文的弊病。现在各国小学堂的功课，都有音乐、体操两项，正合先生歌诗习礼两项，用意相同。我中国学堂里的教习，都把音乐、体操，当作无关紧要的学问，这才正是先生所骂的末俗庸鄙之见哩。

大抵童子之情，乐嬉游而惮拘检，如草木之始萌芽，舒畅之则条达，摧挠之则衰萎。今教童子，必使其趣向鼓舞，中心喜悦，则其进自不能已。譬之时雨春风，沾被卉木，莫不萌动发越，自然日长月化。若冰霜剥落，则生意萧索，日就枯槁矣！

　　先生这几句话，是管理童子的法子。小孩子性情活泼，没受惯拘束，活像初生的草木一般，别要压制他，顺着他的性子，他自然会发生长发达起来，若是压制拘束很了，他便不能够生长。所以教育小孩子，也要像栽培草木一样，不可压制拘苦了他，要叫他心中时常快乐，自己自然晓得学好。这便和草木得了春风时雨一般，自然生机日发，和那秋天迫害草木的霜雪，效验真是大不相同了。先生这样管理童子的方法，世上迂腐老先生，多半不以为然。不知天地闲〔间〕无论何事，都是能自由才能发达，勉强压制，才是有害无益。自由发达，才是他自己真发达，勉强压制，就是他能够照你的话去做，也合机器一般，不过是听人调动罢了。西洋大教育家，有一个名教〔叫〕斐〔裴〕司塔尔基的，他尝说道："教育童子，总要顺着他的性情才好，设种种方法，惹起他的欢悦心，使他乐于受教。然后施以合宜之教育，才能够开发他固有的智能。"他这几句话，便合阳明先生的意见，正是一个鼻子孔出气。可见无论古今中外，道理总是一样。只是西洋、日本各国，都遵守裴司塔尔基的方法，幼稚园和小学堂里，都重在游戏教育法，设出种种的法子，一面和他游戏，一面就是教他学问，叫小孩子个个欢天喜地，情愿受教，没有一个肯逃学的。所以他们国里教育大兴，人才日出。我中国几百年前，就有了阳明先生这等教育好法子，只是埋没了几百年，无人去理他的话。所以弄得教育童子的方法，就像冰霜剥落草木一般，一毫生意也没有，人才如何能发达呢？

署名：三爱

《安徽俗话报》第十四期

1904 年 10 月 23 日

故凡诱之歌诗者，非但发其志意而已，亦所以泄其跳号呼啸于咏歌，宣其幽抑结滞于音节也。

这几句话是说，教学生唱歌的道理，不但歌里的辞话，可以鼓动学生的志气，而且儿童的活泼性子，可以藉此善成，儿童忧闷呆滞的光景，也可以藉此解脱。先生这样的意思，正合西人引诱儿童快乐主义，是一鼻孔出气了。你看中国现在教书的先生，待学生如同阎王待小鬼一般，百方压制，百方威吓，终日拘在学屋里咿咿唔唔，不许丝毫活动，弄得那柔弱的儿童，便合八十岁的老寡妇一般，刚强的一出学堂门，便合野马一般，那里还有一点优美活泼的少年气象呢。

导之习礼者，非但肃其威仪而已，亦所以周旋揖让，而动荡其血脉，拜起屈伸，而固束其筋骸也。

这几句话，是说教儿童习礼的缘故，不但礼的仪节，可以令儿童整齐严肃，而且可以运动身体，调和血脉，坚强筋骨，照这样说起来，又合现在的体操正对了。你看那兵式体操的起坐进退，无论多少人，都是遵从一样的号令，节奏井然，丝毫不乱，那般整齐严肃，正合古人习礼的精神，一般一样。至于那柔软体操和器械体操，正是运动身体，调和血脉，坚强筋骨，更是不消说的了。现在西洋的教育，分德育、体育、智育三项，德国、日本的教育，格外着重在体操。我中国的教育，自古以来，专门讲德育，智育也还稍稍讲究，惟有体育一门，从来没人提倡（射御虽是体育，但也没人说明），以至全国人斯文委弱，奄奄无生气，这也是国促种弱的一个原因。阳明先生教育主义，却这样住〔注〕重操练身体，真算是中国古代教育家的特色了。

> 讽之读书者，非但开其知觉而已，亦所以沉潜反复，而存其心，抑扬讽诵，以宣其志也。

这几句话，是说教儿童念书的道理，不但是要开他的智慧，并要培养他的心地，扶植他的志气，这也是先生生平重德行轻才智的宗旨。后世的人，往往有读书万卷，所行所为，还是天良丧尽。文词才华，可以取功名富贵，而气节品行，一毫也不讲究，甚至于天天读理学书，挂道学招牌，却是问起他的心地来，还是一个卑鄙龌龊的小人，这都是只知道读诗书开知觉，不知道存良心重志气的缘故哩。

> 凡此皆所以顺导其志意，调理其性情，潜消其鄙吝，默化其粗顽，日使之渐于礼义而不苦其难，入于中和而不知其故，是盖先王立教之微意也。

按志意性情，是教育儿童顶要紧的事。先生说顺导说调理，都是说要顺着儿童原来的性情志意，渐渐的培养他的长处，警戒他的短处，鄙吝粗顽，都是顶坏的性质。先生教育主义，却不是雷厉风行，责备儿童不许有这种性质，乃说潜消说默化，可见先生的教法，全用顺性开导的主义，令后世压制拘禁的手段不同。原来儿童的性质，也合水性一般，大禹治水的法子，只是顺着水性疏通下去，丹朱治水，乃是逆着水性，专门用那防遏禁压手段，所以洪水越发放滥不止，训练儿童的性情志意，也是如此。

　　若近世之训蒙稚者，日惟习以句读课仿，责其检束，而不知导之以礼；求其聪明，而不知养之以善；鞭挞绳缚，若待拘囚，彼视学舍如图狱，而不肯入；视师长如寇仇，而不欲见；窥避掩覆以遂其嬉游，设诈饰诡以肆其顽鄙，偷薄庸劣，日趋下流，是盖驱之于恶，而求其为善也，何可得乎。

这几句话，是说只知道教儿童念书做文章，不训练他的品行，还有捆打辱骂种种野蛮的法子，以至儿童看学堂合监牢一般，看先生合仇人一般，像这样不但学生万不能得益，而且廉耻丧尽，养成一种诡诈庸劣的下流性质哩。

　　凡吾所以教，其意实在于此。恐时俗不察，视以为迂，且吾亦将去，故特叮咛以告尔诸教读，其务体吾意，永以为训，毋辄因时俗之言，改废其绳墨，庶成蒙以养正之功矣！念之念之。

这几句话是先生劝人莫随俗见，要改良教育的意思。

署名：三爱

《安徽俗话报》第十六期

1904 年 11 月 21 日

西洋各国小学堂的情形

（一九〇四年十二月二十一日）

（一）俄　国

俄国，古来无公立学堂的制度，大彼得俄皇的时候，才教国里的各府州县，都要设立学堂。其初还是专收官家子弟入学，随后又变了规矩，凡是国里的儿童，都要用官力强迫他就学。倘若俄国要随后都照着这样法子办去，那俄国现在的教化，真正是了不得了。不幸西历一千七百二十年，俄国政府将强迫入学的规矩废去，真是一大错。幸而俄国的百姓，受了一阵大彼得强迫的教育，风气渐开，儿童情愿入学的，也还不大少。俄国还有一种奖励入学的规矩，凡是得了在初等学堂卒业凭据的人，可以减短当兵的年限。有了这个制度，所以百姓也很情愿入学，俄国的教育，在西洋各国之中，算是顶不兴旺的，却是现在他全国的小学堂，有七万八千六百九十九处，教习共有十五万四千六百五十二人，其中女教习占四分之三，学生总数有四百二十万三千二百四十六人，像这些学堂，不全归文部（专管全国学堂的官和像中国新设的学务处一样）管辖。某处设的，便归某处自己管，今将各处所立学堂，列表于后：

立学堂的	学堂数目	教习数目	学生数目
文部	37046	84121	2650058
教堂	40028	67907	1476124
陆军部	848	1058	46420
内务部	553	1102	20510
玛利女皇	153	210	5097
皇室善会	40	179	2822
宫内部	23	63	1599
户部	4	未详	379

照以上的表看起来，俄国的小学堂，没有一处总管的地方，也乱杂得很。但虽说是乱杂，内里头也分有层次。全国的小学堂，分为三样：

（一）独班学堂	三年卒业
（二）两班学堂	五年卒业
（三）三班学堂（即多班学堂）	七年卒业

乡下的小学堂，大概都是独班学堂，好几十学堂，都归在一班，一班分为三等，学生程度不一，都学一样的功课。教习很觉为难。俄国地方很冷，人烟又稀少，儿童远道来入学的，就在学堂左近住宿，归学堂里教习照料一切。每天傍晚的时候，专教儿童的手工，俄国的手工所以很兴旺。每礼拜日学堂放了假，从上午十点钟，下午两点钟，专去教那村里的青年，合像义学差不多，今将其乡下小学堂的功课，和每礼拜教授的时刻，列表于后：

宗教	六点钟
司拉夫话（或宗教语）	三点钟
俄国话	八点钟
习字	两点钟
算术	五点钟

此外，间或还有唱歌和体操的功课，但是没一定的时刻，名叫随意的功课，两班学堂里面，那下一班，全合独班学堂是一样，惟有上一班，学的功课稍微要深些，下班三年卒业，上班二年卒业，合成五年，上班功课如左：

功课	第四年每礼拜时刻	第五年每礼拜时刻
宗教	四点钟	三点钟
俄国话	八点钟	六点钟
算术	六点钟	六点钟
历史	二点钟	三点钟
地理和博物	二点钟	四点钟
用器的图画	四点钟	四点钟

此外，每天还有半点钟唱歌的功课。

署名：三爱

《安徽俗话报》第十八期

1904 年 12 月 21 日

安庆独立之布告

（一九一三年七月二十二日）

为布告事：照得临时总统袁世凯凶残狡诈，帝制自为，戕贼勋良，灭绝人道，恶贯满贯，人民发指。近更无故派兵，蹂躏苏赣，东南各省，同深义愤，声罪致讨，吾皖岂能后。兹特邀集军商绅界会议决定，即日宣布独立，公推柏文蔚为安徽讨袁军总司令，胡万泰暂行代理都督事宜，孙多森担任民政长事宜。除通电外，特定简章规约数条，布告我商民人等，一体知照：一、各商民人等仍照常贸易，不准自相惊扰；二、外国人生命财产责成军警严加保护，不准侵损；三、行政司法衙门照常行使职权；四、不准泄露军情；五、不准造谣生事；六、有集众抢劫，妨碍军纪及军事行动者，概以军法办理；七、未奉都督命令，私行设置（军事机关）及添招军队者，概以军法办理。

由陈独秀草拟

《民立报》

1913 年 7 月 22 日

爱国心与自觉心

（一九一四年十一月十日）

范围天下人心者，情与智二者而已。伊古大人，胥循此辙。殉乎情者，孤臣烈士，游侠淫奔，杀身守志，不计利害者之所为也。昵于智者，辨理析疑，权衡名实，若理学哲家是矣。情之用百事之贞，而其蔽也愚；智之用万物之理，而其蔽也靡。古之人情之盛者，莫如屈平，愤世忧国，至于自沈。智之盛者，莫如老聃，了达世谛，骑牛而逝。斯于二者各用其极矣。

今之中国，人心散乱，感情智识，两无可言。惟其无情，故视公共之安危，不关己身之喜戚，是谓之无爱国心。惟其无智，既不知彼，复不知此，是谓之无自觉心。国人无爱国心者，其国恒亡。国人无自觉心者，其国亦殆。二者俱无，国必不国。呜呼！国人其已陷此境界否耶？

爱国心为立国之要素，此欧人之常谈，由日本传之中国者也。中国语言，亦有所谓忠君爱国之说。惟中国人之视国家也，与社稷齐观，斯其释爱国也，与忠君同义。盖以此国家，此社稷，乃吾君祖若宗艰难缔造之大业，传之子孙，所谓得天下是也。若夫人民，惟为缔造者供其牺牲，无丝毫自由权利与幸福焉，此欧洲各国宪政未兴以前之政体，而吾华自古迄今，未之或改者也。近世欧美人之视国家也，为国人共谋安宁幸福之团体。人民权利，载在宪章，犬马民众，以奉一人，虽有健者，莫敢出此。欧人之视国家，既与邦人大异，则其所谓爱国心者，与华语名同而实不同。欲以爱国诏国人者，不可不首明此义也。

国家之义既明，则谓吾华人无爱国心也可，谓吾华人未尝有爱国者亦可，即谓吾华人未尝建设国家亦无不可。何以云然？吾华未尝有共谋福利之团体，若近世欧美人之所谓国家也。土地、人民、主权者，成立国家之形式耳。人民何故必建设国家，其目的在保障权利，共谋幸福，斯为成立国家之精神。吾国伊古以来，号为建设国家者，凡数十次，皆未尝为吾人谋福利，且为戕害吾人福利之蟊贼。吾人数千年以来所积贮之财产，所造作之事物，悉为此数十次建设国家者破坏无馀。凡百施政，皆以谋一姓之兴亡，非计及国民之忧乐，即有圣君贤相，发政施仁，亦为其福祚攸长之计，决非以国民之幸福与权利为准的也。若而国家实无立国之必要，更无爱国之可言。过昵感情，侈言爱国，而其智识首不足理解国家为何物者，其爱之也愈殷，其愚也益甚。由斯以谭，爱国心虽为立国之要素，而用适其度，智识尚焉。其智维何？自觉心是也。

爱国心，情之属也。自觉心，智之属也。爱国者何？爱其为保障吾人权利谋益吾人幸福之团体也。自觉者何？觉其国家之目的与情势也。是故不知国家之目的而爱之则罔，不知国家之情势而爱之则殆，罔与殆，其蔽一也。

不知国家之目的而爱之者，若德、奥、日本之国民是也。德、奥、日本，非所谓立宪国家乎？其国民之爱国心，非天下所共誉者乎？然德人为其君所欺，弃毕相之计，结怨强俄，且欲与英吉利争海上之雄，致有今日之剧战，流血被野，哀音相闻，或并命孤城，或碎身绝域，美其名曰为德意志民族而战也，实为主张帝王神权之凯撒之野心而战耳。德帝之恒言曰，世界威权，天有上帝，地有凯撒。大书特书于士卒之冠曰，为皇帝为祖国而出征，为皇帝其本怀，为祖国只诳语耳。奥之于塞，侵陵已久，今以其君之子故，不惜亡国破军，以图一逞，即幸而胜，亦所谓一将功成万骨枯耳，于国人有何福利也。若塞耳维亚，若比利时，乃为他人侵犯其自由而战者也。若奥地利，若德意志，乃为侵犯他人之自由而战者也。为他人侵犯其自由而战者，爱国主义也。为侵犯他人之自由而战者，帝国主义也。爱国主义，自卫主义也，以国民之福利为目的者也，若塞、比是矣。帝国主义，侵略主义也。君若相利用国民之虚荣心以增其威权为目的者也，若德、奥是矣。日本维新以来，宪政确立，人民权利，可得而言矣。一举而破中国，再举而挫强俄，国家威权莫或敢侮矣。若犹张皇六师，日不暇给，竭内以饰外，赋重而民疲，吾恐其国日强，其民胥冻馁以死。强国之民，福利安在，是皆误视帝国主义为爱国主义，而供其当局示威耀武之牺牲者也。夫帝国主义，人权自由主义之仇敌也，人道之洪水猛兽也。此物不僵，宪政终毁，行见君主民奴之制复兴，而斯民之憔悴于赋役干戈者，无宁日矣。人民不知国家之目的而爱之，而为野心之君若相所利用，其害有如此者。

不知国家之情势而爱之者，若朝鲜、土耳其、日本、墨西哥及中国皆是也。朝鲜地小民偷，古为人属，君臣贪残，宇内无比。自并于日本，百政具兴，盗贼敛迹，讼狱不稽，尤为其民莫大之福。然必欲兴复旧主，力抗强邻，诚见其损，未睹其益。土耳其宪政初行，国基未固，不自量度，与意争衡，一战而败，军覆国削。今复左德抗俄，列强治外之权，欲一旦悍然夺之，吾恐其国难之将作矣。俄之败于日也，越国万里，且非倾国之师，日本国力，岂堪久战，介美行成，诚非得已，而其国民愤詈当涂，不自审矣。墨西哥名为共和，实则其民昏乱，无建设国家之力。枭雄争权于朝，地主肆虐于野，民不堪命久矣，使其翻然自觉，附美为联，其人民自由幸福，必远胜于今日。必欲独立，恐其革命相循，而以兵得政以政虐民之风不易革也。吾国自开港以来，情见势绌。甲午庚子之役，皆以不达情势，辱国丧师，元气大损。今者民益贫敝，资械不继，士气不振，开衅强邻，讵有幸理。然当国者袭故相以夷制夷之计，揖盗自损，同一自损，敌之甲得乙失，我何择焉。而书生之见，竟欲发愤兴师，为人作嫁，其亦不可以已乎。凡此诸国所行，岂无一二壮烈之为。吾人所敬，惟不自觉其国之情势，客气乘之，爱国适以误国，谋国者不可不审也。

假令前说为不谬，吾国将来之时局，可得而论定矣。自爱国心之理论言之，世界未跻于大同，御侮善群，以葆其类，谁得而非之。为国尽瘁，万死不辞，此爱国烈士之行，所以为世重也。然其理简，其情直，非所以应万事万变而不惑。应事变而不惑者，其惟自觉心乎？爱国心，具体之理论也。自觉心，分别之事实也。具体之理论，吾国人或能言之；分别之事实，鲜有慎思明辨者矣。此自觉心所以为吾人亟须之智识，予说之不获已也。

吾国闭关日久，人民又不预政事，内外情势，遂非所知。虽一世名流，每持谬说，若夫怀抱乐观之见，轻论当世之事，以为泱泱大国，物阜民稠，人谋不乖，外患立止，是何所见之疏也。

中国而欲为独立国家，税则法权，必不可因仍今日之制。然斯事匪细，非战备毕修，曷其有济，欲修战备，理财尚焉。论时局而计及财政，诚中国存亡之第一关头也。中国经常岁入，约银三万万元，新旧外债约有银二十万万元，利息平均以五厘计之，每年不下一万万元，应还本金，年约五千万元，本利合计，年约一万五千万元，已占岁入之半，此事宁非大异。国非不可举债，若中国之外债，则与他国异趣。中国之外债，乃以国税铁路为抵偿，列强据此以定瓜分之局者也。此事不能自了，无论君主共和，维新复古，瓜分亡国之局，终无由脱。自今日始，外不举债，内不摸金，上下相和，岁计倍益。年减外债若干，期以十稔，务使不为财政之累。然后十年教养，廿年治军，四十年之后，敌国外患，庶几可宁。若其不揣事情，期于速效，徒欲朘削贫敝之民，残民耀武，以为富强，不啻垂死病夫，饮酖以求淫乐也。其或激于事变，过涉悲观，怵瓜分之危，怀亡国之痛，以为神州不振，将下等于印度、朝鲜之列，此其人用心良苦，而所见则甚愚也。穷究中国之国势人心，瓜分之局，何法可逃；亡国为奴，何事可怖；此予之所大惑也。分割阴谋，成之已久，特未实施者，其形式耳。夫徒欲保此形式，盖无益而难能也。时政乖违，齐民共喻，以今之政，处今之世，法日废耳，吏日贪耳，兵日乱耳，匪日众耳，财日竭耳，民日偷耳，群日溃耳，政纪至此，夫复何言。或云：此固不治，锄而去之，国难自已。此言甚壮，此计亦不得以为非，惟恐国人志行不甚相远，取而代之者，亦非有救民水火之诚，则以利禄毁人如故也，敌视异己如故也，耀兵残民如故也，漠视法治如故也，紊乱财政如故也，奋私无纪殆更有甚焉。以此为政，国何以堪。又或谓：吾民德薄能鲜，共和不便，仍戴旧君，或其宁一。此亦书生之见也。姑无论国体变更，非国人所同愿。满清末造，政迹昭然，其亲贵旧勋，焉有容纳当涂部曲革命党人之雅量，欲以此广舆论之涂，兴代议之制，不其难乎。盖一国人民之智力，不能建设共和，亦未必宜于君主立宪，以其为代议之制则一也。代议政治，既有所不行，即有神武专制之君，亦不能保国于今世，其民无建设国家之智力故也。民无建国之力，而强欲摹拟共和，或恢复帝制，以为救亡之计，亦犹瞽者无见，与以膏炬，适无益而增扰耳。夫政府不善，取而易之，国无恙也。今吾国之患，非独在政府。国民之智力，由面面观之，能否建设国家于二十世纪，夫非浮夸自大，诚不能无所怀疑。然则立国既有所难能，亡国自在所不免，瓜分之局，事实所趋，不肖者固速其成，贤者亦难遏其势。且平情论之，亡国为奴，岂国人之所愿。惟详察政情，在急激者即亡国瓜分，亦以为非可恐可悲之事。国家者，保障人民之权利，谋益人民之幸福者也。不此之务，其国也存之无所荣，亡之无所惜。若中国之为国，外无以御侮，内无以保民，不独无以保民，且适以残民，朝野同科，人民绝望。如此国家，一日不亡，外债一日不止；滥用国家威权，敛钱杀人，杀人敛钱，亦未能一日获已；拥众攘权，民罹锋镝，党同伐异，诛及妇孺，吾民何辜，遭此荼毒！"奚我〔傒予〕后，后来其苏。"海外之师至，吾民必且有垂涕而迎之者矣。若其执爱国之肤见，卫虐民之残体，在彼辈视之，非愚即狂，实则国人如此设心，初不为怪。盖保民之国家，爱之宜也；残民之国家，爱之也何居。岂吾民获罪于天，非留此屠戮人民之国家以为罚而莫可赎耶？或谓：恶国家胜于无国家。予则云：残民之祸，恶国家甚于无国家。失国之民诚苦矣，然其托庇于法治国主权之下，权利虽不与主人等，视彼乱国之孑遗，尚若天上焉，安在无国家之不若恶国家哉！其欲保存恶国家者，实欲以保存恶政府，故作危言，以耸国民力争自由者之听，勿为印度，勿为朝鲜，非彼曲学下流，举以讽戒吾民者乎？夷考其实，其言又何啻梦呓也。夫贪吏展牙于都邑，盗贼接踵于国中，法令从心，冤狱山积，交通梗塞，水旱仍天，此皆吾人切身之痛，而为印度、朝鲜人之所无。犹太人非亡国之民乎？寄迹天涯，号为富有，去吾颠连无告之状，殆不可道里计。不暇远征，且观域内，以吾土地之广，惟租界居民得以安宁自由。是以辛亥京津之变，癸丑南京之役，人民咸以其地不立化夷场为憾。此非京、津、江南人之无爱国心也，国家实不能保民而致其爱，其爱国心遂为其自觉心所排而去尔。呜乎！国家国家，尔行尔法，吾人诚无之不为忧，有之不为喜。吾人非咒尔亡，实不禁以此自觉也。

署名：独秀

《甲寅杂志》第一卷第四号

1914 年 11 月 10 日

敬 告 青 年

（一九一五年九月十五日）

窃以少年老成，中国称人之语也；年长而勿衰（Keep young while growing old），英美人相勗之辞也：此亦东西民族涉想不同现象趋异之一端欤？青年如初春，如朝日，如百卉之萌动，如利刃之新发于硎，人生最可宝贵之时期也。青年之于社会，犹新鲜活泼细胞之在人身。新陈代谢，陈腐朽败者无时不在天然淘汰之途，与新鲜活泼者以空间之位置及时间之生命。人身遵新陈代谢之道则健康，陈腐朽败之细胞充塞人身则人身死；社会遵新陈代谢之道则隆盛，陈腐朽败之分子充塞社会则社会亡。

准斯以谈，吾国之社会，其隆盛耶？抑将亡耶？非予之所忍言者。彼陈腐朽败之分子，一听其天然之淘汰，惟不愿以如流之岁月，与之说短道长，希冀其脱胎换骨也。予所欲涕泣陈词者，惟属望于新鲜活泼之青年，有以自觉而奋斗耳！

自觉者何？自觉其新鲜活泼之价值与责任，而自视不可卑也。奋斗者何？奋其智能，力排陈腐朽败者以去，视之若仇敌，若洪水猛兽，而不可与为邻，而不为其菌毒所传染也。

呜呼！吾国之青年，其果能语于此乎？吾见夫青年其年龄，而老年其身体者十之五焉；青年其年龄或身体，而老年其脑神经者十之九焉。华其发，泽其容，直其腰，广其膈，非不俨然青年也；及叩其头脑中所涉想所怀抱，无一不与彼陈腐朽败者为一丘之貉。其始也未常不新鲜活泼，寖假而为陈腐朽败分子所同化者有之；寖假而畏陈腐朽败分子势力之庞大，瞻顾依回，不敢明目张胆，作顽狠之抗斗者有之。充塞社会之空气，无往而非陈腐朽败焉，求些少之新鲜活泼者，以慰吾人窒息之绝望，亦杳不可得。

循斯现象，于人身则必死，于社会则必亡。欲救此病，非太息咨嗟之所能济，是在一二敏于自觉勇于奋斗之青年，发挥人间固有之智能，抉择人间种种之思想——孰为新鲜活泼而适于今世之争存，孰为陈腐朽败而不容留置于脑里——利刃断铁，快刀理麻，决不作牵就依违之想，自度度人，社会庶几其有清宁之日也。青年乎！其有以此自任者乎？若夫明其是非，以供抉择，谨陈六义，幸平心察之：

（一）自主的而非奴隶的

等一人也，各有自主之权，绝无奴隶他人之权利，亦绝无以奴自处之义务。奴隶云者，古之昏弱对于强暴之横夺，而失其自由权利者之称也。自人权平等之说兴，奴隶之名，非血气所忍受。世称近世欧洲历史为“解放历史”：破坏君权，求政治之解放也；否认教权，求宗教之解放也；均产说兴，求经济之解放也；女子参政运动，求男〔女〕权之解放也。

解放云者，脱离夫奴隶之羁绊，以完其自主自由之人格之谓

也。我有手足，自谋温饱；我有口舌，自陈好恶；我有心思，自
崇所信；绝不认他人之越俎，亦不应主我而奴他人：盖自认为独
立自主之人格以上，一切操行，一切权利，一切信仰，唯有听命
各自固有之智能，断无盲从隶属他人之理。非然者，忠孝节义，
奴隶之道德也；德国大哲尼采（Nietzsche）别道德为二类：有独
立心而勇敢者曰贵族道德（Morality of Noble），谦逊而服从者曰
奴隶道德（Morality of Slave）。轻刑薄赋，奴隶之幸福也；称颂
功德，奴隶之文章也；拜爵赐第，奴隶之光荣也；丰碑高墓，奴
隶之纪念物也。以其是非荣辱，听命他人，不以自身为本位，则
个人独立平等之人格，消灭无存，其一切善恶行为，势不能诉之
自身意志而课以功过；谓之奴隶，谁曰不宜？立德立功，首当
辨此。

（二）进步的而非保守的

人生如逆水行舟，不进则退，中国之恒言也。自宇宙之根本
大法言之，森罗万象，无日不在演进之途，万无保守现状之理；
特以俗见拘牵，谓有二境，此法兰西当代大哲柏格森（H. Borg-
son）之创造进化论（L'Evolution Creatrice）所以风靡一世也。
以人事之进化言之：笃古不变之族，日就衰亡；日新求进之民，
方兴未已；存亡之数，可以逆睹。矧在吾国，大梦未觉，故步自
封，精之政教文章，粗之布帛水火，无一不相形丑拙，而可与当
世争衡？

举凡残民害理之妖言，率能征之故训，而不可谓诬，谬种流

传，岂自今始！固有之伦理，法律，学术，礼俗，无一非封建制度之遗，持较晰种之所为，以并世之人，而思想差迟，几及千载；尊重廿四朝之历史性，而不作改进之图；则驱吾民于二十世纪之世界以外，纳之奴隶牛马黑暗沟中而已，复何说哉！于此而言保守，诚不知为何项制度文物，可以适用生存于今世。吾宁忍过去国粹之消亡，而不忍现在及将来之民族，不适世界之生存而归削〔消〕灭也。

呜呼！巴比伦人往矣，其文明尚有何等之效用耶？"皮之不存，毛将焉傅？"世界进化，骎骎未有已焉。其不能善变而与之俱进者，将见其不适环境之争存，而退归天然淘汰已耳，保守云乎哉！

（三）进取的而非退隐的

当此恶流奔进之时，得一二自好之士，洁身引退，岂非希世懿德；然欲以化民成俗，请于百尺竿头，再进一步。夫生存竞争，势所不免，一息尚存，即无守退安隐之余地。排万难而前行，乃人生之天职。以善意解之，退隐为高人出世之行；以恶意解之，退隐为弱者不适竞争之现象。欧俗以横厉无前为上德，亚洲以闲逸恬淡为美风：东西民族强弱之原因，斯其一矣。此退隐主义之根本缺点也。

若夫吾国之俗，习为委靡：苟取利禄者，不在论列之数；自好之士，希声隐沦，食粟衣帛，无益于世，世以雅人名士目之，实与游惰无择也。人心秽浊，不以此辈而有所补救，而国民抗往

之风，植产之习，于焉以斩。人之生也，应战胜恶社会，而不可
为恶社会所征服；应超出恶社会，进冒险苦斗之兵，而不可逃遁
恶社会，作退避安闲之想。呜呼！欧罗巴铁骑，入汝室矣；将高
卧白云何处也？吾愿青年之为孔墨，而不愿其为巢由；吾愿青年
之为托尔斯泰与达噶尔（R. Tagore，印度隐遁诗人），不若其为
哥伦布与安重根！

（四）世界的而非锁国的

并吾国而存立于大地者，大小凡四十余国，强半与吾有通商
往来之谊。加之海陆交通，朝夕千里。古之所谓绝国，今视之若
在户庭。举凡一国之经济政治状态有所变更，其影响率被于世
界，不啻牵一发而动全身也。立国于今之世，其兴废存亡，视其
国之内政者半，影响于国外者恒亦半焉。以吾国近事证之：日本
勃兴，以促吾革命维新之局；欧洲战起，日本乃有对我之要求。
此非其彰彰者耶？投一国于世界潮流之中，笃旧者固速其危亡，
善变者反因以竞进。

吾国自通海以来，自悲观者言之，失地偿金，国力索矣；自
乐观者言之，倘无甲午庚子两次之福音，至今犹在八股垂发时
代。居今日而言锁国闭关之策，匪独力所不能，亦且势所不利。
万邦并立，动辄相关，无论其国若何富强，亦不能漠视外情，自
为风气。各国之制度文物，形式虽不必尽同，但不思驱其国于危
亡者，其遵循共同原则之精神，渐趋一致，潮流所及，莫之能
违。于此而执特别历史国情之说，以冀抗此潮流，是犹有锁国之

精神，而无世界之智识。国民而无世界智识，其国将何以图存于世界之中？语云："闭户造车，出门未必合辙。"今之造车者，不但闭户，且欲以周礼考工之制，行之欧美康庄，其患将不止不合辙已也！

（五）实利的而非虚文的

自约翰弥尔（J. S. Mill）"实利主义"唱道于英，孔特（Comte）之"实证哲学"唱道于法，欧洲社会之制度，人心之思想为之一变。最近德意志科学大兴，物质文明，造乎其极，制度人心，为之再变。举凡政治之所营，教育之所期，文学技术之所风尚，万马奔驰，无不齐集于厚生利用之一途。一切虚文空想之无裨于现实生活者，吐弃殆尽。当代大哲，若德意志之倭根（R. Eucken），若法兰西之柏格森，虽不以现时物质文明为美备，咸揭橥生活（英文曰 Life，德文曰 Leben，法文曰 La vie）问题，为立言之的。生活神圣，正以此次战争，血染其鲜明之旗帜。欧人空想虚文之梦，势将觉悟无遗。

夫利用厚生，崇实际而薄虚玄，本吾国初民之俗；而今日之社会制度，人心思想，悉自周汉两代而来——周礼崇尚虚文，汉则罢黜百家而尊儒重道。——名教之所昭垂，人心之所祈向，无一不与社会现实生活背道而驰。倘不改弦而更张之，则国力将莫由昭苏，社会永无宁日。祀天神而拯水旱，诵孝经以退黄巾，人非童昏，知其妄也。物之不切于实用者，虽金玉圭璋，不布粟粪土？若事之无利于个人或社会现实生活者，皆虚文也，诳人之事也。诳人之事，虽祖宗之所遗留，圣贤之所垂教，政府之所提倡，社会之所崇尚，皆一文不值也！

（六）科学的而非想象的

科学者何？吾人对于事物之概念，综合客观之现象，诉之主观之理性而不矛盾之谓也。想象者何？既超脱客观之现象，复抛弃主观之理性，凭空构造，有假定而无实证，不可以人间已有之智灵，明其理由，道其法则者也。在昔蒙昧之世，当今浅化之民，有想象而无科学。宗教美文，皆想象时代之产物。近代欧洲之所以优越他族者，科学之兴，其功不在人权说下，若舟车之有两轮焉。今且日新月异，举凡一事之兴，一物之细，罔不诉之科学法则，以定其得失从违；其效将使人间之思想云为，一遵理性，而迷信斩焉，而无知妄作之风息焉。

国人而欲脱蒙昧时代，羞为浅化之民也，则急起直追，当以科学与人权并重。士不知科学，故袭阴阳家符瑞五行之说，惑世诬民；地气风水之谈，乞灵枯骨。农不知科学，故无择种去虫之术。工不知科学，故货弃于地，战斗生事之所需，一一仰给于异国。商不知科学，故惟识罔取近利，未来之胜算，无容心焉。医不知科学，既不解人身之构造，复不事药性之分析，菌毒传染，更无闻焉；惟知附会五行生克寒热阴阳之说，袭古方以投药饵，其术殆与矢人同科；其想象之最神奇者，莫如"气"之一说；其说且通于力士羽流之术；试遍索宇宙间，诚不知此"气"之果为何物也！

　　凡此无常识之思，惟无理由之信仰，欲根治之，厥维科学。夫以科学说明真理，事事求诸证实，较之想象武断之所为，其步度诚缓；然其步步皆踏实地，不若幻想突飞者之终无寸进也。宇宙间之事理无穷，科学领土内之膏腴待辟者，正自广阔。青年勉乎哉！

署名：陈独秀

《青年杂志》第一卷第一号

1915 年 9 月 15 日

法兰西人与近世文明

（一九一五年九月十五日）

文明云者，异于蒙昧未开化者之称也。La Civilisation，汉译为文明，开化，教化，诸义。世界各国，无东西今古，但有教化之国，即不得谓之无文明。惟地阻时更，其质量遂至相越。古代文明，语其大要，不外宗教以止残杀，法禁以制黔首，文学以扬神武。此万国之所同，未可自矜其特异者也。近世文明，东西洋绝别为二。代表东洋文明者，曰印度，曰中国。此二种文明虽不无相异之点，而大体相同，其质量举未能脱古代文明之窠臼，名为"近世"，其实犹古之遗也。可称曰"近世文明"者，乃欧罗巴人之所独有，即西洋文明也；亦谓之欧罗巴文明。移植亚美利加，风靡亚细亚者，皆此物也。欧罗巴之文明，欧罗巴各国人民，皆有所贡献，而其先发主动者率为法兰西人。

近代文明之特征，最足以变古之道，而使人心社会划然一新者，厥有三事：一曰人权说，一曰生物进化论，一曰社会主义，是也。

法兰西革命以前，欧洲之国家与社会，无不建设于君主与贵族特权之上，视人类之有独立自由人格者，唯少数之君主与贵族而已；其余大多数之人民，皆附属于特权者之奴隶，无自由权利之可言也。自千七百八十九年，法兰西拉飞耶特（Lafayette）美国独立宣言书亦其所作。之"人权宣言"（La declaration des droits de l'hommes）刊布中外，欧罗巴之人心，若梦之觉，若醉之醒，晓然于人权之可贵，群起而抗其君主，仆其贵族，列国宪章，赖以成立。薛纽伯有言曰："古之法律，贵族的法律也。区别人类以不平等之阶级，使各人固守其分位。然近时之社会，民主的社会也。人人于法律之前，一切平等。不平等者虽非全然消灭，所存者关于财产之私不平等而已，公平等固已成立矣。"（语见薛氏所著 Histoire de la Civilisation Contomporaine 之"结论"第四一五页。）由斯以谈，人类之得以为人，不至永沦奴籍者，非法兰西人之赐而谁耶？

宗教之功，胜残劝善，未尝无益于人群；然其迷信神权，蔽塞人智，是所短也。欧人笃信创造世界万物之耶和华，不容有所短长，一若中国之隆重纲常名教也。自英之达尔文，持生物进化之说，谓人类非由神造，其后递相推演，生存竞争优胜劣败之格言，昭垂于人类，人类争吁智灵，以人胜天，以学理构成原则，自造其祸福，自导其知行，神圣不易之宗风，任命听天之惰性，吐弃无遗，而欧罗巴之物力人功，于焉大进。世多称生物学为十九世纪文明之特征，然追本溯源，达尔文生物进化之说，实本诸法兰西人拉马尔克（Lamarck）。拉氏之《动物哲学》，出版于千八百有九年，以科学论究物种之进化，与人类之由来，实空前大著也。其说谓生物最古之祖先，为最下级之单纯有机体；此单纯有机体，乃由无机物自然发生，以顺应与遗传，为生物进化之二大作用。其后五十年，倾动世界之达尔文进化论，盖继拉氏而起者也。法兰西人之有大功于人类也又若此！

　　近世文明之发生也，欧罗巴旧社会之制度，破坏无余，所存者私有财产制耳。此制虽传之自古，自竞争人权之说兴，机械资本之用广，其害遂演而日深：政治之不平等，一变而为社会之不平等；君主贵族之压制，一变而为资本家之压制：此近世文明之缺点，毋庸讳言者也。欲去此不平等与压制，继政治革命而谋社会革命者，社会主义是也。可谓之反对近世文明之欧罗巴最近文明。其说始于法兰西革命时，有巴布夫（Babeuf）者，主张废弃所有权，行财产共有制（La communaute des biens）。其说未为当世所重。十九世纪之初，此主义复盛兴于法兰西。圣西孟（Saint-Simon）及傅里耶（Fonrier），其最著称者也。彼等所主张者，以国家或社会，为财产所有主，人各从其才能以事事，各称其劳力以获报酬，排斥违背人道之私有权，而建设一新社会也。其后数十年，德意志之拉萨尔（Lassalle）及马克斯（Karl Marx），承法人之师说，发挥而光大之，资本与劳力之争愈烈，社会革命之声愈高。欧洲社会，岌岌不可终日。财产私有制虽不克因之遽废，然各国之执政及富豪，恍然于贫富之度过差，决非社会之福；于是谋资本劳力之调和，保护工人，限制兼并，所谓社会政策是也。晚近经济学说，莫不以生产分配，相提并论。继此以往，贫民生计，或以昭苏。此人类之幸福，受赐于法兰西人者又其一也。

　　此近世三大文明，皆法兰西人之赐。世界而无法兰西，今日之黑暗不识仍居何等。创造此文明之恩人方与军国主义之德意志人相战，其胜负尚未可逆睹。夫德意志之科学，虽为吾人所尊崇，仍属近代文明之产物；表示其特别之文明有功人类者，吾人未之知也；所可知者，其反对法兰西人所爱之平等自由博爱而已。文明若德意志，其人之理想，决非东洋诸国可比。其文豪大哲，社会党人，岂无一爱平等自由博爱，为世矜式者？特其多数人之心理，爱自由爱平等之心，为爱强国强种之心所排而去，不若法兰西人之嗜平等博爱自由，根于天性，成为风俗也。英俄之攻德意志，其用心非吾所知；若法兰西人，其执戈而为平等博爱自由战者，盖十人而八九也。即战而败，其创造文明之大恩，吾人亦不可因之忘却。昔法败于德，德之大哲尼采曰："吾德人勿胜而骄，彼法兰西人历世创造之天才，实视汝因袭之文明而战胜也。"吾人当三复斯言。

署名：陈独秀

《青年杂志》第一卷第一号

1915 年 9 月 15 日

答王庸工（国体）[*]

（一九一五年九月十五日）

按筹安会诸人所持国体变更之理由：一曰，共和国家，不若君宪国之易致富强。使此理而果真也，则西班牙、意大利之富强，应驾法、美而上。予觉诸人主张君宪，犹属过崇欧化。不若辜鸿铭之劝欧人毁坏宪章，改奉中国孔子春秋尊王之教，更觉切中时弊也。一曰，按诸中国历史国情，前此未有民主，今之共和，仓卒定之，未经国民之讨论也。窃以事物变更，必有其朔，亦未闻何国之共和，乃国民从容讨论之所改定也。一曰，人民程度，不适共和，欲救中国，厥惟君宪。立宪非君主不可，君主非立宪亦不可。窃以立宪政治，非易业也。人民程度，果堪立宪，而谓之不适共和，诚所不解。救中国非君主不可，谨闻命矣。公等皇皇，当不逾三月。惟"非立宪不可"五字，望杨度勿忘今日之言。一曰，国人迷信共和，当以葡萄牙、墨西哥及南美诸邦为前车之鉴。不知南美诸共和国，均有蒸蒸日上之势，其国民之自由幸福，犹在西班牙、土耳其、日本之上。即葡萄牙、墨西哥

---

* 为了加强与读者的互动，《新青年》（1915 年尚为《青年杂志》）特设"通信栏"。陈独秀对读者的很多回信均发表于这个栏目，最初发表时无标题。本书标题均参照 1922 年亚东图书馆版的《独秀文存》"通信"卷。

之国力民智，亦岂吾国所可望尘，竟引以为戒，不虑葡、墨人之窃笑也耶！一曰，共和国元首改选，易至争夺酿乱，不若君位确定之长享太平也。呜呼！诸人多通相研书者，试展卷稽之。其争夺杀戮之惨，有以加之否邪？筹安会诸人所持上列之理由，均未能令人满足。诸人而欲行其志也，必别寻他项之理由，或不必待理由之讨论，亦无不可。尊欲本志著论非之，则雅非所愿。盖改造青年之思想，辅导青年之修养，为本志之天职。批评时政，非其旨也。国人思想倘未有根本之觉悟，直无非难执政之理由。年来政象所趋，无一非遵守中国之法，先王之教，以保存国粹而受非难。难呼其为政府矣！欲以邻国之志警告国民耶？吾国民雅不愿与闻政治！日本之哀的美敦书，曾不足以警之，何有于本志之一文。

署名：记者

《青年杂志》第一卷第一号

1915 年 9 月 15 日

今日之教育方针

（一九一五年十月十五日）

居今日之中国而谈教育，无贤不肖将共非之。上方百计仆此以为弭乱之计，下亦以非生事所需，一言教育，贤者叹为空谈，不肖者詈为多事，吾则以为皆非也。多事之说，良以教育非能致富求官也，然则教育之所以急需，正为此辈而设。空谈之说，亦志行薄弱，随俗进退者之用心，吾无取也。何以言之？盖教育有广狭二义：自狭义言之，乃学校师弟之所授受；自广义言之，凡伟人大哲之所遗传，书籍报章之所论列，家庭之所教导，交游娱乐之所观感，皆教育也。以执政之摧残学校，遂谓无教育之可言，执政倘焚书坑儒，将更谓识字之迂阔乎？以如斯志行薄弱之人主持教育，虽学校遍乎域中，岁费增至亿万，兴国作民之事，必无望也！反乎此者，虽执政尽废全国学校，而广义教育，非其力所能悉除，强毅之士，不为所挠，填海移山，行见教育精神，终有救国新民之一日。发空谈之长叹，煽消极之恶风，其罪殆与摧残教育之执政相等。即以狭义之教育言之，二三年来，学校破坏，诚可痛心；然就此孑遗，非绝无振作精神之余地；乃必欲委心任运，因循敷衍，致此残败之余，亦归残败，青年学子，用以自放，绝无进取向上之心，呜呼！是谁之罪欤？吾以为已破坏之学校，罪在执政；未破坏之学校，其腐败堕落等于破坏者，则罪在教育家！

教育家之整理教育，其术至广，而大别为三：一曰教育之对象，一曰教育之方针，一曰教育之方法。教育之对象者，即受教育者之生理的及心理的性质也；教育之方针者，应采何主义以为归宿也；教育之方法者，应若何教授陶冶以实施此方针也。三者之中，以教育之方针为最要：如矢之的，如舟之柁。不此是图，其他设施，悉无意识。

第所谓教育方针者，中外古今，举无一致。欧洲中世，教育之权，操之僧侣，其所持教育方针，乃以养成近似神子（即耶稣）之人物；近世政教分离，国民普通教育，恒属于国家之经营，施教方针，于焉大异。斯巴达（Sparta 古代希腊 Laconia 州之首府）人之教育，期以好勇善斗，此所谓军国民教育主义也。此主义已为近世教育家所不取。德意志及日本虽以军国主义闻于天下，然其国之隆盛，盖不独在兵强，其国民教育方针，德智力三者未尝偏废。以其戕贼人间个性之自由，失设教之正鹄也。法兰西哲学者卢梭，以人生本乎自然，为立教之则，此哲家之偏见，未可施诸国民普通教育者也。德意志之哲学者赫尔巴特（Herbart），近世教育家之泰斗也。其说以品行之陶冶，为教育之极则，十九世纪言教育者，多以赫氏为宗。所谓赫尔巴特派教育学与康德派哲学，殆如并世之双峰；然晚近学者多非之，至称为雕刻师而非教育家，盖以其徒事表象之庄严，陷于漠视体育与心灵二大缺点也。现今欧美各国之教育，罔不智德力三者并重而不偏倚，此其共通之原理也。而各国特有之教育精神：英吉利所重者，个人自由之私权也；德意志所重者，军国主义，举国一致之精神也；法兰西者，理想高尚，艺术优美之国也；亚美利加者，兴产殖业，金钱万能主义之国也。稽此列强教育之成功，均有以矜式宇内者。吾国今日之教育方针，将何所取法乎？

窃以理无绝对之是非，事以适时为兴废。吾人所需于教育者，亦去其不适以求其适而已。盖教育之道无他，乃以发展人间身心之所长而去其短，长与短即适与不适也。以吾昏惰积弱之民，谋教育之方针，计惟去短择长，弃不适以求其适；易词言之，即补偏救弊，以求适世界之生存而已。外览列强之大势，内鉴国势之要求，今日教学相期者，第一当了解人生之真相，第二当了解国家之意义，第三当了解个人与社会经济之关系，第四当了解未来责任之艰巨。准此以定今日教育之方针，教于斯，学于斯，吾国庶有起死回生之望乎。依此方针，说其义于下方：

（一）现实主义

人生之真相，果如何乎？此哲学上之大问题也。欲解决此问题，似尚非今世人智之所能。征诸百家已成之说，神秘宗教，诉之理性，决其立言之不诚，定命之说，不得初因，难言后果。印度诸师，悉以现象世界为妄觉，以梵天真如为本体；惟一切有部之说微异斯旨。惟征之近世科学，官能妄觉，现象无常，其说不误。然觉官有妄，而物体自真；现象无常，而实质常住。森罗万象，瞬刻变迁，此无常之象也。原子种性，相续不灭，此常之象也。原子种性不灭，则世界无尽；世界无尽，则众生无尽；众生无尽，则历史无尽。尔我一身，不过人间生命一部分之过程，勿见此身无常,遂谓世间一切无常;尔之种性及历史,乃与此现在实有之世界相永续也。以现象之变迁,疑真常之存在,于物质世界之外,假定梵天真如以为本体,薄现实而趣空观,厌倦偷安,人治退化,印度民族之衰微,古教宗风,不能无罪也。耶稣之教,以为人造于神,复归于神,善者予以死后之生命,恶者夺之,以人生为神之事业。其说虽诞,然谓天国永生,而不指斥人世生存为妄幻,故信奉其教之民,受祸尚不若印度之烈。加之近世科学大兴,人治与教宗并立,群知古说迷信,不足解决人生问题矣。

总之,人生真相如何,求之古说,恒觉其难通;征之科学,差谓其近是。近世科学家之解释人生也:个人之于世界,犹细胞之于人身,新陈代谢,死生相续,理无可逃;惟物质遗之子孙,原子不灭精神传之历史;种性不灭个体之生命无连续,全体之生命无断灭;以了解生死故,既不厌生,复不畏死;知吾身现实之生存,为人类永久生命可贵之一隙,非常非暂,益非幻非空;现实世界之内有事功,现实世界之外无希望。唯其尊现实也,则人治兴焉,迷信斩焉:此近世欧洲之时代精神也。此精神磅薄〔礴〕无所不至:见之伦理道德者,为乐利主义;见之政治者,为最大多数幸福主义;见之哲学者,曰经验论,曰唯物论;见之宗教者,曰无神论;见之文学美术者,曰写实主义,曰自然主义。一切思想行为,莫不植基于现实生活之上。古之所谓理想的道德的黄金时代,已无价值之可言。德意志诗人海雷(Heine 生于一七九七年,卒于一八五六年)有言曰:"海之帝国属于英吉利,陆之帝国属于法兰西,空之帝国属于德意志。"斯言也,意在讽劝其国人,一变其理想主义而为现实主义也。现实主义,诚今世贫弱国民教育之第一方针矣。

（二）惟民主义

封建时代，君主专制时代，人民惟统治者之命是从，无互相连络之机缘，团体思想，因以薄弱。此种散沙之国民，投诸国际生存竞争之漩涡，国家之衰亡，不待著卜。是以世界优越之民族，由家族团体，进而为地方团体，更进而为国家团体。近世欧洲文明进于中古者，国家主义，亦一特异之征也。第国家主义既盛，渐趋过当，遂不免侵害人民之权利。是以英法革命以还，惟民主义，已为政治之原则。美法等共和国家无论矣，即君主国，若英吉利，若比利时，亦称主权在民，实行共和政治。欧洲各国，俄罗斯土耳其之外，未有敢蹂躏宪章，反抗民意者也。十八世纪以来之欧洲绝异于前者，惟民主义之赐也。吾人非崇拜国家主义，而作绝对之主张；良以国家之罪恶，已发见于欧洲，且料此物之终毁。第衡之吾国国情，国民犹在散沙时代，因时制宜，国家主义，实为吾人目前自救之良方。

惟国人欲采用此主义，必先了解此主义之内容。内容维何？欧美政治学者诠释近世国家之通义曰："国家者，乃人民集合之团体，辑内御外，以拥护全体人民之福利，非执政之私产也。"易词言之，近世国家主义，乃民主的国家，非民奴的国家。民主国家，真国家也，国民之公产也，以人民为主人，以执政为公仆者也。民奴国家，伪国家也，执政之私产也，以执政为主人，以国民为奴隶者也。真国家者，牺牲个人一部分之权利，以保全体国民之权利也。伪国家者，牺牲全体国民之权利，以奉一人也。民主而非国家，吾不欲青年耽此过高之理想；国家而非民主，则将与民为邦本之说，背道而驰。若惟民主义之国家，固吾人财产身家之所托。人民应有自觉自重之精神，毋徒事责难于政府。若期期唯共和国体是争，犹非根本之计也。

（三）职业主义

现实之世界，即经济之世界也。举凡国家社会之组织，无不为经济所转移所支配。古今社会状态之变迁，与经济状态之变迁，同一步度。此社会学者经济学者所同认也。今日之社会，植产兴业之社会也；分工合力之社会也；尊重个人生产力，以谋公共安宁幸福之社会也。一人失其生产力，则社会失其一部分之安宁幸福。生产之力，弱于消费，于社会，于个人，皆属衰亡之兆。

征之吾国经济现象，果如何乎？功利货殖，自古为羞；养子孝亲，为毕生之义务：此道德之害于经济者也。债权无效，游惰无惩：此法律之害于经济者也。官吏苛求，上下无信；姬妾仆从，漫无限制：此政治之害于经济者也。并此数因，全国之人，习为游惰：君子以闲散鸣高，遗累于戚友；小人以骗盗糊口，为害于闾阎。生寡食众，用急为舒。于此经济竞争剧烈之秋，欲以三等流氓（政治家为高等流氓，士人为中等流氓，流氓为下等流氓，以其均无生产力也）立国，不其难乎？

今之教育，倘不以尊重职业为方针，不独为俗见所非，亦经世家所不取。盖个人以此失其独立自营之美德，社会经济以此陷于不克自存之悲境也。

（四）兽性主义

日本福泽谕吉有言曰："教育儿童，十岁以前，当以兽性主义；十岁以后，方以人性主义。"进化论者之言曰：吾人之心，乃动物的感觉之继续。人间道德之活动，乃无道德的冲动之继续。良以人类为他种动物之进化，其本能与他动物初无异致。所不同者，吾人独有自动的发展力耳。强大之族，人性，兽性，同时发展。其他或仅保兽性，或独尊人性，而兽性全失，是皆堕落衰弱之民也。

兽性之特长谓何？曰，意志顽狠，善斗不屈也；曰，体魄强健，力抗自然也；曰，信赖本能，不依他为活也；曰，顺性率真，不饰伪自文也。皙种之人，殖民事业遍于大地，唯此兽性故；日本称霸亚洲，唯此兽性故。彼之文明教育，粲然大备，而烛远之士，恒期期以丧失此性为忧，良有以也。

余每见吾国曾受教育之青年，手无缚鸡之力，心无一夫之雄；白面纤腰，妩媚若处子；畏寒怯热，柔弱若病夫：以如此心身薄弱之国民，将何以任重而致远乎？他日而为政治家，焉能百折不回，冀其主张之贯彻也？他日而为军人，焉能戮力疆场，百战不屈也？他日而为宗教家，焉能投迹穷荒，守死善道也？他日而为实业家，焉能思穷百艺，排万难，冒万险，乘风破浪，制胜万里外也？纨绔子弟，遍于国中；朴茂青年，等诸麟凤；欲以此角胜世界文明之猛兽，岂有济乎？茫茫禹域，来日大难。吾人倘不以劣败自甘，司教育者与夫受教育者，其速自觉觉人，慎毋河汉吾言，以常见虚文自蔽也！

署名：陈独秀

《青年杂志》第一卷第二号

1915 年 10 月 15 日

答 李 平 敬

（一九一五年十月十五日）

平敬先生：

来札敬悉。沪上授法文之学校，以法工部局所设之西童公学最称善。然非解普通法语能听讲，且与校长有素者，不获入学。其次则公教会所设之徐汇公学及震旦学院。徐汇为中学程度，学程四年，毕业后入震旦本科。震旦预科三年，本科三年。本科分文、工、医三门。此外青年会亦有法文夜课，程度尚不甚高。学于他校亦可兼及之，闻有教会私人所设之中法学校及法文公书馆，华人可以入学，惟不悉其内容如何。以法人授法文，当不恶也。李君石曾，闻尚居巴黎，所译二书，犹未出版。《互助》不独为克氏生平杰作，与达尔文之书同为人类不刊之典。达氏书言万物由竞争而进，不适者自处于天然淘汰（Natural Selection）之境。克氏书言人类进步，由于互助，不由于竞争，号为与达氏异趣。鄙意以为人类之进化，竞争与互助，二者不可缺一，犹车之两轮，鸟之双翼，其目的仍不外自我之生存与进步，特其间境地有差别，界限有广狭耳。克、达二氏各见真理之一面，合二氏之书，始足说明万物始终进化之理。尚有一事又吾人所宜知者。吾人未读达氏全书，偶闻其竞争之说，视为损人利己之恶魔，左袒强权之先导，其实非也。达氏虽承认利己心为个体间相互竞争之必要，而亦承认爱他心为团体间竞争之道德也。所著《人类由来》，有言曰："以富于爱国心（Atriotism）、信义心（Fidelitry）、服从心（Obedience）及同情心（Sympathy）之故，随时得见互助之效，人人能为公美（Common good）而牺牲私己。以此种社会与反此之社会相竞争，必占胜利，是即一种之天然淘汰也。"见 Descent of Man，Part 1. Chap. V. P. 203（1901）。又曰："同情之本能，原来为社会本能之一部分。吾人遇夫无论以何种理由为土台之抗议，倘不欲抛弃吾人性质最高尚之一面，将未能抑压此同情心也。"见同书二〇六页。观此则同情心及互助之说，未尝不见于达氏之书。第其立脚点，乃以为团体间竞争之手段，斯与克氏不同耳。质之足下，以为如何。

署名：记者

《青年杂志》第一卷第二号

1915 年 10 月 15 日

抵　抗　力

（一九一五年十一月十五日）

（一）抵抗力之谓何

天道远，人道迩；天道恶，人道善。吾人眼前之正路，取径乎迩而不迷其远，尽力乎善以制其恶而已。宇宙间一切生灭现象，吾人觉性之所能知，能力之所可及，此人道也。其生灭之本源，吾人所未知也，自然也，此天道也。

老聃曰："天法道，道法自然。"自然之天道，其事虽迩，其意则远。循乎自然，万物并处而日相毁：雨水就下而蚀地，风日剥木而变衰，雷雹为殃，众生相杀，孰主张是？此老氏所谓"天地不仁，以万物为刍狗"也。故曰，天道恶。众星各葆有其离力而不相并，万物各驱除其灾害而图生存，人类以技术征服自然，利用以为进化之助，人力胜天，事例最显。其间意志之运用，虽为自然进动之所苞，然以人证物，各从其意，志之欲求，以与自然相抗，而成败别焉。故曰，人道善。

兹所谓人道者，非专为人类而言。人类四大之身，亦在自然之列。惟其避害御侮自我生存之意志，万类所同，此别于自然者也。自然每趋于毁坏，万物各求其生存。一存一毁，此不得不需于抵抗力矣。抵抗力者，万物各执着其避害御侮自我生存之意志，以与天道自然相战之谓也。

（二）抵抗力之价值

万物之生存进化与否，悉以抵抗力之有无强弱为标准。优胜劣败，理无可逃。通一切有生无生物，一息思存，即一息不得无抵抗力。此不独人类为然也：行星而无抵抗力，已为太阳所吸收；植物而无抵抗力，则将先秋而零落；禽兽而无抵抗力，将何以堪此无宫室衣裳之生活？

人类之生事愈繁，所需于抵抗力者尤巨。自生理言之：所受自然之疾病，无日无时无之，治于医药者只十之二三，治于自身抵抗力者恒十之七八。自政治言之：对外而无抵抗力，必为异族所兼并；对内而无抵抗力，恒为强暴所劫持。抵抗力薄弱之人民，虽尧舜之君，将化而为桀纣；抵抗力强毅之民族，虽路易拿翁之枭杰，亦不得不勉为华盛顿；否则身戮为天下笑耳。自社会言之：群众意识，每喜从同；恶德污流，惰力甚大；往往滔天罪恶，视为其群道德之精华。非有先觉哲人，力抗群言，独标异见，则社会莫由进化。自道德言之：人秉自然，贪残成性，即有好善利群之知识，而无抵抗实行之毅力，亦将随波逐流，莫由自拔；矧食色根诸天性，强言不欲，非伪即痴。然纵之失当，每为青年堕落之源。使抗欲无力，一切操行，一切习惯，悉难趣诸向上之途，而群己之乐利，胥因以破坏。

审是人生行径，无时无事，不在剧烈战斗之中，一旦丧失其抵抗力，降服而已，灭亡而已，生存且不保，遑云进化！盖失其精神之抵抗力，已无人格之可言；失其身体之抵抗力，求为走肉行尸，且不可得也！

（三）抵抗力与吾国民性

吾国衰亡之现象，何止一端？而抵抗力之薄弱，为最深最大之病根。退缩苟安，铸为民性，腾笑万国，东邻尤肆其恶评。最近义勇青年杂志所载《支那之民族性与社会组织》文中，有言曰：

彼等但求生命财产之安全，其国土之附属何国，非所注意。其国为历代易姓革命之国也。其国王之为刘氏或李氏，乃至或英，或俄，或法，一切无所容心。所谓"凿井而饮，耕田而食，帝力于我何有哉"之言，最足表示彼等之性格。彼等所愿者，租税少，课役稀，文法不繁而已。数千年来所谓为政者，设种种文法，夺百姓之钱，以肥私腹，而百姓之利害休戚，不置眼中，终至官贼同视。彼等于个人眼前利益以外，决不喜为之。政治上之抗争，宁目为妨害产业之绝大非行，政治之良否是非，一般人民，绝不闻问。彼等但屈从强有势力者而已。……

支那今日之醒觉，不过一部分外国留学生。而一般国民，深以政争妨害自身产业，为彼等心中第一难堪之痛苦。

若夫触世界之潮流，促醒其迷梦，使知国家为何物，民权为何物，自由为何物，其日尚远也！

日人此言，强半属于知识问题者，犹可为国人恕。惟其"屈从强有势力者"一言，国人其何以忍受？然征诸吾人根性，又何能强颜不承？呜呼！国人倘抛置抵抗力，惟强有势力者是从，世界强有势力者多矣，盗贼外人，将非所择，厚颜苟安，真堪痛哭矣！呜呼！国人须知奋斗乃人生之职，苟安为召乱之媒！兼弱攻昧，弱肉强食，中外古今，举无异说。国人而抛置抵抗力，即不啻自署奴券，置身弱昧之林也。

举凡吾之历史，吾之政治，吾之社会，吾之家庭，无一非暗云所笼罩；欲一一除旧布新，而不为并世强盛之民所兼，所攻，所食，固非冒万险，排万难，莫由幸致。以积重难返之势，处竞争剧烈之秋，吾人所需抵抗力之量，较诸今日之欧战，理当无减有增。而事象所呈，适得其反。愚昧无知者无论矣，即曲学下流，合污远祸，毁节求容者，亦尚不足深责；吾人所第一痛心者，乃在抵抗力薄弱之贤人君子。其始也未尝无推倒一时之概，澄清天下之心，然一遇艰难，辄自沮丧：上者愤世自杀；次者厌世逃禅；又其次者，嫉俗隐遁；又其次者，酒博自沉。此四者，皆吾民之硕德名流，而如此消极，如此脆弱，如此退葸，如此颓唐，驯致小人道长，君子道消，天地易位，而亡国贱奴根性薄弱，其乃铁案如山矣！

或谓"今俗浇薄，固如此也"。而征之在昔，耦耕之徒，目孔墨为多事；汉明之灭，或归罪于党人；历代国变，义烈之士，亦不过慷慨悲歌，闭门自杀而已。杨雄，蔡邕，文学盖世，而贬节于王董；谯周，冯道，士林所不齿也，而少年操行，俱见重于乡党；洪承畴初未尝无殉国之志，而卒为清廷厚禄美色所动；曹操、秦桧之为巨奸大恶，妇孺所知也，而操相济南，桧为御史时，不可谓非正人君子。由是而知吾国社会恶潮流势力之伟大，与夫个人抵抗此恶潮流势力之薄弱，相习成风，廉耻道丧，正义消亡，乃以铸成今日卑劣无耻退葸苟安诡易圆滑之国民性！呜呼，悲哉！亡国灭种之病根，端在斯矣！

（四）国人抵抗力薄弱之原因及救济法

披荆斩棘，拓此宏疆，吾人之祖先，若绝无抵抗力，则已为群蛮所并吞；而酿成今日之罢弱现象者，其原因盖有三焉：

一曰学说之为害也。老尚雌退，儒崇礼让，佛说空无。义侠伟人，称以大盗；贞直之士，谓为粗横。充塞吾民精神界者，无一强梁敢进之思。惟抵抗之力，从根断矣。

一曰专制君主之流毒也。全国人民，以君主之爱憎为善恶，以君主之教训为良知。生死予夺，惟一人之意是从人格丧亡，异议杜绝。所谓纲常大义，无所逃于天地之间，而民德，民志，民气，扫地尽矣。

一曰统一之为害也。列邦并立，各自争存，智勇豪强，犹争受推重。政权统一，则天下同风，民贼独夫，益无忌惮；庸懦无论矣，即所谓智勇豪强，非自毁人格，低首下心，甘受笞挞，奉令惟谨，别无生路。"臣罪当诛，天王圣明。"至此则万物赖以生存之抵抗力，乃化而为不祥之物矣。

　　并此三因，造成今果。吾人而不以根性薄弱之亡国贱奴自处也，计惟以热血荡涤此三因，以造成将来之善果而已。

　　拿破仑有言曰："难"字，"不能"字，惟愚人字典中有之，法兰西人所不知也。孟子曰：富贵不能淫，贫贱不能移，威武不能屈，此之谓大丈夫。嘦尔孙曰：吾不识世间有可畏之事。乃木希典有言曰：训练青年，当使身心悉如钢铁。卞内基有言曰：遇难而退，遇苦而悲者，皆无能之人也。岩崎氏者，以穷汉而成日本之第一富豪，其死也，卧病数十日，未尝一出呻吟之声；美利坚力战八年而独立；法兰西流血数十载而成共和，此皆吾民之师资。幸福事功，莫由幸致。世界一战场，人生一恶斗。一息尚存，决无逃遁苟安之余地。处顺境而骄，遭逆境而馁者，皆非豪杰之士也，外境之降虏已耳！

署名：陈独秀

《青年杂志》第一卷第三号

1915 年 11 月 15 日

现代欧洲文艺史谭

（一九一五年十一月十五日、十二月十五日）

欧洲文艺思想之变迁，由古典主义（Classicalism）一变而为理想主义（Romanticism），此在十八、十九世纪之交。文学者反对模拟希腊、罗马古典文体，所取材者，中世之传奇，以抒其理想耳，此盖影响于十八世纪政治社会之革新，黜古以崇今也。十九世纪之末，科学大兴，宇宙人生之真相，日益暴露，所谓赤裸时代，所谓揭开假面时代，喧传欧土，自古相传之旧道德、旧思想、旧制度，一切破坏。文学艺术，亦顺此潮流，由理想主义，再变而为写实主义（Realism），更进而为自然主义（Naturalism）。

自然主义，唱于十九世纪法兰西之文坛，而左喇（Emile Zola，法国巴黎人，生于一八四〇年，卒于一九〇二年）为之魁。氏之毕生事业，惟执笔耸立文坛，笃崇所信，以与理想派文学家勇战苦斗，称为自然主义之拿破仑。此派文艺家所信之真理，凡属自然现象，莫不有艺术之价值，梦想理想之人生，不若取夫世事人情，诚实描写之有以发挥真美也。故左氏之所造作，欲发挥宇宙人生之真精神真现象，于世间猥亵之心意，不德之行为，诚实胪列，举凡古来之传说，当世之讥评，一切无所顾忌，诚世界文豪中大胆有为之士也。与氏最称莫逆者，法兰西小说家龚枯尔（Goncourt）、佛罗倍尔（Guctave Flaubert，法国 Rouen 人，生于一八二一年，卒于一八八〇年）及都德（Alphonse Daudet，生于一八四〇年，卒于一八九七年）。吾国胡适君所译《柏林之围》（Le Siege de Berlin，见《甲寅》第四号）及《割地》（原义最后之课 Derniere Classe）二篇皆都德所作。俄罗斯小说家屠尔格涅甫（Ivan Turgenev，生于一八一八年，卒于一八八三年），即本志译录之《春潮》作者。当时青年文士及美术家，承风扇焰，遍于欧土。自然派文学艺术之旗帜，且被于世界。法人裴利西（Georges Pellisier）不满意于自然主义者也，所著《现代文学之运动》（Le mouvement litteraire contem porain）中，有言曰："自然主义，果真失败乎？即其毁坏无复存续，而于坚持文学上之观察力，及现实界真诚之研究，其功迹亦未可没。其最可称道者，莫如小说，若佛罗倍尔，若龚枯尔兄弟〔兄名 Edmond de Goncourt（1822—1879），弟名 Jules de Goneourt（1830—1870）〕，若都德，若左喇，若莫泊三（Henri Rene Alburt Guy de Moupassant，生于一八五〇年，卒于一八九三年），若法白儿，求之吾国历代文学史中，以小说得名之正，未有能过之者也。"读此可见今日欧洲自然派文学之势力矣！

现代欧洲文艺，无论何派，悉受自然主义之感化。作者之先后辈出，亦远过前代，世所称代表作者，或举俄罗斯之托尔斯泰，法兰西之左喇，那威之易卜生（Heurik Ibesn，1828—1906），为世界三大文豪。或称易卜生及俄国屠尔格涅甫，英国王尔德，比利时之梅特尔林克（Maurice Maeterliuck，生于一八六二年，今尚生存），为近代四大代表作家。

现代欧洲文坛第一推重者，厥唯剧本，诗与小说，退居第二流。以其实现于剧场，感触人生愈切也。至若散文，素不居文学重要地位。作剧名家，若那威之易卜生，俄罗斯人安德雷甫（L. N. Andreycv，今尚生存），英人王尔德、白纳硕（Brnard Shaw）、伽司韦尔第（Galsworthy），德意志之郝卜特曼（Hauptmann），法人布若（Brieud），比利时之梅特尔林克，皆其国之代表作家，以剧称名于世界者也。

裴利西原语如下：Le naturalisme fit-il réellement faillite？S'it ne laissait rien de durable, encore aurait-il bien mérite de la littérature en la ramenant à l'observation, a l'étude sincère de la rèalite, Mais, pour ne parlerici que du roman, nous lui devous Flaubert, les Goncourt, Daudet, M. Emile Zola, Guy de Maupssant, Fadin and Faber；et peut-etre aucune autre époque de notre histoire litteraire ne fournirait, daus·un seul genre, plus de noms justement illustres.

1915 年 11 月 15 日《青年杂志》第一卷第三号 署名：陈独秀

西洋所谓大文豪，所谓代表作家，非独以其文章卓越时流，乃以其思想左右一世也。三大文豪之左喇，自然主义之魁杰也。易卜生之剧，刻画个人自由意志者也。托尔斯泰者，尊人道，恶强权，批评近世文明，其宗教道德之高尚，风动全球，益非可以一时代之文章家目之也。西洋大文豪，类为大哲人，非独现代如斯，自古尔也。若英之沙士皮亚（Shakespeare），若德之桂特（Goethe），皆以盖代文豪而为大思想家著称于世者也。

托尔斯泰之远祖，出于普鲁士，德文原姓曰狄克（Dick），俄译曰托尔斯泰（Tolstoi）。十七世纪之末，俄帝大彼得，与其姊争政权。托尔斯泰家，以助帝受爵，世为名族。大文豪托尔斯泰，生于一八二八年，为其父之第四子，三岁失母，九岁丧父，以姑母之助，学于莫斯科大学。自幼天性高逸，时作遐思，曾自述其七八岁时，发奇妙之想，以为人苟熟练，不难飞行空中，有时攀登楼窗，试飞空之技，坠地负伤，家人大惊。二十岁时，卒业于圣彼得堡法科大学，得法学士学位。不事猎官运动，归耕故乡三年，投身高加索远征军，任炮兵士官，屡冒危险，建殊功。暇时博饮渔色，豪迈作乐，为同行士官之中心。俄土战争旋起，托尔斯泰转任军令部参谋，是役也，托氏于枪林弹雨之下，三军气阻之时，毅然挥众以御敌。一八五五年，任山炮队指挥官。黑山剧战，勇名益著，依功应授侍从武官之职。乃以肆口批评军令部长官，贾老将之怨，遂以见阻。旋以报告战况之任务，急归彼得堡，坚请免职，军队生涯自此终，文学生涯自此始。

托氏从征高加索也，感其地天然之美，文思勃发，驰声帝京。及其归也，彼得堡人以贵族而兼勇士文豪欢迎之。宴饮无虚夕，一时美人名士，靡不乐与握手订交。著名小说家屠尔格涅甫，称托氏为俄罗斯拔群之著作家。当时之盛名，可以想见。然托氏理想超凡，又锐于观察力，脱身帝都欢迎文家赞赏声中，若弃弊〔蔽〕屣。复归耕故乡，时年二十有六。彼尝自述此时代之思想曰：余自战场凯旋，初以文明为人生之最大目的，而促进此文明者，文学家美术家是也。然叩之于我及我之心中，果何所能，何所知？而不能答。又觉文明之为物，不少可疑之点。因自认所信之误，遂欲脱却文学家美术家之浮名矣！又氏之"自白"书中有言曰：由文章而得之浮名与金钱，足蔽余之灵眼，数年间不能忘此结习也。彼隐居后，专心农事，暇则读书自娱，或著短篇纪事之文，然闲淡之田园生活，犹非青年托尔斯泰之所能安。居未久，遂作远游之计，首赴波斯，次至意大利，次至法兰西，得爱兄尼古喇死耗，急遽归国，伤悼之余，注全力于人生大问题"死"之研究。此托尔斯泰生平道德思想大革新之远因也。时值俄皇尼古喇一世殁，历山二世践祚，解放农奴之问题发生，俄罗斯之志士，群起以求善后之策，托氏以为此辈毫无教育之农奴子弟，乏独立生活之知识，放任置之，终无良果，应如何教导之，使为德义健全之农民，遂以此动西欧观察之念，首赴德意志，调查农民教育之组织，继游意大利、瑞典，经法之巴黎，英之伦敦，再至德意志，考察幼稚园，归国从事乡土之教育事业，时在一千八百五十九年。

署名：陈独秀

《青年杂志》第一卷第四号

1915 年 12 月 15 日

答李大魁（佛教）

（一九一五年十一月十五日）

大魁先生：

恪诵来教，启我良多。佛法为广大精深之哲学，愚所素信不疑者也。第以为人类进化，犹在中途，未敢驰想未来以薄现在，亦犹之不敢厚古以非今，故于世界一切宗教，悉怀尊敬之心。若夫迷信一端，谓为圆满，不容置议，窒思想之自由，阻人类之进化，则期期以为未可。杨、康、章、梁诸先生，皆吾辈之先觉，然吾辈之信仰，不求诸自心之真知灼见，一一盲从诸先生所云，甚非吾辈所以尊诸先生为先觉之意也。

愚之非难佛法，有精粗二义。精者何？见所为《绛纱记叙》。而某君颇不以鄙见为然。见十号甲寅通讯。其言有云："大意谓生灭由无明，然无明果自何来？世之致疑者，自昔有之矣。从未有为圆满解答者。此何以故？不可解答故。今仆所申说，亦但申说此不可解答。"夫以不可解答之理，而复事申说，下愚不解，当为识者所哂。又有以信解行证之说解予惑者。愚以为今世之人，无不欲解在信先，未解而信，其为迷信与否不可知也。粗者何？略见《新青年》一卷二号论文。吾国旧说，最尊莫如孔、老。一则崇封建之礼教，尚谦让以弱民性；一则以雌退柔弱为教，不为天下先。吾民冒险敢为之风，于焉以斩。

魏、晋以还，佛法流入，生事日毁，民性益偷，由厌世而灰心，由灰心而消极，由消极而堕落腐败，一切向上有为，字曰妄想，出世无期，而世法大坏。无政府党人所否认者，政府而已。世人骇为怪异，不敢与近。佛徒取世界有为法一切否认之，其何以率民成教？其弊一也。

好言护法，不惜献媚贵人，以宏教大业，求诸天下万恶之魁，如尊武则天为菩萨化身之类，古今不乏其人。太炎先生尝谓佛徒妄诋程、朱，而程、朱决不苟称当王之德，齐、诸孔孟，可谓知言也矣。今之人心堕落，强半由灰心偷惰而来。人无爱群向上之心，故不恤倒行逆施，以取富贵。尊函所谓妖气充塞，一班寡廉鲜耻之士大夫，奉佛宏法若钱谦益者，不且有皇皇大文，昭告海内乎？即号为大师而不腐败堕落者，去不薄世法之月霞师外，兹世曾有几人？此其弊又一也。

此事说来甚长，虽万言不能尽。愚于此问题，尚不欲多论。兹因足下之问，略道梗概而已。倘不当尊意，尚望再示，以发愚昧。不尽欲言。

署名：记者（独秀）

《青年杂志》第一卷第三号

1915 年 11 月 15 日

东西民族根本思想之差异

（一九一五年十二月十五日）

五方风土不同，而思想遂因以各异。世界民族多矣：以人种言，略分黄白；以地理言，略分东西两洋。东西洋民族不同，而根本思想亦各成一系，若南北之不相并，水火之不相容也。请言其大者：

（一）西洋民族以战争为本位，
东洋民族以安息为本位

儒者不尚力争，何况于战？老氏之教，不尚贤，使民不争，以佳兵为不祥之器；故中土自西汉以来，黩武穷兵，国之大戒，佛徒去杀，益堕健斗之风。世或称中国民族安息于地上，犹太民族安息于天国，印度民族安息于涅槃，安息为东洋诸民族一贯之精神。斯说也，吾无以易之。

若西洋诸民族，好战健斗，根诸天性，成为风俗。自古宗教之战，政治之战，商业之战，欧罗巴之全部文明史，无一字非鲜血所书。英吉利人以鲜血取得世界之霸权，德意志人以鲜血造成

今日之荣誉。若比利时，若塞尔维亚，以小抗大，以鲜血争自由，吾料其人之国终不沦亡。其力抗艰难之气骨，东洋民族或目为狂易；但能肖其万一，爱平和尚安息雍容文雅之劣等东洋民族，何至处于今日之被征服地位？

西洋民族性，恶侮辱，宁斗死；东洋民族性，恶斗死，宁忍辱。民族而具如斯卑劣无耻之根性，尚有何等颜面，高谈礼教文明而不羞愧！

（二）西洋民族以个人为本位，东洋民族以家族为本位

西洋民族，自古迄今，彻头彻尾，个人主义之民族也。英、美如此，法、德亦何独不然！尼采如此，康德亦何独不然？举一切伦理，道德，政治，法律，社会之所向往，国家之祈求，拥护个人之自由权利与幸福而已。思想言论之自由，谋个性之发展也。法律之前，个人平等也。个人之自由权利，载诸宪章，国法不得而剥夺之，所谓人权是也。人权者，成人以往，自非奴隶，悉享此权，无有差别。此纯粹个人主义之大精神也。自唯心论言之：人间者，性灵之主体也；自由者，性灵之活动力也。自心理学言之：人间者，意思之主体；自由者，意思之实现力也。自法律言之：人间者，权利之主体；自由者，权利之实行力也。所谓性灵，所谓意思，所谓权利，皆非个人以外之物。国家利益，社会利益，名与个人主义相冲突，实以巩固个人利益为本因也。

东洋民族，自游牧社会，进而为宗法社会，至今无以异焉；

自酋长政治，进而为封建政治，至今亦无以异焉。宗法社会，以家族为本位，而个人无权利，一家之人，听命家长。诗曰："君之宗之。"礼曰："有余则归之宗，不足则资之宗。"宗法社会尊家长，重阶级，故教孝；宗法社会之政治，郊庙典礼，国之大经，国家组织，一如家族，尊元首，重阶级，故教忠。忠孝者，宗法社会封建时代之道德，半开化东洋民族一贯之精神也。自古忠孝美谈，未尝无可泣可歌之事，然律以今日文明社会之组织，宗法制度之恶果，盖有四焉：一曰损坏个人独立自尊之人格；一曰窒碍个人意思之自由；一曰剥夺个人法律上平等之权利（如尊长卑幼同罪异罚之类）；一曰养成依赖性戕贼个人之生产力。东洋民族社会中种种卑劣不法惨酷衰微之象，皆以此四者为之因。欲转善因，是在以个人本位主义，易家族本位主义。

（三）西洋民族以法治为本位，以实利为本位；东洋民族以感情为本位，以虚文为本位

西洋民族之重视法治，不独国政为然，社会家庭，无不如是。商业往还，对法信用者多，对人信用者寡；些微授受，恒依法立据。浅见者每讥其俗薄而不惮烦也。父子昆季之间，称贷责偿，锱铢必较，违之者不惜诉诸法律；亲戚交游，更无以感情违法损利之事。

或谓西俗夫妇非以爱情结合艳称于世者乎？是非深知西洋民族社会之真相者也。西俗爱情为一事，夫妇又为一事。恋爱为一切男女之共性；及至夫妇关系，乃法律关系，权利关系，非纯然

爱情关系也。约婚之初，各要求其财产而不以为贪；既婚之后，各保有其财产而不以为吝。即上流社会之夫妇，一旦反目，直讼之法庭而无所愧怍。社会亦绝不以此非之。盖其国为法治国，其家庭亦不得不为法治家庭；既为法治家庭，则亲子昆季夫妇，同为受治于法之一人，权利义务之间，自不得以感情之故，而有所损益。亲不责子以权利，遂亦不重视育子之义务。避妊之法，风行欧洲。夫妇生活之外无有余赘者，咸以生子为莫大之厄运。不徒中下社会如斯也，英国贵妇人乃以爱犬不爱小儿见称于世，良以重视个人自身之利益，而绝无血统家族之观念；故夫妇问题与产子问题，不啻风马牛相去万里也。若夫东洋民族，夫妇问题，恒由产子问题而生。"不孝有三，无后为大。"旧律无子，得以出妻。重家族，轻个人，而家庭经济遂蹈危机矣。蓄妾养子之风，初亦缘此而起。亲之养子，子之养亲，为毕生之义务。不孝不慈，皆以为刻薄非人情也。

西俗成家之子，恒离亲而别居，绝经济之关系；所谓吾之家庭（My family）者，必其独立生活也；否则必曰吾父之家庭（My father's family）；用语严别，误必遗讥。东俗则不然：亲养其子，复育其孙；以五递进，又各纳妇，一门之内，人口近百矣；况夫累代同居，传为佳话。虚文炫世，其害滋多！男妇群居，内多诟谇；依赖成性，生产日微；貌为家庭和乐，实则黑幕潜张，而生机日促耳。昆季之间，率为共产，倘不相养，必为世讥。事畜之外，兼及昆季。至简之家，恒有八口。一人之力，曷以肩兹？因此被养之昆季习为游惰，贻害于家庭及社会者亦复不少。交游称贷，视为当然，其偿也无期，其质也无物，惟以感情为条件而已。仰食豪门，名流不免。以此富者每轻去其乡里，视戚友若盗贼。社会经济，因以大乱。

凡此种种恶风，皆以伪饰虚文任用感情之故。浅见者自表面论之，每称以虚文感情为重者，为风俗淳厚之征；其实施之者多外饰厚情，内恒愤忌。以君子始，以小人终；受之者习为贪惰，自促其生以弱其群耳。以此为俗，何厚之有？以法治实利为重者，未尝无刻薄寡恩之嫌；然其结果，社会各人，不相依赖，人自为战，以独立之生计，成独立之人格，各守分际，不相侵渔。以小人始，以君子终；社会经济，亦因以厘然有叙。以此为俗，吾则以为淳厚之征也。——即非淳厚也何伤？

署名：陈独秀

《青年杂志》第一卷第四号

1915 年 12 月 15 日

一九一六年

（一九一六年一月十五日）

任重道远之青年诸君乎！诸君所生之时代，为何等时代乎？乃二十世纪之第十六年之初也。世界之变动即进化，月异而岁不同。人类光明之历史，愈演愈疾。十八世纪之文明，十七世纪之人以为狂易也；十九世纪之文明，十八世纪之人以为梦想也。而现代二十世纪之文明，其进境如何，今方萌动不可得而言焉。然生斯世者，必昂头自负为二十世纪之人，创造二十世纪之新文明，不可因袭十九世纪以上之文明为止境。人类文明之进化，新陈代谢，如水之逝，如矢之行，时时相续，时时变易。二十世纪之第十六年之人，又当万事一新，不可因袭二十世纪之第十五年以上之文明为满足。盖人类生活之特色，乃在创造文明耳。假令二十世纪之文明，不加于十九世纪，则吾人二十世纪之生存为无价值，二十世纪之历史为空白；假令千九百十六年之文明，一仍千九百十五年之旧，而无所更张，则吾人千九百十六年之生存为赘疣，千九百十六年之历史为重出。故于千九百十六年入岁之初，敢珍重为吾任重道远之青年诸君告也：

自世界言之，此一九一六年以前以后之历史，将灼然大变也欤？欧洲战争，延及世界，胜负之数，日渐明瞭。德人所失，去青岛及南非洲、太平洋殖民地外，寸地无损；西拒英、法，远离国境；东入俄边，夺地千里；出巴尔干，灭塞尔维亚。德、土二京，轨轴相接。德虽悉锐南征，而俄之于东，英、法之于西，仅保残喘，莫越雷池。回部之众，倾心于德。印度、波斯、阿拉伯、埃及、摩洛哥，皆突厥旧邦，假以利器，必为前驱。则一九一六年以前英人所据欧、亚往还之要道，若苏彝士，若亚丁，若锡兰，将否折而入于德人之手；英、法、俄所据亚洲之殖民地，是否能保一九一六年以前之状态；一九一六年之世界地图，是否与一九一五年者同一颜色：征诸新旧民族相代之先例，其略可得而知矣。英国政党政治之缺点，日益暴露，强迫兵役，势在必行。列国鉴于德意志强盛之大原，举全力以为工业化学是务。审此，一九一六年欧洲之形势，军事、政治、学术、思想，新受此次战争之洗礼，必有剧变，大异于前。一九一六年，固欧洲人所珍重视之者也。

自吾国言之，吾国人对此一九一六年，尤应有特别之感情，绝伦之希望。盖吾人自有史以讫一九一五年，于政治，于社会，于道德，于学术，所造之罪孽，所蒙之羞辱，虽倾江、汉不可浣也。当此除旧布新之际，理应从头忏悔，改过自新。一九一五年与一九一六年间，在历史上画一鸿沟之界：自开辟以讫一九一五年，皆以古代史目之，从前种种事，至一九一六年死；以后种种事，自一九一六年生。吾人首当一新其心血，以新人格；以新国家；以新社会；以新家庭；以新民族；必迨民族更新，吾人之愿始偿，吾人始有与晰族周旋之价值，吾人始有食息此大地一隅之资格。青年必怀此希望，始克称其为青年而非老年；青年而欲达此希望，必扑杀诸老年而自重其青年；且必自杀其一九一五年之青年而自重其一九一六年之青年。

一九一六年之青年，其思想动作，果何所适从乎？

第一，自居征服（To Conquer）地位，勿自居被征服（Be Conquered）地位。全体人类中，男子，征服者也；女子，被征服者也。白人，征服者也；非白人，皆被征服者也。极东民族中，蒙、满、日本为征服民族，汉人种为被征服民族。汉人种中，尤以扬子江流域为被征服民族中之被征服民族所生聚。姑苏、江左之良民，其代表也。征服者何？其人好勇斗狠，不为势屈之谓也。被征服者何？其人怯懦苟安，惟强力是从；但求目前生命财产之安全，虽仇敌盗窃，异族阉宦，亦忍辱而服事之，颂扬之，所谓顺民是也。吾人平心思之，倘无此种之劣根性，则予获妄言之咎矣；如其不免焉，自负为一九一六年之男女青年，势将以铁血一洗此浃髓沦肌之奇耻大辱！

第二，尊重个人独立自主之人格，勿为他人之附属品。以一物附属一物，或以一物附属一人而为其所有，其物为无意识者也。若有意识之人间，各有其意识，斯各有其独立自主之权。若以一人而附属一人，即丧其自由自尊之人格，立沦于被征服之女子奴隶捕虏家畜之地位。此白皙人种所以兢兢于独立自主之人格，平等自由之人权也。集人成国，个人之人格高，斯国家之人格亦高；个人之权巩固，斯国家之权亦巩固。而吾国自古相传之道德政治，胥反乎是。儒者三纲之说，为一切道德政治之大原：君为臣纲，则民于君为附属品，而无独立自主之人格矣；父为子纲，则子于父为附属品，而无独立自主之人格矣；夫为妻纲，则妻于夫为附属品，而无独立自主之人格矣。率天下之男女，为臣，为子，为妻，而不见有一独立自主之人者，三纲之说为之也。缘此而生金科玉律之道德名词——曰忠，曰孝，曰节——皆非推己及人之主人道德，而为以己属人之奴隶道德也。人间百行，皆以自我为中心，此而丧失，他何足言？奴隶道德者，即丧失此中心，一切操行，悉非义由己起，附属他人以为功过者也。自负为一九一六年之男女青年，其各奋斗以脱离此附属品之地位，以恢复独立自主之人格！

第三，从事国民运动，勿囿于党派运动。人生而私，不能无党；政治运用，党尤尚焉。兹之非难党见者，盖有二义：

其一，政党政治，将随一九一五年为过去之长物，且不适用于今日之中国也。纯全政党政治，惟一见于英伦，今且不保。英之能行此制者，其国民几皆政党也：富且贵者多属保守党，贫困者非自由党即劳动党。政党殆即国民之化身，故政治运行，鲜有隔阂。且其民性深沉，不为己甚，合各党于“巴力门”，国之大政，悉决以三 C。所谓三 C 者：第一曰 Contest，党争是也；第二曰 Conference，协商是也；第三曰 Compromise，和解是也。他国鲜克臻此，吾人尤所难能。政党之岁月尚浅，范围过狭，目为国民中特殊一阶级，而政党自身，亦以为一种之营业。利权分配，或可相容；专利自恣，相攻无已。故曰，政党政治，不适用于今日之中国也。

其二，吾国年来政象，惟有党派运动，而无国民运动也。法兰西之革命，法兰西国民之恶王政与教权也；美利坚之独立，十三州人民之恶苛税也；日本之维新，日本国民之恶德川专政也。是乃法、美、日本国民之运动，非一党一派人之所主张所成就。凡一党一派人之所主张，而不出于多数国民之运动，其事每不易成就，即成就矣，而亦无与于国民根本之进步。吾国之维新也，复古也，共和也，帝政也，皆政府党与在野党之所主张抗斗，而国民若观对岸之火，熟视而无所容心；其结果也，不过党派之胜负，于国民根本之进步，必无与焉。

自负为一九一六年之男女青年，其各自勉为强有力之国民，使吾国党派运动进而为国民运动。自一九一六年始，世界政象，少数优秀政党政治，进而为多数优秀国民政治，亦将自一九一六年始。此予敢为吾青年诸君预言者也。

署名：陈独秀

《青年杂志》第一卷第五号

1916 年 1 月 15 日

吾人最后之觉悟

（一九一六年二月十五日）

人之生也必有死，固非为死而生，亦未可漠然断之曰为生而生。人之动作必有其的，其生也亦然。洞明此的，斯真吾人最后之觉悟也。世界一切哲学宗教皆缘欲达此觉悟而起。兹之所论，非其伦也。兹所谓最后之觉悟者，吾人生聚于世界之一隅，历数千年，至于今日，国力文明，果居何等？易词言之，即盱衡内外之大势，吾国吾民，果居何等地位，应取何等动作也。故于发论之先，申立言之旨，为读者珍重告焉。

吾华国于亚洲之东，为世界古国之一，开化日久，环吾境者皆小蛮夷，闭户自大之局成，而一切学术政教，悉自为风气，不知其他。魏、晋以还，象教流入，朝野士夫，略开异见。然印土自已不振，且其说为出世之宗，故未能使华民根本丕变，资生事之所需也。其足使吾人生活状态变迁而日趋觉悟之途者，其欧化之输入乎？

欧洲输入之文化，与吾华固有之文化，其根本性质极端相反。数百年来，吾国扰攘不安之象，其由此两种文化相触接相冲突者，盖十居八九。凡经一次冲突，国民即受一次觉悟。惟吾人惰性过强，旋觉旋迷，甚至愈觉愈迷，昏聩糊涂，至于今日，综计过境，略分七期：

第一期在有明之中叶，西教西器初入中国，知之者乃极少数之人，亦复惊为"河汉"，信之者为徐光启一人而已。

第二期在清之初世，火器历法，见纳于清帝，朝野旧儒，群起非之，是为中国新旧相争之始。

第三期在清之中世。鸦片战争以还，西洋武力，震惊中土，情见势绌，互市局成，曾、李当国，相继提倡西洋制械练兵之术，于是洋务西学之名词发现于朝野。当时所争者，在朝则为铁路非铁路问题，在野则为地圆地动地非圆不动问题。今之童稚皆可解决者，而当时之顽固士大夫奋笔鼓舌，哓哓不已，咸以息邪说正人心之圣贤自命。其睡眠无知之状态，当世必觉其可恶，后世只觉其可怜耳！

第四期在清之末季。甲午之役，军破国削，举国上中社会，大梦初觉，稍有知识者，多承认富强之策，虽圣人所不废。康、梁诸人，乘时进以变法之说，耸动国人，守旧党尼之，遂有戊戌之变。沉梦复酣，暗云满布，守旧之见，趋于极端，遂积成庚子之役。虽国几不国，而旧势力顿失凭依，新思想渐拓领土，遂由行政制度问题一折而入政治根本问题。

第五期在民国初元。甲午以还，新旧之所争论，康、梁之所提倡，皆不越行政制度良否问题之范围，而于政治根本问题去之尚远。当世所诧为新奇者，其实至为肤浅；顽固党当国，并此肤浅者而亦抑之，遂激动一部分优秀国民渐生政治根本问题之觉悟，进而为民主共和君主立宪之讨论。辛亥之役，共和告成，昔日仇视新政之君臣，欲求高坐庙堂从容变法而不可得矣。

第六期则今兹之战役也。三年以来，吾人于共和国体之下，备受专制政治之痛苦。自经此次之实验，国中贤者，宝爱共和之心，因以勃发；厌弃专制之心，因以明确。

吾人拜赐于执政，可谓没齿不忘者矣。然自今以往，共和国体果能巩固无虞乎？立宪政治果能施行无阻乎？以予观之，此等政治根本解决问题，犹待吾人最后之觉悟。此谓之第七期民国宪法实行时代。

今兹之役，可谓为新旧思潮之大激战。浅见者咸以吾人最后之觉悟期之，而不知尚难实现也。何以言之？今之所谓共和，所谓立宪者，乃少数政党之主张，多数国民不见有若何切身利害之感而有所取舍也。盖多数人之觉悟，少数人可为先导，而不可为代庖。共和立宪之大业，少数人可主张，而未可实现。人类进化恒有轨辙可寻，故予于今兹之战役，固不容怀悲观而取卑劣之消极态度，复不敢怀乐观而谓可踌躇满志也。故吾曰：此等政治根本解决问题，不得不待诸第七期吾人最后之觉悟。此觉悟维何？请为我青年国民珍重陈之：

（一）政治的觉悟

吾国专制日久，惟官令是从。人民除纳税诉讼外，与政府无交涉。国家何物，政治何事，所不知也。积成今日国家危殆之势，而一般商民，犹以为干预政治，非分内之事；国政变迁，悉委诸政府及党人之手；自身取中立态度，若观对岸之火，不知国家为人民公产，人类为政治动物。斯言也，欧美国民多知之。此其所以莫敢侮之也。是为吾人政治的觉悟之第一步。

　　吾人既未能置身政治潮流以外，则开宗明义之第一章，即为决择政体良否问题。古今万国，政体不齐，治乱各别。其拨乱为治者，罔不舍旧谋新，由专制政治，趋于自由政治；由个人政治，趋于国民政治；由官僚政治，趋于自治政治：此所谓立宪制之潮流，此所谓世界系之轨道也。吾国既不克闭关自守，即万无越此轨道逆此潮流之理。进化公例，适者生存。凡不能应四周情况之需求而自处于适宜之境者，当然不免于灭亡。日之与韩，殷鉴不远。吾国欲图世界的生存，必弃数千年相传之官僚的专制的个人政治，而易以自由的自治的国民政治也。是为吾人政治的觉悟之第二步。

　　所谓立宪政体，所谓国民政治，果能实现与否，纯然以多数国民能否对于政治，自觉其居于主人的主动的地位为唯一根本之条件。自居于主人的主动的地位，则应自进而建设政府，自立法度而自服从之，自定权利而自尊重之。倘立宪政治之主动地位属于政府而不属于人民，不独宪法乃一纸空文，无永久厉行之保障，且宪法上之自由权利，人民将视为不足重轻之物，而不以生命拥护之；则立宪政治之精神已完全丧失矣。是以立宪政治而不出于多数国民之自觉，多数国民之自动，惟日仰望善良政府，贤人政治，其卑屈陋劣，与奴隶之希冀主恩，小民之希冀圣君贤相施行仁政，无以异也。古之人希冀圣君贤相施行仁政，今之人希冀伟人大老建设共和宪政，其卑屈陋劣，亦无以异也。夫伟人大老，亦国民一分子，其欲建设共和宪政，岂吾之所否拒？第以共和宪政，非政府所能赐予，非一党一派人所能主持，更非一二伟人大老所能负之而趋。共和立宪而不出于多数国民之自觉与自动，皆伪共和也，伪立宪也，政治之装饰品也，与欧美各国之共和立宪绝非一物。以其于多数国民之思想人格无变更，与多数国民之利害休戚无切身之观感也。是为吾人政治的觉悟之第三步。

（二）伦理的觉悟

伦理思想，影响于政治，各国皆然，吾华尤甚。儒者三纲之说，为吾伦理政治之大原，共贯同条，莫可偏废。三纲之根本义，阶级制度是也。所谓名教，所谓礼教，皆以拥护此别尊卑明贵贱之制度者也。近世西洋之道德政治，乃以自由平等独立之说为大原，与阶级制度极端相反。此东西文明之一大分水岭也。

吾人果欲于政治上采用共和立宪制，复欲于伦理上保守纲常阶级制，以收新旧调和之效，自家冲撞，此绝对不可能之事。盖共和立宪制，以独立平等自由为原则，与纲常阶级制为绝对不可相容之物，存其一必废其一。倘于政治否认专制，于家族社会仍保守旧有之特权，则法律上权利平等经济上独立生产之原则，破坏无余，焉有并行之余地？

自西洋文明输入吾国，最初促吾人之觉悟者为学术，相形见绌，举国所知矣；其次为政治，年来政象所证明已有不克守缺抱残之势。继今以往，国人所怀疑莫决者，当为伦理问题。此而不能觉悟，则前之所谓觉悟者，非彻底之觉悟，盖犹在惝恍迷离之境。吾敢断言曰：伦理的觉悟，为吾人最后觉悟之最后觉悟。

署名：陈独秀

《青年杂志》第一卷第六号

1916 年 2 月 15 日

新　青　年

（一九一六年九月一日）

青年何为而云新青年乎？以别夫旧青年也。同一青年也，而新旧之别安在？自年龄言之，新旧青年固无以异；然生理上，心理上，新青年与旧青年，固有绝对之鸿沟，是不可不指陈其大别，以促吾青年之警觉。慎勿以年龄在青年时代，遂妄自以为取得青年之资格也。

自生理言之，白面书生，为吾国青年称美之名词。民族衰微，即坐此病。美其貌，弱其质，全国青年，悉秉蒲柳之资，绝无桓武之态。艰难辛苦，力不能堪。青年堕落，壮无能为。此非吾国今日之现象乎？且青年体弱，又不识卫生，疾病死亡之率，日以加增。浅化之民，势所必至。倘有精确之统计，示以年表，其必惊心怵目也无疑。

世界各国青年死亡之病因，德国以结核性为最多；然据一九一二年之统计，较三十年前减少半数。英国以呼吸器病为最多；据今统计，较之十余年前，减少四分之一。日本青年之死亡，以脑神经系之疾为最多；而最近调查，较十年前，减少六分之一。德之立教，体育殊重，民力大张，数十年来，青年死亡率之锐减，列国无与比伦。英、美、日本之青年，亦皆以强武有力相高：竞舟角力之会，野球远足之游，几无虚日，其重视也，不在读书授业之下。故其青年之壮健活泼，国民之进取有为，良有以也。

而我之青年则何如乎？甚者纵欲自戕以促其天年，否亦不过斯斯文文一白面书生耳！年龄虽在青年时代，而身体之强度，已达头童齿豁之期。盈千累万之青年中，求得一面红体壮，若欧美青年之威武陵人者，竟若凤毛麟角。人字吾为东方病夫国，而吾人之少年青年，几无一不在病夫之列，如此民族，将何以图存？吾可爱可敬之青年诸君乎！倘自认为二十世纪之新青年，首应于生理上完成真青年之资格，慎勿以年龄上之伪青年自满也！

更进而一论心理上之新青年何以别夫旧青年乎？充满吾人之神经，填塞吾人之骨髓，虽尸解魂消，焚其骨，扬其灰，用显微镜点点验之，皆各有"做官发财"四大字。做官以张其威，发财以逞其欲。一若做官发财为人生唯一之目的。人间种种善行，凡不利此目的者，一切牺牲之而无所顾惜；人间种种罪恶，凡有利此目的者，一切奉行之而无所忌惮。此等卑劣思维，乃远祖以来历世遗传之缺点（孔门即有干禄之学）与夫社会之恶习，相演而日深。无论若何读书明理之青年，发愤维新之志士，一旦与世周旋，做官发财思想之触发，无不与日俱深。浊流滔滔，虽有健者，莫之能御。人之侮我者，不曰"支那贱种"，即曰"卑劣无耻"。将忍此而终古乎？誓将一雪此耻乎？此责任不得不加诸未尝堕落宅心清白我青年诸君之双肩。彼老者壮者及比诸老者壮者腐败堕落之青年，均无论矣。吾可敬可爱之青年诸君乎！倘自认为二十世纪之新青年，头脑中必斩尽涤绝彼老者壮者及比诸老者壮者腐败堕落诸青年之做官发财思想，精神上别搆真实新鲜之信仰，始得谓为新青年而非旧青年，始得谓为真青年而非伪青年。

青年之精神界欲求此除旧布新之大革命，第一当明人生归宿问题。人生数十寒暑耳，乐天者荡，厌世者偷，惟知于此可贵之数十寒暑中，量力以求成相当之人物为归宿者得之。准此以行，则不得不内图个性之发展，外图贡献于其群。岁不我与，时不再来；计功之期，屈指可俟。一切未来之责任，毕生之光荣，又皆于此数十寒暑中之青年时代十数寒暑间植其大本，前瞻古人，后念来者，此身将为何如人，自不应仅以做官求荣为归宿也。

第二当明人生幸福问题。人之生也，求幸福而避痛苦，乃当然之天则。英人边沁氏，幸福论者之泰斗也。举人生乐事凡十余，而财富之乐居其一；举人生之痛苦亦十余事，而处分财富之难，即列诸拙劣痛苦之内。审是，金钱虽有万能之现象，而幸福与财富，绝不可视为一物也明矣。幸福之为物，既必准快乐与痛苦以为度，又必兼个人与社会以为量。以个人发财主义为幸福主义者，是不知幸福之为何物也。

吾青年之于人生幸福问题，应有五种观念：一曰毕生幸福，悉于青年时代造其因；二曰幸福内容，以强健之身体正当之职业称实之名誉为最要，而发财不与焉；三曰不以个人幸福损害国家社会；四曰自身幸福，应以自力造之，不可依赖他人；五曰不以现在暂时之幸福，易将来永久之痛苦。信能识此五者，则幸福之追求，未尝非青年正当之信仰。若夫沉迷于社会家庭之恶习，以发财与幸福并为一谈，则异日立身处世，奢以贼己，贪以贼人，其为害于个人及社会国家者，宁有纪极！

夫发财本非恶事，个人及社会之生存与发展，且以生产殖业为重要之条件；惟中国式之发财方法，不出于生产殖业，而出于苟得妄取，甚至以做官为发财之捷径，猎官摸金，铸为国民之常识，为害国家，莫此为甚。发财固非恶事，即做官亦非恶事，幸福更非恶事；惟吾人合做官发财享幸福三者以一贯之精神，遂至大盗遍于国中。人间种种至可恐怖之罪恶多由此造成。国将由此灭，种将由此削。吾可敬可爱之青年！倘留此龌龊思想些微于头脑，则新青年之资格丧失无余；因其精神上之龌龊下流，与彼腐败堕落之旧青年无以异也。

予于国中之老者壮者，与夫比诸老者壮者之青年，无论属何社会，隶何党派，于生理上，心理上，十九怀抱悲观，即自身亦在诅咒之列。幸有一线光明者，时时微闻无数健全洁白之新青年，自绝望销沉中唤予以兴起，用敢作此最后之哀鸣！

署名：陈独秀

《新青年》第二卷第一号

1916 年 9 月 1 日

当代二大科学家之思想[*]

（一九一六年九月一日、十一月一日）

英史家嘉莱尔（Garlyle）所造英雄崇拜论，罗列众流，不及科学家，其重要原因盖有二焉：其一，前世纪之上半期，尚未脱十八世纪破坏精神，科学的精密之建设，犹未遑及，世人心目中所拟英雄之标准与今异也；其一，当时科学趋重局部与归纳，未若综合的演绎的学说足以击刺人心也。二十世纪科学家之自负，与夫时代之要求，与前异趣。诸种科学，蔚然深入。综合诸学之预言的大思想家，势将应时而出。社会组织，日益复杂。人生真相，日渐明了。一切建设，一切救济，所需于科学大家者，视破坏时代之仰望舍身济人之英雄为更迫切。彼应此时代之要求，而崭然露其天才之头角者，于当世科学家中得二人焉：一曰梅特尼廓甫（Metchnikoff），一曰阿斯特瓦尔特（Ostwald）。

---

　* 关于梅特尼廓甫、阿斯特瓦尔特的思想介绍分别发表于《新青年》第二卷第一号、第三号，本书整合为一。

梅特尼廓甫

（一）略　历

梅特尼廓甫，以一八四五年，生于俄罗斯加耳廓甫州。父为陆军士官。母犹太人也。本乡大学卒业后，复游德意志诸大学。归国以一八七〇年，任阿得萨（Odessa）大学动物学教授。居十余年，辞职南游意大利西细里亚岛（Sicilia），从事地震学之研究者数岁。此数岁中实梅氏最重要之生涯也。其地濒海，便于无脊动物之研究，因以发见高等动物及人类与无脊动物之血液的关系。一八八四年，更造论发明白血球退治微生物之作用，大为法国巴士特氏（Pasteur）所赞赏。巴氏为近世大化学家大医家。数年前巴黎某杂志，曾发起投票公认何人为国史中最大英杰；及揭晓时，拿破仑大帝仅居第四位，政治家甘必达（Gambetta）居第三位，第二为文家嚣俄（Hugo），巴氏乃居第一位，其盛名可想。

一八九五年，巴氏招聘梅特尼廓甫为其医学研究所之管理者。巴士特研究所，创始于一八八六年，为各国医学研究所之嚆矢，设备最称完美，得梅氏之管理，盛名益著。巴士特之功，在发见诸种病原。梅特尼廓甫之功，在根绝诸种病原，谋长生久视之术。世多称梅氏继巴氏后，为贡献人类幸福之双星。梅之为人，朴质寡言，贫居巴黎市外，不喜交际；然四方来问学者，无不殷勤接待；详说而曲喻之。数年前曾以研究鼠疫，亲来满洲一游。氏之血统，乃半犹太人，于宗教则为无神论者，于政治则自由主义之人。以此三因，宜其不容于国内。一八八一年亚历山大二世暗杀案起，俄之政潮，日趋剧急。梅特尼廓甫亦以政见得罪皇帝，辞阿得萨而南游，适此时也。

（二）长生说

易从来之实验的治疗法，而从事于组织的研究，穷探病源，施以根本之救治，此现代医学界之大革命也。革命之健将为谁？即梅特尼廓甫是矣。旧式之药剂法，率用人身以外之植物质或矿物质。金鸡纳（Quinine）及水银，尚为比较害少之品，纳此等于胃中，经过各消化机，以达血管，驱杀病菌，此常法也。若现代驱杀病菌之法，率不假外物，即在增多血液中原有之一种消毒素（Antitoxin），血清注射，与以刺戟，其效立见。或于马之血液中提取同质之物，愈足补益。白血球退治病菌，亦人身生理自然之作用。梅氏字之曰"食菌细胞"（Phagocyte），取希腊语食（Phagein）、器（kytos）二字以成之也。盖以白血球周历人身各处寻求食物无已时，自营半独立之生活，若单细胞动物阿米巴（Omiba）然，虽皮肤及硬骨中，亦能羼入。例如皮肤受伤，白血球即时凝集，混于血液，恰若积土成垒，以御敌攻，结合新成之皮肤，保护新生之肉，皆其职也。其或病菌侵入，敌势强大之时，白血球则整队以御之。敌军增多，白血球亦即续发相当之动员令，奋斗求胜，死而后已。战斗酣时，人身遂至发热，用显微镜窥之，战况历历可见。白血球退治有毒之微生物其效如此，此梅氏初期研究之所得也。

更深讨论之，白血球岂始终杀敌致果，以卫吾人之生命乎？此当然之疑问也。原夫白血球之贪食病菌，非有保卫人体之义务，乃以自身食欲为之动机。有时大敌当前，竟然放弃其作用，必病菌附有阿卜索宁（Opsonium）类之刺戟物，使白血球对之食欲亢进，乃能兴奋其杀敌之精神。据梅特尼廓甫之意见，白血球虽有防卫人身之作用，而身体衰弱时，则变而为强敌。人生之衰老也，精力之消耗也，皆由此贪食之白血球食杀人身神经细胞之故。食毛发之色素，则颁白而变衰。肝肾二脏，被蚀易形。夺取骨骼中之石灰质纳诸血管，一面致骨骼脆弱，一面使动脉变硬，一举而生二害。人生之由壮而老也，半由于病菌之围攻，半由于谋叛者白血球之内应。梅氏研究之结果，曾下有名之定义曰："人身机关之衰老也，全属微生物之为害，与他病症无异。"又曰："衰老者，传染的慢性病也。高等部分，日变形而软化。白血球活动过度，亦其重大之原因也。"

夫以衰老为一种病症，且特属微生物为害之结果，则寻流溯源，未必无治疗之法。此梅特尼廓甫所以醉心于长生术之研究也。因此研究而首得之疑问，即大肠之于人身是否需要是矣。盖以大肠中多附诱起病因之微生虫。梅氏直谓大肠为无用之长物，倘施以外科手术，割去或缩短之，未必即有特别之恶影响。由有脊动物解剖之证明，肠之长短与生命之长短成反比例。但梅氏尚未尝以外科手术割去大肠，及用化学消毒之事，惟尽力培养无害之细菌于肠中，以驱逐繁殖有毒之细菌。施此术也，以乳酸菌为最有效，以其有克杀毒菌之功用。

例如肠窒扶斯，乃最易传染之大肠病也。布加利亚人喜用乳酸菌，而此疾稀见。牛肉与乳，其滋养分殆相伯仲。惟肉易腐败，发生有害之分子。乳之味酸而甘，且含有砂糖分，可防止腐败细菌之增长。然则牛乳之为物，不徒为人身之滋养品，且可攻克侵入大肠内之毒物也。蒙古与俄属南部，喜食马乳之作品。游牧之民，多嗜凝结之牛乳。埃及与印度边境，牛乳亦为重要之食品。布加利亚人以喜食含有极强度细菌之乳酸闻，而其人之寿逾百岁者，实居多数。文明程度低下，与夫贫乏之人，每多长寿。由此以推，生活简单而应顺自然，亦长寿之条件。依梅氏意见，人之老死，既得其因，复有疗法，长生久视，虽未必遽能实现，而定命固属妄说；人生保寿百年以外，实非异事也。

（三）道德意见

伦理学者所谓利他主义，宗教家所谓博爱主义，非世人目为金科玉律莫敢废置者乎？而梅特尼廓甫氏，乃谓利他博爱非永久不可缺欠之道德，冒危险，供牺牲，舍己济人之善行，当随文明之进步，日益减少而至于无。此实梅氏创获之见解，惊倒一世者也。欲明其说之涯略，请举其言曰：

"人事界之祸害，随文明进步而减少，终至全然消灭，而牺牲之事鲜矣。防疫而有血清法，医生遂无与传染病相战之危险。昔之医生，施义膜性咽喉炎（Diphtheria）患者以手术，不得不舍命为之。余之友人中，少年有望之医生供此牺牲而死者，实繁有徒。今已有义膜性咽喉炎退治血清之发明，即无前此牺牲之必要矣。要之，科学进步，即所以杜绝牺牲之道也。在昔亚布喇哈姆（Abraham，犹太人之祖，见圣书）以宗教信仰，牺牲其孤儿。此等高尚行为，其日益稀少而至绝迹乎？自合理的道德言之，此种行为，虽云有赞赏之价值，而究有何所用耶？人人拒绝他人同情之时代，其将至乎？康德以行善为人间纯粹之义务，斯宾塞以助人为人间本能之要求。此等原理，将行于何时何世，吾不得而知也。自理想言之，人各自达于充足之境遇，行善不及于他人，此种社会，其旦暮遇之。"（以上见梅氏 *The Prolongation of Life*. p. 323.）梅氏眼中之博爱利他主义，不过为应时之道德，非绝对不可离之真理。其破坏博爱利他主义之根底，视尼采为尤甚。盖尼采目博爱利他为不道德之恶劣行为，意过偏激，不合情理，使人未能释然。梅氏之解释个人主义，亦不似尼采猖披过当，令人怀疑也。请更征其言曰：

"无论若何社会主义，均不能完全解决社会之生活问题，与夫个人之自由保障。惟人智之进步，乃足使人人之财产自然趋于平均。盖人有智识，深明多藏之害，当然弃其有余。自来生活奢侈者寿命多促，其事至愚。履人生之常道，以简朴严正为生者，往往得最大之幸福。明乎此则富者尚质素之生活，贫者自日趋于顺境。但遗产私有之习惯，未必为根本必无之事。进化非急激而行者，必由种种之努力及新智识之加增，乃有济也。新生产之社会学，导先路者当为其姊生物学。据生物学之所教，凡组织愈复杂者，其个体之意识愈发达，乃至有个体不甘为团体牺牲之患。惟劣等动物，若粘菌，若管状水母等，其个性全然没却于团体之中，然其所牺牲者乃极少。此等动物绝无自个意识故也。营社会生活之羽虫，居劣等动物与人类之中间，有明了之自个意识者，惟人类而已。故为社会组织之便利计，未可强人以牺牲，敢断言曰：人类社会生活之组织，当以个性之研究为第一义。"（以上见 *The Prolongation of Life*. p. 231.）

由上之言，梅氏道德见解，乃以个人之完全发展，为人类文明进步之大的。博爱利他非究竟义，其说视自来主张个人主义者，设词缓而树义坚矣。然梅氏虽主张个人主义，而生平行事，决非绝对利己之人，虽不以博爱利他为究竟义，而所行多博爱利他之事。自表面观之，似为矛盾之见解，其实梅氏乃笃行者而非幻想者，乃科学家而非哲学家，乃不以博爱利他为究竟义，非恶夫博爱利他有害于今之社会也。犹之氏之重身命，说长生，乃乐天家而非厌世家，胡为轻身东来，乐与极酷至险之鼠疫为伍耶？盖其个人精神之伟大，无论若何博施济众，而非以博爱利他为动机也。其重惜生命，乃了解人生存顺殁宁之真正价值。阴闇怯弱之厌世家，固彼所不为，庸懦苟偷之乐天家，亦彼所不取，以矛盾议之者浅矣。

阿斯特瓦尔特

（一）略　历

精力说之唱导者阿斯特瓦尔特氏，颜其居曰"精力别墅"（Landhaus Energie）。彼诚精力绝人，名称其实；非若东洋流之名士，戏以雅号佳名自饰也。氏任莱卜兹（Leipzig）大学教授，并同校化学实验室之主任。教学之暇，手著之书，除化学多种外，尚有二十余种。其页数计一万五千八百余。又论文百数十首，页数千六百余。讲演数种，三百余页。介绍学说，三千九百。著作批评，九百有余。此外复担任刊行《物理化学评论》（自一八八七年始）及"科学丛书"（自一八八九年始）。宾客往访，率珍重遇之。有问学者，尤不惜殷勤详答。其精力之强，诚堪惊叹！

氏以一八五三年，生于里加（Riga，俄之西北港市），年二十二，卒业于大学。年二十七，与某女结婚。次年，任里加某工业学校教授。一八八七年，去俄罗斯往德意志，任撒格逊尼（Saxony）王国都中莱卜兹大学教授。时年三十有四。在职十九年，等身著作，大部分成于此时。一九〇六年辞教授之职，移居乡间"精力别墅"，精研哲学，今犹健在，老而益勤。或有以何故弃有用之化学而从事哲学等不生产之学问为质者。阿斯特瓦尔特答曰：

"公等视哲学为不生产之学问耶？是谬见也。所谓文明者，专门研究之时代，与夫全体综合之时代，互更递进，前世纪乃专门研究时代也，今世纪乃全体综合时代也。余自始即好哲学，然未尝治之者，时代为之也。今其时矣。此余之所以舍莱卜兹而来精力别墅也。"

氏长于语学之天才，兼精俄、德、英、法各国语，及世界语。尝谓各国异语，颇为学术及交通之障碍，遂锐意于世界语之改良及传播。一九〇九年，以化学所得诺倍尔赏金，悉数充作传播世界语之用。然彼对于语学问题，则以为青年学习语学过甚，有伤独创及论理之能力。尝谓尼采之偏见畸行逾越常轨者，乃学习古典语过多之故。奥、匈国民之天才罕见者，以其大部分之精力与时间，均消磨于语学之需要耳。

氏之日常生活，喜时时转换其业务。治学倦时，改作绘画。风琴（Piano）、胡弓（Violin）为其长技。青年时代，兼擅诗曲。盖事后休息，先时所营，仍留脑际，必改向性质绝不相同之事物，则血液乃移行作用绝不相同之他部脑髓，前用之部，始获真正之宁息。其毕生事业，亦一事成功，即改营他事，以资休养。此即应用其精力之第二法则也。说见后。

（二）幸福公式

去今十年前，阿斯特瓦尔特氏，以裁决仍留莱卜兹而任大学教授，抑或退居精力别墅而从事哲理家之生活也，遂证明下方之幸福公式，以自白其经验：

$$G = E^2 - W^2$$

此公式中之 G 为幸福（Glück），E 为精力（Energie），W 为逆境（widerwillig）。盖以人生幸福之大小，视其奋发之精力以为衡。欲享受幸福之一日，不可不一日尽力以劳动；欲享受一生之幸福，不可不尽力劳动以终其生。劳动者，获得幸福之唯一法门也。故无论何人何时，应竭精力之限度，以送其努力奋斗之生涯。就此公式，更进一步而成下之方程式：

$$G = E^2 - W^2 = (E+W)(E-W)$$

幸福之 G，由精力 E 之加增，其量弥大。而缘此所生逆境之 W，其量亦加大。例如亚历山大、拿破仑、罗斯福，其人皆精力雄足，而与之反对之势力，亦其强大。但彼等幸福之全量，究非吾等意想所及。是曰"英雄的幸福"（Heldenglück）。惟是人间之精力，不尽如罗斯福等，而欲效其奋斗主义之生活，则烦冤痛苦，必非一端。于是所生之幸福，全与罗等殊科。守避世禁欲主义之生活，若希腊哲人狄阿贵内斯（Diogenes）然，印度之"涅盘说"，希腊之"斯托亚学派"〔Stoic，雅典哲人齐隆（Zenon）淡泊主义之学派〕，皆此类也。夫节精力，避痛苦，乃云山隐者之生活，非有为青年之所宜。是曰"田舍的幸福"（Hüttenglück）。英雄的幸福与田舍的幸福，虽各有其满足之点，而谓为同等之幸福，则不可也；恰如大小二杯，各注以酒，其满足也，同其容量则不同。

（三）精力法则

精力论，占阿斯特瓦尔特之学说之重要部分。其师赫克尔以物质（Substanz，或译本质）为其哲学之中枢。阿氏则以精力（Energie，或译势力）为其哲学之主脑。精力之法则有二。其一即一八四二年，马耶（Mayer）所发明之精力常存说是也。其说以为无限空间中，生起一切现象之精力，其状态虽有所变更，其总量则常存而无所增减。例如吾人之购求煤炭也，非求其所燃之炭素，乃求其中能燃之精力。煤之燃也，其炭素与酸素化合而为炭酸加斯，散而为烟，他无所有。吾人所用者，乃燃烧之际，炭素与酸素化合所生之热而已。以此热力故，至令锅内之水，化而为蒸气。水蒸气之膨胀力，异常强大。于是发热精力，一变而为膨胀精力。以此膨胀力故，至令蒸气机关行动。于是膨胀精力，又变而为运动精力。用此力以转动发电机，则运动精力又变而为电气精力。传电燃灯，则电气精力又变为发光精力；以电行车，则电气精力再转而为运动精力。自发热至此，精力之状态，已经过种种变化；而其为力之量，精密计算之，曾不稍有增减。此即常存之说，精力之第一法则也。

然则宇宙间之精力，既常存而无所增减，而以何原因，忽有此良否盛衰万有不齐之现象耶？欲解答此疑问，则不得不求诸精力之第二法则，即阿斯特瓦尔特之精力低行说是也。其说乃谓精力之为物，平行如水，无物激之，时有由高就下之势；低行抵于水平，遂静止而失其作用矣。故引水灌远，必取源于高处。欲转动水车而以水平之水，其必不得水力之效用，复何待言？水之精力，一度效用，则如量低下，复抵水平，此自然之势也。其他精力之作用，悉无异于是。一切精力，莫不由高就低，以保其水平性。精力而不在水平以上，决未有能利用之理由。宇宙者，精力大流之总和也。人间文野之差，乃以酌此大流之浅深为标准耳。

例如初民始知用棒，是为文明开发之第一步。因用棒以延长身体之精力，在徒手者之精力水平以上也。次知投石，则文明开发，又进一步。因石能致远，视用棒者之身体精力更增高度也。又其次则发明弓矢舟车，文明更进一步。因其人身体精力之扩充，又在投石者之精力水平以上也。迨近世蒸气、机械、电报、电话、飞机、潜艇之发明，而文明大进。人间精力之伸张，远在古人之精力水平以上。此皆利用宇宙间自然常存之精力，而不任其废置低行故也。

今日之世界，非文明的行动，尚有多事。如国际战争及社会中各阶级之冲突，此皆作为无益。精力低行之量，尚属广大。故购求利用精力之法，关系于世界文明，至为紧要矣。此第二法则，影响于哲学社会学者至巨，且视第一法则之精力常存说为优胜。盖前世纪为纯粹科学时代，盛行宇宙机械之说，乃以第一法则为哲学之根基。生物学者赫克尔教授，集其大成。二十世纪将为哲理的科学时代，化学者阿斯特瓦尔特氏，导其先河。置重第二法则，说明生命及社会之现象，且以为未来之预言。法兰西之数学者柏格森氏与之同声相应，非难前世纪之宇宙人生机械说，肯定人间意志之自由，以"创造进化论"为天下倡，此欧洲最近之思潮也。

机械说谓世界之要素二：曰物质，曰运动。万物皆成于原子。原子不可分，而有永久存在性。各原子于一定之时间，以一定之速度，向一定之方向而进行。以此推论，假令各原子遽然中止，且以同前之速度，逆行其进路，则万象悉返前境，将见死者肉其白骨；鬼雄起立战场；败落之果，飞上枝头；已燃之灰，复返为木；世界历史，均次第旧幕重开。此理论将不为机械论者所非难，而亦物理学所容许。然为自然界人事界之所必无。彼怀古笃旧者，正不必耽此迷梦也。是以第一法则，虽为一种不可破之定理，必待第二法则以补其缺憾。生物界之吾人，允当努力以趋无穷向上之途，时时创造，时时进化，突飞猛进，以遏精力之低行，不可误解机械说及因果律，以自画也。

（四）效率论

所谓理想的机械者，科学家之恒言也。今世之机械，颇近于理想，而犹未至。由来机械之目的，乃以一种之动作，变生他种之动作是也。理想的机械，最重此义。倘所呈效果，无加于吾人自力之所为，则无机械之必要矣。例如植物为自体生存计，直接受日光之精力与作用。人类及其他动物，未能直接应用太阳之精力，不得不假植物间接以取其由太阳精力所成之食物。因是植物者，不啻为变更日光发射之精力，而为食物化学的精力之机械矣。此二种精力之量，吾人得而测量之。盛夏之际，一亚克（Acker，德国面积名，合英国四八四〇方码）之地，所受日光几何，测其热度而知之；所生之植物，其包含之精力分量几何，燃烧之而测其热度亦知之。就二者精密比较，其结果殊可惊异。盖植物体中所贮之精力，较所受日光之精力，每不及百分之一。虽其生活作用，不无消费，而大部分有用之精力，付之废弃，可断言也。

然则植物者，可谓为极不完全之机械矣。惟其可取之点，乃在植物独力生成，不假人助而收获耳。加以人工，固生产增额，适度耕作之地，较诸天然荒原与夫原始时代之森林，所获自增数倍。然人工备至之地，即极盛之花园，所含藏之精力，较其受诸日光之分量，亦相差甚远。所受精力与所生精力之比例，以术语言之，是曰"效率"。植物之效率最低，以其不能利用所受之精力也。效率最高者，莫如近世之发电机。其所生之电气精力，较所受之机械精力，仅少百分之五。效率之说，本取日常语言，应用于科学，毋宁谓为"善之权衡"（Güteverhältnis），尤觉适当。例如评判豆或麦之善恶，可比量一亚克之产额多寡而知之；又若发电机，其不能利用精力至百分之九五者，则谓之恶发电机矣。道德上善恶之定论，亦同此理。盖世事万端，无一不与精力之变化相关联。道德之事，非在例外。惟是依第一法则，精力决无消亡之理。而机械不良，未能变原料精力为等量之有用精力，其效率遂至不齐，亦系显然之事实。斯二说似有不可调和之疑问。

然第二法则，已足解答此疑问。欲求效率之高，惟在善于利用精力，不令低行已耳，非第一法则之有何谬误也。且发电机所呈之效率，虽只百之九五，而其他五分，决非消灭，乃一部分因磨擦而变热，一部分因电线之抵抗化而为电流；即如植物所利用之太阳精力，虽只百分之一，其余九十九分之热，仍存宇宙间，未尝丝毫消灭，只以机械之良否不齐，遏制精力低行之程度有强弱，斯所呈之效率有高低，非精力之本身有所生灭增减也。有如货币，由甲地汇至乙地，其损失之部分，乃为汇费而非货币之自身。汇兑机关之美恶，非以汇费损失之多寡决之乎？此亦效率高低，可判断道德上善恶之一证也。

夫机械之不完全，为精力效率低下之重大原因，吾人可目为定则矣。而尚有一种谬见，不得不辨明者，即人工机械之不完全，较天然机械尤甚之说是也。今世人为机械之巧夺天工者，不一而足。新器发明，犹日进未已。其所不能者，乃吾人头脑冥顽及熟练不足之罪耳。电气应用于人生，不过百余年以来之事。人间生活，已因此生重大之变更。由现在以测将来，其使吾人精力效率之增高，宁有限度？

科学之兴，产生二果：其一精力之为物，大效用于人间之生活；又其一则原料精力变为有用精力之时，其效率必至增加。在昔以亚里斯多德之明哲，亦以为奴隶制度，终无废弃之理。盖希腊、罗马之经济基础，皆建筑于奴隶制度之上。诸大思想家之得以委身学问也，皆奴隶制度之赐。否则一切劳力之事，必躬自为之。但利用牛马风水，以供劳役，无假力奴隶之必要，距今千余年前，既已发见，此岂亚里斯多德所及料？

由斯以谭，科学智识之增长人间精力效率之高度，其事至明。人间若不幸无此智识，仍至何时，亦固守愚昧劣等之生活状态以终。吾人在此种生活状态期间，尚有何等伦理道德之可言乎？古之人胼手胝足，挥汗如雨；今之人劳力极微，惟聚精凝神，安坐以操配电盘与推进机而已。使人间之劳动，不同于牛马，科学之功用，自伦理上观之，亦自伟大。

更试就宗教言之，世非仰望基督为持人类和平之使命而来耶？然历史上所生结果，不幸全与之相反。近代之人，对于和平论之伦理的价值，有所怀疑，视古人加甚。今日颇有从事世界之和平运动者（按诺倍尔赏金，亦奖励此种事业。印度达噶尔之获赏，即以其有功于世界之和平运动，非以其文学也），与其谓为影响于基督之和平教训，宁谓为戒于战争及战争准备浪费巨量精力之故。若工艺，若伦理道德，阿斯特瓦尔特氏，皆以"精力的命令"，为贯彻吾人生涯全体之统治权。惟是精力之变更及其效率之增加也，将何道之由耶？曰，是在积极以求机械之改良，消极则以"勿为浪费精力之事"为格言。犹之经济学家，恒以"不生产之消费"为大戒也。经济学贵在以较少之时间与精力，获较多之生产物。阿斯特瓦尔特之著书中，亦恒有曰："汝之劳动，务以极少量原料精力之损失，以成高尚有用之精力。"（按自蒸气机关发明以来，人间时间之节省及精力效率之增加，已属不可思议，而近日欧美人节省时间与精力之法，日异月新，无微不至。例如作书之字母，依声连书，已称便利矣，而尚嫌于每字结束之后，另于 t 上加横，i 上加点，废时耗力，且欲去之，以视吾东洋使用象形文字之民族，其文明进化，一时如何可及！）

署名：陈独秀

《新青年》第二卷第一号、第三号

1916 年 9 月 1 日、11 月 1 日

答汪叔潜（政党政治）

（一九一六年九月一日）

叔潜先生：

恪诵大教，惠我良多。第鄙见国民运动与政党运动，广狭迥殊，确有不同之点。其理由不可殚述。就其浅显者言之：近世国家，无不建筑于多数国民总意之上，各党策略，非其比也。盖国家组织，著其文于宪法，乃国民总意之表征。于此等根本问题，倘有异见，势难并立。过此以往，始有政见之殊，阶级之别，各树其党。即政党成立以后，党见舆论，亦未可始终视为一物。党见乃舆论之一部分而非全体，党见乃舆论之发端而非究竟。从舆论以行庶政，为立宪政治之精神。蔑此精神，则政乃苛政，党乃私党也。欧美立宪国之不若英伦以政党政治称者，以其政党不若英伦两大政党均得国民之半数也。谓其政党不进化则可，谓其政治不进化，且斥以未上宪政轨道，恐非确论。

宪政实施有二要素：一曰庶政公诸舆论，一曰人民尊重自由。否则虽由优秀政党掌握政权，号称政党政治则可，号称立宪政治则犹未可。以其与多数国民无交涉也。

本志以青年教育为的，每期国人以根本之觉悟，故欲于今日求而未得之政党政治，百尺竿头，更进一步。若夫腐败无耻之官

僚政治，益所鄙弃，何待讨论？前文未达，予读者以误会，资官
僚以口实。殊非立论之旨，得尊函纠正之，敢不拜嘉！

独秀谨复

我之爱国主义

（一九一六年十月一日）

伊古以来所谓为爱国者（Patriot），多指为国捐躯之烈士，其所行事，可泣可歌，此宁非吾人所服膺所崇拜？然我之爱国主义则异于是。

何以言之？世之所重于爱国者何哉？岂非以大好河山，祖宗丘墓之所在，子孙食息之所资，画地而守，一群之所托命，此而不爱，非属童昏，即欲效犹太人流离异国，威福任人已耳？故强敌侵入之时，则执戈御侮；独夫乱政之际，则血染义旗。卫国保民，此献身之烈士所以可贵也。

今日之中国，外迫于强敌，内逼于独夫（兹之所谓独夫者，非但专制君主及总统；凡国中之逞权而不恤舆论之执政，皆然），非吾人困苦艰难，要求热血烈士为国献身之时代乎？然自我观，中国之危，固以迫于独夫与强敌，而所以迫于独夫强敌者，乃民族之公德私德之堕落有以召之耳。即今不为拔本塞源之计，虽有少数难能可贵之爱国烈士，非徒无救于国之亡，行见吾种之灭也。

世有疑吾言者乎？试观国中现象，若武人之乱政，若府库之空虚，若产业之凋零，若社会之腐败，若人格之堕落，若官吏之贪墨，若游民盗匪之充斥，若水旱疫疠之流行：凡此种种，无一不为国亡种灭之根源，又无一而为献身烈士一手一足之所可救治。外人之讥评吾族，而实为吾人不能不俯首承认者，曰"好利无耻"，曰"老大病夫"，曰"不洁如豕"，曰"游民乞丐国"，曰"贿赂为华人通病"，曰"官吏国"，曰"豚尾客"，曰"黄金崇拜"，曰"工于诈伪"，曰"服权力不服公理"，曰"放纵卑劣"，凡此种种，无一而非亡国灭种之资格，又无一而为献身烈士一手一足之所可救治。

一国之民，精神上，物质上，如此退化，如此堕落，即人不我伐，亦有何颜面，有何权利，生存于世界？一国之民德，民力，在水平线以上者，一时遭逢独夫强敌，国家濒于危亡，得献身为国之烈士而救之，足济于难；若其国之民德，民力，在水平线以下者，则自侮自伐，其招致强敌独夫也，如磁石之引针，其国家无时不在灭亡之数，其亡自亡也，其灭自灭也；即幸不遭逢强敌独夫，而其国之不幸，乃在遭逢强敌独夫以上，反以遭逢强敌独夫，促其觉悟，为国之大幸。

夫所贵乎爱国烈士者，救其国之危亡也；否则何取焉？今其国之危亡也，亡之者虽将为强敌，为独夫，而所以使之亡者，乃其国民之行为与性质。欲图根本之救亡，所需乎国民性质行为之改善，视所需乎为国献身之烈士，其量尤广，其势尤迫。故我之爱国主义，不在为国捐躯，而在笃行自好之士，为国家惜名誉，为国家弭乱源，为国家增实力。我爱国诸青年乎！为国捐躯之烈士，固吾人所服膺，所崇拜，会当其时，愿诸君决然为之，无所审顾；然此种爱国行为，乃一时的而非持续的，乃治标的而非治本的。吾之所谓持续的治本的爱国主义者。

曰　勤

传曰："民生在勤，勤则不匮。"今日西洋各国国力之发展，无不视经济力为标准，而经济学之生产三要素：曰土地，曰人力，曰资本。夫资本之初源，仍出于土地与人力。土地而不施以人力，仍不得视为财产，如石田童山是也。故人力应视为最重大之生产要素。一社会之人力至者，其社会之经济力必强；一个人之人力至者，其个人之生计，必不至匮乏：此可断言者也。

晰族之勤勉，半由于体魄之强，半由于习惯之善。吾华惰民，即不终朝闲散，亦不解时间上之经济为何事，可贵有限之光阴，掷之闲谈而不惜焉，掷之博奕〔弈〕而不惜焉，掷之睡眠宴饮而不惜焉。西人之与人约会也，恒以何时何分为期，华人则往往约日相见；西人之行路也，恒一往无前，华人则往往瞻顾徘徊于中道，若无所事事。劳动神圣，晰族之恒言；养尊处优，吾华之风尚。中人之家，亦往往仆婢盈室；游民遍国，乞丐载途。美好丈夫，往往四体不勤，安坐而食他人之食。自食其力，乃社会有体面者所羞为，宁甘厚颜以仰权门之余沥。呜乎！人力废而产业衰，产业衰而国力瘵，爱国君子，必尚乎勤！

曰　俭

奢侈之为害，自个人言之，贪食渔色，戕害其生，奢以伤廉，堕落人格。吾见夫世之倒行逆施者，非必皆丧心病狂，恒以生活习于奢华，不得不捐耻昧心，自趋陷阱。自国家社会言之，俗尚奢侈，国力虚耗。在昔罗马、西班牙之末路，可为殷鉴。消费之额，不可超过生产，已为经济学之定则。况近世工商业兴，以机械代人力，资本之功用，卓越前世。国民而无贮蓄心，浪费资财于不生产之用途，则产业凋敝，国力衰微，可立而俟。

吾华之贫，宇内仅有。国民生事所需，多仰外品。合之赔款国债，每岁正货流出，穷于计算，若再事奢侈，不啻滴尽吾民之膏血，以为外国工商业纪功之碑，增加高度。人人节衣省食，以为国民兴产殖业之基金，爱国君子，何忍而不出此？

曰　廉

呜乎！金钱罪恶，万方同慨。然中国人之金钱罪恶，与欧美人之金钱罪恶不同，而罪恶尤甚。以中国人专以造罪恶而得金钱，复以金钱造成罪恶也。但有钱可图，便无恶不作。古人云："文官不爱钱，武官不怕死，则天下治矣。"不图今之武官，既怕死又复爱钱。若龙济光、张勋辈，岂真有何异志与共和为敌；只以岁蚀军饷数百万，累累者不肯轻弃，遂不恤倒行逆施耳。袁氏叛国，为之奔走尽力者遍天下，岂有一敬其为人，或真以帝制足以救国者；盖悉为黄金所驱使（严复明白宣言曰：余非帝制派，惟有钱而无不与耳）。袁氏殁，其子辈于白昼众目之下，悉盗公物以去，视彼监守边郡，秘窃宝器者，益无忌惮矣。

夫借债造路，丧失利权，为何等痛心之事；只以图便交通，忍而出此。乃竟有路未寸成，而借款数千万悉入私囊者，人之无良，一至于此！又若金州画界，胶州画界，利敌贿金，蒙蔽溢与，其罪恶更有甚焉！至于革命乃何等高尚之事功，革命党为何等富于牺牲精神之人物，宜不类乎贪吏矣；而恃其师旅之众，强取横夺，满载而归者，所在多有。此外文武官吏，及假口创办实业之奸人，盗取多金，荣归乡里，俨然以巨绅自居者，不可胜数，社会亦优容之而不以为怪。甚至以尊孔尚德之圣人自居者，亦复贪声载道。呜乎！"贪"之一字，几为吾人之通病；此而不知悔改，更有何爱国之可言！

曰　洁

西洋人称世界不洁之民族，印度人，朝鲜人，与吾华，鼎足而三。华人足迹所至，无不备受侮辱者，非尽关国势之衰微，其不洁之习惯，与夫污秽可憎之辫发与衣冠，吾人诉之良心而言，亦实足招尤取侮。公共卫生，国无定制；痰唾无禁，粪秽载途。沐浴不勤，臭恶视西人所畜犬马加甚；厨灶不治，远不若欧美厕所之清洁。试立通衢，观彼行众，衣冠整洁者，百不获一，触目皆囚首垢面，污秽逼人，虽在本国人，有不望而厌之者，必其同调；欲求尚洁之晰人不加轻蔑，本非人情。

然此犹属外观之污秽，而其内心之不洁，尤令人言之恐怖。经数千年之专制政治，自秦政以讫洪宪皇帝，无不以利禄奔走天下，吾国民遂沉迷于利禄而不自觉。卑鄙龌龊之国民性，由此铸成。吾人无宗教信仰心，有之则做官耳，殆若欧美人之信耶稣，日本人之尊天皇，为同一之迷信。大小官吏，相次依附，存亡荣辱，以此为衡。婢膝奴颜，以为至乐。食力创业，乃至高尚至清洁适于国民实力伸张之美德，而视为天下之至贱，不屑为也。农弃畎亩以充厮役，工商弃其行业以谋差委，士弃其学以求官，驱天下生利之有业者，而为无业分利之游民，皆利禄之见为之也。闻今之北京求官谋事者，数至二十万众。此二十万众中，其多数本已养成无业游民之资格，吾知其少数中未必无富有学识经验之人，可以自力经营相当事业者；而必欲投身宦海，自附于摇尾磕头之列，毋亦利禄之心重，而不知食力创业为可贵也。不能食力者，必食他人之食；不思创业者，自绝生利之途。民德由之堕落，国力由之衰微。此于一群之进化，关系匪轻，是以爱国志士，宜使身心俱洁。

曰　诚

浮词夸诞，立言之不诚也；居丧守节，道德之不诚也；时亡而往拜，圣人之不诚也。吾人习于不诚也久矣。以近事言之，袁氏之称帝也，始终表里坚持赞成反对者，吾皆敬其为人；乃有分明心怀反对者也，而表面竟附赞成之列。朝犹劝进，夕举义旗，袁氏不德，固应受此揶揄，而国民之诈伪不诚，则已完全暴露。其上焉者谓为从权以伺隙，其下焉者诡曰逢恶以速其亡。吾心固反对帝制者也，不知若略迹论心，即筹安六人，去杨、刘外，何尝有一人诚心赞成帝制？惟其非诚心赞成而赞成之者，其人格远在诚心赞成而赞成之者之下：明知故犯，其罪加等！此何等事，而云从权逢恶，则一旦强敌压境夺国，不知其从权逢恶也，更演何丑态，作何罪孽？此外人所以谓法兰西革命为悲剧的革命，而华人革命，乃滑稽剧也。

若张勋、倪嗣冲、陈宧、汤芗铭、龙济光、张作霖、王占元辈，本诚心赞成帝制者也，乃袁势一去，或叛袁独立，或仍就共和政府之军职，视昔之称扬帝制痛骂共和也，前后竟若两人。孙毓筠非供奉洪宪皇帝之御容，称以今上圣主万岁者乎？乃帝制取销时，与其友书，竟有袁逆之称。其他请愿劝进之妄人，今又复正襟厉色以言民权共和者，滔滔皆是。反复变诈，一至于斯，诚不知人间有羞耻事也！呜乎！不诚之民族，为善不终，为恶亦不终。吾见夫国中多乐于为恶之人，吾未见有始终为恶之硬汉。诈伪圆滑，人格何存？吾愿爱国之士，无论维新守旧，帝党共和，皆本诸良心之至诚，慎厥终始，以存国民一线之人格。

曰　信

人而无信，不独为道德之羞，亦且为经济之累。政府无信，则纸币不行，内债难得，其最大之恶果，为无人民信托之国家银行，金融大权，操诸外人之手。人民无信，则非独资无由创业。当此工商发达时代，非资本集合，必不适于营业竞争。而吾国人之视集资创业也，不啻为骗钱之别名。由是全国资金，皆成死物，绝无流通生长之机缘。以视欧美人之资财，衣食之余，悉贮之银行，经营产业，息息流通，递加生长也，其社会金融之日就枯竭，殆与人身之血不流行，坐待衰萎以死，同一现象。是故民信不立，国之金融，决无起死回生之望。政府以借债而存，人民以盗窃而活，由贫而弱，由弱而亡，讵不滋痛！

之数德者，固老生之常谈，实救国之要道也。人或以为视献身义烈为迂远，吾独以此为持续的治本的真正爱国之行为。盖今世列强并立，皆挟其全国国民之德智力以相角，兴亡之数，不待战争而决。其兴也有故，其亡也有由。唯其亡之已有由矣，虽有为国献身之烈士，亦莫之能救。故今世爱国之说与古不同，欲爱其国使立于不亡之地，非睹其国之亡始爱而殉之也。夫国亡身殉，其义烈固自可风，若严格论之，自古以身殉国者，未必人人皆无制造亡国原因之罪。故爱其国使立于不亡之地，爱国之义，莫隆于斯。

署名：陈独秀

《新青年》第二卷第二号

1916 年 10 月 1 日

驳康有为致总统总理书

（一九一六年十月一日）

南海康有为先生，为吾国近代先觉之士，天下所同认。吾辈少时，读八股，讲旧学，每疾视士大夫习欧文谈新学者，以为皆洋奴，名教所不容也；后读康先生及其徒梁任公之文章，始恍然于域外之政教学术，粲然可观，茅塞顿开，觉昨非而今是。吾辈今日得稍有世界知识，其源泉乃康、梁二先生之赐。是二先生维新觉世之功，吾国近代文明史所应大书特书者矣。

厥后任公先生且学且教，贡献于国人者不少，而康先生则无闻焉。不谓辛亥以还，且于国人流血而得之共和，痛加诅咒。《不忍》杂志，不啻为筹安会导其先河。天下之敬爱先生者，无不为先生惜之！

中国帝制思想，经袁氏之试验，或不至死灰复燃矣，而康先生复于别尊卑，重阶级，事天尊君，历代民贼所利用之孔教，锐意提倡，一若惟恐中国人之"帝制根本思想"或至变弃也者。近且不惜词费，致书黎、段二公，强词夺理，率肤浅无常识，识者皆目笑存之，本无辩驳之价值。然中国人脑筋不清，析理不明，或震其名而惑其说，则为害于社会思想之进步也甚巨，故不能已于言焉。

　　惟是康先生虽自夸"三周大地，游遍四洲，经三十国，日读外国之书"，然实不通外国文，于外国之论理学，宗教史，近代文明史，政治史，所得甚少，欲与之析理辩难，知无济也。

　　曷以明其然哉？原书云："今万国之人，莫不有教，惟生番野人无教。今中国不拜教主，岂非自认为无教之人乎？则甘认与生番野人等乎？"按台湾生番及内地苗民，迷信其宗教，视文明人尤笃。则人皆有教，生番野人无教之大前提已误。不拜教主，且仅指不拜孔子，竟谓为无教之人乎？则不拜教主即为无教之小前提又误。大小前提皆误，则中国人无教与生番野人等之断案，诉诸论理学，谓为不误，可乎？是盖与孟子"无父无君，是禽兽也"之说，同一谬见。故知其不通论理学也。

　　欧美宗教，由"加特力教"（Catholicism），一变而为"耶稣新教"（Protestantism），再变而为"唯一神教"（Unitarianism），教律宗风，以次替废。"唯一神教"，但奉真神，不信三位一体之说，斥教主灵迹为惑世之诬言，谓教会之仪式为可废：此稍治宗教史者所知也。德之倭根，法之柏格森，皆当今大哲，且信仰宗教者也（倭根对于一切宗教皆信仰，非只基督教已也），其主张悉类"唯一神教派"，而教主之膜拜，教会之仪式，尤所蔑视。审是，西洋宗教，且已由隆而之杀。吾华宗教，本不隆重；况孔教绝无宗教之实质（宗教实质，重在灵魂之救济，出世之宗也。孔子不事鬼，不知死，文行忠信，皆入世之教，所谓性与天道，乃哲学，非宗教）与仪式，是教化之教，非宗教之教。乃强欲平地生波，惑民诬孔，诚吴稚晖先生所谓"鑿孔栽须"者矣！

　　君权与教权，以连带之关系，同时削夺，为西洋近代文明史上大书特书之事。信教自由，已为近代政治之定则。强迫信教，不独不能行之本国，且不能施诸被征服之属地人民。其反抗最烈，影响最大者，莫如英国之"清教徒"，以不服国教专制之故，不惜移住美洲，叛母国而独立。康先生蔑视佛、道、耶、回之信仰，欲以孔教专利于国中，吾故知其所得于近世文明史政治史之知识必甚少也。然此种理论，必为康先生所不乐闻；即闻之而不平心研究，则终亦不甚了了。吾今所欲言者，乃就原书中，指陈其不合事实，缺少常识，自相矛盾之言，以告天下，以质之康先生。

康先生电请政府拜孔尊教，南北报纸，无一赞同者；国会主张删除宪法中尊孔条文，内务部取消拜跪礼节，南北报纸，无一反对者。而原书一则曰"当道措施，殊有令国人骇愕者"，再则曰"国务有司所先行，在禁拜圣令，天下骇怪笑骂！"吾知夫骇愕笑骂者，康先生外宁有几人？乌可代表国人，厚诬天下？此不合事实者一也。

欧洲"无神论"之哲学，由来已久，多数科学家，皆指斥宗教之虚诞，况教主耶？今德国硕学赫克尔，其代表也。"非宗教"之声，已耸动法兰西全国，即尊教信神之"唯一神教派"，亦于旧时教义教仪，多所吐弃。而原书云："数千年来，无论何人何位，无有敢议废拜教主之礼，黜教主之祀者。"不知何所见而云然？此不合事实者二也。

吾国四万万人，佛教信者最众。其具完全宗教仪式者，耶、回二教，遍布国中，数亦匪尠。而原书云："四万万人民犹在也，而先自弃其教，是谓无教"；又云："今以教主孔子之神圣，必黜绝而力攻之，是导其民于无教也。"以不尊孔即为无教，此不合事实者三也。

原书命意设词，胥乏常识；其中最甚者，莫若袭用古人极无常识之套语：曰，以《春秋》折狱；曰，以三百五篇作谏书；曰，以《易》通阴阳；曰，以《中庸》传心；曰，以《孝经》却贼；曰，以《大学》治鬼；曰，以半部《论语》治天下。吾且欲为补一言，曰，以《禹贡》治水，谅为先生所首肯！

夫《春秋》之所口诛笔伐者，乱臣贼子也；今有狱于此，首举叛旗，倾覆清室者，即原书所称"缁衣好贤宵旰忧劳"之今大总统，不知先生将何以折之（辛亥义师起，康先生与其徒徐勤书，称之曰贼曰叛，当不许以种族之故，废孔教之君臣大义也）？所谓以《大学》治鬼者，未审与说部《绿野仙踪》所载齐贡生之伎俩如何？所谓半部《论语》治天下，不识"民可使由之，不可使知之"、"天下有道，则庶人不议"等语，是否在此半部中也？

呜呼！先生休矣！先生硁硁以为议院，国务院，无擅议废拜废祀之权，一面又乞灵议院，以"以孔子为大教，编入宪法，要求政府。""明令保守府县学宫及祭田，皆置奉祀官。"（以上皆原书语）夫无权废之，何以有权兴之？

然此犹矛盾之小者也。孔教与帝制，有不可离散之因缘；若并此二者而主张之，无论为祸中国与否，其一贯之精神，固足自成一说。不图以曾经通电赞成共和之康先生，一面又推尊孔教；既推尊孔教矣，而原书中又期以"不与民国相抵触者，皆照旧奉行"。主张民国之祀孔，不啻主张专制国之祀华盛顿与卢梭，推尊孔教者而计及抵触民国与否？是乃自取其说而根本毁之耳，此矛盾之最大者也！

吾最后尚有一言以正告康先生曰：吾国非宗教国，吾国人非印度犹太人，宗教信仰心，由来薄弱。教界伟人，不生此土，即勉强杜撰一教宗，设立一教主，亦必无何等威权，何种荣耀。若虑风俗人心之漓薄，又岂干禄作伪之孔教所可救治？古人远矣！近代贤豪，当时耆宿，其感化社会之力，至为强大；吾民之德敝治污，其最大原因，即在耳目头脑中无高尚纯洁之人物为之模范，社会失其中枢，万事循之退化。法国社会学者孔特，谓人类进化，由其富于模仿性，英雄硕学，乃人类社会之中枢，资其模仿者也。若康先生者，吾国之耆宿，社会之中枢也，但务端正其心，廉洁其行，以为小子后生之模范，则裨益于风俗人心者，至大且捷，不必远道乞灵于孔教也。

署名：陈独秀

《新青年》第二卷第二号

1916 年 10 月 1 日

答胡适之（文学革命）

（一九一六年十月一日）

适之先生：

拜诵惠书，敬悉一一。以提倡写实主义之杂志，而录古典主义之诗，一经足下指斥，曷胜惭感！惟今之文艺界写实作品，以仆寡闻，实未尝获觏。本志文艺栏，罕录国人自作之诗文，即职此故。不得已偶录一二诗，乃以其为写景叙情之作，非同无病而呻。其所以盛称谢诗者，谓其继迹古人，非谓其专美来者。若以西洋文学眼光，批评工部及元、白、柳、刘诸人之作，即不必吹毛求疵，其拙劣不通之处，又焉能免？望足下平心察之。实非仆厚诬古人也。

承示文学革命八事，除五八二项，其余六事，仆无不合十赞叹，以为今日中国文界之雷音。倘能详其理由，指陈得失，衍为一文，以告当世，其业尤盛。

第五项所谓文法之结构者，不知足下所谓文法，将何所指？仆意中国文字，非合音无语尾变化，强律以西洋之 Gramma，未免画蛇添足。（日本国语，乃合音。惟只动词、形容词、有语尾变化。其他种词，亦强袭西洋文法。颇称附会无实用。况中国文乎？）若谓为章法语势之结构，汉文亦自有之。此当属诸修辞学，非普通文法。且文学之文，与应用之文不同，上未可律以论理学，下未可律以普通文法。其必不可忽视者，修辞学耳。质之足下，以为如何？

尊示第八项"须言之有物"一语，仆不甚解。或者足下非古典主义，而不非理想主义乎？鄙意欲救国文浮夸空泛之弊，只第六项"不作无病之呻吟"一语足矣。若专求"言之有物"，其流弊将毋同于"文以载道"之说？以文学为手段为器械，必附他物以生存。窃以为文学之作品，与应用文字作用不同。其美感与伎俩，所谓文学美术自身独立存在之价值，是否可以轻轻抹杀，岂无研究之余地？况乎自然派文学，义在如实描写社会，不许别有寄托，自堕理障。盖写实主义之与理想主义不同也以此。

以上二事，尚望足下有以教之。海内外讲求改革中国文学诸君子，尚能发为宏议，以资公同讨论，敢不洗耳静听。若来书所谓加以论断，以仆不学无文，何敢，何敢！

独秀谨复

《新青年》第二卷第二号

1916 年 10 月 1 日

宪法与孔教

（一九一六年十一月一日）

"孔教"本失灵之偶像，过去之化石，应于民主国宪法，不生问题。只以袁皇帝干涉宪法之恶果，天坛草案，遂于第十九条，附以尊孔之文，敷衍民贼，致遗今日无谓之纷争。然既有纷争矣，则必演为吾国极重大之问题。其故何哉？盖孔教问题不独关系宪法，且为吾人实际生活及伦理思想之根本问题也。

余尝谓："自西洋文明输入吾国，最初促吾人之觉悟者为学术，相形见绌，举国所知矣。其次为政治。年来政象所证明，已有不克守缺抱残之势。继今以往，国人所怀疑莫决者，当为伦理问题。此而不能觉悟，则前此之所谓觉悟者，非彻底之觉悟，盖犹在惝恍迷离之境。"（见《吾人最后之觉悟》）盖伦理问题不解决，则政治学术，皆枝叶问题。纵一时舍旧谋新，而根本思想，未尝变更，不旋踵而仍复旧观者，此自然必然之事也。

孔教之精华曰礼教，为吾国伦理政治之根本。其存废为吾国早当解决之问题，应在国体宪法问题解决之先。今日讨论及此，已觉甚晚。吾国人既已纷纷讨论，予亦不得不附以赘言。

增进自然界之知识，为今日益世觉民之正轨。一切宗教，无裨治化，等诸偶像，吾人可大胆宣言者也。今让一步言之，即云浅化之民，宗教在所不废。然通行吾国各宗教，若佛教教律之精严，教理之高深，岂不可贵？又若基督教尊奉一神，宗教意识之明了，信徒制行之清洁，往往远胜于推尊孔教之士大夫。今蔑视他宗，独尊一孔，岂非侵害宗教信仰之自由乎（所谓宗教信仰自由者，任人信仰何教，自由选择，皆得享受国家同等之待遇，而无所歧视。今有议员王谢家建议，以为倘废祀孔，乃侵害人民信教之自由，其言实不可解。国家未尝祀佛，未尝祀耶，今亦不祀孔，平等待遇，正所以尊重信教自由，何云侵害？盖王君目无佛耶，只知有孔，未尝梦见信教自由之为何物也）？

今再让一步言之。或云佛、耶二教，非吾人固有之精神，孔教乃中华之国粹。然旧教九流，儒居其一耳。阴阳家明历象，法家非人治，名家辨名实，墨家有兼爱节葬非命诸说，制器敢战之风，农家之并耕食力：此皆国粹之优于儒家孔子者也。今效汉武之术，罢黜百家，独尊孔氏，则学术思想之专制，其湮塞人智，为祸之烈，远在政界帝王之上。

今再让一步言之。或谓儒教包举百家，独尊其说，乃足以化民善俗。夫非人是己，宗风所同。使孔教会仅以私人团体，立教于社会，国家固应予以与各教同等之自由。使仅以“孔学会”号召于国中，尤吾人所赞许。西人于前代大哲，率有学会以祀之。今乃专横跋扈，竟欲以四万万人各教信徒共有之国家，独尊祀孔氏，竟欲以四万万人各教信徒共有之宪法，独规定以孔子之道为修身大本。呜呼！以国家之力强迫信教，欧洲宗教战争，殷鉴不远。即谓吾民酷爱和平，不至激成战斗，而实际生活，必发生种种撞扰不宁之现象（例如假令定孔教为国教，则总统选举法，及官吏任用法，必增加异教徒不获当选一条。否则异教徒之为总统官吏者，不祀孔则违法，祀孔则叛教，无一是处。又如学校生徒之信奉佛道耶回各教者，不祀孔则违背校规，祀孔则毁坏其信仰，亦无一是处）去化民善俗之效也远矣。

以何者为教育大本，万国宪法，无此武断专横之规定。而孔子之道适宜于民国教育精神与否，犹属第二问题。盖宪法者，全国人民权利之保证书也，决不可杂以优待一族一教一党一派人之作用。以今世学术思想之发达，无论集硕学若干辈，设会讨论教育大本，究应以何人学说为宗，吾知其未敢轻决而著书宣告于众。况挟堂堂国宪，强全国之从同，以阻思想信仰之自由，其无理取闹，宁非奇谈！

凡兹理由，俱至明浅，稍有识者皆知之，此时贤之尊孔者，所以不以孔教为宗教者有之；以为宗教而不主张假宪法以强人信从者有之。此派之尊孔者，虽无强人同己之恶习，其根本见解，予亦不敢盲从。故今所讨论者，非孔教是否宗教问题，且非但孔教可否定入宪法问题，乃孔教是否适宜于民国教育精神之根本问题也。此根本问题，贯彻于吾国之伦理政治社会制度日常生活者，至深且广，不得不急图解决者也。欲解决此问题，宜单刀直入，肉薄问题之中心。

其中心谓何？即民国教育精神果为何物，孔子之道又果为何物，二者是否可以相容是也。

西洋所谓法治国者，其最大精神，乃为法律之前，人人平等，绝无尊卑贵贱之殊。虽君主国亦以此为立宪之正轨，民主共和，益无论矣。然则共和国民之教育，其应发挥人权平等之精神，毫无疑义。复次欲知孔子之道，果为何物。此主张尊孔与废孔者，皆应有明了之概念，非可笼统其词以为褒贬也。

今之尊孔者，率分甲乙二派：甲派以三纲五常，为名教之大防，中外古今，莫可逾越，西洋物质文明，固可尊贵，独至孔门礼教，固彼所未逮。此中国特有之文明，不可妄议废弃者也。乙派则以为三纲五常之说，出于纬书，宋儒盛倡之，遂酿成君权万能之末弊，原始孔教，不如是也。持此说之最有条理者，莫如顾实君，谓宋以后之孔教，为君权化之伪孔教；原始孔教，为民间化之真孔教。三纲五常，属于伪孔教范畴，取司马迁之说，以四教（文、行、忠、信）、四绝（毋意、毋必、毋固、毋我）、三慎（齐、战、疾）为原始之真孔教范畴（以上皆顾实君之说，详见第二号《民彝》杂志《社会教育及共和国魂之孔教论》）。愚则宁是甲而非乙也。

三纲五常之名词，虽不见于经，而其学说之实质，非起自两汉、唐、宋以后，则不可争之事实也。教忠（忠有二义：一对一切人，一对于君。与孝并言者，必为对君之忠可知）教孝〔吴稚晖先生，谓孝为古人用爱最挚之一名词，非如南宋以后人之脑子，合忠孝为一谈，一若言孝，而有家庭服从之组织，隐隐寓之于中；又云孝之名即不存，以博爱代之：父与父言博爱，慈矣；子与子言博爱，孝矣（以上见十月九日《中华新报》《说孝》）。倘认人类秉有相爱性，何独无情于骨肉？吴先生以爱代孝之说尚矣，惟儒教之言孝，与墨教之言爱，有亲疏等差之不同，此儒墨之鸿沟，孟氏所以斥墨为无父也。吴先生之言，必为墨家所欢迎，而为孔孟所不许。父母死三年，尚无改其道，何论生存时家庭服从之组织？儒教莫要于礼，礼莫重于祭，祭则推本于孝（《祭统》云："凡治人之道，莫急于礼。礼有五经，莫重于祭。"又云："祭者，所以追养继孝也。"）。儒以孝为人类治化之大原，何只与忠并列？《祭统》云："忠臣以事其君，孝子以事其亲，其本一也。"《孝经》云："资于事父以事君而敬同。"又云："孝莫大于严父。"又云："父母之道，天性也，君臣之义也。"又云："要君者无上，非圣人者无法，非孝者无亲，此大乱之道也。"审是，忠孝并为一谈，非始于南宋，乃孔门立教之大则也。吴先生所云，毋乃犹避腐儒非古侮圣之讥也欤？〕教从（《郊特牲》曰："妇人，从人者也：幼从父兄，嫁从夫，夫死从子。"）非皆片面之义务，不平等之道德，阶级尊卑之制度，三纲之实质也耶？"不仕无义，长幼之节，不可废也，君臣之义，如之何其废之"；"挞之流血，起敬起孝"；"妇人者，伏于人者也"；"夫不在，敛枕箧簟席襡，器而藏之"。此岂宋以后人尊君尊父尊男尊夫之语耶？纬书，古史也，可以翼经，岂宋后之著作？董仲舒，马融，班固，皆两汉大儒。董造《春秋繁露》，马注《论语》，班辑《白虎通》，皆采用三纲之说。朱子不过沿用旧义，岂可独罪宋儒？

　　愚以为三纲说不徒非宋儒所伪造，且应为孔教之根本教义。何以言之？儒教之精华曰礼。礼者何？《坊记》曰："夫礼者，所以章疑别微，以为民坊者也，故贵贱有等，衣服有别"；又曰："天无二日，土无二王，家无二主，尊无二上，示民有君臣之别也。"哀公问曰："民之所由生，礼为大：非礼无以节事天地之神也，非礼无以辨君臣上下长幼之位也。"《曲礼》曰："夫礼者，所以定亲疏，决嫌疑，别同异，明是非也；"又曰："君臣上下，父子兄弟，非礼不定。"《礼运》曰："礼者，君之大柄也。"《礼器》曰："礼之近人情者，非其至者也。"《冠义》曰："责成人礼焉者，将责为人子，为人弟，为人臣，为人少者之礼行焉。"是皆礼之精义〔晏婴所讥盛容繁饰，登降之礼，趋详之节，累世不能殚其学，当年不能究其礼，此犹属仪文之末。尊卑贵贱之所由分，即三纲之说之所由起也。三纲之义，乃起于礼别尊卑，始于夫妇，终于君臣，共贯同条，不可偏废者也。今人欲偏废君臣，根本已摧，其余二纲，焉能存在？而浏阳李女士，主张夫妻平等，以为无伤于君父二纲（见本年第五号《妇女杂志》社说），是皆不明三纲一贯之根本精神之出于礼教也〕。

此等别尊卑明贵贱之阶级制度，乃宗法社会封建时代所同然，正不必以此为儒家之罪，更不必讳为原始孔教之所无。愚且以为儒教经汉、宋两代之进化，明定纲常之条目，始成一有完全统系之伦理学说。斯乃孔教之特色，中国独有之文明也。若夫温良恭俭让信义廉耻诸德，乃为世界实践道德家所同遵，未可自矜特异，独标一宗者也。

使今犹在闭关时代，而无西洋独立平等之人权说以相较，必无人能议孔教之非。即今或谓吾华贱族，与晰人殊化，未可强效西鞬，愚亦心以为非而口不能辨。惟明明以共和国民自居，以输入西洋文明自励者，亦于与共和政体西洋文明绝对相反之别尊卑明贵贱之孔教，不欲吐弃，此愚之所大惑也。以议员而尊孔子之道，则其所处之地位，殊欠斟酌；盖律以庶人不议，则代议政体，民选议院，岂孔教之所许？（《礼运》所谓天下为公，选贤与能，乃指唐虞之世，君主私相禅授而言。略类袁氏《金匮石室》制度。与今世人民之有选举权，绝不同也。）以宪法而有尊孔条文，则其余条文，无不可废；盖今之宪法，无非采用欧制，而欧洲法制之精神，无不以平等人权为基础。吾见民国宪法草案百余条，其不与孔子之道相抵触者，盖几希矣，其将何以并存之？

　　吾人倘以为中国之法，孔子之道，足以组织吾之国家，支配吾之社会，使适于今日竞争世界之生存，则不徒共和宪法为可废，凡十余年来之变法维新，流血革命，设国会，改法律，民国以前所行之大清律，无一条非孔子之道。及一切新政治，新教育，无一非多事，且无一非谬误，应悉废罢，仍守旧法，以免滥费吾人之财力。万一不安本分，妄欲建设西洋式之新国家，组织西洋式之新社会，以求适今世之生存，则根本问题，不可不首先输入西洋式社会国家之基础，所谓平等人权之新信仰，对于与此新社会新国家新信仰不可相容之孔教，不可不有彻底之觉悟，猛勇之决心；否则不塞不流，不止不行！

署名：陈独秀

《新青年》第二卷第三号

1916 年 11 月 1 日

孔子之道与现代生活

（一九一六年十二月一日）

甲午之役，兵破国削，朝野惟外国之坚甲利兵是羡，独康门诸贤，洞察积弱之原，为贵古贱今之政制学风所致，以时务知新主义，号召国中。尊古守旧者，觉不与其旧式思想，旧式生活状态相容，遂群起哗然非之，詈为离经畔道，名教罪人。湖南叶德辉所著《翼教丛篇》，当时反康派言论之代派〔表〕也。吾辈后生小子，愤不能平，恒于广座为康先生辩护，乡里瞀儒，以此指吾辈为康党，为孔教罪人，侧目而远之。

戊戌庚子之际，社会之视康党为异端，为匪徒也（其时张勋等心目中之康有为，必较今日之唐绍仪尤为仇恶也），与辛亥前之视革命党相等。张之洞之《劝学篇》，即为康党而发也。张氏亦只知歆羡坚甲利兵之一人，而于西洋文明大原之自由平等民权诸说，反复申驳，谓持此说者为"自堕污泥"（《劝学篇》中语）。意在指斥康梁，而以息邪说正人心之韩愈、孟轲自命也。未开化时代之人物之思想，今日思之，抑何可笑，一至于斯！

不图当日所谓离经叛道之名教罪人康有为，今亦变而与夫未开化时代之人物之思想同一臭味。其或自以为韩愈、孟轲，他人读其文章，竟可杂诸《翼教丛篇》、《劝学篇》中，而莫辨真伪。

康先生欲为韩愈、孟轲乎？然此荣誉当让诸当代卫道功臣叶德辉先生。叶先生见道甚早，今犹日夜太息痛恨邪说之兴，兴于康有为，而莫可息；人心之坏，坏于康有为，而莫可正；居恒欲手刃其人，以为叛道离经者戒。康先生闻之，能勿汗流浃背沾衣耶？

或谓"叶康皆圣人之徒，能予人以自新；康既悔过自首，叶必嘉其今是而赦其昨非"。此说然否，吾无所容心焉。盖康先生今日应否悔过尊从孔教问题，乃其个人信仰之自由，吾人可置之不论不议之列。吾人所欲议论者，乃律以现代生活状态，孔子之道，是否尚有尊从之价值是也。

自古圣哲之立说，宗教属出世法，其根本教义，不易随世间差别相而变迁，故其支配人心也较久。其他世法诸宗，则不得不以社会组织生活状态之变迁为兴废。一种学说，可产生一种社会；一种社会，亦产生一种学说。影响复杂，随时变迁。其变迁愈复杂而期间愈速者，其进化之程度乃愈高。其欲独尊一说，以为空间上人人必由之道，时间上万代不易之宗，此于理论上决为必不可能之妄想，而事实上惟于较长期间不进化之社会见之耳。若夫文明进化之社会，其学说之兴废，恒时时视其社会之生活状态为变迁。故欧美今日之人心，不但不为其古代圣人亚里斯多德所拘囚，且并不为其近代圣人康德所支配。以其生活状态有异于前也。

即以不进化之社会言之，其间亦不无微变。例如吾辈不满于康先生，而康先生曾亦不满于张之洞与李鸿章，而张之洞、李鸿章亦曾不满于清廷反对铁路与海军之诸顽固也。宇宙间精神物质，无时不在变迁即进化之途。道德彝伦，又焉能外？"顺之者昌，逆之者亡"，史例具在，不可谓诬。此亦可以阿斯特瓦尔特之说证之：一种学说，一种生活状态，用之既久，其精力低行至于水平，非举其机械改善而更新之，未有不失其效力也。此"道与世更"之原理，非稽之古今中外而莫能破者乎？

试更以演绎之法，推论孔子之道，实证其适用于现代与否，其断论可得而知之矣。康先生前致总统总理书，以孔教与婆、佛、耶、回并论，且主张以"孔子为大教，编入宪法"，是明明以孔教为宗教之教，而欲尊为国教矣。今观其与教育范总长书（见《国是报》），乃曰："孔子之经，与佛耶之经有异：佛经皆出世清净之谈，耶经只尊天养魂之说，其于人道举动云为，人伦日用，家国天下，多不涉及：故学校之不读经无损也。若孔子之经，则于人身之举动云为，人伦日用，家国天下，无不纤悉周匝；故读其经者，则于人伦日用，举动云为，家国天下，皆有德有礼，可持可循：故孔子之教，乃为人之道。故曰：道不远人。人之为道而远人，不可以为道。若不读经，则于人之一身，举动云为，人伦日用，家国天下，皆不知所持循。"是又明明不以孔教为出世养魂之宗教而谓为人伦日用之世法矣。

余以康先生此说诚得儒教之真，不似前之宗教说厚诬孔子也。惟是依道与世更之原理，世法道德必随社会之变迁为兴废，反不若出世远人之宗教，不随人事变迁之较垂久远。（康先生与范书，极称西洋尊教诵经之盛，不知正以其为出世远人之宗教则尔也，今亦已稍稍杀矣。）康先生意在尊孔以为日用人伦之道，必较宗教之迂远，足以动国人之信心，而不知效果将适得其反。盖孔教不适现代日用生活之缺点，因此完全暴露，较以孔教为宗教者尤为失败也。

现代生活，以经济为之命脉，而个人独立主义，乃为经济学生产之大则，其影响遂及于伦理学。故现代伦理学上之个人人格独立，与经济学上之个人财产独立，互相证明，其说遂至不可摇动；而社会风纪，物质文明，因此大进。中土儒者，以纲常立教。为人子为人妻者，既失个人独立之人格，复无个人独立之财产。父兄畜其子弟（父兄养成年之子弟，伤为父兄者之财产也小，伤为子弟者之独立人格及经济能力也大。儒教慈孝悌并称，当然终身相养而不以为怪异），子弟养其父兄（人类有相爱互助之谊，何独忍情于父兄？况养亲报恩，乃情理之常。惟以伦理见解，不论父兄之善恶，子弟之贫富，一概强以孝养之义务不可也），《坊记》曰："父母在，不敢有其身，不敢私其财。"此甚非个人独立之道也。康先生与范书，引"鳏寡孤独有所养"，"我不欲人之加诸我也，吾亦欲无加诸人"等语，谓为个人独立之义，孔子早已有之。此言真如梦呓！夫不欲人我相加，虽为群己间平等自由之精义，然有孝悌之说以相消，则自由平等只用之社会，而不能行之于家庭。人格之个人独立既不完全，财产之个人独立更不相涉。鳏寡孤独有所养之说，适与个人独立之义相违。西洋个人独立主义，乃兼伦理经济二者而言，尤以经济上个人独立主义为之根本也。

现代立宪国家，无论君主共和，皆有政党。其投身政党生活者，莫不发挥个人独立信仰之精神，各行其是：子不必同于父，妻不必同于夫。律以儒家教孝教从之义，——父死三年，尚不改其道；妇人从父与夫，并从其子。——岂能自择其党，以为左右袒耶？

妇人参政运动，亦现代文明妇人生活之一端。律以孔教"妇人者，伏于人者也"、"内言不出于阃"、"女不言外"之义，妇人参政，岂非奇谈？西人孀居生活，或以笃念旧好，或尚独身清洁之生涯，无所谓守节也。妇人再醮，决不为社会所轻（美国今大总统威尔逊之夫人，即再醮者，夫妇学行，皆为国人所称）。中国礼教，有"夫死不嫁"（见《郊特牲》）之义。男子之事二主，女子之事二夫，遂共目为失节，为奇辱。礼又于寡妇夜哭有戒（见《坊记》），友寡妇之子有戒（见《坊记》及《曲礼》），国人遂以家庭名誉之故，强制其子媳孀居。不自由之名节，至悽惨之生涯，年年岁岁，使许多年富有为之妇女，身体精神俱呈异态者，乃孔子礼教之赐也！

今日文明社会，男女交际，率以为常。论者犹以为女性温和，有以制男性粗暴，而为公私宴聚所必需。即素不相知之男女，一经主人介绍，接席并舞，不以为非。孔子之道则曰"男女不杂坐"，曰"嫂叔不通问"，曰"已嫁而反，兄弟弗与同席而坐，弗与同器而食"，曰"男女非有行媒，不相知名；非受币，不交不亲"（均见《曲礼》）；曰"女子出门，必拥蔽其面"，曰"七年即七岁，男女不同席，不共食"（均见《内则》）；曰"男女无媒不交，无币不相见"，曰"礼非祭，男女不交爵"（均见《坊记》）。是等礼法，非独与西洋社会生活状态绝殊，又焉能行于今日之中国？

西洋妇女独立自营之生活，自律师医生以至店员女工，无不有之。而孔子之道则曰"男女授受不亲"（见《坊记》），"男不言内，女不言外，非祭，非丧，不相授器"（见《内则》），"妇人，从人者也"。是盖以夫为妇纲，为妇者当然被养于夫，不必有独立生活也。

妇于夫之父母，素不相知，只有情而无义。西洋亲之与子，多不同居；其媳更无孝养翁姑之义务。而孔子之道则曰"戒之敬之，夙夜毋违命"（见《士昏礼》），"妇顺者，顺于舅姑"（见《昏义》），"妇事舅姑，如事父母"、"父母舅姑之命，勿逆勿怠"、"子甚宜其妻，父母不悦，出"（古人夫妻情好甚笃，以不悦于其亲而出之，致遗终身之憾者甚多。例如陆游即是也）、"凡妇，不命适私室，不敢退；妇将有事，大小必请于舅姑"（均见《内则》）。此恶姑虐媳之悲剧所以不绝于中国之社会也！

西俗于成年之子，不甚责善，一任诸国法与社会之制裁。而孔子之道则曰："父母怒不悦，而挞之流血，不敢疾怨，起敬起孝。"此中国所以有"父要子死，不得不死；君要臣亡，不得不亡"之谚也。

西洋丧葬之仪甚简，略类中国墨子之道。儒家主张厚葬。丧礼之繁，尤害时废业，不可为训。例如"寝苫枕块，非丧事不言"之礼，试问今之尊孔诸公居丧时，除以"苫块昏迷"妄语欺人外，曾有一实行者乎？

以上所举孔子之道，吾愿尊孔诸公叩之良心：自身能否遵行；征之事实能否行之社会；即能行之，是否增进社会福利国家实力，而免于野蛮黑暗之讥评耶？吾人为现代尚推求理性之文明人类，非古代盲从传说之野蛮人类，乌可以耳代脑，徒以儿时震惊孔夫子之大名，遂真以为万世师表，而莫可议其非也！

孔子生长封建时代，所提倡之道德，封建时代之道德也；所垂示之礼教，即生活状态，封建时代之礼教，封建时代之生活状态也；所主张之政治，封建时代之政治也。封建时代之道德，礼教，生活，政治，所心营目注，其范围不越少数君主贵族之权利与名誉，于多数国民之幸福无与焉。何以明之？儒家之言：社会道德与生活，莫大于礼；古代政治，莫重于刑。而《曲礼》曰："礼不下庶人，刑不上大夫。"此非孔子之道及封建时代精神之铁证也耶？

康先生所谓孔子之经，于人身之举动云为，人伦日用，家国天下，无不纤悉周匝，吾知其纤悉周匝者，即在数千年前宗法时代封建时代，亦只行于公卿大夫士之人伦日用，而不行之于庶人，更何能行于数千年后之今日共和时代国家时代乎？立国于今日民政民权发张之世界，而惟注意于少数贵族之举动云为，人伦日用，可乎不可？稍有知识之尊孔诸公，其下一良心之判断！

康先生与范书曰："中国人，上者或博极群书，下者或手执一业，要其所以心造自得，以为持身涉世修己治人之道，盖无不从少年读《论孟》来也。"斯言也，吾大承认之。惟正以社会上下之人，均自少至老，莫不受孔教之陶熔，乃所以有今日之现象。今欲一仍其旧乎？抑或欲改进以求适现代之争存乎？稍有知识之尊孔诸公，其下一良心之判断！

康先生与范书曰："夫同此中国人，昔年风俗人心，何以不坏？今者，风俗人心，何以大坏？盖由尊孔与不尊孔故也。"是直瞽说而已！吾国民德之不隆，乃以比较欧美而言。若以古代风俗人心，善于今日，则妄言也。风俗人心之坏，莫大于淫杀。此二者古今皆不免，而古甚于今。黄巢、张献忠之惨杀，今未闻也。有稍与近似者，亦惟反对新党赞成帝制孔教之汤芗铭、龙济光、张勋、倪嗣冲而已。古之宫庭秽乱，史不绝书。防范之策，至用腐刑。此等惨无人道之事，今日尚有之乎？古之防范妇人，乃至出必蔽面，入不共食；今之朝夕晤对者，未必即乱。古之显人，往往声妓自随，清季公卿，尚公然蓄娈男宠，今皆无之。溺女蛮风，今亦渐息。此非人心风俗较厚于古乎？

共和思想流入以来，民德尤为大进。黄花冈七十二士，同日为国就义，扶老助弱，举止从容。至今思之，令人垂泪！中国前史，有此美谈乎？袁氏称帝，冯段诸公，竟不以私交废公义；唐、蔡、岑、陆，均功成不居。此事在欧美日本为寻常，而为中国古代军人所罕有。国民党人，苦战余生，以尊重约法之故，首先主张癸丑年与为政敌之黎元洪继任为天下倡。此非共和范为民德之效耶？

浅人所目为今日风俗人心之最坏者，莫过于臣不忠，子不孝，男不尊经，女不守节。然是等谓之不尊孔则可，谓之为风俗人心之大坏，盖未知道德之为物，与真理殊，其必以社会组织生活状态为变迁，非所谓一成而万世不易者也。吾愿世之尊孔者勿盲目耳食，随声附和，试揩尔目，用尔脑，细察孔子之道果为何物，现代生活果作何态，诉诸良心，下一是非善恶进化或退化之明白判断，勿依违，勿调和——依违调和为真理发见之最大障碍！

署名：陈独秀

《新青年》第二卷第四号

1916 年 12 月 1 日

袁世凯复活

（一九一六年十二月一日）

近来上海中西报纸，盛传袁世凯未死之说。闻者咸大惊异，而疑信参半。于是袁世凯果死与否之探讨，纷然以起。余则坚信袁世凯未死，且以此问题实无待探讨之必要也。吾耳日闻袁世凯之发言，吾目日见袁世凯之行事，奈何痴人果以为袁世凯之已死耶？

善哉蔡先生孑民之言曰：

> 袁氏之为人，盖棺论定，似可无事苛求。虽然，袁氏之罪恶，非特个人之罪恶也。彼实代表吾国三种之旧社会：曰官僚，曰学究，曰方士。畏强抑弱，假公济私，口蜜腹剑，穷奢极欲，所以表官僚之黑暗也。天坛祀帝，小学读经，复冕旒之饰，行拜跪之仪，所以表学究之顽旧也。武庙宣誓，教会祈祷，相士贡谀，神方治疾，所以表方士之迂怪也。今袁氏去矣，而此三社会之流毒，果随之以俱去乎？（见第三号《旅欧杂志》）

由蔡先生之说，即强谓肉体之袁世凯已死，而精神之袁世凯固犹活泼泼地生存于吾国也。不第此也，即肉体之袁世凯，亦已复活。吾闻其语矣，吾见其人矣。其人之相貌，思想，言论，行为，无一非袁世凯，或谓为"袁世凯二世"。呜呼！黄兴、蔡锷死矣，而袁世凯复活，吾思民国，不禁悲从中来！

昔始皇帝创无限专制君主制，其子二世亡之。拿破仑一世破坏法兰西共和，帝制自为，身败名辱。其犹子拿破仑三世，仍明目张胆，蹈其覆辙。今堕地呱呱之中华民国，在朝之魔王袁世凯一世方死未死，而在野之督儒袁世凯二世方生，一何中外古今之史例巧合若斯也？

袁世凯二世酷肖袁世凯一世之点甚多：其身矮而胖也同。其口多髭须也同。其眸子不正，表示其心术也同。其风姿气味，完全一市侩，无丝毫清明之气也同。其自命为圣王，雄才大略也同。其贪财好色，老而不戒也同。其欲祭天尊孔以愚民也同。其爱冕旒喜拜跪也同。其尊信文武圣人，求神，治鬼，烧香，算命，卜卦，看相也同。其主张复古，提倡礼教国粹也同。其左祖官僚，仇视民党也同。其重尊卑阶级，疾视平等人权平民政治也同。其迷信官权万能，恶民权如蛇蝎也同。其主张高下从心之人治，恶法治害己也同。其主张小学读经，以维持旧思想也同。其怂恿军人，摇旗呐喊，通电拥护旧政教，排斥新人物也同。其口称德义，而负友辜恩也同。其自居为中国第一老资格，而国人亦以第一老资格目之也同。其对门生部属，有命令而无辩论也同。其主张荒谬，即上座党徒亦反面攻之也同。其利用国民弱点，投合旧社会之心理，增上其种种罪恶，以自攫权势也同。

蔡先生谓袁世凯代表吾国三种旧社会，余谓此袁世凯二世则完全代表袁世凯，不独代表过去之袁世凯，且制造未来之无数袁世凯。袁世凯之废共和复帝制，乃恶果非恶因；乃枝叶之罪恶，非根本之罪恶。若夫别尊卑，重阶级，主张人治，反对民权之思想之学说，实为制造专制帝王之根本恶因。吾国思想界不将此根本恶因铲除净尽，则有因必有果，无数废共和复帝制之袁世凯，当然接踵应运而生，毫不足怪。今袁世凯二世，竟明目张胆，为吾国思想界加造此根本恶因，其恶果可立而待也。

袁世凯二世！袁世凯未死！袁世凯复活！此声也，不祥之声也。吾何忍作此声以扰国人之好梦？然黑越越中，实有老狯，呼之欲出。

呜呼！欧洲自力抗自由新思潮之梅特涅失败以来，文明进化，一日千里。吾人狂奔追之，犹恐不及。乃袁世凯以特别国情之说，阻之五年，不使前进，国人不惜流血以除此障碍矣；不图袁世凯二世，又以国粹礼教之说，阻吾前进，且强曳之逆向后行。国人将何以处之？法律上之平等人权，伦理上之独立人格，学术上之破除迷信，思想自由：此三者为欧美文明进化之根本原因，而皆为尊重国粹国情之袁世凯一世二世所不许。长此暗黑，其何以求适二十世纪之生存？吾护国军人，吾青年志士，勿苟安，勿随俗，其急以血刃铲除此方死未死余毒未尽之袁世凯一世，方生未死逆焰方张之袁世凯二世，导吾可怜之同胞出黑暗而入光明！

署名：陈独秀

《新青年》第二卷第四号

1916 年 12 月 1 日

答 毕 云 程

（一九一六年十二月一日）

云程先生：

来示盛气督责，至佩极感。国人进化之迟钝者，正以囿于现象之故。所谓国粹，所谓国情，所谓中西历史不同，所谓人民程度不足，所谓事实上做不到，所谓勿偏于理想，所谓留学生自海外来不识内情，是皆囿于现象者之心理也。一切野蛮风俗，皆为此等心理而淹留。一切文明制度，皆为此等心理所排弃。亡中国者，即怀此等心理之人耳。反不若仇视新法者，或有觉悟之日也。此等心理，关系中国前途甚大。一经足下揭破，用敢略贡数语，以相证明。

独秀复

《新青年》第二卷第四号

1916 年 12 月 1 日

答 孔 昭 铭

（一九一六年十二月一日）

承示督以介绍西方学说，改造社会，此固本志唯一之宗旨。出版以来，一字一句，皆此物此志也。只以学识浅陋，无以应读者之需求，殊惭恧耳。欲改造社会，必首明社会所以成立，及进化或退化之原因。然后据往推来，始有定见。惟已成之社会，惰力极强，非诚心坚守足下所云"个人与社会宣战主义"，则自身方为社会所同化，决无改造社会之望。社会进化，因果万端，究以有敢与社会宣战之伟大个人为至要。自来进化之社会，皆有此伟大个人为之中枢，为之模范也。

独秀复

《新青年》第二卷第四号

1916 年 12 月 1 日

再论孔教问题

（一九一七年一月一日）

吾国人学术思想不进步之重大原因，乃在持论笼统，与辨理之不明。近来孔教问题之纷呶不决，亦职此故。余故于发论之先，敢为读者珍重申明之：

第一，余之信仰。人类将来真实之信解行证，必以科学为正轨，一切宗教，皆在废弃之列；其理由颇繁，姑略言之。盖宇宙间之法则有二：一曰自然法，一曰人为法。自然法者，普遍的，永久的，必然的也，科学属之；人为法者，部分的，一时的，当然的也，宗教道德法律皆属之。无食则饥，衰老则死，此全部生物永久必然之事，决非一部分一时期当然遵循者。若夫礼拜耶和华，臣殉君，妻殉夫，早婚有罚，此等人为之法，皆只行之一国土一时期，决非普遍永久必然者。人类将来之进化，应随今日方始萌芽之科学，日渐发达，改正一切人为法则，使与自然法则有同等之效力，然后宇宙人生，真正契合。此非吾人最大最终之目的乎？或谓宇宙人生之秘密，非科学所可解，决疑释忧，厥惟宗教。余则以为科学之进步，前途尚远。吾人未可以今日之科学自画，谓为终难决疑；反之，宗教之能使人解脱者，余则以为必先自欺，始克自解，非真解也。真能决疑，厥惟科学。故余主张以科学代宗教，开拓吾人真实之信仰，虽缓终达。若迷信宗教以求解脱，直"欲速不达而已！"

复次，则论孔教。夫"孔教"二字，殊不成一名词。中国旧说中，惟阴阳家言，属于宗教。墨家明鬼，亦尚近之。儒以道得民，以六艺为教。孔子，儒者也。孔子以前之儒，孔子以后之儒，均以孔子为中心。其为教也，文行忠信，不论生死，不语鬼神。其称儒行于鲁君也，皆立身行己之事，无一言近于今世之所谓宗教者。孔教名词，起源于南北朝三教之争。其实道家之老子与儒家之孔子，均非教主。其立说之实质，绝无宗教家言也。夫孔教之名词既不能成立，强欲定孔教为国教者，讵非妄人？相传有二近视者，因争辨匾额字画之是非，至于互斗，明眼人自旁窃笑，盖并匾额而无之也。今之主张孔教者，亦无异于是！

假令从社会之习惯，承认孔教或儒教为一名词，亦不可牵入政治，垂之宪章；盖政教分途，已成公例，宪法乃系法律性质，全国从同，万不能涉及宗教道德，使人得有出入依违之余地。此蔡孑民先生所以谓"孔子是孔子，宗教是宗教，国家是国家：义理各别，勿能强作一谈"也。蔡先生不反对孔子，更不绝对反对宗教，此余之所不同也。其论孔子，宗教，国家，三者性质绝异，界限分明，不能强合，此余之所同也。孔教而可定为国教，加入宪法，倘发生效力，将何以处佛、道、耶、回诸教徒之平等权利？倘不发生效力，国法岂非儿戏？政教混合，将以启国家无穷之纷争。孔子之道，可为修身之大本，定入宪法，则先于孔子之尧、舜、禹、汤、文武、周公之道，后于孔子之杨、墨、孟、荀、程、朱、陆、王之道，何一不可为修身之大本？乌可一言而决者？其纷争又岂让于教祸？

　　或谓国教诚不可有，孔子亦非宗教家，惟孔门修身之道，为吾国德教之源，数千年人心所系，一旦摈弃，重为风俗人心之患，故应定入宪法以为教育之大方针。余对此说，有三疑问，以求解答：

　　（1）孔门修身伦理学说，是否可与共和立宪政体相容？儒家礼教是否可以施行于今世国民之日用生活？

　　（2）宪法是否可以涉及教育问题及道德问题？

　　（3）万国宪法条文中，有无人之姓名发现？

　　倘不能解答此三种疑问，则宪法中加入孔道修身之说，较之定孔教为国教，尤为荒谬！因国教虽非良制，而尚有先例可言。至于教育应以何人之说为修身大本，且规定于宪法条文中，可谓为万国所无之大笑话！国会议员中，竟有多数人作此毫无知识之主张者，无惑乎解散国会之声盈天下也！余辈对于科学之信仰，以为将来人类达于觉悟获享幸福必由之正轨，尤为吾国目前所急需，其应提倡尊重之也，当然在孔教、孔道及其他宗教哲学之上。然提倡之，尊重之，可也；规定于宪法，使人提倡之，尊重之，则大不可。宪法纯然属于法律范围，不能涉及教育问题，犹之不能涉及实业问题，非以教育实业为不重也；不能以法律规定尊重孔子之道，犹之不能以法律规定尊重何种科学，非以孔道科学为不重也。至于孔子之道，不能为共和国民修身之大本，尚属别一问题。宪法中不能规定以何人之道为修身大本，固不择孔子与卢梭也。岂独反对民权共和之孔道不能定入宪法以为修身之大本？即提倡民权共和之学派，亦不能定入宪法以为修身之大本。盖法律与宗教教育，义各有畔，不可相乱也。

　　今之反对国教者，无不持约法中信教自由之条文以为戈矛。

都中近且有人发起"信教自由会",以鼓吹舆论。余固以为合理,而于事实则犹有未尽者。何以言之?中国文庙遍于郡县,春秋二祀,官厅学校,奉行日久,盖俨然国教也。而信仰他教者,政府亦未尝加以迫害或禁止。即令以孔教为国教,定入宪法,余料各科并行,仍未必有所阻害。故余以为各教信徒,对于政府所应力争者,非人民信教自由之权利,乃国家待遇各教平等之权利也。国家收入,乃全国人民公共之担负,非孔教徒独立之担负。以国费立庙祀孔,亦当以国费建寺院祀佛、道,建教堂祀耶、回;否则一律不立庙,不致祭,国家待遇各教,方无畸重畸轻之罪戾。各教教徒,对于国家担负平等,所享权利,亦应平等。必如是而后教祸始不酝酿于国中。由斯以谈,非独不能以孔教为国教,定入未来之宪法,且应毁全国已有之孔庙而罢其祀!

署名:陈独秀

《新青年》第二卷第五号

1917 年 1 月 1 日

答 吴 又 陵

（一九一七年一月一日）

又陵先生足下：

久于章行严、谢无量二君许，闻知先生为蜀中名宿。《甲寅》所录大作，即是仆所选载，且妄加圈识，钦仰久矣。

兹获读手教并大文，荣幸无似。《甲寅》拟即续刊。尊著倘全数寄赐，分载《青年》、《甲寅》，嘉惠后学，诚盛事也。

窃以无论何种学派，均不能定为一尊，以阻碍思想文化之自由发展。况儒术孔道，非无优点，而缺点则正多。尤与近世文明社会绝不相容者，其一贯伦理政治之纲常阶级说也。此不攻破，吾国之政治、法律、社会道德，俱无由出黑暗而入光明。神州大气，腐秽蚀人。西望峨眉，远在天外。瞻仰弗及，我劳如何！

独秀谨复

《新青年》第二卷第五号

1917 年 1 月 1 日

文学革命论

（一九一七年二月一日）

今日庄严灿烂之欧洲，何自而来乎？曰，革命之赐也。欧语所谓革命者，为革故更新之义，与中土所谓朝代鼎革，绝不相类；故自文艺复兴以来，政治界有革命，宗教界亦有革命，伦理道德亦有革命，文学艺术，亦莫不有革命，莫不因革命而新兴而进化。近代欧洲文明史，直可谓之革命史。故曰，今日庄严灿烂之欧洲，乃革命之赐也。

吾苟偷庸懦之国民，畏革命如蛇蝎，故政治界虽经三次革命，而黑暗未尝稍减。其原因之小部分，则为三次革命，皆虎头蛇尾，未能充分以鲜血洗净旧污；其大部分，则为盘踞吾人精神界根深底固之伦理道德文学艺术诸端，莫不黑幕层张，垢污深积，并此虎头蛇尾之革命而未有焉。此单独政治革命所以于吾之社会，不生若何变化，不收若何效果也。推其总因，乃在吾人疾视革命，不知其为开发文明之利器故。

孔教问题，方喧哄于国中，此伦理道德革命之先声也。文学革命之气运，酝酿已非一日，其首举义旗之急先锋，则为吾友胡适。余甘冒全国学究之敌，高张"文学革命军"大旗，以为吾友之声援。旗上大书特书吾革命军三大主义：曰，推倒雕琢的阿谀的贵族文学，建设平易的抒情的国民文学；曰，推倒陈腐的铺张的古典文学，建设新鲜的立诚的写实文学；曰，推倒迂晦的艰涩的山林文学，建设明了的通俗的社会文学。

《国风》多里巷猥辞，《楚辞》盛用土语方物，非不斐然可观。承其流者，两汉赋家，颂声大作，雕琢阿谀，词多而意寡，此贵族之文古典之文之始作俑也。魏晋以下之五言，抒情写事，一变前代板滞堆砌之风，在当时可谓为文学一大革命，即文学一大进化；然希托高古，言简意晦，社会现象，非所取材，是犹贵族之风，未足以语通俗的国民文学也。齐梁以来，风尚对偶，演至有唐，遂成律体。无韵之文，亦尚对偶。《尚书》、《周易》以来，即是如此〔古人行文，不但风尚对偶，且多韵语，故骈文家颇主张骈体为中国文章正宗之说（亡友王无生即主张此说之一人）。不知古书传钞不易，韵与对偶，以利传诵而已。后之作者，乌可泥此？〕

东晋而后，即细事陈启，亦尚骈丽。演至有唐，遂成骈体。诗之有律，文之有骈，皆发源于南北朝，大成于唐代。更进而为排律，为四六。此等雕琢的阿谀的铺张的空泛的贵族古典文学，极其长技，不过如涂脂抹粉之泥塑美人，以视八股试帖之价值，未必能高几何，可谓为文学之末运矣！韩柳崛起，一洗前人纤巧堆朵之习，风会所趋，乃南北朝贵族古典文学，变而为宋元国民通俗文学之过渡时代。韩、柳、元、白应运而出，为之中枢。俗论谓昌黎文章起八代之衰，虽非确论，然变八代之法，开宋元之先，自是文界豪杰之士。吾人今日所不满于昌黎者二事：

一曰，文犹师古。虽非典文，然不脱贵族气派，寻其内容，远不若唐代诸小说家之丰富，其结果乃造成一新贵族文学。

二曰，误于"文以载道"之谬见。文学本非为载道而设，而自昌黎以讫曾国藩所谓载道之文，不过钞袭孔孟以来极肤浅极空泛之门面语而已。余尝谓唐宋八家文之所谓"文以载道"，直与八股家之所谓"代圣贤立言"，同一鼻孔出气。

以此二事推之，昌黎之变古，乃时代使然，于文学史上，其自身并无十分特色可观也。元明剧本，明清小说，乃近代文学之綮然可观者。惜为妖魔所厄，未及出胎，竟尔流产，以至今日中国之文学，委琐陈腐，远不能与欧洲比肩。此妖魔为何？即明之前后七子及八家文派之归、方、刘、姚是也。此十八妖魔辈，尊古蔑今，咬文嚼字，称霸文坛，反使盖代文豪若马东篱，若施耐庵，若曹雪芹诸人之姓名，几不为国人所识。若夫七子之诗，刻意模古，直谓之抄袭可也。归、方、刘、姚之文，或希荣誉墓，或无病而呻，满纸之乎者也矣焉哉。每有长篇大作，摇头摆尾，说来说去，不知道说些什么。此等文学，作者既非创造才，胸中又无物，其伎俩惟在仿古欺人，直无一字有存在之价值，虽著作等身，与其时之社会文明进化无丝毫关系。

今日吾国文学，悉承前代之敝：所谓"桐城派"者，八家与八股之混合体也；所谓"骈体文"者，思绮堂与随园之四六也；所谓"西江派"者，山谷之偶像也。求夫目无古人，赤裸裸的抒情写世，所谓代表时代之文豪者，不独全国无其人，而且举世无此想。文学之文，既不足观，应用之文，益复怪诞：碑铭墓志，极量称扬，读者决不见信，作者必照例为之。寻常启事，首尾恒有种种谀词。居丧者即华居美食，而哀启必欺人曰"苫块昏迷"。赠医生以匾额，不曰"术迈岐黄"，即曰"著手成春"。穷乡僻壤极小之豆腐店，其春联恒作"生意兴隆通四海，财源茂盛达三江"。此等国民应用之文学之丑陋，皆阿谀的虚伪的铺张的贵族古典文学阶之厉耳。

际兹文学革新之时代，凡属贵族文学，古典文学，山林文学，均在排斥之列。以何理由而排斥此三种文学耶？曰：贵族文学，藻饰依他，失独立自尊之气象也；古典文学，铺张堆砌，失抒情写实之旨也；山林文学，深晦艰涩，自以为名山著述，于其群之大多数无所裨益也。其形体则陈陈相因，有肉无骨，有形无神，乃装饰品而非实用品；其内容则目光不越帝王权贵，神仙鬼怪，及其个人之穷通利达。所谓宇宙，所谓人生，所谓社会，举非其构思所及，此三种文学公同之缺点也。此种文学，盖与吾阿谀夸张虚伪迂阔之国民性，互为因果。今欲革新政治，势不得不革新盘踞于运用此政治者精神界之文学。使吾人不张目以观世界社会文学之趋势，及时代之精神，日夜埋头故纸堆中，所目注心营者，不越帝王，权贵，鬼怪，神仙，与夫个人之穷通利达，以此而求革新文学，革新政治，是缚手足而敌孟贲也。

欧洲文化，受赐于政治科学者固多，受赐于文学者亦不少。予爱卢梭、巴士特之法兰西，予尤爱虞哥、左喇之法兰西；予爱康德、赫克尔之德意志，予尤爱桂特郝、卜特曼之德意志；予爱倍根、达尔文之英吉利，予尤爱狄铿士、王尔德之英吉利。吾国文学界豪杰之士，有自负为中国之虞哥、左喇、桂特郝、卜特曼、狄铿士、王尔德者乎？有不顾迂儒之毁誉，明目张胆以与十八妖魔宣战者乎？予愿拖四十二生的大炮，为之前驱！

署名：陈独秀

《新青年》第二卷第六号

1917 年 2 月 1 日

再答常乃惪

（一九一七年二月一日）

乃惪先生：

读来书不厌详求，好学精思，至佩，至佩！

行文本不必禁止用典，惟彼古典主义，乃为典所用，非用典也，是以薄之耳。

孔学优点，仆未尝不服膺，惟自汉武以来，学尚一尊，百家废黜，吾族聪明，因之锢蔽，流毒至今，未之能解；又孔子祖述儒说阶级纲常之伦理，封锁神州。斯二者，于近世自由平等之新思潮，显相背驰，不于根本上词而辟之，则人智不张，国力浸削，吾恐其敝将只有孔子而无中国也。即以国粹论，旧说九流并美，倘尚一尊，不独神州学术，不放光辉，即孔学亦以独尊之故，而日形衰落也。人间万事，恒以相竞而兴，专占而萎败。不独学术一端如此也。

足下谓叔孙通、刘歆等依托儒家，乃投世主之好，以为进身之途。足下当思世主于九流百家中，何以独好儒家也？足下既谓近世儒者以唐虞禅让为今之民选为非，何以又言《礼运》所载大道之行一节，非今日共和政体所能跻及耶？所谓大道之行，天下为公，乃指君主禅让而言，与民主共和，绝非一物。足下岂谓贵族共和制度，有加于民主共和耶？

以行政言，仁政自优于虐政；以政治言，仁政之伤损国民自动自治之人格，固与虐政无殊；以治乱言，王政之治乃一时的而非永久的，乃表面的而非里面的。共和之治，乃永久的而非一时的，乃里面的而非徒表面的也。若共和之乱，乃过渡时代一时之现象，且为专制余波所酿成，决非真共和自身之罪恶。足下有云："其所谓乱，专制之乱，而非共和之乱也。"可谓一语破的矣。吾人于上陈理由，未能彻底了解，故于共和立宪政体，遂无信仰。无信仰遂无决心。口共和而脑专制，此政象之所以不宁也。若夫图一时之苟安，昧百年之大计，重现象而轻理想，大非青年之所宜，至为足下不取焉。

独秀

《新青年》第二卷第六号

1917 年 2 月 1 日

对 德 外 交

（一九一七年三月一日）

国家存亡问题

国民发挥爱国心及能力品格之唯一机会

此次对德外交问题，乃国家存亡问题，不可以寻常外交视之，此吾国民应有之觉悟也。加入协约与否？政府对德方针未决以前，国人应群起从事于利害是非之讨论。以促政府积极之进行，绝对不可袖手勿置可否也。愚之私意，绝对承认加入协约方面，则对内对外，于国家利多而害少，其理由如下：

一、白皙人种之视吾族，犹人类之视犬马。德意志人过用其狭隘之爱国心，尤属目无余子，在彼强大民族，或确有其可以骄慢之理由，而自弱者被征服者之吾人之地位论之，当然不承认彼强者征服者有天赋之权利，而竭力与之抗争。即抗争而失败，若比利时，若塞尔维亚，其民族之荣誉，国家之人格，视不战而屈苟安忍辱之懦夫犹胜万万。此次对德外交，果能全国一致，始终出以强硬态度，无论结果之成败如何，其最低成功，吾人服公理不服强权之精神，已第二次表示于世界，反对袁氏称帝为第一次一改数百年来屈辱的外交之惯例，虽予以极大代价，所得不已多乎!?

二、战争之于社会，犹运动之于人身。人身适当之运动，为健康之最要条件，盖新细胞之代谢，以运动而强其作用也。战争之于社会亦然。久无战争之国，其社会每呈凝滞之态，况近世文明诸国，每经一次战争，其社会其学术进步之速，每一新其面目。吾人进步之濡滞，战争之范围过小，时间过短，亦一重大之原因。倘有机缘加入欧战，不独以黄奴之血，点染庄严灿烂之欧洲，为一快举，而出征军人所得之知识及国内因战争所获学术思想之进步，必可观也。

三、"维持现状"四字，为致吾国亡种促之唯一不祥语，以今之现状，乃国亡种促之现状，绝对不可维持者也。欲易此现状，舍教育实业无由，然国家财政如此困难，教育实业将何以兴起？欲整顿财政，以今日群丑割据，野蛮军队遍国中，政府理财之策，无法可以施行，长此因循，待亡已耳。倘加入协约团体，为得财政之援助（若缓赔款大借款改正关税输出军需之类），肃军纪，理财政，兴学奖业，国人倘能奋发有为，非千载一时之机会乎？失此机会，直可谓之救亡无术矣！

四、新兴国家，党争自所不免，然党争逾轨，实为进步之障碍。倘有对外战争，各党贤者，食毛践土，具有天良，理当捐弃私愤，互相提携，以求达较远大之目的。南北军人，亦将以患难相依，泯其畛域，此事影响于国家安危，岂不甚巨。

以上四种利益，皆加入协约后应有之事实，似非假定之理想。然反对派所谓加入协约有害于国家者，亦举其词而正之。

一曰，加入利害貌不相关之欧战，以增国家之担负，非计也。愚则以为外以维持国家之"国际人格"，内以乘此整顿军政财政，虽增担负，其又奚辞。况吾国加入后应尽之义务，可以协约规定之，非绝无限度也。又况欧战之于吾国，非绝对无利害之关系乎？又况一方面国家固因加入协约，加增担负，一方面政府商民非因加入而可获财政之救济乎？

一曰，吾国国际之生存，惟赖列强之均势耳。今加入协约，是自破均势，邻人将乘之，危道也。愚则以为欧洲自开战以来，世界大均势，业已破坏，无可维持。试观巴尔干半岛诸国，有何法可以利用均势维持中立而不为左右袒乎？若在远东，虽情势较缓，环吾国土者，皆协约国，世界大均势，亦无可言，强言有之则列强在东方之均势耳。此项均势，即去德奥，亦未为破坏。盖英、美、日、俄对华政策，以利害不一致之故，仍属对抗的而非一致的也。故愚以为吾国对德问题，与列强均势问题，不发若何特别影响，邻人侵略与否，乃国力问题，未必因加入协约与否，而生根本之变化。若虑其以加入为侵略之导火线，则天下无理取闹之事固多，能保其不以我反对加入协约为导火线乎？列强东方均势未全破坏，万目睽睽之下，岂容一国野心之独逞。决定加入以前，吾外交当局，周旋国际谈判，自有相当之防范，吾国民其勿过虑也。

一曰，吾国加入协约，德人必煽动西北回部以为吾患。愚以为此妄言耳。今之西北国民椎鲁而衣食足，耸令为乱，颇非易事。纵令小有蠢动，国家倘并此镇定兵力而无之，将何以国为。

一曰，加入协约乃政界之大阴谋，国民不可为所欺弄，愚则以为此神经过敏之言也。所谓大阴谋，计有三种：一曰，军政界要人，假此以谋复辟也，此言不啻晴天之霹雳。所谓军政界要人，其为无实力者乎？则其谋必无效，其为有实力者乎？此时尽可横行，何必汲汲假援于外，即令有之，列强均不利中国之纷扰，焉肯以此为加入协约之交换条件。且今之执政，虽非大贤，亦未必平地生波，一愚至此也。不观康南海亦反对加入协约乎？以此可知加入与复辟确无关系矣。二曰，段内阁以此巩固其地位，且将假戒严令以制异己也。夫现内阁之地位，未见其有若何危险，愚诚不解说者以何情由谓其必假外援始克巩固其地位，反之段氏以毅然决定加入协约之故，或招一部分军人及一部分议员之反对，使其地位稍形摇动，且不可知。彼若悍然不顾而出此，则先国后己之德，正自可钦，奈何疑其假外交以自固也。段氏在旧势力人物中，尚属最廉正者，非法戒严之事，无由预断其必有。不容异己，乃吾人之通病。何独段氏然耶？三曰，梁派假外交以夺政权也。夫以任公之政治知识，果能总揽政权，岂不愈于北洋军人万万，特以政象所趋，无论誉任公者毁任公者，均不信任公有组织一党内阁之魄力与野心。此时一党内阁既不能成，以任公之学识，且以代表其党之资格加入阁员，决无损于他党之权利，岂有假外交以夺政权之必要耶？愚故谓此三大阴谋者，皆神经过敏之言也。

　　一曰，无故开罪天下莫强之德国，后患之必至也。此说果无误也。第一必假定欧战结果，完全胜利，必属德国，愚则以为两方将皆无绝对之胜利也。第二必假定德国完全胜利后，其实力即足以同时防备英法，经营近东（侵略巴尔干半岛及小亚细亚乃德人之第一目的），征服远东。愚则以为德国战后，非休养十年，国力莫由恢复，弃远东而专力近东，尚恐不济，焉能悉师东征，肖古人复仇思想乎（近世国家对外乃殖民主义非复仇主义）？第三必假定战后世界外交，俄、德、日本三国同盟，以抗英、法、美，而处分中国。愚则以为日、俄之于英、法，经济之关系正深，能否遽然联德，岂非疑问。且外交方针，全以利害为转移，非一成不变者也。使吾国民稍稍振作，国力但在水平线以上，进行岂绝无活动之余地乎？总之国家存在之原理，当以战斗力为唯一要素。吾人果能于欧战表示一二不可侮之成迹，印之欧人脑里，则莫敢轻于侮我。何独德意志人，国际交涉，有利害而无好恶，无所谓开罪与不开罪也。否则，虽日日长跪于其前，彼世界最重强权且勇武可敬之德意志人，必不容吾不战而屈苟安忍辱之懦夫栖息于人类。

署名：陈独秀

《新青年》第三卷第一号

1917 年 3 月 1 日

答 傅 桂 馨

（一九一七年三月一日）

桂馨先生：

尊论于尊孔诋孔之际，颇得其平。惟鄙意若以孔子教义挽救世风浇漓，振作社会道德，未免南辕北辙也。

儒者作伪干禄，实为吾华民德堕落之源泉。宗法社会之奴隶道德，病在分别尊卑，课卑者以片面之义务，于是君虐臣，父虐子，姑虐媳，夫虐妻，主虐奴，长虐幼。社会上种种之不道德，种种罪恶，施之者以为当然之权利，受之者皆服从于奴隶道德下而莫之能违，弱者多衔怨以殁世，强者则激而倒行逆施矣。以此种道德，支配今日之社会，维系今日之人心，欲其不浇漓堕落也，是扬汤止沸耳，岂但南辕北辙而已哉！

廉耻等消极道德，非孔教所专有。礼为宗法社会奴隶道德之根本作用。让之为德，不善解释之，亦流弊滋大。

吾国去日本近，足下欲往游学，可即行，到彼间习和文，其效速于国中数倍也。

独秀

《新青年》第三卷第一号

1917 年 3 月 1 日

三答常乃悳

（一九一七年三月一日）

乃悳先生：

　　吾国大家族合居制度，根据于儒家孔教之伦理见解，倘欲建设新式的小家庭，则亲去其子为不慈，子去其亲为不孝，兄去其弟为不友，弟去其兄为不恭。此种伦理见解倘不破坏，新式的小家庭，势难生存于社会酷评之下。此建设之必先以破坏也。惟破坏略见成效时，则不可不急急从事建设，为之模范，以安社会心理之恐怖作用。足下以为如何？

独秀

《新青年》第三卷第一号

1917 年 3 月 1 日

答淮山逸民

（一九一七年三月一日）

淮山逸民先生：

尊论旧道德不适今世，愚所赞同。惟将道德本身根本否认之，愚所不敢苟同者也。盖道德之为物，应随社会为变迁，随时代为新旧，乃进化的而非一成不变的，此古代道德所以不适于今之世也。然谓今之社会，无需道德，道德乃野蛮半开化时之名词，而非文明大进时代之所有物，诚愚所不解。野蛮半开化时代，有野蛮半开化时代之道德（如封建时代之忠孝节义等是）；文明大进时代，有文明大进时代之道德（如平等博爱公共心等是）。无论人类进化至何程度，但有二人以上之交际，当然发生道德问题。

愚固深信道德为人类之最高精神作用，维持群益之最大利器，顺进化之潮流，革故更新之则可，根本取消之则不可也。

指斥旧道德之最趋极端者，莫如德国之尼采，然彼固悍然承认残忍嗜杀自利自尊为道德。道其所道，德其所德，是非乃别一问题。然彼亦未尝否认道德本身名词之存在，固彰彰明也。

日本人挑拨吾族之恶感，理或有之。然其取吾人代表远东民族，亦未尝无理由。吾人亦乐得承认之。足下以如何？

署名：记者

《新青年》第三卷第一号

1917 年 3 月 1 日

答俞颂华

（一九一七年三月一日）

颂华先生：

愚自执笔本志讨论孔教问题以来，所获反对之言论，理精语晰，未有能若足下者。细读惠书，欣佩无似！惟鄙意尚有不敢苟同者，略为足下陈之。

窃以宗教之根本作用，重在出世间，使人生扰攘之精神有所寄托耳。倘以规定人生之行为为义，则属入世间教，与伦理道德为枝骈，宗教之为物，将于根本上失其独立存在之价值矣。世俗虽有宗教三类之说，其实只一神多神两类得称为纯正宗教，盖宗教不离鬼神也。若泛神教（或译作万有神教），则已界于宗教非宗教之间。桂特赫克尔谓泛神教质言之即无神教，其说是也。无神论乃一种反对宗教之哲学家见解，字之曰宗教，殊为不伦。

凡宗教必言神，必论生死，此大前提未必有误。孔子不语神怪，不知生死，则孔教自非宗教。儒家虽有鬼神体物不遗之说，骤观之似近泛神教，然鄙意此所谓鬼神，与《周易》一阴一阳之谓道相同，非宗教家所谓有命令的拟人格的主宰之神也。即以孔教属之泛神教，是否可目为纯正宗教，尚属疑问。至"伦理的宗教"之说倘能成立，则世界古今伦理学者、哲学者，无一非宗教家，有是理乎？是白兰克马氏之说不足信也。西洋人称日本人迷信天皇乃一种宗教，是滑稽之言耳。而日本人颇有以此自矜异者。日本滑稽学者正多，不独建部博士也。

孔教之义，足下亦不满之，惟谓孔教等诸古代文学，只可改良不可废弃，此殊不然。教义为无形的，而文学乃无形的（思想部分）而兼有形的（文字部分）。足下对于文学改良之意见，非谓废其无形的部分而存其有形的部分乎？由斯以谈，则孔教与旧文学同一可改良不可废弃之说，未必有当矣。

愚之非孔，非以其为宗教也。若论及宗教，愚一切皆非之（在鄙见讨论宗教应废与否与讨论孔教应废与否全然为二种问题），决非为扬他教而抑孔子也。华特氏谓宗教所以纳社会于轨道，爱尔和特氏谓宗教与高尚文化之生活有关系。近世欧洲人，受物质文明反动之故，怀此感想者不独华爱二氏。其思深信笃足以转移人心者，莫如俄国之托尔斯泰，德国之倭铿，信仰是等人物之精神及人格者，愚甚敬之。惟自身则不满其说，更不欲此时之中国人盛从其说也（以中国人之科学及物质文明过不发达故）。

宗教之为物，无论其若何与高尚文化之生活有关，若何有社会的较高之价值，但其根本精神，则属于依他的信仰，以神意为最高命令；伦理道德则属于自依的觉悟，以良心为最高命令；此过去文明与将来文明，即新旧理想之分歧要点。其说非短篇所能尽，愚且以为属于讨论孔教之题外文章，故不欲多论。

来书意谓数千年历史上有力之孔教，为吾国精神上无形统一人心之具，不必汲汲提倡废弃，是说也，乃保存孔教者所持最能动人之理由，亦即鄙人所以主张孔教必当废弃之理由。此事虽奇，实孔教问题之中心也。

孔教为吾国历史上有力之学说，为吾人精神上无形统一人心之具，鄙人皆绝对承认之，而不怀丝毫疑义。盖秦火以还，百家学绝，汉武独尊儒家，厥后支配中国人心而统一之者，惟孔子而已。以此原因，二千年来讫于今日，政治上，社会上，学术思想上，遂造成如斯之果。设若中国自秦汉以来，或墨教不废，或百家并立而竞进，则晚周即当欧洲之希腊，吾国历史必与已成者不同。好学深思之士，谅不河汉斯言。及今不图根本之革新，仍欲以封建时代宗法社会之孔教统一全国之人心，据已往之成绩。推方来之效果，将何以适应生存于二十世纪之世界乎？吾人爱国心倘不为爱孔心所排而去，正应以其为历史上有力之学说，正应以其为吾人精神上无形统一人心之具，而发愤废弃之也。

若夫废弃孔教，将何以代之，则国民教育尚焉。中外学说众矣，何者无益于吾群？即孔教亦非绝无可取之点，惟未可以其伦理学说统一中国人心耳。若以此统一人心，而谋有以保存之，发达之，则此共和国中，尊君尊亲尊男之礼教，不知发达至何程度，始为美备也。愚实无此勇焉。

凡愚所言，皆来书所谓"讲明真理与适应现世"而已，无他意也。希足下尚有以教之。

独秀谨复

《新青年》第三卷第一号

1917 年 3 月 1 日

答佩剑青年

（一九一七年三月一日）

佩剑青年先生：

来书捧诵数四，——诉诸逻辑之境，觉不犯矛盾律者几希矣。本志诋孔，以为宗法社会之道德，不适于现代生活，未尝过此以立论也。而来书亦明明承认孔道"仅能适于当世之时，不能适于后世之时"，是足下所疑者，已不待他人解释矣。

近世学术，竞尚比较的研究法，以求取精用宏，来书所谓"取长去短"，即是此义。吾人生于二十世纪之世界，取二十世纪之学说思想文化，对于数千年前之孔教，施以比较的批评，以求真理之发见，学术之扩张，不可谓非今世当务之急。来书所谓"道有升降，政由俗革，不可强今人以行古道"，是足下不徒明明容许吾人有批评孔教之权利，且自身亦有诋弃孔教之主张也。古道不可强今人行之，此正本志之所主张。

记者非谓孔教一无可取，惟以其根本的伦理道德，适与欧化背道而驰，势难并行不悖。吾人倘以新输入之欧化为是，则不得不以旧有之孔教为非。倘以旧有之孔教为是，则不得不以新输入之欧化为非。新旧之间，绝无调和两存之余地。吾人只得任取其一。记者倘以孔教为是，当然非难欧化而以顽固守旧者自居，决不忸怩作"伪"欺人，里旧表新，自相矛盾也。

国于天地，必有与立，则教育尚焉，非必去宗教即不可以立国。法社会学者孔特，分人类进化为宗教，哲学，科学，三大时期。即以宗教国粹论，九流百家，无一非国粹。阴阳家与墨家，实为中国固有之宗教。佛与耶、回，虽属后起，信徒乃居国民之大部分。乌可一笔抹杀而独尊儒家孔子耶？

中国民德不隆，诚足下所当痛哭。然此果非尊崇戴假面具作"伪"欺人之孔教（礼经所教，大部分如此，望足下详细一读）不可拯救耶？足下能断言之乎？

吾华之秽德彰闻于世界者，莫如宫监男伎二事，公然行诸首都。自共和新说得势以来，此数千年或数百年之恶德，一旦革除，岂非欧化之明效大验乎？古圣经传，固不禁刑馀阉人也。据此可知前十年之人心，必更恶劣加于今日。孔教之伤于中国者，于政治、于社会、于家庭，本志已具言之，以供学者研究之资料，故兹不赘陈。

足下所谓文学不必革命，孔教不必排斥，请更详示以理由。倘能持之有故，言之成理，记者当虚心欢迎之，决不效孔门专横口气，动以"非圣者无法"五字，假君权以行教权，排异议而杜思想之自由也。

署名：独秀

转自《独秀文存》卷三

上海亚东图书馆 1922 年发行

民党与时局

（一九一七年三月十五日、十六日）

吾国所谓民党之别异于官僚党者，有一定义焉。此定义即民党与官僚党之一大鸿沟。其定义维何？即民党处国家急难时（若袁氏称帝之类），挺身负责，积极进行，时局稍定，则以不争政权为贵。而官僚党则反是。夫民党既以此定义为前提，而处于今日之时局，不可不表明态度决定方针，以保民党之精神，消极旁观，至无取也。

然则今日之民党，果应出何种态度取何种方针乎？曰此次对德外交，为国家存亡盛衰之唯一问题。民党既已认定加入协商团体，对外对内，均有益于国家，则不可不有二种觉悟。一曰拥护与本党党义相同之内阁；一曰尊重与本党党义相同之敌党。

曷言乎应拥护与本党党义相同之内阁耶？曰以政治道德言之，政党之对于内阁，无论其为本党内阁与否，应以政策是否相同为拥护反对之标准。其他感情利害问题，所应牺牲者也。此而不能牺牲，且不惜利用反对其所主张之政策之机会，以谋倾覆其感情相恶政策相同之内阁，或坐视其倾覆而不为之援助，是为不忠于党义。政党而不忠于党义，岂非自杀！

曷言乎应尊重与本党党义相同之敌党耶？曰其理由有二：一

则政党分立之最大原因，由于政策之不同。以政党政治原则言之，在平时政策不同之敌党，尚应有互相尊重之谊，况在国家危急时政策相同之敌党乎？倘弃政策而尚感情，捕风捉影，私心猜度，是混乱道德与政治之界域也，是应用动机论的道德于结果论的政治也。挑拨恶感，相演日深，社会国家，将无宁日。一则以官为业之吾族，此时实无运用政党政治之道德与雅量。斯诚无可讳言。三党（国民进步官僚三派）平分政权之说，此余素所主张者也。况处外忧内扰之时，非各党平分政权，决不能号令全国。对内对外，妥协设施，而无所怨望，以收举国一致之效。此各党所应有之公同觉悟也。

上陈之理由，倘不过谬，民党对于时局，所应表明之态度，所应决定之方针，可得而言矣。第一步当于院内院外积极拥护政策相同之现内阁。盖责任内阁之义，乃言内阁对于国会负责任，非对于元首负责任也。内阁所持政策，倘为国会多数党所容，则万无倾覆之理。此而倾覆，实立宪政治之危机，狄克推多之先兆也。国会多数党，倘坐视其政策相同之内阁之非法倾覆而不积极为之援助，是自损国会之尊严也，是自坏立宪政治政党政治之基础也。以民党而出此，是自行破坏其历年以来责任内阁之主张也。是乌乎可？第二步应时势之要求，现内阁之分子，以主张不同或声望薄弱之故，一部分之改造，亦势所不免。惟改造时所应注意之点有二：一曰各党平分政权。万不可取独占主义，使对内对外均不能圆滑进行也。一曰各党入阁之人物，宜为其党之魁杰。比较的克以指挥全党党员者，否则无取焉。必如是始可称举国一致之混合内阁。

民党之态度与方针，倘不出此，是以平日积怨于内阁及敌党之故。或有意乘机，或神经过敏，坐视政策相同之内阁非法倾覆而不为之积极援助，可谓之对于党义不忠实，对于宪政无信仰，对于国家不能牺牲私怨。是民党光明磊落猛勇精进之精神完全丧失。即党之形式勉强存在，实于政党史上无丝毫价值也。爱国君子，幸平心思之。

署名：独秀

《甲寅日刊》

1917 年 3 月 15 日、16 日

俄罗斯革命与我国民之觉悟

（一九一七年四月一日）

自二月九日吾政府对德抗议以来，国人于政府外交政策，赞成反对，各极其盛。愚亦于前号本志发表赞同意见，贡诸国人。其后赞成抗德派渐得势，内阁获国会之同意，遂宣告与德绝交。自是以来，反对派所预言绝德后之危险，幸未一中，在理论上应现举国一致对外之象矣，而事实不尔者，有重大之原因三焉：

一曰，失意之伟人，无论其事于人类之公理正义如何，于国家之利害关系如何，凡出诸其敌党段祺瑞梁启超所主张者，莫不深文以反对之，虽牺牲其向日之主张进取，主张正义，不畏强权之精神，亦所不惜；虽与国蠹张勋、倪嗣冲、王占元、张怀芝同一步调，亦所不羞。某有力家遂利此以为攘夺政权之机会，虎踞南服，舆论因以从之。

一曰，恶闻战争，乃吾国民之恶劣根性。今之"恐德病"，亦自此根性所生。冯副总统威慑南方，一言九鼎，亦为诱发此病重大之外因。愚以为商会反对加入协约团体，与前此反对革命，主张拥护项城，维持现状，同一心理。

一曰，同时俄罗斯发生革命事件也。吾国短视之人，误料俄罗斯革命，无论旧政府存续与否，必陷于与德国单独议和之地位。俄、德和解，英、法必不支；英、法不支，日、俄、德同盟谋我之势成。此种见解，不独反对加入协约者言之确然，即赞成者亦不无怀疑而恐怖。

以上之三因，日来吾国对德外交之所以沉滞也。前二因非由于误解，且非空言可喻，姑置不论。兹所欲正告吾国民以促其觉悟者，即俄之革命，将关于世界大势也如何。吾国民或犹在梦中，不闻吾言！

吾国民第一所应觉悟者，欧洲战争，无意识者恒少，故战后而不改革进步者亦恒少。此次大战争，乃旷古所未有；战后政治学术，一切制度之改革与进步，亦将为旷古所罕闻。吾料欧洲之历史，大战之后必全然改观。以战争以前历史之观念，推测战后之世界大势，无有是处。

其次，吾国民所应觉悟者，此次欧战之原因结果，固甚复杂，而君主主义与民主主义之消长，侵略主义与人道主义之消长，关系此战乃至巨焉。使德意志完全胜利也，无道之君主主义，侵略主义，其势益炽，其运命将复存续百年或数十年未可知也。此物存续期间，弱者必无路以幸存。

又其次，吾国民所应觉悟者，吾可怜之中华，未能日久生存于均势之下也。一国家而生存于均势之下，非真生存，且均势自身，亦难历久而不变乎？吾华真能生存之运命，操诸己者，适用近世文明，以固国力之发展；操诸人者，君主主义侵略主义之失势耳。前者且听命于后者，以列强侵略主义不稍衰，吾人已无有发展国力之余地。

又其次，吾国民所应觉悟者，俄罗斯之革命，非徒革俄国皇室之命，乃以革世界君主主义侵略主义之命也。吾祝其成功。吾料其未必与代表君主主义侵略主义之德意志单独言和，以其革命政府乃亲德派旧政府之反对者，而为民主主义人道主义之空气所充满也。吾料世界民主国将群起而助之，以与德意志战，且与一切无道之君主主义侵略主义的国家战。国际今日之抗德，犹吾国前日之讨袁，非仆此獠，将难自保，力能胜否，义所不计。吾中华民国国民，以是非计，以利害计，均不应滑头中立，以图败则苟免，胜则坐享其成。

又其次，吾国民所应觉悟者，即令俄之新政府，以非战故与德单独言和，或德意志利用俄之纷扰，目前军事上获若干胜利，吾料新俄罗斯非君主非侵略之精神，将蔓延于德、奥及一切师事德意志之无道国家，宇内情势，因以大变。此为益吾国，视君主侵略主义之俄罗斯战胜德意志也，奚啻万倍？奈何吾短视之国民，竟以俄罗斯革命之故而"恐德病"反加剧耶！

吾国民倘有上陈种种之觉悟，自应执戈而起，随列强之后，惩彼代表君主主义侵略主义之德意志，以扶人类之正义，以寻吾国之活路。倘仍挟愤寻仇，或希图苟免，或拘拘计较吾国根本生存以次利害，以阻外交之进行，则今既不附同盟，又不联协约，且已非中立，遗世孤立，将何以图存乎？加入战团后，当然有列席和议之权，其时发言效力，固必极微，岂不愈于他国代表吾人议定而责吾承受之乎？爱国君子，其洞观世界大势，平心思之，勿徒为意气之争也！

署名：陈独秀

《新青年》第三卷第二号

1917 年 4 月 1 日

四答常乃悳

（一九一七年四月一日）

乃悳先生：

足下平论孔教，渐近真相，进步之速，至可钦也！

凡学说教义之兴废，皆有其绝大原因。吾人讨论学术尚论古人，首当问其学说教义尚足以实行于今世而有益与否，非谓其于当时之社会毫无价值也。使其于当时社会无价值，当然不能发生且流传至于今日。尊孔者多不明此理，故往往笼统其词，所称道以为莫可非议者，皆孔教过去之成绩，未尝于孔教果能实行于今世而有益与否之问题，有详确之论断。是无异文家叙述古代战争，威〔咸〕称石矢之为无上利器也。

夫孔教之为国粹之一，而影响于数千年来之社会心理及政治者最大，且为当时社会之名产，此均吾人所应绝对承认者。惟吾人今日之研究，乃孔教果能实行于今世而有益与否问题。果能实行而有益于今之社会，则数千年之国粹，吾人亦何忍无故废弃之？果实行于今之社会，不徒无益而且有害，吾人当悍然废弃之，不当有所顾惜。

据学理以平亭两造，惟当较其是非而下论断，偏倚与否，殊无虑及之理由。若恐学理是非之讨论过明，或激成他种势力之反抗，则吾辈学者尚有何讨论学理之余地乎？学理而至为他种势力所拥护所利用，此孔教之所以一文不值也。此正袁氏执政以来，吾人所以痛心疾首于孔教而必欲破坏之也。

人民程度与政治之进化，乃互为因果，未可徒责一方者也。多数人民程度去共和过远，则共和政体固万无成立之理由（愚于本志《吾人最后之觉悟》文中已略明此义）。然吾人论政若不以促进共和为鹄的，则上之所教，下之所学，日日背道而驰，将何由而使其民尽成共和之民哉？今日无论何国政治，去完全真正共和尚远。吾闻有已行共和政体，而其民尚未尽成共和之民者，未闻其民皆共和之民，而始行共和政体者。盖共和无止境，非一行共和政体，即共和政治完全告成者。惟其民适于共和者之数加多，则政治上所行共和之量亦自加广耳。以此为的，则日进有功。若虑其民尚未尽成共和之民，遂惮言共和政体，则共和将永无希望。良以非共和政体之下，欲其民尽成共和之民，是南辕北辙，万无达到之理也。一日不达到，即一日共和政体不能实现，足下将谓之何哉？

独秀

《新青年》第三卷第二号

1917 年 4 月 1 日

答 I. T. M[*]

（一九一七年四月一日）

　　足下于本志所持论，独垂询三事，可谓目光如炬矣。欧美政家学者，方劳精竭智以事此三者之讨论，而尚无完全之改〔解〕决，智识浅薄如记者，更何论焉。既承下问，姑略陈所主张，其详请俟诸异日。

　　（一）今世经济制度，过重利权，是以兼并盛行，贫富悬隔，极其流弊，不至以贫富为善恶智愚之标准不已。欲救此弊，虽未必即能悉废今世之经济制度，而限制土地之过量兼并，及废除遗产制度，未始不可行也。记者所谓改良经济制度之道，即以此二者为始基。盖土地与人口之比例，倘不过失其平均量，自非生性懒惰者，皆有生存之余地。然后世之所谓罪恶，或真乃罪恶。否则贫而求生，虽盗窃亦未必即为罪恶也。遗产制度不废，则坐拥先人厚赀，且以之造成罪恶者，其勤勉，其智力，未必有加于贫无立锥之善人也。

　　（二）旧社会之道德不适今世者，莫如尊上抑下，尊长抑幼，尊男抑女。旧社会之所谓不道德者，乃不尊其所尊，抑其所

---

　　* 标题为本书编者加。

抑者耳，未必有何罪恶可言（如妇人再醮之类）。吾人今日所应尊行之真理，即在废弃此不平等不道德之尊抑，而以个人人格之自觉及人群利害互助之自觉为新道德，为真道德。

（三）人类公性，原有保守进取二方面。欲救吾国之衰微，教育方针宜偏重进取主义。进取主义中，宜富强并重，二者恒互为因果，殊难轩轾也。

署名：记者

《新青年》第三卷第二号

1917 年 4 月 1 日

旧思想与国体问题

——在北京神州学会讲演

（一九一七年五月一日）

今日本会开讲演会，适遇国会纪念日，鄙人不觉发动一种感想，所以选择此题。鄙人感想非他，即现今之国会非君主国的国会，乃共和国的国会。方才李石曾先生演说"学术之进化"有云："政治进化的潮流，由君主而民主，乃一定之趋势，吾人可以怀抱乐观。"鄙人以为李先生的理论，固然不错，但是鄙人对于我国现在情形，总觉得共和国体，有无再经一次变动，却不能无疑。

自从辛亥年革命以来，我国行了共和政体好几年，前年筹安会忽然想起讨论国体问题，在寻常道理上看起来，虽然是狠奇怪，鄙人当时却不以为奇怪。袁氏病殁，帝制取消，在寻常道理上看起来，大家都觉得中国以后帝制应该不再发生，共和国体算得安稳了，鄙人却又不以为然。

鄙人怀着此种意见，不是故意与人不同，更不是倾心帝制舍不得抛弃，也并不是说中国宜于帝制不宜于共和；只因为此时，我们中国多数国民口里虽然是不反对共和，脑子里实在装满了帝制时代的旧思想，欧美社会国家的文明制度，连影儿也没有，所以口一张，手一伸，不知不觉都带君主专制臭味。不过胆儿小，不敢像筹安会的人，堂堂正正的说将出来。其实心中见解，都是一样。

袁世凯要做皇帝，也不是妄想；他实在见得多数民意相信帝制，不相信共和，就是反对帝制的人，大半是反对袁世凯做皇帝，不是真心从根本上反对帝制。

数年以来，创造共和再造共和的人物，也算不少。说良心话，真心知道共和是什么，脑子里不装着帝制时代旧思想的，能有几人？西洋学者尝言道："近代国家是建设在国民总意之上。"现在袁世凯虽然死了，袁世凯所利用的倾向君主专制的旧思想，依然如故。要帝制不再发生，民主共和可以安稳，我看比登天还难！

如今要巩固共和，非先将国民脑子里所有反对共和的旧思想，一一洗刷干净不可。因为民主共和的国家组织社会制度伦理观念，和君主专制的国家组织社会制度伦理观念全然相反，一个是重在平等精神，一个是重在尊卑阶级，万万不能调和的。若是一面要行共和政治，一面又要保存君主时代的旧思想，那是万万不成。而且此种"脚踏两只船"的办法，必至非驴非马，既不共和，又不专制，国家无组织，社会无制度，一塌糊涂而后已！

现在中华民国的政治人心，就是这种现象：

分明挂了共和招牌，而政府考试文官，居然用"上天下泽，履君子以辨上下，定民志"、"百姓足，君孰与不足"和"学则三代共之，皆所以明人伦也，人伦明于上，小民亲于下"为题。不知道辨的是什么上下？定的是什么民志？不知道共和国家何以有君？又不知道共和国民是如何小法？孟子所谓人伦，是指忠君孝父从夫为人之大伦。试问民主共和的国家组织社会制度伦理观念，是否能容这"以君统民，以父统子，以夫统妻"不平等的学说？

分明挂了共和招牌，而国会议员居然大声疾呼，定要尊重孔教。按孔教的教义，乃是教人忠君，孝父，从夫。无论政治伦理，都不外这种重阶级尊卑三纲主义。孟子道："孔子成春秋，而乱臣贼子惧。"荀子道："礼有三本：天地者，生之本也；先祖者，类之本也；君师者，治之本也。"董仲舒道："《春秋》之法，以人随君，以君随天。"这都是孔教说礼尊君的精义。若是用此种道理做国民的修身大本，不是教他拿孔教修身的道理来破坏共和，就是教他修身修不好，终久要做乱臣贼子。我想主张孔教加入宪法的议员，他必定忘记了他自己是共和民国的议员，所议的是共和民国的宪法。与其主张将尊崇孔教加入宪法，不如爽快讨论中华国体是否可以共和。若一方面既然承认共和国体，一方面又要保存孔教，理论上实在是不通，事实上实在是做不到。

分明挂了共和招牌，而学士文人，对于颂扬功德铺张宫殿田猎的汉赋，和那思君明道的韩文杜诗，还是照旧推崇。偶然有人提倡近代通俗的国民文学，就要被人笑骂。一般社会应用的文字，也还仍旧是君主时代的恶习。城里人家大门对联，用那"恩承北阙"、"皇恩浩荡"字样的，不在少处。乡里人家厅堂上，照例贴一张"天地君亲师"的红纸条，讲究的还有一座"天地君亲师"的牌位。

这腐旧思想布满国中，所以我们要诚心巩固共和国体，非将这班反对共和的伦理文学等等旧思想，完全洗刷得干干净净不可。否则不但共和政治不能进行，就是这块共和招牌，也是挂不住的。

若是一但〔旦〕帝制恢复，蔡子民先生所说的"以美术代宗教"，李石曾先生所说的"近代学术之进化"，张溥泉先生所说的"新道德"，在政治上是"叛徒"，在学术上是"异端"，各种学问，都没有发展的余地，贵学会还有甚么学问可讲呢？

署名：陈独秀

《新青年》第三卷第三号

1917 年 5 月 1 日

再答胡适之

（一九一七年五月一日）

适之先生足下：

惠书敬悉。鄙意区分中国文学之时代，不独已承钱玄同先生之教，以全宋属之近代，且觉中国文学，一变于魏，再变于唐（诗中之杜，文中之韩，均为变古开今之大枢纽），故拟区分上古讫建安为古代期，建安迄唐为中古期，唐、宋迄今为近代期。玄同先生颇然此说，不知足下以为如何？

改良文学之声，已起于国中，赞成反对者各居其半。鄙意容纳异议，自由讨论，固为学术发达之原则，独至改良中国文学，当以白话为文学正宗之说，其是非甚明，必不容反对者有讨论之余地，必以吾辈所主张者为绝对之是，而不容他人之匡正也。其故何哉？盖以吾国文化，倘已至文言一致地步，则以国语为文，达意状物，岂非天经地义，尚有何种疑义必待讨论乎？其必欲摈弃国语文学，而悍然以古文为文学正宗者，犹之清初历家排斥西法，乾嘉畴人非难地球绕日之说，吾辈实无余闲与之作此无谓之讨论也！率复不宣。

独秀

《新青年》第三卷第三号

1917 年 5 月 1 日

答 刘 竞 夫

（一九一七年五月一日）

竞夫先生：

尊论比计孔、耶诸教为益社会之量，鄙意极以为然。教宗之价值，自当以其利益社会之量为正比例。吾之社会，倘必需宗教，余虽非耶教徒，由良心判断之，敢曰推行耶教胜于崇奉孔子多矣。以其利益社会之量，视孔教为广也。事实如此，望迂儒勿惊疑吾言。

独秀

《新青年》第三卷第三号

1917 年 5 月 1 日

再答俞颂华

（一九一七年五月一日）

颂华先生：

洛诵惠书，无任欣感。好学深思若足下者，仆虽备蒙教斥，窃所愿焉。惟愚见终有不敢苟同者，尚希进而教之。

第一，今之人类（不但中国人）是否可以完全抛弃宗教，本非片言可以武断。然愚尝诉诸直观，比量各教，无不弊多而益少。是以笃信宗教之民族，若犹太，若印度，其衰弱之大原，无不以宗教迷信，为其文明改进之障碍。法兰西人受旧教之迫害，亦彼邦学者所切齿；其公教会与哲人柏格森，俨如仇敌。此乃宗教之弊，事实彰著，无可讳言。

至于宗教之有益部分，窃谓美术哲学可以代之。即无宗教，吾人亦未必精神上无所信仰，谓吾人不可无信仰心则可，谓吾人不可无宗教信仰，恐未必然。倘谓凡信仰皆属宗教范围，亦不合逻辑。此仆所以不信"伦理的宗教"之说也。吾国人去做官发财外，无信仰心，宗教观念极薄弱。今欲培养信仰心，以增进国民之人格，未必无较良之方法。同一用力提唱，使其自无而之有，又何必画蛇添足，期期以为非弊多益少之宗教不可耶？此愚所以非难一切宗教之理由也。

　　复次则论孔教。孔教教义，多言人事，罕语天人关系，亦足下所云然。良以中国宗教思想，渊源甚古。敬天明鬼，皆不始于孔氏。孔子言天言鬼，不过假借古说，以隆人治。此正孔子之变古，亦正孔子之特识。倘缘此以为敬天明鬼之宗教家，侪于阴阳墨氏之列，恐非孔意。性与天道，赐也无闻，其他何论？欲强拉此老属诸宗教家，岂非滑稽？缪勒氏于印度宗教，亦未必了了，遑论中国，其言乌足据耶？《中庸》，天命，性，道教，四者联举，是为一物。以性释天命，则所率所修，均不外此。下文又云："道不可离，可离非道。"是盖与老氏道法自然；西哲所谓宇宙大法相类。天性以外，绝无神秘主宰之可言。乌可以其有天命与教之名词，遂牵强以为宗教也？

　　孔子生于古代宗教思想未衰时代，其立言间或假古说以伸己意。西汉儒者，更多取阴阳家言以诬孔子，其实孔子精华，乃在祖述儒家，组织有系统之伦理学说。宗教玄学，皆非所长。其伦理学说，虽不可行之今世，而在宗法社会封建时代，诚属名产。吾人所不满意者，以其为不适于现代社会之伦理学说，然犹支配今日之人心，以为文明改进之大阻力耳。且其说已成完全之系统，未可枝枝节节以图改良，故不得不起而根本排斥之。盖以其伦理学说，与现代思想及生活，绝无牵就调和之余地也。即如足下所主张之改良家族制度，倘孔教之伦理学说不破，父子析居，则有伤慈孝；兄弟分财，则有伤友恭。欲笃信孔教之民族，打破大家族制度，其事如何可行？足下欲奋如椽之笔，提倡小家族制度，以为事半功倍，不知将何说以处孝弟之道？倘无说以处之，特恐事倍而功半耳。

　　吾人讲学，以发明真理为第一义，与施政造法不同。但求别是非，明真伪而已，收效之迟速难易，不容计及也。哥白尼倘畏难而顺社会的惰性，何以发明天象？哥仑布倘畏难而不逆社会的惰性，何以发见新世界？一切科学家、哲学家，倘畏难而不肯违反俗见，何以有今日之文明进步？真理与俗见，往往不能并立。服从真理乎？抑服从俗见乎？其间固不容有依违之余地，亦无法谋使均衡也。高见如何，尚希续教。

独秀

《新青年》第三卷第三号

1917 年 5 月 1 日

答 李 亨 嘉

（一九一七年五月一日）

亨嘉先生：

苟安忍辱，恶闻战争，为吾华人最大病根，数千年来屈服于暴君异族之下者，只以此耳。今之对德宣战，非以图近利（加关税缓赔款之类），非以助协约，非以报小怨（夺青岛之类），亦非以主张公理拥护公法，正欲扑彼代表帝国主义侵略政策之德意志，使彼师事德意志诸国，知无道之强权，不可滥用，然后吾弱者始有偷生之余地耳。至于实力能胜任与否，在理论上不成问题，在事实上非单独与德宣战，殊无绝对失败之理。且既已绝交，势难反顾。日攻青岛以来，吾国已非中立；今仍欲骑墙，祸更不测。

吾国民偷目前之苟安，无远大之策略，欲以民意决定外交方针，愚所绝对不敢赞同者也（不但中国如此）。若国之大政，必事事少数服从多数，则吾国之恢复帝政，垂辫缠足，罢学校，复科举，一切布旧除新之事，足下能保不为多数赞成乎？

本志宗旨，重在反抗舆论。来书所谓代表舆论，乃同流合污媚俗阿世之卑劣名词，记者所不受，不忍受也。

署名：记者

《新青年》第三卷第三号

1917 年 5 月 1 日

答 胡 子 承

（一九一七年五月一日）

子承先生左右：

辱赐书，过蒙奖励，且矜且惭。先生讲学万山中，不识世俗荣利为何物，所遇门下诸贤，大都洁行而朴学，知先生之德教感人也深矣，溥矣。以硕德名宿如先生者，道破旧式思想之污浊，提唱教育精神之革新，新教育真教育之得见于神州大陆也，当为日不远矣。

吾国今日教育界之现象，上焉者为盲目的国粹主义，下焉者科举之变相耳，此先生所谓伪教育也。现代西洋之真教育，乃自动的而非他动的；乃启发的而非灌输的；乃实用的而非虚文的；乃社会的而非私人的；乃直观的而非幻想的；乃世俗的而非神圣的；乃全身的而非单独脑部的；乃推理的而非记忆的；乃科学的而非历史的。东洋式之伪教育，胥反乎此，欲求竞进，乌可得哉！先生倘以为不谬，尚希时赐教言，且指斥所不备，幸莫大焉！

独秀谨复

《新青年》第三卷第三号

1917 年 5 月 1 日

时 局 杂 感

（一九一七年六月一日）

两月以前，吾人对于外交问题，揽世界之大势，与国民以指针。不料朝野两方面，均属手挥五绞，目送飞鸿，意在政争，假外交为手段，以国家为孤注。呜呼！何其大胆妄为无爱国心一至此哉。

此次政变之是非利害，国内人自有公评，本志自无加以慷慨书空之必要。且不欲以此等卑污细事，费吾洁白青年读者之时间。惟愚对于时局，怀种种感想，不得不吐诸国人之前者，敢为读者一一陈之。

愚固迷信共和，以为政治之极则。政治之有共和，学术之有科学，乃近代文明之二大鸿宝也。然衡以国人信仰共和之量之度，遽言共和国体，今已稳固，余终怀疑。莽哉吾国民党人，既无法使国人信仰共和之度量日益增加，又无力使国中反对共和之蟊贼日益减少。日惟张空拳绳民贼以法度。狭隘无远识之党徒，对于比较的略知现代国家组织之敌党，日造恶言，逼使挺而走险。宪法空文，不能自行也。欧美文明制度，如何乞灵于空文，强使尽行于至野蛮不识字无经济能力之豚尾民族哉！援春秋责备贤者之意，政局至斯，吾国民党人当首任其咎。

　　自吾神经过敏之国民党人之眼观之，凡进步党人，皆阴谋家也，皆败坏国家之蟊贼也。然以愚耳目之所闻见，良心之所判断，进步党不乏贤达可敬之士。惟愚之评论进步党人，也急近功名，依附权贵，惮于根本之改革，是其所短耳。以此原因，进步党人每以能利用权门自喜而反为权门所利用，一点污于袁世凯，再见欺于督军团。国民党之荣誉，往往在失败。进步党之耻辱，往往在胜利。吾知该党贤达诉诸良心，必当惭恶复惭恶，忏悔复忏悔矣！呜呼一之为甚，不可以再，再又甚焉，不可三也。而今而后，吾国政治倘有政党活动之余地，吾国民党人对于进步党诸公，固应有相当之敬意。而进步党诸公，亦应有根本之觉悟。此觉悟维何，即公等倘欲使中国稍近现代国家组织，则公等之敌，非国民党人。吾国民党人实公等之友也。吾国民党人，非于根本上反对立宪政治使之万万不能发生者。立宪政治者，现代国家存在之必然的条件，进步国民两党根本相同之政见也。吾故曰："吾国民党人，实公等之友也。"假敌灭友，在道德上非君子之行，在政略上亦非自全之道，窃为公等不取焉。

　　国家组织之作何状态，实以国中有力分子若何配布以为衡。配布得当，国基安宁，然后据此事实载之宪章，始可垂诸久远。盖国法之为物，充分得以实施者，条文多后于事实。若以理想制宪法若干条，去事实绝相远，其何以见诸施行哉。中国国家组织，自元设行中书省以来，分权制度，已早萌芽。清政不纲，省权益重，兵马财赋，多不统于中央。辛亥兵兴，势益分裂。倘顺此事实，创为联邦，则六年以来，政局纷争，必当稍杀。不幸野心家利用一二书生统一之误解，一般俗见，亦不解统一国家与单一国家之为二物（联邦虽非单一国家，却不害其为统一。章秋桐先生在民立报纸上屡申此义，奈国人不察也），勉强牵合，日言统一，日益纷争，国基迄不巩固。无他，国家组织偏于理想而远于事实之为害耳。复次论及国中有力分子应若何配布。则中国国家组织，亦宜分而不宜合。北洋系以普鲁士自居，力倡大权政治，军国主义。国民党以革新先觉自命，倾向平民政治，自由主义。此二派人之思想之政见，殆若南北两极之不相及，水火冰炭之不相容。求其调和相安，各得其所于同一国家组织之下，自非昏聩，知其难也。同一北洋系，而冯、段又未必相容。同一民党，而孙、岑素不相得。同一护国军，而滇粤势不相下，分裂之象，已至于斯。倘不因势利导，使国中有力分子，各得其所，则各派健者，同室异心。貌饰调和，而心怀勘灭。勘灭不可能也，两败俱伤已耳。国家组织之偏于理想而远于事实也，其为害必至于斯。对于今之时局，有排难解纷之责者，曷深思之。

社会国家之进步也，其道万端，而始终赖为必要者，乃有大众信仰之人物，为之中枢为之表率。吾国自互市以来，日益贫弱，无一页光荣历史之可言者，正坐此耳。此百年中国内最知名之人物，莫如曾国藩、李鸿章、袁世凯、康有为、孙文五人。孙氏为人，尚未有定评。康则日夜自毁，殆已无可救治。袁世凯所制造之国民罪恶，今后数十年，且恐不能洗净。曾、李功业，亦殊卑卑不足道。就吾人耳目所接近，求一公同崇拜足资模仿之人，竟邈不可得，此国人之所以日趋下流也。今之在朝者若黎元洪、段祺瑞，在野者若孙文、岑春煊、梁启超、唐绍仪、章炳麟，皆一时闻人，毁誉尚未大定者。愚甚望其以社会之中枢国民之表率自任，勿自杀。而社会为自救计，亦勿以细故而杀之，使一国人才完全破产也。社会得一闻人，必培养数十年，毁之至易，成之至难。愿社会珍重之，尤愿其人慎自珍重，勿为袁、康之续使吾人滋痛。吾思至此，吾心甚悲。

吾人理想中之中华民国，乃欲跻诸欧美文明国家，且欲驾而上之，以去其恶点而取其未及施行之新理想。乃事象所呈，使吾人之失望，出乎情理之外。于是不得不抛弃平昔之理想，以求夫最低限度之希望。此希望维何？曰："削除此自古与国家绝对不能两立之叛将骄兵耳。"自袁氏执政以来，故纵此骄兵叛将，为害遍于国中。段氏继之，亦未能制止。今且明目张胆，万恶不法之张勋、倪嗣冲，竟横戈跃马，逞志京津自称起义矣。国中贤豪长者，不思讨贼，且以调和之说进。呜呼！中华民国，尚复成何世界。此等凶顽，倘不铲除净尽，则一切理财、治军、兴学、殖产，均无从谈起，一切国会、宪法、新政、法理，皆属戏言。不独共和宪政不能施行，即君主制度亦不能成立。唐末藩镇，无其蛮横。明末厂逆，无其凶肆。即唐宗、汉祖复生，不能保皇冠不为其所溺。此时中国能铲除此等凶顽与否，非仅共和能否存在之问题，乃国家能否存在之问题也。因此等凶顽，必不能生存于二十世纪之世界，国人不能自除之，将必由他人铲除之。由他人铲除之，则国不国矣。欲存国家，必去此凶顽。去此凶顽，然后财赋可理，政令可行，学可兴，国可保。然后始有共和可言，不然不但共和必无幸，国家之危且如累卵。

署名：陈独秀

《新青年》第三卷第四号

1917 年 6 月 1 日

答 钱 玄 同[*]

（一九一七年六月一日）

玄同先生：

仆前答某君书，所谓"华美无用之文学"者，乃一时偶有一种肤浅文学观念浮于脑里，遂信笔书之，非谓全体文学，皆无用也。

世界语犹吾之国语，谓其今日尚未产生宏大之文学则可，谓其终不能应用于文学则不可。至于中小学校，以世界语代英语，仆亦极端赞成。吾国教育界果能一致行此新理想，当使欧美人震惊失措。且吾国学界世界语果然发达，吾国所有之重要名词，亦可以世界语书之读之，输诸异域，不必限于今日欧美人所有之世界语也。高明以为如何？

全部十三经，不容于民主国家者盖十之九九，此物不遭焚禁，孔庙不毁，共和招牌，当然挂不长久，今之左祖孔教者，罔不心怀复辟。其有不心怀复辟者，更属主张不能一致贯彻之妄人也。康南海意在做大官，尊孔复辟，皆手段耳，此伧更不足论。

---

* 标题为编者所加。

其徒梁任公尝直称其名曰康有为，深恶之也。

独秀

《新青年》第三卷第四号

1917 年 6 月 1 日

近代西洋教育

——在天津南开学校演讲

（一九一七年七月一日）

今日之中国，各种事业败坏已极，承贵校诸君招来演说，鄙人心中想说的话极多，但是从何处说起呢？诸君毕业后，或当教习，或别入他校求学，大约不离教育界。现在就着教育事业，略说一二：

吾人提起"教育"二字，往往心中发生二种疑问：第一是吾人何以必须教育？第二是教育何以必须取法西洋？

第一种疑问，就是西洋也有一派学者，主张人之善恶智愚，乃天性生成，教育无效的。但是此种偏见，多数学者，均不承认，以为人之善恶智愚，生来本性的力量诚然不小，后来教育的力量又何尝全然无效？譬如木材的好丑和用处大小，虽然是生来不同，但必经工匠的斧斤雕凿，良材方成栋梁和美术的器具，就是粗恶材料，也有相当的用处。教育的作用，亦复如此。未受教育的人，好像生材；已受教育的人，好像做成的器具。人类的美点，可由教育完全发展；人类的恶点，也可由教育略为减少。请看世界万国，那教育发达的和那教育不发达的人民，智愚贤否迥然不同，这就是吾人必须教育的铁证了。

　　第二种疑问，乃是中国人普通见解，以为西洋各国不过此时国富兵强，至于文物制度，学问思想，未免事事都比中国优胜；简单说起来，就是不信服西洋文明驾乎中国之上，所以不信服中国教育必须取法欧美。方才贵校校长张先生说："此时西洋各国学术思想潮流，居世界之大部分，吾国不过居一小部分，只合一小部分随从大部分，不能够强教大部分随从一小部分：所以我们中国必须舍旧维新。"鄙人觉得张校长这话犹是对那没有知识比较中西文明优劣的人说法。其实吾国文明若果在西洋之上，西洋各国部分虽大，吾人亦不肯盲从，舍长取短。正因西洋文明远在中国之上，就是中国居世界之大部分，西洋各国居世界之最小一部分，这大部分的人也应当取法这一小部分。所以鄙人之意，我们中国教育必须取法西洋的缘故，不是势力的大小问题，正是道理的是非问题。秋桐先生方才说道："西洋种种的文明制度，都非中国所及。单就经济能力而言，我们中国人此时万万赶不上。倘不急起直追，真是无法可以救亡。"鄙人以为秋桐先生此言，可谓探本之论。

　　吾人的教育，既然必须取法西洋，吾人就应该晓得近代西洋教育的真相真精神是什么，然后所办的教育才真是教育，不是科举，才真是西洋教育，不是中国教育。不然，像我们中国模仿西法创办学校已经数十年，而成效毫无。学校处数固属过少，不能普及，就是已成的学校，所教的无非是中国腐旧的经史文学，就是死读几本外国文和理科教科书，也是去近代西洋教育真相真精神尚远。此等教育，有不如无。因为教的人和受教的人，都不懂得教育是什么，不过把学校毕业当做出身地步，这和从前科举有何分别呢？所以我希望我们中国大兴教育，同时我又希望我们中国教育家，要明白读几本历史洋文，学一点理化博物，算不得是真正的近代西洋教育。我们教育若想取法西洋，要晓得真正的近代西洋教育，有几种大方针：

第一，是自动的而非被动的；是启发的而非灌输的。

我国教育和西洋古代教育，多半是用被动主义，灌输主义，一心只要学生读书万卷，做大学者。古人的著书，先生的教训，都是神圣不可非议。照此依样葫芦，便是成功的妙诀。所谓儿童心理，所谓人类性灵，一概抹杀，无人理会。至于西洋近代教育，则大不相同了：自幼稚园以至大学，无一不取启发的教授法，处处体贴学生心理作用，用种种方法启发他的性灵，养成他的自动能力，好叫人类固有的智能得以自由发展，不像那被动主义灌输主义的教育，不顾学生的心理状态，只管拼命教去，教出来的人物，好像人做的模型，能言的鹦鹉一般，依人作解，自家决没有真实见地，自动能力。此时意大利国蒙得梭利（Moria Montessori）女士的教授法，轰动了全世界。他的教授法是怎样呢？就是主张极端的自动启发主义：用种种游戏法，启发儿童的性灵，养成儿童的自动能力；教师立于旁观地位，除恶劣害人的事以外，无不一任儿童完全的自动自由。此种教授法，现在已经通行欧美各国，而我们中国的教育，还是守着从前被动的灌输的老法子，教师盲教，学生盲从。启发儿童的游戏图画等功课，毫不注意。拼命的读那和学生毫无关系的历史（小学生决不懂得自己与历史有什么关系），毫无用处的外国文，以为这就是取法西洋的新教育了。哈哈！实在是坑死人也！

第二，是世俗的而非神圣的，是直观的而非幻想的。

孔特分人类进化为三时代：第一曰宗教迷信时代，第二曰玄学幻想时代，第三曰科学实证时代。欧洲的文化，自十八世纪起，渐渐的从第二时代进步到第三时代，一切政治，道德，教育，文学，无一不含着科学实证的精神。近来一元哲学，自然文学，日渐发达，一切宗教的迷信，虚幻的理想，更是抛在九霄云外；所以欧美各国教育，都注重职业。所教功课，无非是日常生活的知识和技能。此时学校教育以外，又盛兴童子军 Boy Scout 的教育，一切煮饭，烧菜，洗衣，缝衣，救火，救溺，驾车，驶船等事，无一不实地练习。不像东方人连吃饭穿衣走路的知识本领也没有，专门天天想做大学者，大书箱，大圣贤，大仙，大佛。西洋教育所重的是世俗日用的知识，东方教育所重的是神圣无用的幻想；西洋学者重在直观自然界的现象，东方学者重在记忆先贤先圣的遗文。我们中国教育，若真要取法西洋，应该弃神而重人，弃神圣的经典与幻想而重自然科学的知识和日常生活的技能。

第三，是全身的，而非单独脑部的。

谭嗣同有言曰："观中国人之体貌，亦有劫象焉。试以拟之西人，则见其萎靡，见其猥鄙，见其粗俗，见其野悍，或瘠而黄，或肥而弛，或萎而伛偻，其光明秀伟有威仪者，千万不得一二！"这是什么缘故呢？就是中国教育大部分重在后脑的记忆，小部分重在前脑的思索，训练全身的教育，从来不大讲究。所以未受教育的人，身体还壮实一点，惟有那班书酸子，一天只知道咿咿唔唔摇头摆脑的读书，走到人前，痴痴呆呆的歪着头，弓着背，勾着腰，斜着肩膀，面孔又黄又瘦，耳目手脚，无一件灵动中用。这种人虽有手脚耳目，却和那跛聋盲哑残废无用的人，好得多少呢？西洋教育，全身皆有训练，不单独注重脑部。既有体操发展全身的力量，又有图画和各种游戏，练习耳目手脚的活动能力。所以他们无论男女老幼，做起事来，走起路来，莫不精神夺人，仪表堂堂。教他们眼里如何能看得起我们可厌的中国人呢？

中国教育，不合西洋近代教育的地方甚多。以上三样，乃是最重要的。诸君毕业后，或教育他人，或是自己教育自己，请在这三样上十分注意。

署名：陈独秀

《新青年》第三卷第五号

1917 年 7 月 1 日

答 李 协 丞[*]

（一九一七年七月一日）

协丞先生足下：

惠书及文，均一一读悉。大著及尊夫人之文，已陆续录之本志，拜谢拜谢。

欧洲良法美俗，足资吾国社会改良者，不少。足下倘有日记或札记载此等事，录赐本志，则裨益读者匪浅也。吾国有子弟不能教，有土地不能耕。为人类全体计，以大好河山，安插此辈游民，使他种勤俭多能者迫于衣食，岂得谓平。审是则人之谋我，何足异哉。国事方纷如乱丝，足下可再留欧数年。此时回国，无一事可做。国民毫无自觉自动之意识，政界有力者与在野之旧党相结合，方以尊孔教复帝制复八股为志，视欧洲文明及留学生如蛇蝎。于是风行草偃，即受教育之青年学生，亦多鄙薄欧化，以孔道国粹自矜，谓此足以善群治国。社会思潮，与百年前闭关时代无或稍异。如此国家，如此民族，谓能生存于二十世纪进化日新之世界，谁其信之。足下愤慨林政之不兴，然犹其一端，而非

---

[*] 标题为编者所加。

其全体非其本根也。率复，不尽欲言。

独秀

《新青年》第三卷第五号

1917 年 7 月 1 日

答《新青年》爱读者

（一九一七年七月一日）

《新青年》爱读者：

记者前获上海友人书，云《公民杂志》有一长文驳正本志非孔意见。当时闻而乐之，以为必有崇论宏议，足资攻错也。近购而读之，乃大失望。培风君之文，其要点不独于记者之说少所驳正，且竟完全赞同。使记者不获闻反对之快论，是以失望也。

记者之非孔，非谓其温良恭俭让信义廉耻诸德及忠恕之道不足取；不过谓此等道德名词，乃世界普通实践道德，不认为孔教自矜独有者耳（参观《宪法与孔教》论文）。士若私淑孔子，立身行己，忠恕有耻，固不失为一乡之善士，记者敢不敬其为人？惟期期以为孔道为害中国者，乃在以周代礼教齐家治国平天下，且以为天经地义，强人人之同然，否则为名教罪人。

前记者答俞颂华君书有云："孔子精华，乃如祖述儒家组织有系统之伦理学说，宗教玄学，皆非所长。其伦理学说，虽不可行之今世，而在宗法社会封建时代，诚属名产。吾人所不满意者，以其为不适于现代社会之伦理学说，然犹支配今日之人心，以为文明改进之大阻力耳。"今培风君亦云："礼果为孔子之道，则孔子之道诚不可用于今日。"是其所主张者，已与说者无殊。

所不同者，其假定之前提，乃不以礼为孔子之道耳。

夫以礼非孔子之道，诚属创闻。儒家重礼，见薄于老庄，其言其事，不始于今日。若言礼不始于孔子，即非孔子之道，岂以忠恕之道为孔子所发明，前人未之言耶？细读培风君之文，知其于国学造诣尚浅，又不若康南海以礼教代法治之说，尚成一家言，有一驳之价值也。培风君倘能翔实证明孔子不重礼教，亦记者之所愿闻。

独秀

《新青年》第三卷第五号

1917 年 7 月 1 日

再答吴又陵

（一九一七年七月一日）

又陵先生：

惠书敬悉。

《礼运》大同之说，古之孔教徒鄙弃之，以为非圣人之言，以为虽子游亦不至如此之浅，以为杂而不伦。今之孔教徒以求容于共和国体，故不得已乃尊重昔之所鄙弃者，以为圣人之大义微言，以为孔子之所以师表万世者以此。此即所谓孔教改良耶？所谓孔教进化耶？抑何丑陋至于斯极也！

鄙意尤有进者：即使《礼运》出于孔子，而所谓"大道之行，天下为公，选贤与能"者，乃指唐虞禅让而言。大同之异于小康者，仅传贤传子之不同，其为君主私相授受则一也。若据此以为合于今之共和民选政制，是完全不识共和为何物，曷足与辩哉！

独秀

《新青年》第三卷第五号

1917 年 7 月 1 日

答 顾 克 刚

（一九一七年七月一日）

克刚先生：

愚非迷信政治万能者；且以为政治之为物，曾造成社会上无穷之罪恶。惟人类生活，既必经此阶级，且今方在此阶级中，则政治不得不为人类生活重要部分之一。倘漠视之，必为其群进化之最大障碍。盖一群之进化，其根本固在教育，实业，而不在政治，然亦必政治进化在水平线以上，然后教育实业始有发展之余地。

例若今日之中国政象如斯，吾人有何方法从事于教育实业之发展乎？

中国政治所以至此者，乃因一般国民雅不欲与闻政治，群以为政治乃从事政治生活者之事业，所以国民缺乏政治知识，政治能力，如外人所讪笑者。而今而后，国民生活倘不加以政治采色，倘不以全力解决政治问题，则必无教育实业之可言，终于昏弱削亡而已。

本志主旨，固不在批评时政。青年修养，亦不在讨论政治。然有关国命存亡之大政，安忍默不一言？政治思想学说，亦重要思想学说之一，又何故必如尊函限制之严，无一语拦入政治时事范围而后可也？德意志、俄罗斯之革新，皆其邦青年学生活动之力为多。若夫博学而不能致用，漠视实际上生活之凉血动物，乃中国旧式之书生，非二十世纪之新青年也。

独秀

《新青年》第三卷第五号

1917 年 7 月 1 日

复辟与尊孔

（一九一七年八月一日）

张、康复辟之谋，虽不幸而暂遭挫折，其隐为共和国家之患，视前无减。且复辟之变，何时第二次猝发不可知，天下妄谬无耻之人，群起而打死老虎：昔之称以大帅，目为圣人者，今忽以"张逆"、"康逆"呼之；昔之奉为盟主，得其数行手迹珍若拱璧者，今乃弃而毁之；何世俗炎凉，不知羞耻，至于斯极也！

夫张、康夙昔之为人及其主张，举国所晓，岂至今日始知其悖逆？张、康诚悖逆矣，愚独怪汝辈夙昔并不反对张、康之主张，而以为悖逆，及其实行所主张而失败，乃以悖逆目之也。汝辈当知自今日之政象及多数之人心观之，张、康所主张并未根本失败，奈何以悖逆目之耶？

愚固反对复辟，而恶张、康之为人者也；然自"始终一致主张贯彻"之点论之，人以张、康实行复辟而非之，愚独以此而敬其为人，不若依违于帝政共和自相矛盾者之可鄙。夫事理之是非，正自难言；乃至主张之者之自相矛盾，其必有一非而未能皆是也，断然无疑。譬如祀天者，帝政之典礼也。袁世凯祀天，严复赞同之。及袁世凯称帝，严复亦赞同之。其事虽非，其自家所主张之理论，固一致贯彻，未尝自陷矛盾，予人以隙。若彼于袁世凯之祀天,则为文以称扬之,及袁世凯称帝则举兵以反对之,乃诚见其惑矣!

张、康之尊孔,固尝宣告天下,天下未尝非之,而和之者且遍朝野。愚曾观政府文官试题,而卜共和之必将摇动(见前《旧思想与国体问题》),今不幸而言中。张、康虽败,而共和之名亦未为能久存,以与复辟论依为命之尊孔论,依旧盛行于国中也。孔教与共和乃绝对两不相容之物,存其一必废其一,此义愚屡言之。张、康亦知之,故其提倡孔教必排共和,亦犹愚之信仰共和必排孔教。盖以孔子之道治国家,非立君不足以言治。

孔子之道,以伦理政治忠孝一贯,为其大本,其他则枝叶也。故国必尊君,如家之有父。荀、董以后所述尊君之义,世或以为过当,非真孔道,而孟轲所言,不得谓非真孔道也。孔孟论政,纯以君主贤否卜政治之隆污,故曰:"君仁莫不仁,君义莫不义,君正莫不正:一正君而国定矣。"(《离娄篇》)答滕文公问为国之言曰:"学则三代共之,皆所以明人伦也。人伦明于上,小民亲于下,有王者起,必来取法。"(赵注:"人伦者,人事也。"非是。按人伦即指五伦。孟氏语陈相曰:"使契为司徒,教以人伦:父子有亲,君臣有义,夫妇有别,长幼有序,朋友有信。"《尚书》之所谓五典,五品,五教,皆即此也。)所谓保民,所谓仁政,已非今日民主国所应有,而当时实以为帝主创业之策略,故一则曰,"保民而王,莫之能御也"(《梁惠王篇》)。再则曰,"行仁政而王,莫之能御也"(《公孙丑篇》)。陈仲子,齐之廉士也;而孟氏乃以无君臣上下薄之(《见尽心篇》)。犹之孔门以废君臣之义洁身乱伦责荷蓧丈人(见《论语·微子》章)。此后乎孔子者所述之孔道也。

　　前乎孔子论为治之道，莫备乎《尚书》。《夏书·五子之歌》曰："皇祖有训，民可近，不可下。"（《传》云："近谓亲之，下谓失分。"）《商书·仲虺之诰》曰："惟天生民有欲，无主乃乱。"（《传》云："民无君主，则恣情欲，必致祸乱。"）《太甲》曰："民非后，罔克胥匡以生。"又曰："一人元良，万邦以贞。"《咸有一德》曰："后非民罔使，民非后罔事。"《盘庚》曰："各长于厥居，勉出乃力，听予一人之作猷。"（按此即韩退之"作粟米麻丝以事其上"之说所由出也。）《说命》曰："惟天聪明，惟圣时宪，惟臣钦若，惟民从乂。"（《传》云："宪，法也，言圣王法天以立教。"又云："民以从上为治，不从上命则乱，故从乂也。"）《周书·泰誓》曰："亶聪明作元后，元后作民父母。"又曰："天佑下民，作之君，作之师。"《洪范》曰："天子作民父母以为天下王。"又曰："惟辟作福，惟辟作威，惟辟玉食。"（《传》云："言惟君得专为福，为美食。"）凡此抑民尊君之教典，皆孔子以己意删存，所谓"芟夷烦乱，翦截浮辞，举其宏纲，撮其机要，足以垂世立教"者也。

　　孔氏赞《易》，为其大业。班固所谓"孔子晚而好《易》，读之韦编三绝，而为之传，即《十翼》也"是已。说《易》者其义多端，而要其指归，即《系辞》之开宗明义"天尊地卑，乾坤定矣；卑高以陈，贵贱位矣；动静有常，刚柔断矣"数语。《说卦》云："乾，健也；坤，顺也。"又云："乾，天也，故称乎父；坤，地也，故称乎母。"又云："乾为天，为圜，为君，为父；……坤为地，为母……为众。"《序卦》云："有天地然后有万物，有万物然后有男女，有男女然后有夫妇，有夫妇然后有父子，有父子然后有君臣，有君臣然后有上下，有上下然后礼义有所错。"《家人象》曰："家人，女正位乎内，男正位乎外。男女正，天地之大义也。家人有严君焉，父母之谓也。父父子子，兄兄弟弟，夫夫妇妇，而家道正。正家而天下定矣。"《履卦象》曰："上天下泽履。君子以辩上下，定民志。"凡此皆与系辞之言相证明；皆所谓不易之道，易名三义之一也（《易纬·乾凿度》云："易一名而含三义：所谓易也，变易也，不易也。……不易者，其位也。天在上，地在下，君南面，臣北面，父坐，子伏。此其不易也。"郑康成采此说作《易赞易论》云："易之为名也，一言而含三义：易简，一也；变易，二也；不易，三也。"又云："天尊地卑，乾坤定矣；卑高以陈，贵贱位矣；动静有常，刚柔断矣。"此言其张设布列不易者也）。孔氏视上下尊卑贵贱之义，不独民生之彝伦，政治之原则，且推本于天地，盖以为宇宙之大法也矣。《春秋》者，孔教大义微言之所在，孟轲以之比烈于夏禹周公者也。（《滕文公》篇曰："昔者，禹抑洪水而天下平；周公兼夷狄驱猛兽而百姓宁；孔子成春秋而乱臣贼子惧。"）其开卷即大书特书曰："王正月。"《公羊传》云："曷为先言王而后言正月？王正月也。（何注云："以上系于王，知王者受命，布政施教，所制月也。"）何言乎王正月？大一统也。"春秋大义，莫大于尊王也可知。《孝经》纬曰："孔子云：'欲观我褒贬诸侯之志在《春秋》，崇人伦之行在《孝经》。'"是知孔子之道，《春秋》、《孝经》，相为表里；忠孝一贯，于斯可征。《天子》章曰："夫孝，始于事亲，中于事君，终于立身。"《士章》曰："资于事父以事君而敬同。"又曰："故以孝事君则忠。"《圣治》章曰："父子之道，天性也，君臣之义也。"《五刑》章曰："要君者无上，非圣人者无法，非孝者无亲，此大乱之道也。"（此即君亲师并重之义）《广扬名》章曰："君子之事亲孝，故忠可移于君。"

《论语》者，记孔子言行之书也。《八佾》章曰："夷狄之有君，不如诸夏之亡也。"子路章曰："如知为君之难也，不几一言而兴邦乎？"《颜渊》章曰："君子之德风，小人之德草，草上之风必偃。"（孔注曰："加草以风，无不仆者，犹民之化于上。"）《季氏》章曰："天下有道，则礼乐征伐自天子出。"又曰："天下有道，则庶人不议。"《微子》章曰："不仕无义。长幼之节，不可废也；君臣之义，如之何其废之？欲洁其身，而乱大伦。君子之仕也，行其义也。"（韩非及后世暴君之欲加刑戮于隐逸也，皆取此义）《泰伯》章曰："民可使由之，不可使知之。"

上所征引，皆群经之要义，不得谓为后儒伪托，非真孔教矣；然据此以言治术，非立君将以何者为布政施教之主体乎？

今中国而必立君，舍清帝复辟外，全国中岂有相当资格之人足以为君者乎？故张、康之复辟也，罪其破坏共和也可，罪其扰害国家也亦可；罪其违背孔教国国民之心理则不可，罪其举动无意识自身无一贯之理由则更不可：盖主张尊孔，势必立君；主张立君，势必复辟，理之自然，无足怪者。故曰：张、康复辟，其事虽极悖逆，亦自有其一贯之理由也。

张、康虽败，而所谓"孔教会"、"尊孔会"，尚遍于国中，愚皆以为复辟党也。盖复辟尚不必尊孔，以世界左袒君主政治之学说，非独孔子一人。若尊孔而不主张复辟，则妄人也，是不知孔子之道也。去君臣之大伦，而谬言尊孔，张、康闻之，必字之曰"逆"。以此等人而骂张、康曰"逆"，其何以服张、康之心？

　　说者或曰：孔子生于二千年前君主之世，所言治术，自本于君政立言，恶得以其不合于后世共和政制而短之耶？曰：是诚然也；愚之非难孔子之动机，非因孔子之道之不适于今世，乃以今之妄人强欲以不适今世之孔道，支配今世之社会国家，将为文明进化之大阻力也，故不能已于一言。

　　　　　　　　　　　　　　　　　　署名：陈独秀

　　　　　　　　　　　　　　　　　《新青年》第三卷第六号

　　　　　　　　　　　　　　　　　　1917 年 8 月 1 日

答 陶 孟 和

（一九一七年八月一日）

孟和先生足下：

来书论世界语，思精义繁，迷信世界语过当者所应有之忠告也。惟鄙意尚有不敢苟同于足下者，希略陈之。

来书谓"将来之世界，必趋于大同"，此鄙人极以为然者也。来书谓"世界主义是一事，世界语又是一事，二者未必为同问题"，此鄙人微有不以为然者也。

世界语之成立，非即为世界主义之实现。且世界主义未完全实现以前，世界语亦未能完全成立。然世界人类交通，无一公同语言为之互通情愫，未始非世界主义实现之一障碍。二者虽非一事，而其互为因果之点，视为同问题亦非绝无理由。此仆对于世界语之感想，而以为今日人类必要之事业也。譬之吾中国，闽、粤、燕、赵之人，相聚各操土语，其不便不快孰甚？普通官话（即国语）之需要，自不待言。今之世界人类需要取材多数通用之世界语，不能强人皆用英国语或中国语，犹之吾国需要取材多数通用之官话，不能强人皆用北京话或广东话也。足下倘不以此见为大谬，则于世界语三种怀疑，似可冰释。

世界万事，皆进化的也。世界语亦然。各国语何莫不然？虽不完全，岂足为病？极言之，柴门霍夫之世界语即不适用而归淘汰，亦必有他种世界语发生。良以世界语之根本作用，为将来人类必需之要求，不可废也。各国各别之语言，依各国各别之民族心理历史而存在，斯诚不诬；然所谓民族心理，所谓国民性，岂终古不可消灭之物乎？想足下亦不能无疑。足下谓世界语为无民族之语言，仆则谓世界语为人类之语言，各国语乃各民族之语言；以民族之寿命与人类较长短，知其不及矣。且国界未泯，民族观念存在期间，各国语与世界语不妨并存，犹之吾国不能因此时未便强废各省方言，遂谓无提倡普通官话之必要也。足下倘无疑于全中国之国语，当亦无疑于全世界之世界语。

语言如器械，以利交通耳，重在一致之统一，非若学说兴废有是非真谬之可言。来书以孔子专制罢黜百家喻之，似不恰当。况提倡世界语者，未尝欲即废各国语耶？今之世界语中，东洋各国语无位置，此诚吾人私心之所痛憾；欲弥此憾，是在吾人之自奋。吾人之文明，吾人之艺术，果于世界史上有存在之价值，吾人正可假世界语之邮，输出远方，永远存在（此意已于三卷四号《新青年》答钱玄同先生书中略言之）。否则于人何尤？闭门造车，出门每不合辙。虽严拒世界语而谓人不我重，究于吾文明存在之价值有何补耶？

世界人类历史无尽，则人类语言之孳乳亦无尽。世界语所采用之单语，在理自不应以欧语为限。此义也，迷信世界语者当知之。务为世界之世界语，勿为欧洲之世界语尔。

仆犹有一言欲质诸足下者：足下轻视世界语之最大理由，谓其为人造的而非历史的也。仆则以为重历史的遗物，而轻人造的理想，是进化之障也。语言其一端耳。高明以为如何？率复不具。

独秀

《新青年》第三卷第六号

1917 年 8 月 1 日

人 生 真 义

（一九一八年二月十五日）

人生在世，究竟为的甚么？究竟应该怎样？这两句话实在难得回答的很。我们若是不能回答这两句话，糊糊涂涂过了一生，岂不是太无意识吗？自古以来，说明这个道理的人也算不少，大概约有数种：第一是宗教家。像那佛教家说：世界本来是个幻象，人生本来无生；"真如"本性为"无明"所迷，才现出一切生灭幻象；一旦"无明"灭，一切生灭幻象都没有了，还有甚么世界，还有甚么人生呢？又像那耶稣教说：人类本是上帝用土造成的，死后仍旧变为泥土；那生在世上信从上帝的，灵魂升天；不信上帝的，便魂归地狱，永无超生的希望。第二是哲学家。像那孔、孟一流人物，专以正心、修身、齐家、治国、平天下，做一大道德家大政治家，为人生最大的目的。又像那老、庄的意见，以为万事万物都应当顺应自然；人生知足，便可常乐，万万不可强求。又像那墨翟主张牺牲自己，利益他人为人生义务。又像那杨朱主张尊重自己的意志，不必对他人讲甚么道德。又像那德国人尼采也是主张尊重个人的意志，发挥个人的天才，成功一个大艺术家、大事业家，叫做寻常人以上的"超人"，才算是人生目的；甚么仁义道德，都是骗人的说话。第三是科学家。科学家说人类也是自然界一种物质，没有甚么灵魂；生存的时候，一切苦乐善恶，都为物质界自然法则所支配；死后物质分散，另变一种作用，没有联续的记忆和知觉。

这些人所说的道理，各个不同。人生在世，究竟为的甚么，应该怎样呢？我想佛教家所说的话，未免太迂阔。个人的生灭，虽然是幻象，世界人生之全体，能说不是真实存在吗？人生"真如"性中，何以忽然有"无明"呢？既然有了"无明"，众生的"无明"，何以忽然都能灭尽呢？"无明"既然不灭，一切生灭现象，何以能免呢？一切生灭现象既不能免，吾人人生在世，便要想想究竟为的甚么，应该怎样才是。耶教所说，更是凭空捏造，不能证实的了。上帝能造人类，上帝是何物所造呢？上帝有无，既不能证实；那耶教的人生观，便完全不足相信了。孔、孟所说的正心、修身、齐家、治国、平天下，只算是人生一种行为和事业，不能包括人生全体的真义。吾人若是专门牺牲自己，利益他人，乃是为他人而生，不是为自己而生，决非个人生存的根本理由；墨子的思想，也未免太偏了。杨朱和尼采的主张，虽然说破了人生的真相；但照此极端做去，这组织复杂的文明社会，又如何行得过去呢？人生一世，安命知足，事事听其自然，不去强求，自然是快活的很。但是这种快活的幸福，高等动物反不如下等动物，文明社会反不如野蛮社会；我们中国人受了老庄的教训，所以退化到这等地步。科学家说人死没有灵魂，生时一切苦乐善恶，都为物质界自然法则所支配，这几句话到〔倒〕难以驳他。但是我们个人虽是必死的，全民族是不容易死的，全人类更是不容易死的了。全民族全人类所创的文明事业，留在世界上，写在历史上，传到后代，这不是我们死后联续的记忆和知觉吗?

照这样看起来,我们现在时代的人所见人生真义,可以明白了;今略举如下:

一、人生在世,个人是生灭无常的,社会是真实存在的。

二、社会的文明幸福,是个人造成的,也是个人应该享受的。

三、社会是个人集成的,除去个人,便没有社会;所以个人的意志和快乐,是应该尊重的。

四、社会是个人的总寿命,社会解散,个人死后便没有联续的记忆和知觉;所以社会的组织和秩序,是应该尊重的。

五、执行意志,满足欲望,自食色以至道德的名誉,都是欲望。是个人生存的根本理由,始终不变的。此处可以说"天不变,道亦不变"。

六、一切宗教、法律、道德、政治,不过是维持社会不得已的方法,非个人所以乐生的原意,可以随着时势变更的。

七、人生幸福,是人生自身出力造成的,非是上帝所赐,也不是听其自然所能成就的。若是上帝所赐,何以厚于今人而薄于古人?若是听其自然所能成就,何以世界各民族的幸福不能够一样呢?

八、个人之在社会,好像细胞之在人身;生灭无常,新陈代谢,本是理所当然,丝毫不足恐怖。

九、要享幸福,莫怕痛苦。现在个人的痛苦,有时可以造成未来个人的幸福。譬如有主义的战争所流的血,往往洗去人类或民族的污点。极大的瘟疫,往往促成科学的发达。

总而言之:人生在世,究竟为的甚么?究竟应该怎样?我敢说道：个人生存的时候，当努力造成幸福，享受幸福；并且留在社会上，后来的个人也能够享受。递相授受，以至无穷。

署名：陈独秀

《新青年》第四卷第二号

1918 年 2 月 15 日

驳康有为《共和平议》

（一九一八年三月十五日）

一月前，即闻人言康有为近作《共和平议》，文颇冗长可观，当时以不能即获一读为憾；良以此老前后二十年，两次谋窃政权，皆为所援引之武人所摈斥（戊戌变法，见摈于袁世凯；丁巳复辟，见排于张勋），胸中郁抑不平之气，发为文章，必有可观；又以此老颇读旧书，笃信孔教尊君大义，新著中必奋力发挥君主政治之原理，足供吾人研究政治学说之资，虽论旨不同，无伤也。乃近从友人求得第九十两期合本《不忍》杂志读之，见有《共和平议》及与《徐太傅书》，一言民主共和之害，一言虚君共和之利（前者属于破坏，后者属于建设；不读后者，不明其主论之全旨，故此篇并及之），不禁大失望！

《共和平议》凡三卷二万四千余言，多录其旧作及各报言论，杂举时政之失，悉归罪于共和，词繁而义约，不足观也；与徐书，颇指斥专制君主之非，盛称虚君共和之善，且譬言虚君共和之君主，如土木偶神，如衣顶荣身之官衔，一若国家有此土木偶神，有此衣顶荣身之官衔，立可拨乱而反治，转弱而为强，其言之滑稽如此！

《共和平议》卷首题言，用《吕览》之例，有破其说者，酬千元。吾观吕氏书，其自谓不能易一字，固是夸诞，然修词述事，毕竟有可取处；若康氏之《共和平议》，虽攻之使身无完肤，亦一文不值！盖其立论肤浅，多自矛盾，实无被攻之价值也。

康氏原作，文繁不及备录，兹今录其篇目，要义可见矣。

导　言

求共和适得其反而得帝制。

求共和适得其反而得专制。

求共和为慕美国，适得其反而为墨西哥。

求共和若法今制，适得其反而递演争乱，复行专制，如法革命之初。

民国求共和设政府，为保人民和平、安宁、幸福、权利、生命、财产，而适得其反：生命、财产、权利、安宁，皆不能保，并民意不能达。

求共和为自强、自立、自由，一跃为头等国，而适得其反，乃得美、日协约之保护如高丽，且直设民政如属地，于是求得宣布中国死刑之日。

《新闻报》论日、美协同宣言曰：代议员绝非民意；号民国而无分毫民影。

民国六年未尝开国民大会，所有约法，参议院，国会，行政会议，约法会议，宪法，皆如一人或少数武人专制之意，而非四万万民意。

中国共和根本之误在约法为十七省都督代表所定，而非四万万人之民意。

民国政府明行专制必不开国民大会，故中国宪法永不成而无共和之望。

中国即成共和之宪法，亦虚文而不能行。

中国武人干政，铁道未通，银行听政府盗支，无能监理，与共和成鸿沟，绝流无通至之理。

中国武力专制永无入共和轨道之望，不能专归罪于袁世凯一人。

武人只有为君主之翼戴，或自为君主而与民主相反不相容。

中国若行民主，虽有雄杰亦必酿乱而不能救国。

中国必行君主则国必分裂。

中国若仍行民主始于大分裂，渐成小分裂，终遂灭亡。

日本《每日新闻》论中国政局之支离灭裂，蹈俄国、波斯、突厥之覆辙。

以上卷一。

此卷各篇之总义：谓今之中国武人专政，国民无力实行共和，徒慕共和之虚名，必致召乱亡国。愚以为立国今世，能存在与否，全属国民程度问题，原与共和君主无关；倘国民程度不克争存，欲以立君而图存，与欲以共和而救亡，乃为同一之谬误。以吾国民程度而言，能否建设民主共和，固属疑问；即以之建设虚君共和制，或立宪君主制，果足胜任而愉快乎？敢问康氏及读者诸君以为如何？无论民主共和，或虚君共和，或君主立宪，只形式略异；而国为公有，不许一人私有，武人专政，则一也。吾国民果能遮禁武人专政，使国为公有，是岂有不能实行民主共和之理？倘曰未能，虽有君主，将何以立宪乎？更将何以虚君共和乎？纷争日久，国力消亡，外患乘之，覆灭是惧，此象共和君主之衰世皆有之，非独见诸共和时代也。不必远征往史，即前清道、咸之间，庚子之乱，取侮召亡，岂非眼前君主时代之事乎？

以上诸问，康氏倘不能解答，其主论之基础完全不能成立。

以下列举其荒谬之想，矛盾之言，以问康氏，以告国人。

康氏全文发端，即盛称共和之美曰："夫以专制之害也，一旦拨而去之，以土地人民为一国之公有，一国之政治，以一国之人民公议之；又举其才者贤者行之，岂非至公之理至善之制哉？"又曰："鄙人昔发明《春秋》太平世无天子之义，《礼运》大同公天下之制，与夫遥望瑞士、美、法共和之俗，未尝不慨然神往，想望治平。"后文乃谓："吾国人民，本无民主共和之念，全国士夫，皆无民主共和之学。"又谓："若美、法诸国，设代议士而号称民意，而选举之时，皆以金钱酒食买之；不过得一金钱一酒食之权云尔，非出于真知灼见是非好恶之公也，何民意之足云！"是不独其言前后自相矛盾，且对于美、法共和而亦加以咀咒，况堕地六年之中华民国乎？康氏咀咒中国之共和，非谓其求共和为慕美、法适得其反，而咀咒之乎？今并美、法之共和而亦咀咒之，可见中国共和政治，即比隆美、法而非适得其反，亦不免康氏之咀咒也。以法、美之共和，尚为人所咀咒；堕地六年之中华民国，虽为人所咀咒也，庸何伤？康氏须知善恶治乱，皆比较之词；今世共和政治，虽未臻至善极治，较古之君主时代之黑暗政治，岂不远胜乎？（即吾国之共和，虽尚无价值；而杀人夺货之惨酷，岂不愈于三国唐末五代之事乎？）且今世万事，皆日在进化之途，共和亦然，共和本无一定之限度，自废君以至极治之世，皆得谓之共和，虽其间程度不同，而世界政制，趋向此途，日渐进化，可断言也。因其未至，而指摘之，咀咒之，谓为不宜，必欲反乎君政，将共和永无生长发达之期，不亦悖乎？康氏若效张勋、辜鸿铭辈，自根本上绝对排斥共和，斯亦已矣，然明明主张无天子公天下之义，又盛称共和拨去专制之害矣；复谓今非其时，但强行之，徒以乱国；夫共和果为善制，择善而行，岂有必待来年之理？吾人行善，更不应一遇艰难，即须反而为恶。譬之缠足妇人，初放足时，反觉痛苦不良于行，遂谓天足诚善，今非其时，复缠如旧，将终其身无放足之时矣；又如人露宿寒郊，僵冻欲死，初移温室，不克遽苏，而云仍返寒郊，始能续命乎？其谓共和虽善，此时行之中国而无效，不如仍立君主者，何以异是？

康氏谓："今中国六年来为民主共和之政，行天下为公之道，岂不高美哉？当辛亥以前，未得共和也，望之若天上；及辛亥冬，居然得之，以为国家敉宁，人民富盛，教化普及，德礼风行，则可追瑞士，媲美、法，可跻于上治，而永为万年有道之长矣，岂非吾人之至望至乐？嗟乎！宁知适得其反耶！"又曰："求共和为自强、自立、自由，一跃而为头等国，而适得其反。"夫民国六年操政权者，皆反对共和政治之人。共和名耳，何以责效？即令执政实行共和，国利民福，岂可因之立致？美、法、瑞士之兴隆，更非六年所可跻及（美法无论矣，即日本之改革，内无阻力，尚辛苦经营数十年，始有今日）。共和虽善，无此神奇。康氏讥国人误视共和为万应丸药，其实国人何尝如是，有之惟康氏自身耳；且其指摘六年以来之秕政，不遗余力，既云宁知适得其反，又云为民主共和之政，行天下为公之道，跌宕为文，固以作态，绳之论理，将焉自诠乎？

求共和适得其反，而得帝制，而得专制，诸共和先进国非无其例，何独以此归罪于吾国之共和耶？共和建设之初，所以艰难不易现实，往往复反专制或帝制之理由，乃因社会之惰力，阻碍新法使不易行，非共和本身之罪也。其阻力最强者，莫如守旧之武人（例如中国北洋派军人张勋等）及学者（例如中国保皇党人康有为等）。其反动所至，往往视改革以前黑暗尤甚，此亦自然之势也。然此反动时代之黑暗，不久必然消灭，胜利之冠，终加诸改革者之头上；此中外古今一切革新历史经过之惯例，不独共和如斯也。平情论事，倘局视反动时代之黑暗，不于阻碍改革者之武人学者是诛，而归罪于谋改革者之酿乱，则天壤间尚有是非曲直之可言乎？此理此事，不必上征往古，取例远西，即以近事言之，戊戌变法，非吾国文明开发之始基乎？当时见阻于守旧之军人（荣禄、袁世凯等）、学者（张之洞、叶德辉等），致召庚子之难，一时复旧，残民之政，远甚于变法以前，平情论事，不于当时守旧党荣、袁、张、叶是诛，而归罪于谋变法者康、梁与夫死难六贤之酿乱，则天壤间尚有是非曲直之可言乎？康氏咀咒共和，无所不用其极，乃至以破坏共和者洪宪帝、督军团之所为，亦归罪于共和，休矣康氏，胡不自反！

吾人创业艰难，即一富厚之家，亦非万苦千辛莫致；况共和大业，欲不任极大痛苦，供极大牺牲而得之者，妄也。其痛苦牺牲之度，以国中反对共和之度为正比例。墨西哥及法国革命之初，所以痛苦牺牲剧烈者，正惟狄亚士拿破仑辈反对共和剧烈之故耳，岂有他哉？中华民国六年之扰乱，亦惟袁氏及其余臭反对共和之故耳，岂有他哉？康氏倘不忍使祖国递演争乱，如墨西哥如法国革命之初，正宜大声疾呼，诏国人以"天下为民公有之义"与夫"《春秋》太平世无天子"、"《礼运》大同公天下"诸说，使窃国奸雄，知所敛抑，奈何日夜心怀复辟，且著书立说，咀咒共和，明目张胆，排斥民本主义，将以制造无数狄亚士拿破仑、袁世凯以乱中国哉！

康氏既曰："以土地人民为一国之公有，一国之政，以一国之人民公议之，又举其才者贤者行之，岂非至公之理至善之制哉？"又曰："共和为治，非以民为主耶？考美国宪法，最重之权利法典，为保人民身体之自由，及财产之安固，各国同之，美各州宪法，尤重此义，皆首举之，有二十六州，明定之曰：人民皆享受保护其生命自由与天然权利；又曰：凡自由政府，以人民之权威为基础；政府为谋人民平和安宁幸福及保护财产而设之者。南州路易诗烟拿之宪法，尤深切著明曰：凡政府自人民而起，本人民之意志因人民之幸福而设立；其唯一之目的，在保护人民使享有生命自由财产。此数语乎，真共和国之天经地义矣！"又曰："夫民意乎，岂非民国之主体乎？"又曰："欧美之政体，只争国为公有，而不争君主民主。"又曰："吾三十年前，著大同书，先发明民主共和之义，为中国人最先。"又曰："以数千游学之士……拾欧美已过之唾余，不中时之陈言，曰自由也，曰共和联邦也……"又曰："今民国群众所尚，报纸所诩，则新世界之所谓共和、平等、自由、权利、思想，诸名词也……以风俗所尚，孕育所成，则只有为洪水猛兽布满全国而已！"又曰："鄙人不以民主为然也。"又曰："吾国人醉于民本主义以为万应丸药，无人知其非者！俄、波、突厥亦然，甚矣，醉药之易于杀人也！"忽称自由权利为天经地义，忽又称为洪水猛兽，不中时之陈言；忽而赞美国为公有，凡政府自人民而起，为人民而设之说，忽又指斥为民本主义争国为公有者乃饮药自杀；忽自称为发明民主共和之先觉，忽又自称不以民主为然。是殆图便骋词，任意取舍，遂不觉言之矛盾也！

康氏所谓中国不宜民主共和，而宜虚君共和之理由有三：曰武人专政，曰铁道未通，曰银行听政府盗支。按此三者，本国之大患，无论若何国体，若何政制，都不相容，不独限于民主也。民主共和而武人专政，则为狄克推多；虚君共和而武人专政，则为权奸；其义一也。

康氏谓："君主国之制，自上及下，故将校得藉君主之威灵而驭下，而后其下懔威而听命焉！民主国之制，自下以及上，故将校藉士卒之力而后其上畏威而听命焉。无世爵之延，以结其不叛之心；无忠义之名，以鼓其报效之气；故不足以收武人之用，而反以成其跋扈之风也。"夫以盛时而言，康氏见德、日军人服从其君主，独不闻法将霞飞，威震邻邦，而俯首听命于国会乎？以衰世而言，汉之莽、卓，唐之藩镇，独非君主时代之事乎？即以近事证之，辛亥之役，即不废帝政，袁世凯握八镇之兵，行操、莽之事，挟天子以令诸侯，视六载伪共和，不更暗无天日乎（即就康氏自身而论，戊戌亡命所受之痛苦，岂不较今为甚）？再以最近事证之，去年复辟之役，康氏所谓："复辟可反攻以讨逆，旧君之义可废，何有于法。"可见帝政复兴，亦无以结其不叛之心，鼓其报效之气也。

又康氏与徐东海书云："惟绍帅专心兵事，其政治大计，皆付托左右，遂至其左右隐操大权，刚愎自用而专断。……先是吾代草诏书，用虚君共和之义，定中华帝国之名，立开国民大会而议宪法，即召集国会而速选举，其他除满汉，合新旧，免拜跪，免避讳，等诏，皆预草数十，以备施行，及见排不用……"呜乎！大权犹未操，已是何等景象！武人秉政而谓能国为公有，虚君言治邪？嗟嗟康氏，幸不为蔡伯喈耳，见排不用，犹未为大辱也！

康氏曰："凡共和之国，必须道路交通而后民情可达；又必道路交通，而后无恃险阻兵，以酿战事。……今吾国创造铁路，南不能至川、滇、黔、粤，北不能通新疆、甘肃、陕西；故西南得以负险而称兵，政府亦不能陈兵旅拒之；其初敢抗拒政府者，肇于僻远之云南，渐及负险之四川。"夫道路交通，固立国之要政，何独限于共和耶？岂君主国与夫虚君共和国，道路皆不必交通，民情可不必宣达耶？康氏所理想之虚君共和，不识是何等黑暗景象！西南义师，正以道路修阻，得扑袁帝而保共和；康氏所云，为袁帝鸣不平则可，若引此以为中国不宜共和之证，却正与事实相反。

康氏曰："凡共和之国，必在财政与国民共之，而政府不能分毫妄支焉，今中国、交通两银行，皆为政府所欲为，国民虽有资本，国民虽有贮金，而政府妄支，以养私人，以行暗杀，以战敌党，而国民不能知其数，更不能监理之，坐听其亏空，停止兑现而已。"按袁皇帝盗国币以行暗杀，以战敌党，以致停止兑现，此正政府不行共和之果，非中国不宜共和之因；倒果为因，殊违论法。而康氏或曰：国民何以不能监督政府，听其妄支妄为，不行共和，此非中国不宜共和之因乎？然则国民若不能监督政府之妄支妄为，即君主国又何以立宪，又何以虚君共和，国为公有乎？

康氏以此三种理由，谓中国不宜民主共和，而宜虚君共和，毋宁谓中国不宜共和，而宜君主专制；毋宁谓中国不宜共和，而宜酋长专制；更毋宁谓其不能存在于今世；良以今世国家，若武人专政，道路不通，国民无力监督政府之妄支妄为，未有不灭亡者也，岂独不能共和哉！

康氏所指摘民国六年以来之政象，谓为共和所致者，如下：

> 袁世凯称帝——失去外蒙、西藏道里物产无算——各督跋扈，狎侮轻玩中央——无国会，无宪法——督军团跋扈于前，西南割据于后——烟酒盐关教育实业之拒派遣——府院争权——令长吏授意，举其私人为议员——增兵至八十师团，兵费至二万万两——不经国会公决而组内阁，而借外债，而宣战——解散国会，召集参议而废约法——增外债数万万——围议院迫议员——政府妄支国币以养私人，以行暗杀以战敌党——中国银行积款八千万已为洪宪盗而称帝——矫诬民意强迫议员签名布告中外以拥袁帝——总统总理日日盗取银行——政费日增，赋敛日重，富者远徙，民生日蹙——诸将争权，人民生命财产损失无算，生机断绝——私抽赋税，妄刑无辜，民不堪命——六年以来无预算决算之表示，民不敢过问——新税加征，公债强迫——元年京、津之变，损失逾万万——袁世凯月用八十万金，其施之于侦探暗杀五百万金——六年四乱，商务大败，银行停止兑现，纸币低折——袁称帝而川、湘、粤大受蹂躏——开平之煤，招商局之船，汉冶萍之铁厂，亦可押于外人——袁世凯善用金钱收买，习而成风——癸丑江、赣、粤、楚之战，死民无

数——贤才摧弃，若赵秉钧宋教仁以暗杀死，谭典虞、汤觉顿无辜被戮——对于蔡锷、曹锟、张敬尧、梁士诒等赏罚错乱——非法之假政府逮捕真国会之二百议员——密订军械借款及凤凰山铁矿合办之约。

上列政象，有一非反对共和之袁世凯及其爪牙"会议徐州，决行复辟，出名画诺，信誓旦旦之十四省督军"（用康氏与徐东海书中语）。之所为乎？此正不能厉行共和之果，而谓为共和所致，且据此以为中国不宜共和之因；倒果为因，何颠倒一至于此！

康氏谓民国六年，未尝开国民大会；又谓代议员绝非民意。试问康氏所谓国民大会，乃不用代议制乎？夫国民直接参政，诚属共和之极则，然非分裂至极小之国家，或自由都市，此事如何可期？康氏最恶分裂，又反对代议制，不知有何法以通之？倘谓君主国无论大小，国民大会皆可不用代议制，斯真梦呓矣。此时世界立宪国家，无论君主民主，皆采用代议制者，良非得已。代议员之意，固与国民总意（国民总意，亦只多数而非全体）。有间；然不愈于君主一人或权贵少数人之意乎？康氏非难共和，并非难代议制，则世界民主共和君主立宪皆无价值，奈何独指此以为中国不宜共和之征乎？代议制虽非至善之法，然居今日遽舍此而言立宪，直藉口欺人耳，盖国民直接参政之时期尚远，必待此而始可共和，始可立宪；吾不知康氏所主张之虚君共和制，将以何法使吾"四万万人，人人自发其意"乎？"若中国土地之大，人民之多，万事之赜，若事事待于合议，则意见各殊，运动不灵，大失事机；故瑞士议长之制，国民公决之法，共和至公至平之制也；但中国之大，则难行也。"此非康氏之言乎？夫自知其难行，而执以非难今日之共和，岂非藉口欺人乎？

康氏又谓："中国若行民主，虽有雄杰亦必酿乱，而不能救国。"并引墨西哥之狄亚士为证。康氏不知共和国行政首长不贵有雄杰也。狄亚士之乱墨西哥，正因其自恃雄杰不循共和轨道之故。康氏游墨诗有云："专制犹存乱岂平？"可谓知言矣。康氏盛称狄亚士，而惜其"若在中土，虽唐太宗、宋艺祖、明太祖何以加焉！不幸生于墨西哥为民主之国，而以专制治。夫以墨积乱三百年，非专制不能为治；然既为民主国而专制，即大悖乎共和之法，而大失乎人心矣"。康氏参政院《提议立国之精神议书后》中，亦有相类之论调曰："今墨乱已三百年，而今乱日臻；南美共和廿国，殆皆类是；盖未可行共和而宜专制者，若误行之，祸害必大。"康氏论墨西哥事，既以非"专制不能为治"为前提，又惜狄亚士以共和专制而败，然则舍君主专制，墨固无治法矣。康氏数以墨乱戒中国，且云："中国之广土众民，远过于墨；鉴于去年府院争权，尤非专制不能定乱。"夫既曰，"非专制不能为治"，"宜专制"，"尤非专制不能定乱"。其心其志，盖已昭然；何国为公有云乎哉！何虚君共和云乎哉！呜呼康氏！一面主张国为公有，讥民国政府"为专制君主之私有其国"，讥"国人不通政学，不知欧美政体之徒争国为公有，而不争民主君主之虚名"；而一面又主张专制。呜呼康氏！果何以自解？吾知康氏所精通之政学，一言以蔽之曰：藉口欺人而已！

民国两年已失蒙、藏、辽地二万里。

民国之内乱如麻，川、粤惨剧将演于各省，而国民日危。

近者，长沙内变，惠、潮兵争，而宁波又独立，浙江又风起云涌矣。凡此皆由南北争权利为之，而实共和为之也。湘、粤、浙之同胞乎，憾共和可也！

曹、王、陈、李四督最后忠告之通电。

民国之兵只可自乱。

民国之兵费必亡国。

民国数年之外债过于清室百年，再增一倍半，即可如埃及之亡国。

民国苛敛，数倍清室，加之丧乱频仍，致民生凋敝，四海困穷。

民国之官方只同盗妓。

民国之贤才必隐沦摧弃。

民国高谈法治，而法律赏罚皆颠倒奇谬，甚于野蛮无法。

民国之物质扫地同于野蛮。

民国之媚外类于尼固黑奴。

民国之学术只导昧亡。

民国之教化崇尚无良、无耻、无恒，沦于禽兽。

民主政府内争者必一切不顾，甘卖国而竞当前之权利，而吾国民听其鬻若南洋之猪仔。

凡共和政府必甘心卖国，若近者军器同盟及凤皇山铁矿其一端。

李烈钧致南京李督军，武昌王督军，南昌陈督军电。

民国之政俗坏乱，人莫不厌之、愤之、忧之、怒之。

吾旧论中国行民主必不能出美洲、墨国、印度乱惨分立之轨道，不幸而言中。

以上卷二。

是卷各篇之总义：乃举所有中国丧权辱国兵争民困一切政治之不良，悉归罪于共和民主。夫共和果为如是不祥之怪物耶？君主政治之下，此等不良之政象，果无一能发生者耶？康氏所举事实，虽不尽诬，使民国字样，悉易以中国，则予固无词以驳之。若其归罪于共和，则共和不受也。若其归罪于伪共和则可，而真共和不受也。真共和而可不经国会许可，与外国订丧失蒙、藏之条约耶？真共和而有"以十五条易帝制"，听外人设警察之事耶？真共和而有谋复帝制，废弃国会，非法内阁，致演川、湘、浙、粤之兵争耶？真共和而可以国币贿买海陆军，以制造内乱耶？真共和而可不经国会之认可，大借外债，以增军队杀敌党行专制耶？真共和而可任意苛敛浪费，无须国会之预算决算耶？真共和而文官可以妻妾营差、武官则不识字之督军（此等督军，只可与言复辟尊孔），遍国中耶？真共和而贤才隐沦且遭暗杀耶？真共和而有法律无效之事耶？真共和而有空言礼教不尊重科学，力图物质文明者耶？真共和而容有因内争卖国之政府耶？真共和而可不经国会之认可，而订军器同盟私卖矿山之约耶？凡此康氏所痛恨者，吾人亦痛恨之。正惟痛恨之，乃希望实行真共和始有以救之；若君主专制，则无济也。盖君主专制之国，无法律，（专制国之法律，君主得以个人私意兴废之），无民权，无公道，政无由宁，乱无由止。康氏谓中国非专制不能定乱，康氏独不思六朝五代晋室八王及欧洲中世之黑暗，皆帝王专制而非共和耶？

康氏或曰：专制定乱，纵不可必；然非至大同之世，真共和又岂可期；伪共和实为召乱之媒，故不若虚君共和，既去帝王专制之弊，又无以兵争政之忧，不亦善乎？按此亦似辩而实非也。夫自政治原理言之，虚君共和与民主共和，本非异物；施行此制时所需于国民之德之力，均不甚相远；所不同者，惟元首世袭与选举之别耳。康氏论选举制之弊曰："行总统制，则必由专制而复于帝制，人民不服，必复乱；行责任内阁制，则府院不和，必各拥各省督军以内乱。"又曰："美总统之制，仅统内阁之群吏，于各州自治无预也。中国之总统，则统各省之行政；其事权之大，百倍于美总统矣。然中南美之总统也，必以兵争。"又曰："法责任内阁之制，乃鉴于革命八十三年之乱，不敢复行旧总统制也；见英行虚君共和制之安乐也，乃仿行之，以总统为虚君也，岂知英之虚君，世袭而非选举，论门第而不论才能，故不与总理争权，故能行之而安也。"夫总统制与内阁制，各有利弊，本政治学者所苦心讨论之问题，然未闻有以虚君制能解决此难题者。盖虚君制虽不发生总统选举问题，而内阁制之弊依然存在也。内阁而亦世袭耶？则必无此事理。内阁而由君主任命耶？则专制而非虚君矣。内阁而由国会推举耶？则今之英制与法无异。虚君制之内阁，即不与虚君争权，保无以兵争总理之事乎？且保无欺虚君之无权，效操、莽之篡窃乎？依人为而言政制，盖无一而可者。若云预防流弊，则采用康氏所深恶痛恨之联邦制，更益以责任内阁，岂不足以防总统之专制乎？兵争总统之事，不当稍杀乎？倘云诸制悉非至善，则舍从康氏"非专制不能定乱"之，本怀，固无他法矣。

中南美廿民国除智利、阿根廷外皆大乱。

俄改民主共和必内乱且分裂，苟不改，渐或致亡。

民主政体可行于小国，不可行于大国。

民主能行于大国，只有一美，然美有特因。

天下古今民主国无强者。

罗马与英皆由民主改君主而后盛强。

吾三十年前著大同书，先发明民主共和之义，为中国人最先。

美国共和之盛而与中国七［之］相反，无能取法，误慕师之，故致乱。

法国取法美国尚致乱，何况中国相反之极？

中南美洲廿共和国全师美国，尚致乱，何况中国去美之远？

法共和制不良，中国不可行。

葡制与中国不同，不能行。

瑞士制为小国联邦，与中国相反，尤不能行。

吾有自创之共和制立虑不能行？

中国古今无民主，国民不识共和而妄行，故败。

以上卷三。

此卷各篇之总义：乃谓民主共和政体，不能造成强大国家，遂不能应国际之竞争；是以行之欧美，尚利不胜害，况无共和学识与经验之中国乎？

余第一欲问康氏者：今世强大国家果皆君主乎？君主果皆强大乎？民主国果无一强大者乎？康氏倘未能用统计形式，确定此大前提，则所谓"民主共和不能造成强大国家"，与此反证"非君主不能造成强大国家"之说，故当然不能成立。康氏亦尝称美国共和之盛矣，即法兰西可谓非今世强大国家乎？康氏不尝称雅典、罗马共和时代之武功乎？中南美虽曾经专制者之扰害，然今日果皆大乱如康氏所云乎？近世衰乱而亡之国，若波兰，若印度，若缅甸，若安南，若朝鲜，有一非君主国乎？有一可归罪于共和者乎？且何以近世国家行民主共和而灭亡者，反未之闻也？

第二欲问康氏者：即云共和不能造成强大国家，而近世国际竞争场里，除东洋式昏乱之君主专制国外，果非强大国家，无一存在者乎？弱小而文明国若荷、比、瑞士人民之幸福，果不及强大而野蛮之俄罗斯人乎？此次欧战之结果，除国民消极的自卫外，积极的侵略的强大国家之观念，保无破坏乎？今日之中国，当以宁政苏民，徐图发展为要务（专制政体之下，政无由宁，民无由苏，民力国势，莫由发展），果有造成强大国家之必要与可能乎？

第三欲问康氏者：欧美之行共和，果皆利不胜害，不若君主国一一强盛乎？美法无论矣，瑞士之安乐如何？二十世纪俄罗斯之共和，前途远大，其影响于人类之幸福与文明，将在十八世纪法兰西革命之上，未可以目前政象薄之（此义非短篇所能罄，当专论之）。若论中南美诸共和国，智利、阿根廷固康氏所称许；他若巴西、秘鲁诸邦之富盛，不远愈于康氏所梦想之大清帝国乎？康氏蔑视南美之谬见，章秋桐君在《甲寅杂志》中已力证其妄，康氏岂未见之耶？一八二五年，美国建革命纪念碑于Bunker Hill 时，大雄辩家 Daniel Webster 著名之演说中有云：

When the Battle of Bunker Hill was Fought, the existence of South America was scarcely felt in the civilized world. The thirteen little colonies of North America habitually called themselves "Continent". Borne down by colonial subjugation, monopoly and bigotry, these vast regions of the south were hardly visible above the horizon. But in our day there has been, as it were, a new creation. The southern hemisphere emerges from the sea. Its lofty mountains begin to lift themselves into the light of heaven; its broad and fertile plains stretch out, in beauty, to the eye of civilized man, and at the mighty bidding of the voice of political liberty the waters of darkness retire.

Webster 氏谓"此南方广土，蹂躏于殖民者屈服垄断顽固之下，不见天日，今始得有一新生命，南半球乃由海底而起。"康氏乃谓为岁岁争乱，视若地狱；又曰："共和国者，共乱国也。"（康氏谓共和国武人争政为共乱国，吾谓君主国武人专政为军主国，军主国有不终归大乱，不可救治者乎）呜呼康氏！咀咒共和，至于斯极！倘有好事者译以告欧美人，当大怪笑至陋极臭之豚尾奴，何以狂妄糊涂如此！

第四欲问康氏者：共和若必由有经验而成，则终古无经验，将终古无成理矣？且最初之经验，又何所托始乎？若不信古无而今有，则古无康有为，何今无经验而竟有之？康有为又未尝为《不忍》杂志，何今竟有之？《不忍》杂志前无《共和平议》一文，何今竟有之？康氏须知自盘古开辟，以至康有为撰《不忍》杂志，其间人事万端，无一非古无而今有也，何独于共和而疑之乎？康氏尝述春秋太平世无天子之义，礼运大同公天下之制；又谓易赞群龙元首为政治之极轨；又称周召共和；又自称先发民主共和之义为中国人最先。又曰："共和民主国，岂待外求于欧美哉？吾粤之乡治，久实行之。吾中国地大而治疏，上虽有君主之专制，而乡民实行自由共和。"又曰："九江乡绅多，无尤强大者，故无争，能守法；此与雅典略同，真吾国共和之模范也，何必欧美？其不能穷极其治乐者，则以统于大国之下，无外交，无国史，故不焜耀耳。"今奈何忽一笔抹杀，谓"吾国人民，本无民主共和之念；全国士夫，皆无民主共和之学"。又谓："中国古今无民主，国民不识共和。"又谓："共和为中国数千年未尝试验之物。"嗟嗟康氏！任意骋词，大有六经皆我注脚之概，奈自相矛盾何！

帝制初改共和，照例必经过纷乱时代，此本不足为异；康氏纯以目前现象乱不乱为前提，遂不惜牺牲六年四战以鲜血购来之共和，欲戴清帝，以求定乱。然又云："今上海租界，已是小共和国，于中国共乱亦能不乱；然执政者谁哉，吾滋愧言之！"夫康氏政见，但求不乱耳，何必问执政者为何族！又何必言之滋愧！

卢骚所谓"民主之制宜于二万人国"之说，乃指人民直接参政而言；若用代议制，更益以联邦制，"民主政体可行于小国不可行于大国"之说，已完全不能成立。何以证之？请观美、法。康氏所谓大国不能共和之理曰："小国寡民，易于改良；其最要则不治兵，故无武人，故无武人之干政，即无改君主之事变。"又曰："若国土既大，则靖内对外，不能不待兵力；既用兵，则最强武者遂为国之君主矣；诸强者并立，则必以兵争政矣。"又曰："大国必待兵，待兵则不能禁武人干政，故不能行民主共和也。"夫武人干政，甚至以兵争政，固非共和之道；然以国为公有之虚君共和国家，即不妨武人干政，以兵争政乎？若曰未可，则大国不但不能行民主共和，亦并不能行虚君共和也。民主虚君，既均不能行；则治大国舍从康氏"非专制不能定乱"之本怀，固无他法矣。康氏须知今世国家，无论大小，皆有相当之兵力；倘民权未伸，舆论无力，豪强皆可盗以乱政，此固无择于国之大小君主共和也。若执此以为民主可行于小国不可行于大国之理由，康氏所谓为兵争政乱之南美诸邦，有一大国乎？亦自相矛盾而已！

　　康氏谓民主能行于大国，只有一挟有天然海界之美，以其四无强邻也。不知近代世界交通便利，宛若比邻；欧人足迹，无所不至；远洋荒岛，皆有主人；民主政治；若不能行之美国而致衰乱，天然海界，乌足以庇之？法兰西属地人口之众，不可谓非大国，岂亦有天然海界，四无强邻耶？

　　国家制度，犹之私人行为，舍短用长，断无取法一国之事，更无必须地理历史一一相同，然后可以取法之理。乃康氏举中国不同于美者七事，谓为无能取法；谓中国若欲师美，"请先掘西藏、印度、波斯、安南、中亚细亚为一大太平洋；迁西伯利部之俄罗斯于欧洲，而听其为殖民地，移日本于南美洲，以为大东洋；则四无强邻，高枕而卧，可以学美矣。（一）又必烧中国数千年之历史书传，俾无四千年之风俗以为阻碍；又尽迁四万万人于世界之外，但留三百万之遗种（倘留三百万零一人，不知能师美国否），以耕食此广土而复归于朴塞。（二）又令于明、清两朝时，先改为十三国殖民地（十二国不知可行否），设十三议院，及十三总统；然后今乃费尽诸志士才人之心肝口舌，以八年奔走之力说合之。（三）又令英、俄、德、法、日本尽废其铁路、轮船、铁船、飞船、无线电，种种奇技异器。（四）国内又尽去百万之兵，只留警察；若能是，则学美之总统制可也，为联邦制亦可也。（五）然尚须上议院监限其总统之权。"夫必地理历史——酷肖如此，然后可以取法他国政制，则世界各国，皆应自为风气，未可相师矣，有是理耶？康氏固以英之虚君制教国人者；试问英之地理历史，有一与吾华相同者乎？康氏其有以语我？虚君共和外，康氏复有自创之共和制，自谓："上禀孔子群龙无首之言，外采希腊、罗马、德、瑞、美、法之制，内采唐虞四岳，周召共和之法，合一炉而冶之，调众味而和之，其或可行乎。"其制维何？即于国会外，立元老院为最高机关，各省还公举元老一人，额数二十八，轮选七人为常驻办事员，分掌外交、兵事、法律、平政、国教五事，公举议长副议长各一，其议长之制如瑞士。

按康氏此制，所谓元老院职掌之五事，皆不越行政范围，与立法事无关涉；所不同于总统府者，惟人数加多，不由国会选举耳；而康氏不曰改总统府为元老院，乃曰于国会外立元老院诚令人索解不得也。人数加多，且分掌大政，适与内阁各部为骈技，则院院之争，不将较府院尤烈乎？元老不由国会选举，而由各省区公举；夫公举法固不识如何，在康氏理想，被选举者必为该省区之贤豪无疑；所不解者，此等贤豪，何以不能屈尊于国会或内阁，必别立元老院始许为国宣劳也？近世政制之患，首在立法行政之隔阂耳；康氏此制，匪独不能沟通此二者，且以促进行政纷争之程度，瑞士之制，果如是乎？康氏赞成君主，则主张君主制可也，不必诡曰虚君共和。康氏赞成民主，则主张民主共和可也，不必别立此非驴非马之元老院。盖康氏所谓之元老院制，既非图行政立法之沟通，又不足以言行政部选举制，只为行政部增一促进纷争之赘疣耳；犹不若废去国会内阁，直效希腊贤人会议，罗马元老院及三头政治之为痛快也。吾知康氏之主张虚君共和，意在虚君而不在共和；其自创之共和制，意在元老院而不在共和。康氏脑中，去君主贵族，无以言治；殆犹犬马之舌，习于粪刍，舍此无以为甘美也。

康氏理论之最奇者，莫如"凡共和政府，必甘心卖国"。呜呼，是何言也！谓全世界凡共和政府皆如是耶？不知康氏将何以证实此前提之不误？谓以袁、段政府，代表全世界凡共和政府耶？则亦必无此理。

康氏全文之结语曰："要之一言：民国与中国不并立，民国成则中国败矣，民国存则中国亡矣。"康氏倘易其词曰："民国与大清帝国或中华帝国不并立，民国成则帝国败，民国存则帝国亡。"则谁得而非之？或云："民国即亡，而中国犹可存。"此亦不得而非之。以政制虽变更，而国犹存在也。若今后共和不亡，民国俨然存在，不知更指何物为中国，而谓之败谓之亡也？岂非大清帝国或中华帝国，即不可谓为中国乎？康氏其有以语我？

吾文之终，有应忠告康氏之言曰：

一、凡立论必不可自失其立脚点。康氏倘直主张其君主制，理各有当，尚未为大失；今不于根本上反对共和，而于现行制度及目前政象，刻意吹求，是枝叶之见也，是自失其立脚点也。

二、凡立论必不可自相矛盾。他人攻之，犹可曰是非未定也；自相矛盾，是自攻也，论何由立？

今之青年，论事析理，每喜精密，非若往时学究可欺以笼统之词也。康氏倘欲与吾人尚论古今，慎勿老气横秋，漠视余之忠告。

署名：陈独秀

《新青年》第四卷第三号

1918 年 3 月 15 日

随　感　录[*]

（一九一八年四月十五日）

1

　　学术何以可贵？曰，以牖吾德慧，厚吾生；文明之别于野蛮，人类之别于其他动物也，以此。学术为吾人类公有之利器，无古今中外之别，此学术之要旨也。必明乎此，始可与言学术。盲目之国粹论者，不明此义也。吾人之于学术，只当论其是不是，不当论其古不古；只当论其粹不粹，不当论其国不国；以其无中外古今之别也。中国学术，隆于晚周，差比欧罗巴古之希腊。所不同者，欧罗巴之学术，自希腊讫今，日进不已；近数百年，百科朋兴，益非古人所能梦见；中国之学术，则自晚周而后，日就衰落耳。以保存国粹论，晚周以来之学术，披沙岂不可以得金？然今之欧罗巴，学术之隆，远迈往古；吾人直径取用，较之取法二千年前学术初兴之晚周、希腊，诚劳少而获多。犹之

---

　　*"随感录"为《新青年》固定栏目之一。陈独秀最初在这一栏目发表文章时并无标题。《独秀文存》曾专列《随感录》卷，本书各节小标题均保留《文存》版。《文存》没有收录的，均以数字 1、2、3……以示区别。

欲得金玉者，不必舍五都之市而远适迂道，披沙以求之也。况夫沙中之金，量少而不易识别；彼盲目之国粹论者，守缺抱残，往往国而不粹，以沙为金，岂不更可悯乎？

吾人尚论学术，必守三戒：一曰勿尊圣。尊圣者以为群言必折中于圣人。而圣人岂耶教所谓全知全能之上帝乎？二曰勿尊古。尊古者以为学不师古，则卑无足取。岂知古人亦无所师乎？犯此二戒，则学术将无进步之可言。三曰勿尊国。尊国者以为鄙弃国闻，非励进民德之道（用《重组中国学报缘起》之语），夫尊习国闻，曾足以励进民德乎？国闻以外，皆不足以励进民德乎？吾以为此种国粹论，以之励进民德而不足，杜塞民智而有余（古人以尊国尊圣故，排斥佛教，致印度要典，多未输入中国，岂非憾事？奈何复以此狭隘之眼光，蔑视欧学哉）。

国粹论者有三派：第一派以为欧洲夷学，不及中国圣人之道；此派人最昏瞆不可以理喻。第二派以为欧学诚美矣，吾中国固有之学术，首当尊习，不必舍己而从人也。不知中国学术差足观者，惟文史美术而已；此为各国私有之学术，非人类公有之文明；即此亦必取长于欧化，以史不明进化之因果，文不合语言之自然，音乐绘画雕刻，皆极简单也；其他益智厚生之各种学术，欧洲人之进步，一日千里，吾人捷足追之，犹恐不及，奈何自画？第三派以为洲人之学，吾中国皆有之。《格致古微》时代之老维新党无论矣；即今之闻人，大学教授，亦每喜以经传比附科学，图博其学贯中西之虚誉；此种人即著书满家，亦与世界学术，无所增益；反不若抱残守缺之国粹家，使中国私有之文史及伦理学说，在世界学术史上得存其相当之价值也。例如今之妄人，往往举《大学》"生众，食寡，为疾，用舒"之说，以为孔门经济学；不知近世经济学说，"分配论"居重大之部分，《大学》未尝及之；即"生产论"及"消费论"中，赀本劳力与时间问题，原则纷繁，又岂"生众，食寡，为疾，用舒"之简单理论所可包括；不但不能包括，且为"生产过剩"之原则所不容；倘执此以为经济学，何异据《难经》以言解剖，据《内经》以言病理，据《墨经》以言理化，据《毛诗》、《楚词》以言动植物学哉？

2

　　世人攻击国会议员最大之罪状有二：一曰捣乱，一曰无用。所谓捣乱者：大约以其时与政府冲突，或自相冲突；所谓无用者，大约以其未尝建立利国福民之事业。为此言者，盖不知国会之为何物也。国会唯一之责任与作用无他，即代表国民监督行政部之非法行动耳；此外固无事业可为，安得以有用无用评判之耶？吾国会时与政府捣乱者，正以实行监督政府之非法行动，若大借款，若外蒙俄约，若宋案，若伪公民团围攻议院事件，此之谓尽职，此之谓有用。其或自相冲突，亦因发挥民主政治之精神，与政府与党相搏战耳，此得谓之无用耶？国人须知国会之用处，正在捣乱。若夫不捣乱之参政院及今之参议院，斯真无用矣。

3

上海某日报,曾著论攻击北京大学设立"元曲"科目,以为大学应研求精深有用之学,而北京大学乃竟设科延师,教授戏曲;且谓"元曲"为亡国之音。不知欧、美、日本各大学,莫不有戏曲科目。若谓"元曲"为亡国之音,则周秦诸子,汉唐诗文,无一有研究之价值矣。至若印度、希腊、拉丁文学,更为亡国之音无疑矣。此次北方发生之 Pest,西医曾以科学实验之法,收养此种细菌,证明其喜寒而畏热,乃无识汉医,玄想以为北方热症,且推原于火坑煤炉之故,不信有细菌传染之说,妄立方剂;而北京各日报,往往传载此种妖言,殊可骇怪!国人最大缺点,在无常识;新闻记者,乃国民之导师,亦竟无常识至此,悲夫!

署名:独秀
《新青年》第四卷第四号
1918 年 4 月 15 日

有鬼论质疑

（一九一八年五月十五日）

吾国鬼神之说素盛，支配全国人心者，当以此种无意识之宗教观念最为有力。今之士大夫，于科学方兴时代，犹复援用欧美人之灵魂说，曲征杂引，以为鬼之存在，确无疑义，于是著书立说，鬼话联篇，不独己能见鬼，而且摄鬼影以示人。即好学尊疑之士，亦以远西性觉（Intuition，日本人译为直觉，或云直观，或云观照。吾以为即释家之所谓"自心现量"，乃超越感官之知觉也，与感觉 Sensibility 为对文）。哲学方盛，物质感觉以外，岂必无真理可寻？遂于不能以科学解释之鬼神问题，未敢轻断其有无。今予亦采纳尊疑主义，于主张无鬼之先，对于有鬼之说多所怀疑，颇期主张有鬼论者赐以解答。

吾人感觉所及之物，今日科学，略可解释。倘云鬼之为物，玄妙非为物质所包，非感觉所及，非科学所能解，何以鬼之形使人见，鬼之声使人闻？此不可解者一也。敢问。

鬼果形质俱备，惟非普通人眼所能见；则今人之于鬼，犹古人之于微生物，虽非人人所能见，而其物质的存在与活动，可以科学解释之，当然无疑。审是则物灵二元说，尚有立足之余地乎？此不可解者二也。敢问。

鬼若有质，何以不占空间之位置，而自生障碍，且为他质之障碍？此不可解者三也。敢问。

或云鬼之为物有形而无质耶？夫宇宙间有形，无质者，只有二物：一为幻象，一为影象。幻为非有，影则其自身亦为非有。鬼既无质，何以知其为实有耶？此不可解者四也。敢问。

鬼既非质，何以言鬼者，每称其有衣食男女之事，一如物质的人间耶？此不可解者五也。敢问。

鬼果是灵，与物为二，何以各仍保其物质生存时之声音笑貌乎？此不可解者六也。敢问。

若谓鬼属灵界，与物界殊途，不可以物界之观念推测鬼之有无，而何以今之言鬼者，见其国籍语言习俗衣冠之各别，悉若人间耶？此不可解者七也。敢问。

人若有鬼，一切生物皆应有鬼；而何以今之言鬼者，只见人鬼，不见犬马之鬼耶？此不可解者八也。敢问。

署名：陈独秀

《新青年》第四卷第五号

1918 年 5 月 15 日

答南丰美以美会基督徒悔[*]

（一九一八年六月十五日）

南丰美以美会基督徒悔：

　　足下指斥恽君之说，愚未能代答；惟鄙意以为尊谓信望为两事，固无不可；然宗教家之信望，均以神为目标？必以归纳法证明神之真实存在，然后依以求智，方不失为刚愎，方不坠于迷信，故恽君以基督教之释智为未足也。尊谓寻求上帝，为知识之开端；愚为依他求知，依他途之起点；固不独基督教然也。吴稚晖先生有言：我辈虽非国民党信徒，而死后飏骨为灰，无一粒非国民党而为他党；此言余亦云然。至国民目为暴烈份子与否，固无所容心焉；倘有人竟以暴烈称之，则殊惭愧；可怜之支那人，尚何暴烈之可言！

独秀

《新青年》第四卷第六号

1918 年 6 月 15 日

＊ 标题为编者所加。

今日中国之政治问题

（一九一八年七月十五日）

本志同人及读者，往往不以我谈政治为然。有人说：我辈青年，重在修养学识，从根本上改造社会，何必谈甚么政治呢？有人说：本志曾宣言志在辅导青年，不议时政，现在何必谈甚么政治惹出事来呢？呀呀！这些话却都说错了。我以为谈政治的人当分为三种：一种是做官的，政治是他的职业；他所谈的多半是政治中琐碎行政问题，与我辈青年所谈的政治不同。一种是官场以外他种职业的人，凡是有参政权的国民，一切政治问题，行政问题，都应该谈谈。一种是修学时代之青年，行政问题，本可以不去理会；至于政治问题，往往关于国家民族根本的存亡，怎应该装聋作哑呢？

我现在所谈的政治，不是普通政治问题，更不是行政问题，乃是关系国家民族根本存亡的政治根本问题。此种根本问题，国人倘无彻底的觉悟，急谋改革，则其他政治问题，必至永远纷扰，国亡种灭而后已！国人其速醒！

第一当排斥武力政治

以理论言，单独武力，决不能建设现代的国家。以事实言，袁世凯、张勋相继以武力政策，都归失败；不但其自己失败，国家也因之到了破产地位；倘有继之者，其效果也可想而知。目下政治上一切不良的现象，追本求源，都是"武人不守法律"为恶因中之根本恶因。无论何人，一旦有枪在手，便焚杀淫掠，无所不为，国法人言，无所顾忌，尚复成何世界！此种武力政治倘不废除，不但共和是个虚名，就是复辟立君也没有办法；不但宪政不能实行，就是专制皇帝，也没有脸面坐在金銮殿上发号施令。所以我们中国要想政象清宁，当首先排斥武力政治，无论北洋派也好，西南派也好，都要劝他们把这有用的武力，用着对外，不许用着对内；必定这一层办得到，然后才配开口说到什么政治问题。否则将是无论北洋武人执政也好，西南武人执政也好，终久是个"秀才遇见兵，有理说不清"，有什么政〔治〕法律之谈呢（日本楠濑中将说道："中国目前最要者，与其谓为南北妥协，宁在改革督军政治；若不改革，即聘百顾问，亦终难改善国政。"这话可算说得切中要害）？

第二当抛弃以一党势力统一国家的思想

现在世界各国中，像德意志虽说是以普鲁士为中心势力统一联邦，像日本虽说是以萨、长军阀为中心势力统一三岛，但是德意志各联邦，也不是事事仰普鲁士的鼻息；德、日各政党盘踞之国会，都有绝大的威权，也非普鲁士及萨、长军人可以任意指挥，随便破坏的；况且近年以来，普鲁士及萨、长军阀的威权，也都有日渐收缩之势了。试问我们中国那一党人那一派人，配说有普鲁士或萨、长军阀的勋劳和实力呢？袁世凯以数十年的辛苦经营，尚且不能以一派势力统一国家；其余各党各派的内容，都是四分五裂，本身尚不能统一，如何当作统一全国的中心势力呢？这种迷梦倘不打破，各派人都想拿自己之势力来统一中国，而各派都统一不成；即使一时成功，也断断不能持久；互相统一，互夺政政，争夺不休，必至外国人来统一而后已。所以我始终主张北洋、国民、进步三党平分政权的办法，又赞成一党组织内阁的梦想。我们中国人无论何党何派，自己甘心在野，容让敌党执政的雅量，实在缺乏的很。老实说一句：一碗饭要大家吃，若想一人独吃，势必大家争夺，将饭碗打破，一个人也吃不成！

第三当决定守旧或革新的国是

无论政治学术道德文章，西洋的法子和中国的法子，绝对是两样，断断不可调和牵就的。这两样孰好孰歹，是另外一个问题，现在不必议论；但或是仍旧用中国的老法子，或是改用西洋的新法子，这个国是，不可不首先决定。若是决计守旧，一切都应该采用中国的老法子，不必白费金钱派什么留学生，办什么学校，来研究西洋学问。若是决计革新，一切都应该采用西洋的新法子，不必拿什么国粹，什么国情的鬼话来捣乱。譬如既然想改用立宪共和制度，就应该尊重民权，法治，平等的精神；什么大权政治，什么天神，什么圣王，都应该抛弃。若觉得神权君权为无上治术，那共和立宪，便不值一文。又如相信世间万事有神灵主宰，那西洋科学，便根本破坏，一无足取。若相信科学是发明真理的指南针，像那和科学相反的鬼神，灵魂，炼丹，符咒，算命，卜卦，扶乩，风水，阴阳五行，都是一派妖言胡说，万万不足相信的。因为新旧两种法子，好像水火冰炭，断然不能相容；要想两样并行，必至弄得非牛非马，一样不成。中国目下一方面既采用立宪共和政体，一方面又采唱尊君的孔教，梦想大权政治，反对民权；一方面设立科学的教育，一方面又提倡非科学的祀天，信鬼，修仙，扶乩的邪说；一方面提倡西洋实验的医学，一方面又相信三焦，丹田，静坐，运气的卫生：我国民的神经颠倒错乱，怎样到了这等地步！我敢说：守旧或革新的国是，倘不早早决定，政治上社会上的矛盾，紊乱，退化，终久不可挽回！

国家现象，往往随学说为转移。我们中国，已经被历代悖谬的学说败坏得不成样子了。目下政治上社会上种种暗云密布，也都有几种悖谬学说在那里作祟。慢说一班老腐败了，就是头脑不清的青年，也往往为悖谬学说所惑；我所以放胆一言，以促我青年之猛醒！

署名：陈独秀

《新青年》第五卷第一号

1918 年 7 月 15 日

随 感 录

（一九一八年七月十五日）

1

社会之文野，国势之兴衰，以国民识字者之多寡别之，此世界之通论也。吾国人识字者之少，万国国民中，实罕其俦。不但此也，此时北京鼎鼎大名之昆曲名角韩世昌竟至一字不识，又何怪目不识丁之行政长官盈天下也！——更何怪不识字之国民遍国中也！

2

德意志以军国主义为厉世界，吾人之所恶也，列国讨之，亦以尊重自由正义与和平，不得不掊此军国主义之怪物。独不可解者，北京、东京两政府，方极力模仿普鲁士以军阀势力耀武于国中，奈何亦自标扶持自由正义与和平之旗帜而对德宣战耶？毋怪德人齿冷！

3

宇宙间物质的生存与活动以外，世人多信有神灵为之主宰，此宗教之所以成立至今不坏也。然据天文学家之研究，诸星之相毁，相成，相维，相拒，皆有一定之因果法则。据地质学家之研究，地球之成立，发达，其次第井然，悉可以科学法则说明之。据生物学者，人类学者，解剖学者之研究，一切动物，由最下级单细胞动物，以至最高级有脑神经之人类，其间进化之迹，历历可考，各级动物身体组织繁简不同，势力便因之而异。此森罗万象中，果有神灵为之主宰，则成毁任意，何故迟之日久，一无逃于科学的法则耶？有神论者其有以语我！

4

中国学术不发达之最大原因，莫如学者自身不知学术独立之神圣。譬如文学自有其独立之价值也，而文学家自身不承认之，必欲攀附《六经》，妄称"文以载道"，"代圣贤立言"，以自贬抑。史学亦自有其独立之价值也，而史学家自身不承认之，必欲攀附《春秋》，着眼大义名分，甘以史学为伦理学之附属品。音乐亦自有其独立之价值也，而音乐家自身不承认之，必欲攀附圣功王道，甘以音乐学为政治学之附属品。医药拳技亦自有独立之价值也，而医家拳术家自身不承认之，必欲攀附道术，如何养神，如何炼气，方"与天地鬼神合德"，方称"艺而近于道"。学者不自尊其所学，欲其发达，岂可得乎？

5

吾人不满于儒家者，以其分别男女尊卑过甚，不合于现代社会之生活也。然其说尚平实近乎情理。其教忠，教孝，教从，倘系施者自动的行为，在今世虽非善制，亦非恶行。故吾人最近之感想，古说最为害于中国者，非儒家乃阴阳家也；儒家公羊一派，亦阴阳家之假托也。一变而为海上方士，再变而为东汉、北魏之道士，今之风水，算命，卜卦，画符，念咒，扶乩，炼丹，运气，望气，求雨，祈晴，迎神，说鬼，种种邪僻之事，横行国中，实学不兴，民智日僿，皆此一系学说之为害也。去邪说正人心，必自此始。

署名：陈独秀

《新青年》第五卷第一号

1918 年 7 月 15 日

偶像破坏论

（一九一八年八月十五日）

"一声不做，二目无光，三餐不吃，四肢无力，五官不全，六亲无靠，七窍不通，八面威风，九（音同久）坐不动，十（音同实）是无用。"这几句形容偶像的话，何等有趣！

偶像何以应该破坏，这几句话可算说得淋漓尽致了。但是世界上受人尊重，其实是个无用的废物，又何只偶像一端？凡是无用而受人尊重的，都是废物，都算是偶像，都应该破坏！

世界上真实有用的东西，自然应该尊重，应该崇拜；倘若本来是件无用的东西，只因人人尊重他，崇拜他，才算得有用，这班骗人的偶像倘不破坏，岂不教人永远上当么？

泥塑木雕的偶像，本来是件无用的东西，只因有人尊重他，崇拜他，对他烧香磕头，说他灵验：于是乡愚无知的人，迷信这人造的偶像真有赏善罚恶之权，有时便不敢作恶，似乎这偶像却很有用。但是偶像这种用处，不过是迷信的人自己骗自己，非是偶像自身真有什么能力。这种偶像倘不破坏，人间永远只有自己骗自己的迷信，没有真实合理的信仰，岂不可怜！

天地间鬼神的存在，倘不能确实证明，一切宗教，都是一种骗人的偶像：阿弥陀佛是骗人的；耶和华上帝也是骗人的；玉皇大帝也是骗人的；一切宗教家所尊重的崇拜的神佛仙鬼，都是无用的骗人的偶像，都应该破坏！

古代草昧初开的民族，迷信君主是天的儿子，是神的替身，尊重他，崇拜他，以为他的本领与众不同，他才能居然统一国土。其实君主也是一种偶像，他本身并没有什么神圣出奇的作用；全靠众人迷信他，尊崇他，才能够号令全国，称做元首，一旦亡了国，象此时清朝皇帝溥仪，俄罗斯皇帝尼古拉斯二世，比寻常人还要可怜。这等亡国的君主，好像一座泥塑木雕的偶像抛在粪缸里，看他到底有什么神奇出众的地方呢！但是这等偶像，未经破坏以前，却很有些作怪；请看中外史书，这等偶像害人的事还算少么！事到如今，这等不但骗人而且害人的偶像，已被我们看穿，还不应该破坏么？

国家是个什么？照政治学家的解释，越解释越教人糊涂。我老实说一句，国家也是一种偶像。一个国家，乃是一种或数种人民集合起来，占据一块土地，假定的名称；若除去人民，单剩一块土地，便不见国家在那里，便不知国家是什么。可见国家也不过是一种骗人的偶像，他本身并无什么真实能力。现在的人所以要保存这种偶像的缘故，不过是藉此对内拥护贵族财主的权利，对外侵害弱国小国的权利罢了。若说到国家自卫主义，乃不成问题。自卫主义，因侵害主义发生。若无侵害，自卫何为？侵害是因，自卫是果。世界上有了什么国家，才有什么国际竞争；现在欧洲的战争，杀人如麻，就是这种偶像在那里作怪。我想各国的人民若是渐渐都明白世界大同的真理，和真正和平的幸福，这种偶像就自然毫无用处了。但是世界上多数的人，若不明白他是一种偶像，而且明白这种偶像的害处，那大同和平的光明，恐怕不会照到我们眼里来！

世界上男子所受的一切勋位荣典，和我们中国女子的节孝牌坊，也算是一种偶像；因为功业无论大小，都有一个相当的纪念在人人心目中；节孝必出于施身主观的自动的行为，方有价值；若出于客观的被动的虚荣心，便和崇拜偶像一样了。虚荣心伪道德的坏处，较之不道德尤甚；这种虚伪的偶像倘不破坏，却是真功业真道德的大障碍！

破坏！破坏偶像！破坏虚伪的偶像！吾人信仰，当以真实的合理的为标准；宗教上、政治上、道德上、自古相传的虚荣，欺人不合理的信仰，都算是偶像，都应该破坏！此等虚伪的偶像倘不破坏，宇宙间实在的真理和吾人心坎儿里彻底的信仰永远不能合一！

署名：陈独秀

《新青年》第五卷第二号

1918 年 8 月 15 日

对易乙玄的答复（有鬼论）*

（一九一八年八月十五日）

余作《有鬼论质疑》言过简，读者每多误会；承易乙玄君逐条驳斥，使余有申论之机会，感甚感甚。同社友刘叔雅君，别有文难易君，鄙意有未尽者条列于下：

（1）鄙论原意乃谓：既云鬼形鬼声可诉诸感官，则无论真幻，均属感觉以内之事，并非科学所不能解释之玄妙也。幻为非有，即有时直接印诸感官而终为非实有，如海市空花是也。真为实有，即有时不能直接印诸感官而终为实有，如微生物等是也。无论真幻，既可直接呈诸感官，胡云非感觉所及，非科学所能解耶？灵力之有无且不论，今姑假定其为有，或即以 Energy 当之，亦未有不利用感官而能见闻者（佛说自在通之一境，与基督教之"上帝"，同为未有确证之玄想耳）。况主张有鬼者明言目见其形，耳闻其语；是所见所闻之对象，与能见能闻之感官，二者具备；则当然为感觉以内之事，科学所能解释也。科学不能解释幻象光学，诚闻所未闻。以显微镜观微生物，仍属感觉以内之

* 易乙玄在《新青年》第五卷第二号上针对陈独秀的前作《有鬼论质疑》进行了逐条反驳，陈独秀在发表易文的同时，又再次对自己的主张进行阐释与重申。原文无标题，标题为编者所加。

事，倘其物绝对不能呈诸感官，虽以显镜不能见也。易君所举近世心理学者之说，不知出于何人何书？以心脏悸动计等，为证明有鬼之器械；此器械想为易君所发明，与心理学家所用者确非一物也。

（2）鄙论原意乃谓：二元论者谓物界之外，另有灵界；鬼倘有质，则亦物耳；何灵之有？何二元之有？此正攻击二元论者之论界观念，奈何谓我斤斤以物灵二元为说乎？倘信二元论，焉有主张无鬼之理？

（3）易君理论上幽界之证明，及以"鬼之存在，已无疑义"为前提，在论理学上可谓奇谈矣。今之问题，乃以种种方法，证明鬼之有无；若鬼之有质与否，占领空间与否，幽界有无与否，皆方法之一；不图易君竟移尚未确定之断语为前提，以为证明之证明，不知何以自解？至于实质上之证明，易君所谓事实，器械，试验，并一简单之例证而无之；如此证明，不得不叹为希有也。易君所信之幽界，不知即在此地球，抑在他星球？鬼若有质，似未能越此适彼，来往自由。即令幽界在他星球，而鬼又能来往自由；彼来在此地球时，亦不能不占空间之位置，碍人自碍也。

（4）易君固主张鬼之有形无质者也。"有质即非鬼矣"，此见极为明达。鄙论前三条，皆以难"鬼为物质"之说，此不足以难易君，而易君实不必加以呵斥也。惟鬼果无质，则所谓有，所谓存在，将等诸天道思想等抽象名词耳；何得组织一幽界，且来往显界，其形其声，使人见闻，而人将与之交通耶？既非物质，又何以有衣食男女之事耶（此义尚望易君详为解答）？

（5）此条质疑，易君一字未答，惟以窃取王充之言见责。

夫讨论事理，贵取众材以为归纳式之证明；古人之言，焉足取为标准；以"圣教量"不若"比量"之正确也（参看《随感录·圣言与学术》）。因此鬼之有无，《论衡鬼语》之言，皆不足为据。鄙人主张无鬼，重在归纳众理，决不取前言以为证也。且王充之意，谓鬼若为人死后之精神，衣服无精神，应随人体朽败，不应随鬼再见也。鄙意则谓鬼既非质，自无男女衣食之必要。二者论点截然不同，更无所谓"窃取"，愿易君再详细一读。

（6）鄙论原意，正以讥讽见鬼者之妄言欺世耳。乃易君反责鄙人妄下肯定断案，可谓粗心之至。易君倘于此能下一否定断案，鄙人固极端赞成，但恐自古迄今能见鬼者均不欲引君为同调耳。

（7）（8）凡讨论一问题，范围以内之材料，自当广搜博采，期于证明，此归纳法所不拒也。易君对于鄙论之疑点，何以往往不加解答，但以一笼统语抹杀之曰："何必学书呆子读法呢？""先生越说越远了。"夫学书呆子读法，与鬼之有无有何关系？讨论材料，不厌繁富；只要不出问题之范围，何妨越说越远？鄙论之各条疑问，倘无人完全解答，又何能证明有鬼？易君对鄙论提出疑问之材料，何以不加研究？或云"今尚未达到时期"；或云"此乃研究鬼之最后的问题，此时则无暇及之也"。而一方面又强谓"鬼之存在，已无疑义"；"只能证明有鬼而已"；"鬼之存在，至今日已无丝毫疑义"；乃一考其实，易君所谓有鬼，竟无丝毫之证明。易君所谓"以言学理，以言事实，以言器械，皆可用以证明之"。奈何仅有此简单之空言，而不肯详实见教也？倘曰有之，原文具在，读者诸君可以覆案也。

易君倘谓鬼之有无，非人间之观念语言所可解释，"将以此问题暂置他方，与鄙人以正义相见"，则立盼明教，幸勿食言。

　　　　　　　　　　　　　　独秀识　八月一日

　　　　　　　　　　　　　《新青年》第五卷第二号

　　　　　　　　　　　　　　1918 年 8 月 15 日

随 感 录

（一九一八年八月十五日）

1

印度因明学家言，尽论辩之则，统依三量：一曰自心现量，一曰比较量，一曰圣教量。夫现量乃玄妙难言之境，以之立正破邪，将何以喻众？比量乃取众象以求通则，远西归纳论理之术，科学实证之法，是其类也。圣教量者，乃取前代圣贤之言，以为是非之标准也。圣贤之智慧，固加乎并世之常人；能谓其所言无一不周万类而无遗，历百世而不易，有是理乎？倘曰未能，则取其言以为演绎论法之前提，保无断论之陷于巨谬乎？吾国历代论家，多重圣言而轻比量，学术不进，此亦一大原因也。今欲学术兴，真理明，归纳论理之术，科学实证之法，其必代圣教而兴欤。

2

吾友某君与余言：吾辈虽不赞成基督教，然吾国人若信基督教，岂不愈于迷信鬼神，崇拜动物乎？一日，余以此语李石曾先生。季先生则云："宁任其迷信鬼神，崇拜动物，勿希望其信基督教；因鬼神动物之迷信，较基督教之迷信，浅薄而易解悟也。中国人种种邪说迷信，固极可笑；然当以科学真理扫荡之，不当以基督教之迷信代替之。"斯言也，吾无以难之。

3

世间事物，皆有善恶两面，社会裁制力亦然。易卜生所攻击者，乃社会裁制力之恶面；若彼贪鄙无耻辈，亦恒为社会所不容，此其善面也。吾中华之社会裁制力则只有恶面而无善面；故特立独行之士罕若凤毛，贪鄙无耻之人盈天下也。中国社会之不及欧西也以此。

4

《兴华杂志》第三十一册录载《美以美会韦会督关于时局之伟论》一文，并附以感言，余读之不得不愤恨基督教国民之伪言欺世也。当吾国与德意志决裂之初，余以正义故，以自由故，以反对武力专制故，固与汪精卫，蔡孑民，张溥泉，王亮畴，王儒堂诸先生热心赞成与德宣战；不惜与吾友马君武，徐季龙诸先生立于反对之地位。君武先生且以余在本志宣布赞成绝德之论文，怒而取消其投稿之约；当时颇以君武为迂怪。及今思之，殊自惭悔也。据《兴华》记者之言，曾热心从事反对对德宣战之运动，使当时与余相见，必有剧烈之争论；今日对于《兴华》记者之言，不得不洒同情之泪矣。余责韦会督之言为伪言欺世。兴华记者即或以为过激，然亦必未绝对不表同情也。彼信奉基督教之协约国，动以尊重自由人道，反对德意志之武力专制为旗帜；——韦会督有言曰："为世界自由而战。""德国激起此次大战争，毁坏人类自由，强制他国服从其命令，狂暴无理，自私自利，以致行不顾言，不履行所订条约，不守人类公共法则，蹂躏妇女，虐待残杀无助之孩童，惨杀非战斗无辜之人民，只求得胜，无恶不为；如此之国，是为妖孽。"——却直接间接扶助德意志式之妖孽横行远东；吾力争自由正义者伏地呻吟可怜之声，尔伪善之基督教国民，其亦闻之否耶？

5

印度某妇人，孪生二子，其一则生而瞽目者也。妇病濒危，乃许愿于神，献以一子；其后病愈果以一子弃置河中，饱鼍鱼之腹。由是妇人出入，辄抱其瞽目之子。他人见而异之曰："何不以此瞽子献神乎？"妇人曰："是乌乎可？献神之物，为选精良

佳品，况一子乎？"（录《兴华》杂志第三十一册，第十六叶）
印度人信神之愚如此。德国普鲁克陀尔福女士，初欲皈依佛教以
安心立命，见印度之一喇嘛僧，问改宗佛教之可否。喇嘛僧正襟
言曰："女士莫如学基督教。宗教如言语，弃国语者妄，弃己国
之宗教者亦妄。"（见第十五卷第六号《东方杂志》译载之《中
西文明之评判》文中）呜呼！此喇嘛僧可为保存国粹大家也矣。
诚如其言，则一民族之思想，永应恪守生民之典型，绝无革新之
理，此印度人笃旧之念至深，而其国所以日益削弱也。

署名：陈独秀
《新青年》第五卷第二号
1918 年 8 月 15 日

质问《东方杂志》记者

——《东方杂志》与复辟问题

（一九一八年九月十五日）

《东方杂志》第十五卷六号，译载日本《东亚之光》杂志《中西文明之评判》一文，同号该志论文《功利主义与学术》，又四号该志之《迷乱之现代人心》，皆持相类之论调。《东方》记者既译载此文，又别著论文援引而是证之，其意可见矣。余对于此等论调，颇有疑点；条列下方，谨乞《东方》记者之赐教：

（1）《中西文明之评判》文中，其重要部分，为征引德人台里乌司氏评论中国人胡某之著作。按欧战前后类于此等著书，惟辜鸿铭氏有之，日本人读汉音辜胡相似，其或以此致误。辜老先生之言论宗旨，国人之所知也，《东方》记者其与辜为同志耶？敢问。

（2）弗兰士氏谓：台里乌司氏承认孔子伦理之优越；又云：胡君对于民主的美国宁对于德国之同情较多。夫孔子之伦理如何，德国之政体如何，辜鸿铭、康有为张勋诸人，固已明白昌言之，《东方》记者亦赞同之否？敢问。

（3）《功利主义与学术》文中有言曰："二十年来，有民权自由之说，有立宪共和之说；民权之与自由，立宪之与共和，在欧美人为之，或用以去其封建神权之旧制，或藉以实现人道正义之理想，宜若非功利主义所能赅括矣。而吾国人不然，其有取乎此者，亦以以盛强著称于世之欧美人尝经过此阶级，吾欲比隆欧美而享盛强之幸福，不可不步趋其轨辙耳。"诚如《东方》记者之言，岂主张国人反对民权自由，反对立宪共和，不欲比隆欧美不享盛强之幸福耶？敢问。

（4）自广义言之，人世间去功利主义无善行。释迦之自觉觉他，孔子之言礼立教，耶稣之杀身救世，与夫主张民权自由立宪共和诸说，以去封建神权之革命家，以及《东方》记者痛斥功利主义之有害学术，非皆以有功于国有利于群为目的乎？余固彻头彻尾颂扬功利主义者也。功之反为罪，利之反为害，《东方》记者倘反对功利主义，岂赞成罪害主义者乎？敢问。

（5）《东方》记者误以贪鄙主义，为功利主义，故以权利竞争为政治上之功利主义，以崇拜强权为伦理上之功利主义，以营求高官厚禄为学术上之功利主义，功利主义果如是乎？敢问。

（6）《东方》记者谓："此时之社会，于一切文化制度，已看穿后壁，只赤条条地剩一个穿衣吃饭之目的而已。"夫古今中外之礼法制度，其成立之根本原因，试剥肤以求，有一不直接或间接为穿衣吃饭而设者乎？个人生活必要之维持，必不可以贪鄙责之也。《东方》记者倘薄视穿衣吃饭，以为功利主义之流弊；而何以又言"犹有一事为功利主义妨阻学术之总因，则此主义之作用，能使社会组织剧变，个人生计迫促，而无从容研学之馀暇，是也。"原来《东方》记者亦重视穿衣吃饭如此，岂非与"君子谋道不谋食，忧道不忧贫"之非功利主义相冲突乎？敢问。

（7）《东方》记者以反对功利主义故，并利益多数国民之通俗书籍文字而亦反对之；然则《东方》记者之所为文章，何以不模仿周诰殷盘，而书以篆籀，其理由安在？敢问。

（8）《东方》记者以反对功利主义故，并教育普及亦而反对之；竟云："教育普及，而廉价出版物日众，不特无益学术，而反足以害之。"夫书籍之良否，果悉以售价之高下为标准乎？上海各书局之出版物，售价奇昂，果皆有益于学术者乎？欧美各种小册丛书，售价极廉，果皆无益于学术者乎？倘谓一国之文化，重在少数人有高深之学，不在教育普及；则欧洲中古寺院教育及今之印度婆罗门亦多硕学奇士，以视现代欧美文化如何？敢问。

（9）伧父君《迷乱之现代人心》文中，大意谓："中国周、孔以来，儒家统一，思想界未闻独创异说者，此我国之文明，即我国之国基。乃自西洋学说输入，思想自由，吾人之精神界中，种种庞杂之思想，互相反拨，遂至国基丧失，可谓之精神界之破产；于是发生政治界之强有力主义，此主义即以强力压倒一切主义主张；当是非淆乱之时，快刀斩乱麻，亦不失为痛快之举；古人有行之者，秦始皇是也；今人有行之者，德意志是也；惟此种强力，吾国此时尚不可得，乃发生教育界回避是非之实用主义；此主义为免思想界各种主义相反相抵之纷扰，亦自可取；惟其注重物质生活，而弃置精神生活，其弊也。中国胡氏，德人台里乌司言之颇中肯。吾人今日迷途中之救济，决不希望陷于混乱矛盾之西洋文明，而当希望于己国固有之文明。"云云。余今有请教于伧父君者：

（一）中国学术文化之发达，果以儒家统一以后之汉、魏、唐、宋为盛乎？抑以儒家统一以前之晚周为盛乎？

（二）儒家不过学术之一种，倘以儒术统一为国是为文明，在逻辑上学术与儒术之内包外延何以定之？倘以未有独创异说为国是为文明，将以附和雷同为文明为国是乎？则人间思想界与留声机器有何区别？

（三）欧洲中世，史家所称黑暗时代也，此时代中耶教思想统一全欧千有馀年，大与中土秦汉以来儒家统一相类；文艺复兴后之文明，诚混乱矛盾；然比之中土，比之欧洲中世，优劣如何？

（四）近代中国之思想学术，即无欧化输入，精神界已否破产？假定即未破产，伧父君所谓我国固有之文明与国基，是否有存在之价值？倘力排异说，以保存此固有之文明与国基，能否使吾族适应于二十世纪之生存而不削灭？

（五）伧父君谓："吾人在西洋学说尚未输入之时，读圣贤之书，审事物之理，出而论世，则君道若何，臣节若何，……关于名教纲常诸大端，则吾人所以为是者，国人亦皆以为是，虽有智者不能以为非也，虽有强者不能以为非也。"伧父君所谓我国固有之文明与国基，如此如此。请问此种文明，此种国基，倘忧其丧失，忧其破产，而力图保存之，则共和政体之下，所谓君道臣节名教纲常，当作何解？谓之迷乱，谓之谋叛共和民国，不亦宜乎？

（六）伧父君之意，颇以中国此时无强有力者以强刃压倒一切主义主张为憾；然则洪宪时代，颇有此等景象，伧父君曾称快否？

（七）伧父君谓："古代教育，皆注重于精神生活；今之教育，则埋没于物质生活之中。"又云："吾人今日在迷途中之救济，决不能希望于自外输入之西洋文明，而当希望于固有之文明。"请问伧父君古代之精神生活，是否即君道臣节及名教纲常诸大义？或即种种恶臭之生活？（伧父君所称赏之胡氏著作中，曾谓：中国人不洁之癖即中国人重精神不重物质之证。）西洋文明，于物质生活以外，是否亦有精神文明？我中国除儒家之君道臣节名教纲常以外，是否绝无他种文明？除强以儒教统一外，吾国固有之文明是否免于混乱矛盾？以希望思想界统一故，独尊儒家而黜百学，是否发挥固有文明之道？伧父君既以为非己国固有文明周公、孔子之道，决不足以救济中国，而何以于《工艺杂志》序文中（见第十五卷第四号《东方杂志》）又云："国家社会之进行，道德之向上，皆与经济有密切之关系。而经济之充裕，其由于工艺之发达。十余年以来，有运动改革政治者，有主张提倡道德者；鄙人以为工艺苟兴，政治道德诸问题，皆迎刃而解。非然者，虽周孔复生，亦将无所措手。"是岂非薄视周公孔子而提倡物质万能主义乎？今后果不采用西洋文明，而以固有之文明与国基治理中国，他事之进化与否且不论，即此现行无君之共和国体，如何处置？由斯以谈，孰为魔鬼？孰为陷吾人于迷乱者？孰为谋叛国宪之罪犯？敢问。

（10）《中西文明之评判》之中有云："此次战争，使欧洲文明之权威，大生疑念。"此言果非梦呓乎？敢问。

（11）胡氏谓："中国之文化为完全，较之欧洲文化，著为优良。"又云："至醇至圣之孔夫子，当有支配全世界之时；彼文人以达于高洁，深玄，礼让，幸福之唯一可能之道；故诸君（指西洋人）当弃其错误之世界观，而采用中国之世界观，此诸君唯一之救济也。"此固不但谓非中国固有之文明，不足以救济中国，更进一步，而谓"欧洲人非学于我等中国人不可。"（胡氏原语）案辜鸿铭氏夙昔轻视欧洲之文明，即在欧人之伦理观念（即此文之所谓世界观），以其不知君道臣节名教纲常诸大义也。辜氏于政治，力尊君主独裁之大权；不但目共和为叛逆，即英国式之君主立宪，亦属无道。彼意以为一国中，只应有上谕而不应有宪法。宪法者，不啻侵犯君主神圣，破坏君道臣节名教纲常之怪物也。此等见解之是非，姑且不论；《东方杂志》记者诸君倘以为是，则发行此志之商务印书馆何以不用欧洲文译中国书，输出君道臣节名教纲常诸优良文明以救济世界；却偏要用中国文译欧洲书，输入混乱矛盾之文化，以乱我中国圣人之道，使我中国人思想自由，使我中国人国是丧失，精神界破产，迷乱而不可救济耶？敢问。

（12）台里乌司氏谓：“欧洲之文化，不合于伦理之用，此胡君之主张，亦殊正当；胡君著作之主旨，实在于此。彼以其二千五百年以来之伦理的国民的经验，视吾欧人，殆如小儿；吾人倾听彼之言论，使吾人对于世界观之大问题，怅然有感矣。”彼迂腐无知识之台里乌司氏，在德意志人中，料必为崇拜君权反对平民共和主义之怪物，其称许辜氏之合理与否，兹不必论。独怪《东方》记者处共和政体之下，竟译录辜之言而称许之。岂以辜氏伦理上之主张为正当耶？敢问。

（13）台里乌司氏谓：“欧洲之道义，全属于物质的。伦理之方面，即以赏罚之概念为主。中国在纪元前五百年，既有大心理学者，从精神之根本动机，说明善为自成与自乐，非依酬报而动者。”按此即伦理学上动机论与功利论之分歧点，亦即中西文化鸿沟之一也。此二者之是非且不论，今所欲论者，动机论之伦理观，岂中国所独有而欧洲所无乎？所以造成今日欧洲之庄严者，非进化论发达以来，近代 Utilitarianism 战胜古代 Asceticism. 及基督教之效乎？敢问。

（14）胡氏谓："欧洲人在学校所学者，一则曰知识，再则曰知识，三则曰知识；中国人在学校所学者，为君子之道。"夫个人人格之养成，岂不为欧校所重？即按之实际，欧人中人格健全所谓 Gentleman 者，其数量岂不远胜于我中国人乎？崇拜孔夫子之中国人，其人格足当君子者，果有几人？且智力德三者并重，为近代教育之通则；若夫 Herbart 派之专事外行之陶冶，及胡氏所谓学为君子之道，果为完全教育乎？敢问。

（15）台里乌司氏称："中国人三岁之儿童，在学校中学中国大思想家之思想；德国人在学校，于自国文化之高顶，绝不得闻。"夫教儿童以大思想家之思想，果为教育心理学原则之所许乎？试观中国、印度及回教各民族之儿童教育，皆以诵习古圣经典为重，其效果如何？敢问。

（16）台里乌司氏承认孔子伦理之优越，而视欧西之伦理，为全然物质主义。且推赏胡氏之著作，谓微妙锐利，无逾于此书。而胡书中曾谓中国人不洁之癖，为中国人重精神而不注意于物质之一佐证。不知所谓精神者，为何等不洁之物？敢问。

以上疑问，乞《东方》记者一一赐以详明之解答，慎勿以笼统不中要害不合逻辑之议论见教；笼统议论，固前此《东方》记者黄远庸君之所痛斥也。

署名：陈独秀

《新青年》第五卷第三号

1918 年 9 月 15 日

答易宗夔（论《新青年》之主张）

（一九一八年十月十五日）

宗夔先生：

承示深为感佩。

仆等主张以国语为文，意不独在普及教育；盖文字之用有二方面：一为应用之文，国语体自较古文体易解；一为文学之文，用今人语法，自较古人语法表情亲切也。

今世之人，用古代文体语法为文以应用，以表情者，恐只有我中国人耳。尊意吾辈重在一意创造新文学，不必破坏旧文学，以免唇舌；鄙意却以为不塞不流，不止不行，犹之欲兴学校，必废科举，否则才力聪明之士不肯出此途也。方之虫鸟，新文学乃欲叫于春啼于秋者。旧文学不〔过〕啼叫于严冬之虫鸟耳，安得不取而代之耶？

旧文学，旧政治，旧伦理，本是一家眷属，固不得去此而取彼；欲谋改革，乃畏阻力而牵就之，此东方人之思想，此改革数十年而毫无进步之最大原因也。先生以为如何？率覆不备。

胡适之　陈独秀

《新青年》第五卷第四号

1918 年 10 月 15 日

克 林 德 碑

（一九一八年十一月十五日）

京中各校十一月十四十五十六放假三天，庆祝协约国战胜；旌旗满街，电彩照耀，鼓乐喧阗，好不热闹；东交民巷以及天安门左近，游人拥挤不堪；万种欢愉声中，第一欢愉之声，便是"好了好了，庚子以来举国蒙羞的'石头牌坊'（即克林德碑，北京人通称呼石头牌坊）已经拆毁了。"余方卧病，不愿出门：一来是觉得此次协约战胜德国，我中国毫未尽力，不便厚着脸来参与这庆祝盛典；二来是觉得此次协约国胜利，不尽归功军事。在我看来，与其说是庆祝协约国战争胜利，不如说是庆祝德国政治进步。至于提起那块克林德碑，我更有无穷感慨，无限忧愁；所以不管门外如何热闹，只是缩着头在家中翻阅闲书消遣。

我在闲书中看见罗惇融氏两篇文章：一曰《庚子国变记》，一曰《拳变馀闻》。这两篇文章，和这一块克林德碑却大有关系；兹将其中顶有趣味的几处钞出来，给大家一读：

> 义和拳源于八卦教，起于山东堂邑县，旧名义和会，东抚捕之急，潜入直隶河间府景州献县。乾字拳先发，坎字继之。坎字拳蔓延沧州静海间，白沟河之张德成为之魁；设坛

于静海属之独流镇，称天下第一坛，遂为天津之祸。乾字拳由景州蔓延于深州、冀州，而涞州，而定兴、固安，以入京师。天津、北京拳匪本分二系，皆出于义和会，此后皆称义和团。……京师从授法者，教师附其耳咒之，词曰："请请志心归命礼，奉请龙王三太子，马朝师，马继朝师，天光老师，地光老师，日光老师，月光老师，长棍老师，短棍老师。"要请神仙某，随意呼一古人，则孙悟空，猪八戒，杨香，武松，黄天霸，等也。又一咒云："快马一鞭，西山老君，一指天门动，一指地开门，要学武艺，请仙师来。"一咒云："天灵灵，地灵灵，奉请祖师来显灵。一请唐僧、猪八戒，二请沙僧、孙悟空，三请二郎来显圣，四请马超、黄汉升，五请济颠我佛祖，六请江湖柳树精，七请飞标黄三太，八请前朝冷于冰，九请华佗来治病，十请托塔天王金叱、木叱、哪叱三太子，率领天上十万神兵。"诸坛所供之神不一，如姜太公，诸葛武侯，赵子龙，梨山老母，西楚霸王，梅山七弟兄，九天玄女。

慈禧太后以戊戌政变，康有为遁，英人庇之，大恨。己亥冬，端王载漪谋废立，先立载漪之子溥儁为大阿哥；……载漪使人讽各国公使入贺，各公使不听，有违言，载漪愤甚，日夜谋报复。会义和团起，以灭洋为帜，载漪大喜，乃言诸太后，力言义民起，国家之福；遂命刑部尚书赵舒翘，大学士刚毅先后行，道之入京师，至者数万人。义和拳谓铁路电线，皆洋人所藉以祸中国；遂焚铁路，毁电线，凡家藏洋画洋图皆号"二毛子"，捕得必杀之。

义和团自谓能祝枪炮不发，又能入空中指画则火起，刀

槊不能伤；出则命市向东南拜。都人崇拜极虔，有非笑者则
僇辱之。仆隶厮圉，皆入义和团，主人不敢慢，或更藉其保
护。稍有识者，皆结舌自全，无有敢公言其谬者矣。义和团
既遍京师，朝贵崇奉者十之七八；大学士徐桐，尚书崇绮
等，信仰尤笃。义和团既藉仇教为名，指光绪帝为教主；盖
指戊戌变法，效法外洋，为帝之大罪也。

以启秀、溥兴、那桐入总理衙门，以载漪为总理。日本
书记杉山彬出永定门，董福祥遣兵杀之，裂其尸于道。拳匪
于右安门焚教民居，无老幼男女皆杀之。继焚顺治门内教
堂，城门昼闭，京师大乱。……正阳门外商场，为京师最繁
盛处，拳匪纵火焚四千馀家，……火延城阙，三日不
灭。……载漪等昂言以兵围攻使馆，尽歼之。

开御前会议，载漪请围攻使馆，杀使臣，太后许之。

下诏褒拳匪为义民，给内帑十万两。载漪于邸中设坛，
晨夕虔拜。太后亦祠之禁中。城中焚劫，火光蔽天，日夜不
息。车夫小工，弃业从之。近邑无赖，纷趋都下，数十万
人，横行都市。凤所不快，指为教民，全家皆尽，死者十数
万人。杀人刀矛并下，肢体分裂。被害之家，婴儿未匝月，
亦毙之。

太后召见其大师兄，慰劳有加。士大夫之谄谀干进者，
争以拳匪为奇货。知府曾廉遍修王龙文三献策，乞载漪代
奏："攻交民巷，尽杀使臣，上策也；废旧约，令夷人就我
范围，中策也；若始伐终和，与衔璧舆榇何异？"载漪得
书，大喜曰："此公论也。"御史徐道焜奏言："洪钧老祖已
命五龙守大沽，夷船当尽没。"御史陈嘉言自云："得关壮

缪帛书言，夷当自灭。"编修萧荣爵言："夷狄无君父二千
馀年，天将假手义民尽灭之。"……当时上书言神怪者以
百数。

太后谕各国使臣入总理衙门议，德使克林德先行，载漪
令所部虎神营伺之于道，杀之，后至者皆折回；徐桐、崇绮
闻之，大喜，谓"夷酋诛，中国强矣。"太后命董福祥及武
卫中军攻交民巷，炮声日夜不绝。拳匪助之，披发禹步，升
屋而号者数万人，声动天地。洋兵仅四百，董福祥所部万
人，攻月馀不能下，武卫军死者千人。……尚书启秀奏言：
"使臣不除，必为后患；五台僧普济有神兵十万，请召之会
歼逆夷。"……御史彭述谓"义和拳咒炮不燃，其术至神，
无畏夷兵"。太后亦欲用山东僧普法、余蛮子、周汉，三人
者，王龙文上书所谓三贤也。

天津陷，……京师大震。彭述曰："此汉奸张夷势以相
恫吓也。姜桂题杀夷兵万余，夷方穷蹙，行乞和矣。"时桂
题方在山东，未至天津也。

李秉衡至自江南，太后大喜。……太后闻天津败，方旁
皇；得秉衡言，乃决战。……洋兵既将逼京师，乃变计欲议
和……以桂春、陈夔龙送使臣至天津，使臣不肯行，覆书词
甚慢。彭述请"俟其出，张旗为疑兵，数百里皆满，可以
怵夷。"闻者笑之。是日李秉衡出视师，请义和拳三千人以
从。秉衡新拜其大师兄，各持引魂幡，混天大旗，雷火扇，
阴阳瓶，九连环，如意钩，火牌，飞剑，拥秉衡而行，谓之
八宝。北人思想，多源于戏剧；北剧最重神权，每日必演一
神剧《封神传》、《西游记》其最有力者也。

无何，通州陷，李秉衡死之。……敌兵自通州至，董福祥战于广渠门，大败。……七月二十日黎明，北京城破。

五月中，有黄莲圣母，乘舟泊北门外，船四周皆裹红绉；有三仙姑，九仙姑，同居舟中。——直督裕禄迎入署，朝服九拜，弗为动。……圣母坐神橱中，垂黄幔，香烛敬供，万众礼拜，城陷逃去。拳匪散为盗，劫圣于舟中；审为圣母也，缚而献诸都统衙门，获重赏；一仙姑投水死；一仙姑与圣母同被执，皆谬之。

义和拳称神拳，以降神召众，号令皆神语。……庚子四五月间，津民传习殆遍；有关帝降坛文，观音托梦词，济颠醉后示，皆言灭洋人。忽传玉帝敕：命关帝为先锋；灌口二郎神为合后；增财神督粮；赵子龙、马孟起、黄汉升、尉迟敬德、秦叔宝、杨继业、李存孝、常遇春、胡大海，皆来会师。其所依据，则《西游记》、《封神传》、《三国演义》、《绿牡丹》、《七侠五义》诸小说，此中所常演之剧也。

匪扬言海口起沙横亘百里外，阻夷船，团中海乾神师为之也。既而一僧来，自称海乾，众虔奉之；着黄缎服，手念珠，持禅杖，受众供养；城陷后，不知所终。

拳匪之祸，成于匪首张德成、曹福田。……德成语其众曰："顷睡时，元神赴天津紫竹林，见洋人正剖妇女，以秽物涂楼上，为压神团法也。"他日又言："元神赴敌，盗得洋炮机管，炮不得然矣。"更率众周行镇外，三匝；以杖画地曰："此一周土城，一周铁城，一周铜城，洋人即来，无能越者。"……无何城陷，张匪挟巨赀行；至王家口，索盐商王姓具供张……王不能堪，村人愤甚，乃共谋刺之；共捕德成，馀匪尽逃，德成叩头乞饶。众曰："试其能避刀剑否？"共斫之，成血糜焉。……福田不敢与洋人战，日列队行周衢，遇武卫军，则缚而僇之，报聂士成落堡一战之仇也。……绅商虑开战则全城糜烂，力请于裕禄议和，裕禄令请命于福田，福田不可；曰："吾奉玉帝敕，命率天兵天将，尽歼洋人，吾何敢悖命敕。"……众以商民生命为请。福田曰："死者皆劫数中人。吾扫荡洋人后，犹当痛戮不忠不孝不仁不义之人，完此劫数。"及马玉昆兵败，津城陷，福田易装遁。……潜归里，里人缚送之官，磔之于静海县。

徐桐以汉军翰林至大学士，以理学自命，日诵《太上感应篇》，恶新学如仇。门人李家驹充大学堂提调，严修请开经济特科，桐榜二人之名于门，拒其进见；其宅在东交民巷，恶见洋楼，每出城拜客，不欲经洋楼前，乃不出正阳门，绕地安门西出。……拳匪起京师，桐大喜，谓中国自此强矣。其赠大师兄联云："创千古未有奇闻，非大非邪，攻异端而正人心，忠孝节廉，只此精神未泯。为斯世少留佳话，一惊一喜，仗神威以寒夷胆，农工商贾，于今怨愤能消。"

这一篇过去的历史，本无甚足道；但是今日提起那块克林德碑，便不由人要回顾这一段可笑可惊可恼可悲的往事。古人说："往事不忘，后事之师。"所以首先钞出来给我健忘的国民一读，然后再发起我的意见。

原来这块克林德碑，是庚子年议和时设立，向德国赔罪的。为何要设立此碑向德国赔罪呢？因为义和团无故杀了德国公使克林德氏，各国联军打破了北京城，为须要中国在克林德被害的地方设立一块石碑，方肯罢休；你说中国何等可耻！义和团何等可恶！

现在德国的民党，正在要革那皇帝和军国主义的命，协约国乘势将德国打败；我们中国人也乘势将这块克林德碑拆毁；大家都喜欢的了不得，都以为这块国耻的纪念碑已经拆毁，好不痛快！在我看来，这块碑实拆得多事。因为这块碑是义和拳闹出来的，不久义和拳又要闹事，闹出事来，又要请各国联军来我们中华大国朝贺一次；那时要设立的石碑，恐怕还不只一处，此时急忙拆毁这一块克林德碑，岂非多事？

何以见得义和拳又要闹事？这是诸君必然要质问我的。诸君！诸君！莫道我故作惊人之语！诸君若不相信，请听我将义和拳过去现在及将来发生的原因结果，略说一番：

这过去造成义和拳的原因，第一是道教。义和拳真正的匪魁，就是从张道陵一直到现在的天师。道教出于方士，方士出于阴阳家——与九流之道家无关，此说应有专篇论之。——这是我中华国民原始思想，也就是我中华自古迄今之普遍国民思想，较之后起的儒家孔子"忠孝节"之思想入人尤深。一切阴阳、五行、吉凶、灾祥、生克、画符、念咒、奇门、遁甲、吞刀、吐火、飞沙、走石、算命、卜卦、炼丹、出神、采阴、补气、圆光、呼风、唤雨、求晴、求雨、招魂、捉鬼、拿妖、降神、扶乩、静坐、设坛、授法、风水、谶语，种种迷信邪说，普遍社会，都是历代阴阳家方士道士造成的，义和拳就是全社会种种迷信种种邪说的结晶，所以彼等开口便称奉了玉皇大帝敕命来灭洋人也。

第二原因，就是佛教。佛教造成义和拳，有两方面：一方面是佛教哲理，承认有超物质的灵魂世界，且承认超物质的世界有绝大威权，可以左右这虚幻的物质世界。超物质的世界果有此种威权，义和拳便有存在的余地了。一方面是大日如来教（即秘密宗）种种神通的迷信，也是造成义和拳的重要分子。所以义和拳所请的神，也把达摩、济颠和《西游记》上的唐僧等一班人都拉进去了。

第三原因，就是孔教。孔子虽不语神怪，然亦不曾绝对否认鬼神；而且《春秋》大义，无非是"尊王攘夷"四个大字。义和拳所标榜的"扶清灭洋"，岂不和"尊王攘夷"是一样的意思吗？

儒、释、道三教合一的中国戏，乃是造成义和拳的第四种原因。这"脸谱"、"打把子"的中国戏剧，不是演那孔教的忠孝节义，便是装那释、道教的神仙鬼怪；有时观音、土地和天兵天将，出来搭救那忠孝节义的人，更算得三教同归了。义和拳所请的神，多半是戏中"打把子"、"打脸"的好汉，若关羽、张飞、赵云、孙悟空、黄三太、黄天霸等，是也。津、京、奉戏剧特盛，所以义和拳格外容易流传。义和拳神来之时，言语摹仿戏上的说白，行动摹仿戏上的台步；这是当时京、津、奉的人亲眼所见，非是鄙人信口开河罢！

最近〔后〕第五原因，乃是那仇视新学妄自尊大之守旧党。庚子事变，虽是西太后和载漪因为废立的事仇恨各国公使，然还是少数；当是政府中人，因为新旧之争，主张纵匪仇洋者，实居十之八九，徐桐、刚毅、启秀，其代表也。这班人不知西洋文明为何物，守着历代相传保存国粹妄自尊大的旧思想，以为我们中华大国先圣先贤的纲常礼教，灿然大备，那外洋各国的夷人算得什么。戊戌年康、梁主张效法西洋，改变旧法，被旧党推倒，也就是这个缘故。所以戊戌年谭、林等六人被逮时，西太后召见刑部尚书赵舒翘，命严究其事，赵对曰："此等无父无君的禽兽（康有为听者！）杀无赦，不必问供。"他们眼里，以各国夷人不懂得中国圣贤的纲常礼教，都是禽兽；至于附和而且主张效法那禽兽的中国人，不更可杀吗？所以他们戊戌年将一班附和禽兽的新党杀尽赶尽，还不痛快；到了庚子年，有了保存国粹三教合一的义和拳出来，要杀尽禽兽，他这班理学名臣，自然十分痛快，以为是根本解决了。徐桐赠大师兄的对联，正是这班人的思想之代表。

以这过去五种原因，造成了义和拳大乱；以义和拳大乱，造成了一块国耻的克林德碑：这因果分明的事实，非是鄙人杜撰得来的。以过去的因果推测将来，制造义和拳的五种原因，现在都依然如旧；义和拳的名目，此时虽还未发生，而义和拳的思想，义和拳的事实，却是遍满国中，方兴未艾；保得将来义和拳不再发生吗？将来义和拳再要发生，保得不又要竖起国耻的纪念碑吗？诸君倘不信吾言，请观下列之事实：

扶乩的风气，遍于南北；上海的盛德坛，算是最有名了；所有古代的名鬼，一齐出现；鬼的字，鬼的画，鬼的文章，鬼的相片，无奇不有，实在比义和拳还要荒唐。

长江一带三教合一的泰州教，京、津一带静坐授法的先天道，都在那里鬼鬼祟祟的活动，这派头不和白莲教、义和拳是一鼻孔出气吗？

北京城里新华街修了一条马路，本打算直通城外；只因为北京的官场和商民，都恐怕拆城坏了风水，这条马路只造到城根而止，你说可笑不可笑！

安庆修理宝塔，动工的日子，要算算和省长的八字冲犯不冲犯。北京选举总统的日子，听说也曾请有名的算命先生，推算和候补总统的八字合不合。

济南镇守使马良所提倡的中华新武术，现在居然风行全国。我看他所印教科书（曾经教育部审定）中的图像，简直和义和拳一模一样；而且他所作的发起总说中，说道："考世界各国，武术体育之运用，未有愈于我中华之武术者。前庚子变时，民气激烈，尚有不受人奴隶之主动力；惜无自卫制人之术，反致自相残害，浸以酿成杀身之祸。良蒿目时艰，抚膺太息……"岂不是对于义和拳大表同情吗？

湖南督军张敬尧带兵到四川到湖南打仗，到处都建造九天玄女庙；出战时招呼兵士左手心写一"得"字，右手心写一"胜"字，向西对九天玄女磕几个头，保管得胜。诸君看看这是什么玩意儿？

皖南镇守使马联甲的侄女得了疯病，用五千元请张天师来治，那天师带领一班法官，请到天兵天将，用掌心雷将妖捉去；天师所过的芜湖、安庆、九江等地方，众人围着求符咒的不计其数。这是何等世界！

山东东河、平阴、茌平、肥城等县，发现了三阳教匪（教首为王会臣、李同升等），在各乡镇集传教，说入教的人能避刀枪；无知愚民入会学习者，日见其多。

天津南开学校开教职员游艺会的时候，有一位国文主任某君，讲一篇历史的谈话，说曾国藩是蟒蛇精转胎，他身上的癣，就是蛇皮的证据。有一天去见张天师，天师不肯见他；他再三要见，见面之后，他的蛇魂便被天师收去，随即无病而死。哈哈！这就是北方一个著名的学校的教育！

天津庆祝协约战胜，各界游行街市，内中最奇怪的是南开学校做了一个船名叫"国魂舟"，学生二人扮做关羽、岳飞坐在舟中。校中复以《国魂舟感言》为题，考试学生的国文；一般学生的文章，无非是称赞关、岳二位武圣为中国的国魂。这还不算奇怪，最好的有二位学生文章内中有云："噫，其中亦不思吾国魂舟中曾有关公、岳飞其人乎？洋人洋人，毋笑吾弩弱为！""安得有如关、岳者昂坐舟中，而使黄毛碧眼之辈，伏跪膝下，而大快人心者耶！"唉！呀！曹、张（是义和拳两位大师兄，不是现在两位大督军）出产地之青年思想，仍旧是现在社会上，国粹的医、卜、星、相，种种迷信。那一样不到处风行，全国国民脑子里有丝毫科学思想的影子吗？慢说老腐败了，就是在东西洋学过科学的新人物，仍然迷信国粹的医、卜、星、相的人，我还知道不少咧！

政府当局的人，目下为时势所迫，也说要提倡新学，也说要输入西洋文化，这不过是表面上敷衍洋人，怕外交团不承认他的位置罢了。其实他们脑子里，装满了和新学和西洋文化绝对相反的纲常名教，和徐桐、刚毅是一流人物，还不及徐、刚诚实；所以开口一个礼教，闭口一个纲纪；像那非纲纪礼教无君臣上下的西洋文化，岂不是他们的眼中钉吗？

现在的新派人物，虽说没什么思想学问，但总算是倾向共和科学方面；在代表专制迷信的旧人物看起来，这些新人物，无非是叛逆，是异端邪教；所以时时刻刻想讨灭这班叛逆异端邪教，方足以肃纲纪而正人心。这就是中国自戊戌以来政变的根本原因了。

照上列的事实看起来，现在中国制造义和拳的原因，较庚子以前，并未丝毫减少，将来的结果，可想而知。我国民要想除去现在及将来国耻的纪念碑，必须要叫义和拳不再发生；要想义和拳不再发生，非将制造义和拳的种种原因完全消灭不可。

现在世界上有两条道路：一条是向共和的科学的无神的光明道路；一条是向专制的迷信的神权的黑暗道路。我国民若是希望义和拳不再发生，讨厌像克林德碑这样可耻纪念物不再竖立，到底是向哪条道路而行才好呢？

署名：陈独秀

《新青年》第五卷第五号

1918 年 11 月 15 日

《每周评论》发刊词

（一九一八年十二月二十二日）

自从德国打了败仗，"公理战胜强权"，这句话几乎成了人人的口头禅。

列位要晓得什么是公理，什么是强权呢？简单说起来，凡合乎平等自由的，就是公理；倚仗自家强力，侵害他人平等自由的，就是强权。

德国倚仗着他的学问好，兵力强，专门侵害各国的平等自由，如今他打得大败，稍微懂得点公理的协约国，居然打胜了。这就叫做"公理战胜强权"。

这"公理战胜强权"的结果，世界各国的人，都应该明白，无论对内对外，强权是靠不住的，公理是万万不能不讲的了。

美国大总统威尔逊屡次的演说，都是光明正大，可算得现在世界上第一个好人。他说的话很多，其中顶要紧的是两主义：第一不许各国拿强权来侵害他国的平等自由。第二不许各国政府拿强权来侵害百姓的平等自由。这两个主义，不正是讲公理不讲强权吗？我所以说他是世界上第一个好人。

我们发行这《每周评论》的宗旨，也就是"主张公理，反对强权"八个大字，只希望以后强权不战胜公理，便是人类万岁！本报万岁！

署名：只眼

《每周评论》第一号

1918 年 12 月 22 日

随 感 录[*]

（一九一八年十二月二十二日）

两团政治

中国人，上自大总统，下至挑粪桶，没有人不怕督军团，这是人人都知道的了；但是外交团比督军团还要厉害。列位看看，前几天督军团在北京何等威风！只因为外交团小小的一个劝告，都吓得各鸟兽散。什么国会的弹劾，什么总统的命令，有这样厉害吗？这就叫做"中国之两团政治！"

义和拳征服了洋人

有人说，现在法国使馆也在那里扶乩请神，岂不是洋人也相信鬼神了吗？我道：却不尽然。原来官场腐败，中外相同。而且

---

* 各节小标题均参照 1922 年上海亚东图书馆发行的《独秀文存》。——编者注。

外国虽有极少数好奇的学者，爱谈鬼怪，不像中国神奇鬼怪是全国人普遍的思想。

战争的责任者

协约国以德皇为欧洲大战的责任者，要求荷兰国交出来审问治罪。我们中国此次南北战争，国家人民，也都吃苦不小，请问担这责任的人到底是谁？

公仆变了家长

古时专制国，皇帝就是家长，百姓就是弟子。此时共和国，总统算是公仆，国民算是主人。家长式的皇帝下一道上谕，拿那道德不道德的话来教训百姓，原不算稀奇。现在公仆式的总统也要下一道命令来教训国民，这是怎么一回事？

署名：只眼

《每周评论》第一号

1918 年 12 月 22 日

欧战后东洋民族之觉悟及要求

（一九一八年十二月二十九日）

欧战后世界上各国的思想制度，都要大大的改变，这是逃不出的事实，人人都承认了。但是欧美方面，将来是如何改变，暂且不去论他。单讲我们东洋民族，对于世界这样的大变动应有何种觉悟，何种要求，才能够适应这样大变的潮流，共图人类的幸福呢？

鄙人以为我们东洋民族，对于战后的觉悟和要求，最要紧的是对外对内两件大事。

对外的觉悟和要求，是人类平等主义，是要欧美人抛弃从来歧视颜色人种的偏见。

本年正月八日，美国威尔逊总统，在国会宣布的条件第十四条，就是确定约章，组织国际联合会。其宗旨为各国交互保障其政治自由，及土地统辖权；国无大小，一律享同等之利权。又九月二十八日，自由公债开幕时，威总统演说"组织国际联合会基本问题"中，有几句道："一国或数国之武力得以自由操纵他国人民之命运乎？"强国得任意凌辱弱国而侵夺其人民之利益而为己国用乎？"吾人当视最弱国之利益，犹神圣不可侵犯若最强国之利益也。"（译文全照蒋梦麟君所译的威尔逊《参战演说》）

照威尔逊总统的说话，当然没有人种的偏见。这回和平会议，我们东洋各国列席的委员，应该联合一气，首先提出"人类平等一概不得歧视"的意见，当作东洋各国第一重大的要求。此案倘能通过，他种欧美各国对亚洲人不平等的待遇，和各种不平等的条约，便自然从根消灭了。较之取消限制移民，取消领事裁判权，改正协约关税等，枝枝节节的提议，大方的多，扼要的多。此案若是不能通过，要想永久的平和，岂不是做梦吗？天下事不平则鸣，恐怕大战争又在眼前。

对内的觉悟和要求，是抛弃军国主义，不许军阀把持政权。

用兵力侵略土地镇压人民的时代，已经过去了。现在纵然不说大同主义，不说弭兵主义，照德国战败的情形看起来，就算将来战争仍不能免，也不是军国主义军阀执政的国家能得最终胜利的了。因为军国主义的国家，人民出血汗担负的赋税，大部分用在海陆军。一班在职的军人，不能做工生产。海陆军年年扩充起来，岂不要弄得民穷财尽吗？况那班军阀，无论如何贤良有功，他那种武断政治，总是别种阶级人民自由发展的障碍，终久要惹起社会的不平。这不就是德国战败的原因吗？

至于那毫无知识，毫无功能，专门干预政治破坏国法马贼式的恶丐式的军阀，那弊病更是不消说的了。一国的教育实业倘能够充分发达，就是胜利的根本，并不在乎要有多数常备兵（美国就是榜样）。因为国民有了教育，海陆军人可以临时征集的。

战时最要紧的是军器和粮饷，这两样非有多数的科学家和实业家如何办得了呢？哪一样是军人自家的本领呢？所以有人说，现代的战争不是军人战争，简直是科学和经济的战争。

照此看来，战时还不能单倚仗着军人，平时为什么要养着这班无用而且害人的军人，好叫那班军阀们耀武扬威的拿势力来欺压平民呢？

现时东洋各国的当局，像中国的徐总统，像日本的原内阁，都从文人出身，总算是东洋和平的一线光明，也就是东洋各国国民的真正亲善种子。大家要明白东洋永久的和平，必须以国民的亲善为基础。因为国民的亲善，才算真亲善；有真亲善才有真和平。单单军阀的亲善，不但是假亲善而且是破坏和平的种子。此时要提防的，正是他们军阀在那里秘密亲善，来干些鬼鬼祟祟的勾当。只要有一方面军阀出头推翻文治主义的当局，那时国民的亲善，东洋的和平，便成画饼了。

署名：只眼

《每周评论》第二号

1918 年 12 月 29 日

随 感 录

（一九一八年十二月二十九日）

大红顶子红缨帽

清室虽然退了位，每月初一十五，满街都是出入清宫戴大红顶子的主人，戴红缨帽子的奴仆。提起德国、俄国皇室的悲惨，我很替清室和这班戴大红顶子的红缨帽子的担忧。

异哉搭现问题

铁路，电话，都是政府的营业；中交票，都是政府发出的纸币。现在京奉火车要搭现，电话也要搭现。奉天人和北京总商会的抗议，交通部竟置之不理。难道铁路，电话，不是政府办的吗？难道中交票不是政府发的吗？为什么自己发的纸票子自己不用呢？堂堂政府的交通部，这样不说理，还在那里说什么道德，说什么法律，说什么养民哩！——算了罢，简直打起脸来就得了！

野　心

本月十六日，威尔逊总统在巴黎议事厅宣言云："美国加入欧战之时，非独因为中欧帝国之宗旨不合，应受各国爱慕自由公理者所抵抗，但因其图谋破坏法律之野心，已见于实行，激动吾人之心。"前几天，冯国璋总统也说："予意和平之进行，当力图永久之和平，而勿为目前敷衍之计。根本解决则在打消各方军阀谋扩充个人势力之野心。但使今日具有武力之人，能发生一种觉悟，知武力之不可恃，法律之不可违，民意之不可抹煞，勿凭藉地位以逞私见而动辄发难，则国家从此可以安定。"这两位总统的名言，我都佩服得很。可见得一国中有了扩充个人势力破坏法律的野心家，不但国内人民要反对他，就是外国人也要兴师问罪哩！

倒　军　阀

日本东京庆祝协约战胜的时候，庆应大学学生五千人，开提灯大会，前竖一面大旗，上面写了"倒军阀"三个大字，游行时经过的衙署都招待他们，惟有参谋部合陆军部不理。我们天津的庆祝会，南开学校的学生却异想天开，做一个"国魂舟"，两位学生装扮关羽、岳飞坐在船内，游行街市。一个是反对武人政治（乃木、东乡，真算得是中国关、岳一流人物，何以日本青年不崇拜他，还要反对他呢?)，一个是崇拜忠孝节义时代的武人。现在两国的青年思想如此不同，将来的国运就可想而知了。

署名：只眼

《每周评论》第二号

1918 年 12 月 29 日

国防军问题（告四国银行团）

（一九一九年一月五日）

我们按照欧战后的世界大势和中国民困财穷的状况，稍有丝毫人气的人，莫不异口同声主张要裁兵。但是裁兵要裁到什么程度呢？据我看来，最好将现在所有的兵，分年裁尽，一个也不留。把这养兵的银钱，来兴教育，办实业，几十年后教育实业都发达了，那时候民智国力便自然充足，内乱外患便自然不生，以后还要兵做什么，万一那时候世界仍有战争，外患仍不能免，再讨论国防问题也不迟。像此民穷财尽到了这步田地，一般的国民没有教育，多数的军人没有学识，制造军器的人才也没有，制造军舰的财力也没有，单招些无教育的游民土匪，就当作国防军，这不是有意骗人，也就是无心作梦。

就算说兵是不能尽裁的，国防是不能不讲的。也只好就现在全国已有的军队，挑选那大烟鬼子土匪乞丐样子少点的，留下十几师至多二十几师，做国防军就得了。其余的马贼兵、土匪兵、乞丐兵，都应该分年裁尽，永远不再招兵，才是道理。

最不可以的，是在现有的军队之外，又要招什么国防军。更不可以的，是那一系人要把自己系的军队叫做国防军。自己系以外的军队，既然不是国防军，难道便可以假藉裁兵的名义将他们裁去吗？呵唷！裁兵是全国一致赞成的。但是若照这样的法子裁兵，不但大大的违背了友邦和国民希望裁兵的宗旨，并且是万万办不到的。譬如南方人要裁尽北洋军的军队，单留下西南的兵做国防军，或者是直隶系要裁尽安徽系的军队，或者是广西军要裁尽北军和云南军，单留下自己的兵做国防军，这是办得到的事体吗？这不比威廉第二想做世界大皇帝还要糊涂吗？

但是这种糊涂的消息，时常跑到我耳朵里来，不是某师某旅驻扎某处，就是某师长某旅长派了什么人。他们以为本系的势力，只要有了国防军四个师团，边防军四大旅团，把京师南北苑和京汉津浦北段紧紧把住，便可以纵横中国无人抵抗了。

前月二十一日，东方通信社的电报说道：日本的贵族院预算内示会时，江木千之氏关于中国南北和平，深信有改变各省政体，改革督军制之必要，特质问外相之所见如何。内田外相曰：江木君之所见，在中国北方，诚堪认为根本问题至为必要，予亦有同感。惟中国政府现在准备改革各省督军之军队，编成"新国立军队"之计划。至改革时所需之经费等事，希望依四国借款团而解决之，云云。

照这电报看起来，什么"新国立军队"，不就是现在新编的国防军吗？外国大臣在国会里说的话，自然不是谣言。我们政府里既然有了这种糊涂大计划，并且因为这大计划又要向外国借款，我良心上实在忍不住要劝说几句道：

我们国民已经穷极了。我们国民已经被兵糟踏够了。如今借款裁兵，我们还可以赞成。借款招兵，我们是不赞成的。若是一面假借裁兵的美名，裁去敌系的军队。一面借款编练自己一系的"新国立军队"。像这种要闹大乱子的计划，我们更是不赞成的

了。唉呀！中国和你们到底有多大的仇恨，定要闹得他不能混
呢？你们若是闹极了，恐怕还有国民要请外国来保护的那一天。
那时看你们的国防军是如何防法？防的是什么？

我还有几句话奉告四国银行团道：各国借款把我们办实业、
办教育，我们是感谢的。就是借款把我们裁兵，也是感谢的。若
是借款把政府招兵，我们是要怀恨的了。若有一国军阀，要扶助
中国军阀里个人的势力，借款把他编成那个人的一系的"新国
立军队"，像这种鬼鬼祟祟的勾当，不但为害中国，也就是破坏
东亚和平的种子，其余的三国银行团，要留神才好。

署名：只眼

《每周评论》第三号

1919 年 1 月 5 日

随　感　录

（一九一九年一月五日）

又要制造民意了

有一位先生和畜生同名，和薛大可齐名。曾在袁皇帝袴下伸头呐喊，代表民意，说约法不良，替袁氏造了一部新约法，随即又制造民意，说共和不好，要捧袁世凯做皇帝。随后又说民意要复辟，在张大辫子军中拿了一阵子鹅毛扇。现在又来到北京，说什么旧国会制的宪法不合民意，要创办什么"国民制宪倡导会"。哈哈！这位先生心中的民意，真是五光十色哩！

军民分治

军人是对外用的，在国内政治上，他没有地位。现在政府里人和在野政客，都把"军民分治"四字挂嘴上，当作最时髦的政策。殊不知野蛮国只有军治，文明国只有民治。地方治安，应该是地方官的责任。请问民治以外，军治是什么？全国的海陆军，都应当隶属中央，不当分属地方（就是联邦制，地方政府也不养兵）。所以什么"军民分治"，什么"划分军区"，都是根本的错误。

到底是哪一团厉害？

议员本代表国民的，却受了督军的指挥，反对曹汝霖做交通总长。曹汝霖却知道这一团不及那一团厉害，所以外国人便提议京奉路全部取现。一个国务员同意案，暗中也有两团势力的竞争，这国会成个什么国会！政府成个什么政府！

得众养民

前月十八日政府下了一道命令，开口便说道："道以得众为先，政以养民为本。"按共和国没有皇帝，不是家天下，不知什么人想得众做什么？共和国人民是靠自己养自己，不靠人养的，更不要官养的；不但不要官养，并且出租税养了官。我们中国的人民不但养了官，还养着许多官来残害人民。啊呀！少发点纸票子来骗人民的钱（用出算一元，收入只算四角几分，不是骗钱吗?），少招点士兵来伤害人民的生命财产，就算是阿弥陀佛了！如今没有什么圣祖高皇帝，什么圣祖仁皇帝，用不着什么"抚育元元"，"加惠黎庶"的恩诏！

谁　是　匪

各省的匪多极了。政府要打算除暴安良，剿匪，诚然是顶要紧的事。但是这件事不自今日才要紧，也不是陕西、福建更要紧。南方收容了卢、樊等匪，本来不对。但是有曾经政府任命的两位鼎鼎大名巡阅使原来又是什么出身呢？如今果然要剿匪？当真要剿匪？那我就举起双手赞成！

国　防　军

国家养兵，本来都是为国防用的。现在又要新招什么国防军，那末其余的军队，留做什么用处呢？叫做什么名目呢？难道叫做"家防军"吗？

军人与官僚

野蛮的军人，腐败的官僚，都是国民之仇敌。但是两样比较起来，军人更觉可怕，可厌。同是可怕可厌的军人，我们觉得那不曾倡首拥戴袁世凯做皇帝，不曾阴谋复辟，不曾加入督军团来逼着总统解散国会的，比较还好一点。

武治与文治

中国武治主义，就是利用不识字的丘八，来压迫政见不同的敌党；或者是设一个军政执法处，来乱杀平民。中国的文治主义，就是引用腐败的新旧官僚，来吸收人民的膏血；或者是做几道命令，来兴办教育工商业，讨外国人的好；做几道命令，来提倡道德，提倡节孝，提倡孔教，讨社会上腐败细胞的好。武治主义，文治主义，当真是这样吗？

尊孔与复辟

照孔圣人的伦理学说，政治学说，都非立君不可；所以袁世凯要做皇帝之先，便提倡尊孔。现在内务部又要把颜元李塨二人从祀圣庙，政府里居然准了，因此下了道命令，说些什么孔子道赞化育，陶铸群伦，"重儒修，明正学"（邪学是什么？），"入德即在彝常，导世先端教化"的话。大家想想，这是什么意思？

安 徽 小 鬼

章太炎因为安徽人在政治上造的罪恶太多了，逢人便骂"安徽小鬼，没有一个好东西"！现在别的方面不用说了；单说

自称人民代表的先生们，北京某俱乐部的重要分子，不大半是我
们贵省人吗？安徽省议员，不是奉承倪嗣冲通过了《盐斤加价》
的议案了吗？我想章老先生的话真正不错。

署名：只眼

《每周评论》第三号

1919 年 1 月 5 日

《新青年》罪案之答辩书

（一九一九年一月十五日）

本志经过三年，发行已满三十册；所说的都是极平常的话，社会上却大惊小怪，八面非难，那旧人物是不用说了，就是咭咭叫的青年学生，也把《新青年》看作一种邪说，怪物，离经叛道的异端，非圣无法的叛逆。本志同人，实在是惭愧得很；对于吾国革新的希望，不禁抱了无限悲观。

社会上非难本志的人，约分二种：一是爱护本志的，一是反对本志的。第一种人对于本志的主张，原有几分赞成；惟看见本志上偶然指斥那世界公认的废物，便不必细说理由，措词又未装出绅士的腔调，恐怕本志因此在社会上减了信用。像这种反对，本志同人，是应该感谢他们的好意。

这第二种人对于本志的主张，是根本上立在反对的地位了。他们所非难本志的，无非是破坏孔教、破坏礼法、破坏国粹、破坏贞节、破坏旧伦理（忠孝节）、破坏旧艺术（中国戏）、破坏旧宗教（鬼神）、破坏旧文学、破坏旧政治（特权人治）这几条罪案。

这几条罪案，本社同人当然直认不讳。但是追本溯源，本志同人本来无罪，只因为拥护那德莫克拉西（Democracy）

和赛因斯（Science）两位先生，才犯了这几条滔天的大罪。要拥护那德先生，便不得不反对孔教，礼法，贞节，旧伦理，旧政治；要拥护那赛先生，便不得不反对旧艺术，旧宗教；要拥护德先生又要拥护赛先生，便不得不反对国粹和旧文学。大家平心细想，本志除了拥护德、赛两先生之外，还有别项罪案没有呢？若是没有，请你们不用专门非难本志，要有气力有胆量来反对德、赛两先生，才算是好汉，才算是根本的办法。

社会上最反对的，是钱玄同先生废汉文的主张。钱先生是中国文字音韵学的专家，岂不知道语言文字自然进化的道理？（我以为只有这一个理由可以反对钱先生。）他只因为自古以来汉文的书籍，几乎每本每页每行，都带着反对德、赛两先生的臭味；又碰着许多老少汉学大家，开口一个国粹，闭口一个古说，不啻声明汉学是德、赛两先生天造地设的对头；他愤极了才发出这种激切的议论，像钱先生这种"用石条压驼背"的医法，本志同人多半是不大赞成的。但是社会上有一班人，因此怒骂他，讥笑他，却不肯发表意思和他辩驳，这又是什么道理呢？难道你们能断定汉文是永远没有废去的日子吗？

西洋人因为拥护德、赛两先生，闹了多少事，流了多少血，德、赛两先生才渐渐从黑暗中把他们救出，引到光明世界。我们现在认定只有这两位先生，可以救治中国政治上道德上学术上思想上一切的黑暗。若因为拥护这两位先生，一切政府的压迫，社会的攻击笑骂，就是断头流血，都不推辞。

此时正是我们中国用德先生的意思废了君主第八年的开始，

所以我要写出本志得罪社会的原由，布告天下。

署名：陈独秀

《新青年》第六卷第一号

1919 年 1 月 15 日

除 三 害

（一九一九年一月十九日）

我刚写出这题目，有一位朋友见着，说：你是做戏评吗？我说：不是评那戏台上的旧戏，是评这中国政治舞台上的新戏。朋友说：你莫非要骂徐树铮、张作霖、倪嗣冲么？我说：不是，不是。你别忙，听我细细评论这中国的三害：

第一是军人害。世界上的军人都不是好东西，我们中国的军人算是更坏。威吓长官、欺压平民、包贩烟土、包贩私盐，只要洋枪在手，便杀人放火，打家劫舍，无恶不作。那为首的好汉，还要藉着这班"官土匪"的势力，来逼迫总统，解散国会，抢夺军械，把持政权，破坏法律。直弄得全国人民除军人外都没有饭吃。这不是中国的大害吗？

第二是官僚害。我所说的官僚，并不是政治学上所谓"官僚政治"的官僚。官僚政治，是中央地方所有的行政都归官办，自然不及人民自治的政制完善，却非那官僚本身的罪恶。我所说的官僚乃是中国式的官僚。一生的志愿，长在谋官做刮地皮，逢迎权贵，欺压平民。国法是什么，官规是什么，地方的利弊是什么，人民的苦乐是什么，一概不问；一心只想发点财，回家享福。其中厚脸的角色，还要自夸有经验，重道德。拼命的勾结门生故旧，把持政权。拼命的抑制那新思想，新人物，不许他丝毫发展。不问是前清的旧官僚，或是民国的新官僚，不问是目不识丁的蠢物，或是学贯中外的名流，但凡官僚犯了以上所说的毛病，我就认定他为害中国不在军人之下。

第三是政客害。政客先生们口里也说军人和官僚不好。我们当初也指望他们比军人官僚稍胜一筹。照他们现在的行为看起来，实在令人不敢佩服。其中固然不能说没有好人。但是大多数的政客，有的是依附军人的新官僚，有的是混入政客的旧官僚，有的是改扮政客的军人。满口的政治法律，表面上虽然比军人官僚文明得多，但是用 X 光线一照，他们那抢钱抢位置的心眼儿，都和军人官僚是一样。跑到北方就说要保全中央的威信，跑到南方就说要护法。到了和他位置有关系的时候，什么中央威信，什么护法，都可以牺牲的。这几年，政治的紊乱，就说不是他们兴风作浪，却未见哪一党哪一派的政客，堂堂正正地发表政见，诉诸舆论，来贯彻他的主张，都是鬼鬼祟祟地单独行动，东去运动督军，西去联络名流，忙着开什么和平会，把疏通一切法律问题和政治问题，都当作将来自己做总理，做总长，做次长，做省长，做道尹，做县知事，当厘金差事的手段。把这班政客烧成了灰，用五千倍的显微镜，也寻不出一粒为国为民的分子来。

并不是我好张口骂人。我们问问良心：中国若不除去这三害，政治能有清宁的日子吗？

若想除这三害，第一，一般国民要有参预政治的觉悟，对于这三害，要有相当的示威运动。第二，社会中坚分子，应该挺身出头，组织有政见的有良心的依赖国民为后援的政党，来扫荡无政见的无良心的依赖特殊势力为后援的狗党。

署名：只眼

《每周评论》第五号

1919 年 1 月 19 日

随　感　录

（一九一九年一月十九日）

国民大会

　　国民大会，必须经过合法的手续，方能成立，断不许所谓名流私人集合可以冒充的。最奇怪是朱代表电请国务院派周自齐、林长民到南方筹办国民大会。分明由政府委员组织私人团体，硬说是国民大会，硬说是有仲裁两方面争执的资格，恐怕国民不能承认罢。

鸦片与纸票

　　上海烧了存土一千多箱，北京中交纸票渐渐涨价，总算是现政府办了两件差强人意的事。但是甘肃、陕西、云南等省，仍旧烟苗遍地；丘八贩烟土，无人敢问；吗啡的坏处，比鸦片还要厉害；湖南、湖北的纸票，真是商民的大害：像这些事，才是政府分内应该办理的。比那异想天开的重道德尊孔教的命令，正当得多，有益得多。

署名：只眼

《每周评论》第五号

1919 年 1 月 19 日

烧 烟 土

（一九一九年一月二十六日）

此次烧毁上海存土，我总以为是正当办法。第一理由，就是可以表示政府禁烟的决心。第二理由，就是这种害人的毒物，除去一点好一点。但是有许多人主张不烧，把他送给欧美红十字会。他们主张的理由，是说把许多值钱的烟土，平白地烧了，不合经济原则。我说这土若不烧毁，万一私下卖出去，吸烟的人越多，国民生产力越发低减，这又合经济的原则吗？

有的人说：各省烟苗和存土多得很，单烧这点土没用处。我说：不然，譬如有人说，世上做恶事的人多得很，我从前做这点恶事不打紧。像这种见解能算不错吗？

有的人说：把这土送红十字会，做欧战养恤伤兵的费，也算稍尽参战的义务，比烧了不好吗？我说：红十字会收了这大宗烟土，还是做药，还是卖给人吸呢？若说做药，拿许多烟土来做药，真是骇人听闻。税务司答万国禁烟会代表徐维绘的话道："把关栈中充公司私土，赠送诸协约国红十字会，已绰乎有余。"若是还卖给人吸，这种参战的义务不尽也罢。

最奇怪是讲礼法道德的康南海，也反对焚土，打电报给政府，说什么"政贵有渐"，"果决非行人之宜"。又说"验土恐展转株连，将别成巨案"，主张把存土分送罗斯福的家属，和红十字会，其余的用作赈济川湘难民，立大学，开马路。我不说别的刻薄话，只问康先生一句，应该用什么方法，把烟土变成金钱，来做这许多好事？

令人万分难解的，就是以禁烟为目的之万国禁烟会和普益禁烟会，也反对焚土。那普益禁烟会的代表肖同荣，公然在会场偷取烟土。这事如若不假，他们反对焚土的意思，大家就应该明白了。

又有一种反对焚土的见解，说是上海存土，已经有短少掺假的弊病，现在想烧了灭迹。中国官场作弊的本领太大，肖同荣偷土的事，正是因他查得太严，故意栽诬他的。所以不如送给红十字会，将来还可以发见存土损失的证据。这种理由，颇有研究的价值。但是我也有几种疑问：

第一，除唐少川的电报有"隐没贿据之疑问"外，其他团体，并没有堂堂正正发表存土的黑幕，主张必须交红十字会，方免烧土灭迹的疑问。

第二，康南海反对焚土电中，说"验土恐展转株连，将别成巨案"，却是烧土反不能灭迹的见解。

第三，肖某偷土既是打算焚土灭迹的人的栽诬，他何以不发表焚土灭迹的黑幕？何以普益禁烟会长声明："肖同荣原非本会中人，更无所谓本会代表，只据以伊系属土商出身，经人介绍为临时监视员"呢？

第一，我们希望的，是监视焚土的各团体，若真正见的焚土是隐没贿据的奸计，何妨明白反对，不必支支吾吾说什么"损失巨款""废物利用"的话。

第二，是政府的委员，要发点天良办理此事。不要因为贪贿赂或是怕得罪人，拿焚土禁烟的好名义把官场黑暗史上添一段纪事。

署名：只眼

《每周评论》第六号

1919 年 1 月 26 日

请问蒋观云先生

（一九一九年一月二十六日）

国事这样纠纷，立在主人地位的国民，理当出头过问。所以开合法国民大会的办法，我们并不反对。但是蒋观云先生寄某君的信中，所论国民大会，我们颇有不解的地方，现在写出几条，要请蒋先生指教：

一、先生所主张的国民大会，是合法的选举组织，还是不经过选举的自由集合？

二、选举的组织，自然是合法。但是中国土地如此之大，人口如此之多，交通如此不便，若候国民大会来解决时局，是否时势所许？

三、若是自由集合，这会员的资格，是如何规定，从何处得来？国民有可以不守法律的万能吗？

四、若由教育会、商会、省议会，推选野贤组织，那非教育会、商会、省议会的国民，便没有推举代表的资格吗？那在野而不贤的老百姓，便没有说话的资格吗？这贤不贤的标准，又是何人用何法来核定呢？

五、若是野贤自由集合的团体，便打起国民大会的招牌。那我们各党各派非野贤的老百姓，都也来集合一个国民大会。那时有了《双包案》《三包案》的国民大会，好说哪个是真哪个是假呢？

六、蒋先生自己说"其意以为共和国家，主权在民。议员为人民代表，不许更有第二种人主持国是。吾以为共和国家，论理此言极是。"何以又骂他们是"议员皇帝"呢？

七、集会演说，做报评论，发电主张，不都是老百姓讲话的法子吗？何以必须设个非法的国民大会，才算是能讲话呢？

八、老百姓的发言权，固然无人能来剥夺，但是一部分的老百姓可以自居为全体老百姓来发言吗？

署名：只眼

《每周评论》第六号

1919 年 1 月 26 日

我的国内和平意见

（一）先决问题

国内政治问题，或者是希望根本解决，造成永久的和平。或者是希望用和平方法，调解目前的政局。这两种的主张虽然不同，而放下战争的方法，用和平会议的方法来解决时局，算是全国一致了。

既然是全国一致赞成的和平会议，无论它组织的方法如何谬误，在政治史上总是一桩大事。我很尊重它，又很希望它，所以在各种问题之外，提出这先决问题。因为这种问题若不首先决定，这和平会议便没有成立的理由，和成功的价值。

第一先决问题，就是北方不要固执"中央威信观念"，南方不要固执"单纯的绝对的护法观念"。在政治学词典上，我们查不出"威"字的解说，这是不必讨论的了。说起这"信"字，却是政府存在的重要条件。像那曾经政府公布的约法和他种法律无论好歹，未经取消以前，都应该有效。又像那政府发出的纸币，写在纸面上是壹圆，收入的时候，也应该算壹圆。这才是政府的信用，应该保全的。如今那班督军们，不听政府命令，不守法律，自由行动。纸币壹圆用出，五六角收入。中央威信已经扫地，单单的为议和平统一起见，对于南方的要求，就要拿中央威信来拒绝，这不是活见鬼吗？再说到南方的护法主义，法律是国家存立的要素，哪有反对护法道理。但护法不是单纯抽象的理论；无论什么事都可以拿它当作帽子来加上压人的。要说绝对护法，应该在具体的内容上，加以分析的实际的批评，才是道理。若是单用抽象的护法调头，当作压倒一切的万能利器，那督军团也时常拿"国法""法律"来吓人，能算他们是护法吗？而且国家成立和发达的要素，法律之外，还有政治。法律以外的政治作用，固然是不宜轻视的危险物。法律以内的政治作用，却是不可轻视的。在新国家组织未备时代，占重要的位置（我们不反对南京临时约法，正是这个理由）。所以我劝南方护法诸公，不要拿抽象的护法招牌，来压倒一切。要从具体的事实上，想想自己所作所为，有无再要他人来护法的地方。再想想除了法律问题以外，有无关系国家存亡的政治问题，比护法更加紧要？又再想想现在既不能达"武力解决"的目的，那"政治解决"的方法，是否应当采用？所以我以为南方对于"单纯的绝对的护法观念"，应有几分觉悟。况且世上一切的争端，到了双方都承认议和，便双方都到了半降服的运命，双方都默认了有让步的条件。若是双方都执要完全贯彻自己的主张，还是要武力解决，这和平会议便没有成立的理由。

第二先决问题，就是此次和平会议，应当把解决国家的重要根本问题，造成比较的永久和平为目的。不应当专在两方利害冲突的问题上着眼。两方的代表，应当打破代表南北当局的观念，应当发挥代表多数舆论的精神。若是因为发挥这种正大的精神，就是南方代表附和北方代表，北方代表附和南方代表，都不算失职。诸位代表先生们，若是把国家观念抛在九霄云外，把自己的身体和灵魂，都囿在"南北代表"四字以内，那一寸目光，转来转去，不离两方当局的利害（就是总统、副总统巡阅使督军善后军费等）。诸位中我虽有些朋友，也顾不得要送上一个徽号，叫做"南北当局的差官"，不能算是和平会议的代表。这会议也只好叫做"分赃会议"，不配说是"和平会议"。像这种分赃会议，在政治史上有丝毫价值吗？

（二）废督问题

废督军的办法，无论本国人或外国人，除了和他饭碗有关系的朋友，可以说无人不赞成。我对于这个问题，不但是普通赞成，更是特别赞成。普通的赞成，不过把废督看作军制上行政上的问题。我却把废督看作政治上国家存亡的重大问题，在一切政治法律问题之上。因为督军制度若不废去，无论中央地方，无论南北都是武人世界，一切政治法律，无非是些空谈。试问袁世凯死后，约法国会不都恢复了吗？后来怎么样呢？而且武人干涉政治，不但共和宪政不能实行，就是君主政治也不能成立。那唐代末年的藩镇，不正是榜样吗？

现在有一班拥护督军的朋友，看见主张废督的声势很大，面子上不好反对，便转一个弯，假藉那"军民分治"的招牌来搪塞。大家要晓得"军民分治"，乃是数年以来流行的政界一个极

不通的名词。要拿他来代替现在的督军制度，正是拿半斤来换八
两了。这是什么缘故呢？

　　第一在理论上，"军治"二字不能成立。国家的海陆军，都
是为对外的国防而设。至于对内，非因特别事变发生，是不能时
常使用的。所以军人除了治军以外，不治别的什么。那军人除治
军以外还要治民的"军治"制度，古今中外，只有三种。一是
封建时代的国家，一是革命时代的临时组织，一是统治殖民地的
制度。除这三种之外，"军治"制度，万万没有存在的理由和事
实。现在的中国，当然不是封建时代。督军制度，固然是辛亥革
命以来的产生物。但是现在革命时代已过，此种临时组织，当然
是宪法时代所断然不容存在的了。至于现在欧美日本各国统治殖
民地的制度，像那印度总督，香港总督，安南总督，爪哇总督，
菲律滨总督，台湾总督，朝鲜总督等，固然都是"军治"制度。
但是他们这种制度，乃是战胜民族，对于被征服的殖民地的法
子。我们若是采用这种制度，试问谁是战胜的民族（清室已经
退位，难道在清朝做过官带过兵的，就是战胜的民族吗）？谁是
被征服的民族？各省是谁的殖民地？我们被征服的小百姓固然程
度不高，你们自居战胜的伟人阔老们，也要拿把镜子，照照自己
又是怎样一副嘴脸！

　　第二在事实上，"军民分治"四字不能成立。地方行政，有
了省长的民治，便无需督军的军治的，有了督军的军治，那省长
的民治，便是军治的附属品，断然不能独立自主。试问现在各省
的省长，有一个不是受督军指挥的秘书长政务厅长吗？有一个算
得是独立自主的行政长官吗？省长既不能离开督军，独立自主办
他的民治，这分治二字，是怎样说法呢？又有人说，若是实行督

军专管军事，省长专管民事，这不是军民分治吗？我以为这也是似是而非的话。军政长官若是专管军事，不问地方上的民事，那只可以叫做第几师的师长第几旅的旅长，断不能叫做某省的督军。师旅长所管是不分省界对外的国防军队，省长所管是划分省界的民政，这两样本来性质大不相同，只可叫做军民分"职"，不能叫做军民分"治"。照以上的理论和事实，断然不能拿军民分治的谬论，来保存这妨碍国家统一地方发展的督军制度了。

又有人说，废督的理由，固然充足。怎奈现在各督军的势力很大，事实上恐怕做不到。我以为却不尽然。这也可分为理论事实两方面的讨论。在理论上说起来，处置国事不像处置家事，应该大刀阔斧的，只问应做不应做，不问能做不能做。况且南北两方的当局，若是没有能力解决这一问题，还有脸争着做总统，做总理组织政府吗？全国的国民，若是没有能力解决这个问题，还只望在世界上组织一个共和立宪的国家吗？

在事实上说起来，南方各督军，既然以护法自命，这种不合法治的制度，总应该不主张保存的了。北方各督军像李纯、陈光远、王占元、鲍贵卿诸君，平时都很明白，总也能为大局牺牲个人的位置。至于安徽倪督军陕西陈督军湖南张督军，他们钱也刮够了，恶也作满了，藉这机会回家享福，总算他们的运气好，也未必定要不到黄河心不死。况且这次取消督军，是制度上的改革，不是同个人过不去，也未必就会激成变故。若是他们定要把持权力，不顾大局。我们国民也应出点血汗，救出这军政统治之下被征服民族的地位。若是我们国民没有自救的力量，就用最后手段来请外国干涉，也未始不可。因为这种出于国民自动外国好意的干涉，虽然失点虚面子，却受了实在的利益。若是恐怕损失主权，宁可容忍这妨害国家发达的督军存在，不情愿叫外国干涉。我断定将来兵日多，民日穷，政治越弄越糟，那实在的最大的损失主权之运命（就是亡国），不久便要落在我们富于虚荣、爱国心的国民头上！

我希望和平会议，劈头第一件就提出这废督问题。此事倘能办到，不但在政治史上开一新纪元。就是这次会议里不易解决的闽陕问题、各实力派地盘问题、罪魁问题、裁兵问题，都因此容易解决了。我更希望最贤明的云南唐督军，江苏李督军，出来极力提倡，以身作则，免得将来外国干涉，那就造福国家不浅咧。

废督的问题倘能决定，还有和这问题相联、应该注意的事：

一是如今不是驻防时代，各省的巡阅使、护军使、镇守使（应该和督军）同裁撤。北京的将军府，没什么职权，若是为安插裁撤的督军计，暂时存留到未始不可。否则也要撤。

二是废督后各省的军队，都应该改归中央政府的陆军部直辖，按数目字的顺序编定各师各旅的名称，万万不可分属各省。像那振武军安武军毅军荣字军等特别名目，更当一概取消。至于那不能编入正式军队的兵，只好遣散。这时陆军部的职权颇重，应当择那党派彩色稍淡的人做总长，才不启各省各派军人的猜疑。

三是废督后的军制，应该以师为单位，军长军司司令部，多是战争中临时组织，平时无设置之必要。就是因为敷衍几个资望较高的军人，不得不设立军长。也只能按着数目字的次序，叫做第一军第二军等，直隶中央政府。万万不可合几个行政区域划分军区，设立军区长。若是划分军区设立军区长，不叫做第几军军长。这便是恢复前清总督制度，这便是改每省一个小督军为数省一个大督军，这便是明白承认军人对于地方有管辖区域，这更是增加军人的大权，种下藩镇割据的祸根。近几年"划分军区"和"军民分治"都是很流行的时髦名词，其实都大错而特错。

四是师司令部或军事司令部，均不可设在省城及商埠。

五是各师旅的军饷，通由陆军部直接发给，不可向省长取用。

六是已裁的督军不可改为省长。就是不得已改为省长，也不可将他原有陆军改为警备队。倘用这种换汤不换药的办法，废督等于不废。

七是交通部应当通饬各处电报局，以后除了紧急的军事，凡是军人发议论的通电，无论是非，一概不准传达。我们新闻记者，就是见了这种电报，也不该登在报上替他们传达。

（三）裁兵问题

照我们的理想，是反对战争，是完全去兵的主义。现在让一步说，就算战争一时仍不能免，兵是不能全去。但是中国此时的军队不但兵数太多军费太大，我们国民担任不起。而且这全国无教育的兵队，哪个配说是国防的正式军队，能够和外国打仗呢？国民拿出无数的血汗钱，来养这不能打仗，不能为国防，而且扰乱安宁秩序的军队，倒是图什么呢？所以就地方安宁秩序说起来，就国民担负说起来，就国民生产力说起来，就整顿真正能为国防的军队说起来，都不能不将现有的军队全数裁去。至于正式的国防军队，只好日后另起炉灶，眼面前不必谈起。但是裁兵的理由，人人都晓得的。至于裁兵的办法，我却有几条意见，现在说出来和大家讨论讨论。

一、全国军队同时裁去，这是事实上断然做不到的事。如此必用分期裁减的方法。此时全国兵数约在百万内外。半年裁一次，一次裁十万，五年可以裁尽。

二、裁兵的次序，第一二期应该先裁此次南北开战以后新招的兵。像那国防军振武新军续招的军，更是不用说的了。第三四期应该裁的就是未曾编成正式的军队，像那定武军安武军营字军毅军等是也。第五六期要裁并的，乃是服装器械不完全的正式军队。第七八期就裁并那教育不完全的军队。最后就裁并那军官们军事教育不完全的军队。这时剩下的，或者可以加入新征募的编为正式陆军。

三、五年期内应当在中央政府常设一裁兵委员会。南北派出人数相等的委员，协商两方平均应裁的兵数，免得歧轻歧重，大家怀疑。

四、被裁的兵官，应该有相当的年俸。被裁的兵，应该有相当的遣散费。

五、移到边地开垦，开工厂令他们做工，送到外国做工，这些法子都比给费遣散好。

六、被裁的兵，万万不可改为警察或民团。

七、有地方自治会的议决，可以办民团，军械调遣都由地方官监督。那省长和县知事的警备队，万万不可以存在。至于地方上的治安，小事有警察，大事有民团，再大的事有正式军队，用不着什么警备队。

八、全国的兵工厂，应该统归中央政府的陆军部管理，不得分属地方。

九、未裁的兵，都应该改归中央政府管辖，重新按照部章编制。不可分属地方，加以某省的某师某旅某军各种名目。

十、五年裁尽后，倘然仍有军备的必要，那时精选有适当军事学的军官，重新创设常备陆军，也不算迟。至于那兵的来路、我很赞成前清末年半征半募的方法。因为这个方法并非是强迫兵役，而可以得到曾受教育的兵士。至于兵数，最多不能出二十师。因为服装器械教育完全的军队，那费用比现在的叫花子军队要多好几倍。二十师果然都是精兵，便和日本此时的兵力相等。至于对内，若是交通发达，便不必多养兵。

若是不能裁兵，不但国民的生计不了，这武人的特殊势力，更无法取消。这种特殊势力倘不能根本取消，去了袁世凯，又来了段祺瑞。去了段祺瑞，又来了陆荣廷。去了陆荣廷，以后还有无数的袁世凯、段祺瑞、陆荣廷，凭藉这为虎作伥的丘八爷，造成特殊势力，来扰乱政治。若是抛弃舆论的潜势力，藉重武人的特殊势力，无论违法护法都是对人问题，都是一丘之貉，都是共和宪政的根本障碍。

（四）国防军问题

在表面上看起来，国防军也是国内一种军队，应当裁去与否，可以和他种军队一样，归在裁兵问题内一同讨论。但是那里面复杂的情形，关系内政外交都十分重大。在和平会议，断不能不当作一个特别问题提出来研究的。

在内政上说起来，全国的海陆军，都是为国防用的，都应该归陆海军部节制。现在的国防军，单归一派人专利，而且不受陆军部的节制，和从前段祺瑞所反对的袁世凯的模范团是一模一样的。像这种有特别权力的国防军，不但南方不肯承认。就同是北洋的他种军队，也未必甘心容忍这种"只此一家并无分铺"的办法。而且此次南北战争，固然因为护法。其所以造成护法战争的原因，乃是段祺瑞用武力破坏国法压迫南方的政策。现在段氏的政策既然不行，要让徐东海来用文治主义调和南北，以谋统一。那段氏当然要因为误用政策，负责而去，不干预政权才对。若是用换汤不换药的法子，由内阁一变而为参战处，再变而为国防军，大权独揽，雄视北方，中央政权，隐为操纵。在南方看起来，未免和当初战争目的太不相合。若是照这样议和下来，恐怕国防的效力和南方人政治活动的生机，都仍旧放在断头台上。南北和平统一的希望，难保不因此决裂。在北方看起来，陆军部国防军都在一系势力支配之下，不但别系的人不能安心，就是徐东海的政权，也恐怕朝不保夕。这都是国防军若不取消，在内政上必然发生的恶果。

在外交上说起来，原来这国防军，就是参战军的改名。参战军想受日本兵器兵费的接济，便不得不受中日军事协定的约束。说起军事协定，国民可为寒心。这件事原来是中日两国军阀野心的结托，假参战为名，一方是打算握大陆的兵权，一方是打算做国中的霸主。一个愿打，一个愿挨，所苦的就是我们四万万被卖的人民。幸而欧战停止，参战军未能扩充，两国的军阀，还没有十分如愿。然而这国防军仍然是军事协定的余毒，所以顾、王两使要宣布那军事协定的秘密，两国的军阀都慌做一团。试问若没什么秘密不可告人的事，就是宣布又怕什么。这件事并不是我信口开河，请看本月初十的日本东京朝日新闻曾说道："中日间现存的秘密协约和秘密决定，倘经中国委员在巴黎媾和会议提出，这都是前内阁援段主义的余殃。中日亲善上又筑一极大的沟渠，实在不胜遗憾。中国北京军阀派段、张、倪、徐等，不察世界大势，还想提用前内阁时代所缔结参战借款的余额一千七百闹到俄、德两国的现状，没有你们什么好处。我们更要奉劝段氏，他本来是位老实很有人望的军人，何苦始终为人利用，留下子孙万代误国的恶名！"

（五）国会问题

和平会议里的国会问题和宪法问题，都是法律问题。讨论这等问题之先，要简单说点我对于法律的见解。我虽不藐视法律，也断然不迷信法律。我觉得这组织复杂的人类社会，除了国家制度以外，有许多用不着法律的地方。就是国家制度之下，那法律的用处和好处固然很多。而法律黑幕底下所藏的罪恶，也不算少。但是就国家制度和作用或人类社会他种结合看起来，若是没有法律来拘束人类行为的表面，那种争战状况，恐其比现在法律底下所藏的罪恶还要可怕。所以我以为在社会的里面，固然不能说法律万能。而社会的表面，却不能不尊重法律的假面。倘撕毁了这假面，我们利己损人的本性，更难以制止了。

假定这种见解，若不十分荒谬，这南北争持的国会问题，便容易解决了。解决的方法，就是北方应该用法律改变法律，不可完全拿一方面的事实，来破坏法律的假面。南方也应该只要保全法律的假面，不必完全拿一方面的理论，来束缚事实，造成破坏法律假面的时势。若是连法律的假面都不要，那便是专制，便是野蛮。若是以法律的假面为不足，定要死守刻板的法律，那便是司法界的法律，不是立法界和行政界的法律。两方面倘若都有这种觉悟，那国会问题，不就容易解决了吗？

新国会没有法律的根据，当然不能存在。若用特殊势力改变法律叫他存在，那么甲种特殊势力可以改变法律，同时乙丙丁各种特殊势力都可以改变法律。今日特殊势力可以改变法律，异日连续无穷的特殊势力都可以改变法律。撕破法律假面的国家，当然有这种紊乱的政象。若想保法律的假面，若想免紊乱的政象，若想谋永久的和平，这新国会断然不能不牺牲的。因为民主国法律假面的作用，和君主国皇帝的假面一样，若撕去不用，便无法统一这用强力相争的政局。

旧国会虽被非法解散，其精神上的生命，依然存在。现在反对旧国会存在的，也有几种理由，分别评论如下：

最普通流行的议论，是说按照法理，旧国会固然应当恢复。怎奈北派军阀绝对不赞成，事实上如何能恢复呢？我以为就是抛弃法理单说事实也不能说旧国会绝对不可恢复。因为北派军阀反对恢复国会固是事实，南派军阀主张恢复国会也是事实。两个事实相消，一方面的事实，便不能当做充足理由了。

其次的说国会一经解散，和人死不可复生一样。我以为非法的解散与合法的解散不同。集合体的国会和有机体的生物不同。人死不可复生，因为自然界的生物没有复生的可能性。国会虽解散，不能说人为的集合体没有恢复的可能性。

又其次的说议员已满法定期限，还要继续补足那未能行使职权的日期，各国无此前例。我以为这种见解，对于众议员虽有点理由，对于最近改选三分之一的参议员，却是如何说法呢？

在消极方面看起来，这几种反对旧国会存在的理由，我都以为不大充足。但在积极方面，倘能够不撕破法律的假面，而可以消灭旧国会，我也未尝不赞成。现在再将各种处置旧国会的方法，分别评论如下：

主张最多最时髦的，就是新旧国会同时消灭，再用旧法招集新国会。我以为这话大大的不对。如今且不说照约法国会非法解散当然无效的话。现在不是革命开国时代可以先有政府后有国会，试问用旧法新招的时候，倘不撕破法律的假面，这招集国会的合法政府如何产生呢！

有人主张由和平会议修改国会组织法，然后由新法招集国会。这话更说远了。照这样办法，不但招集国会的政府无法产生，而且用非法机关变更法律，恐怕说不过去罢。

有人主张由和平会议承认一临时政府，由这临时政府用旧法招集新国会。我要请问和平会议这种特权，是何人所予？从何处得来？若照这样撕破法律假面的办法，自然是容易解决。

又有人主张把新旧国会合并起来，选举总统制造宪法，然后再按宪法招集新国会。我以为这种主张，更是奇怪，在理论上新国会无法律的根据，且凭空增加议员额数，旧法便完全破坏。在事实上这两种国会议员，如何能合在一处行使职权呢？

又有人主张新国会不必解散，惟在旧议员中或旧议员外加选西南几省议员，就算正式国会。这仍是保存新国会的办法，虽然是比现在各省议员的人数完全，而破坏法律假面的缺点，仍然如故。

以上各种主张都行不过去，除了由和平会议承认旧国会继续存在，没有办法。因为旧国会在法律上本来存在，但只除去政治上不能行使职权的障碍，便能在中央政府自由集合，无须招集。我们并非爱惜旧国会，不过爱惜法律的假面，主张用法律改变法律，不赞成用非法手段，轻轻将他消灭，种下国家无穷的祸根罢了。

我们一方面固然希望反对旧国会的人，不要拿一方面的事实破坏法律假面。一方面也希望议员诸君，因为要保全法律的生命，不妨权且让事实的势力在法律假面底下活动。因此我以为旧国会固应当恢复。但是恢复之后，议员诸君也应该有几项公认的条件：

一、在广州续补的议员，不经过合法的手续，恐怕不能有效。

二、恢复后专办选举总统议决宪法二事，此外法律问题政治问题，都让下次国会讨论。

三、总统问题，只好迁就法律假面底下的事实势力，不可用理论来改变已成的事实。

四、关于宪法上前次争论未决的问题，研究国民两系，应该有互相让步的精神，好叫宪法早日成立。

五、参议院存废问题，应该用法律改变法律的手段，由国会本身解决。原来两院议员都从同一阶级的人民中重复选出（欧洲和日本的两院制，多半是贵族非贵族的区别。美洲上院是代表联邦。中国既非联邦，又无贵族，实无两院之必要。或者参议院由有产阶级选出，另用普通选举法，由无产阶级选出众议员，倒是和缓社会革命一种法子。但是这种制度，欧美各国尚未能行，中国人听了更要害怕，所以现在也不必提起）。所以参议院实没有存在的必要。若由国会本身解决，改两院制为一院制。转瞬众院期满，再据宪法招集新国会，那历年纠纷难解的国会问题，不就根本解决了吗？

若不照我们这样主张，一方面定要撕破法律的假面，抵死不肯恢复旧国会。一方面不但要保全法律的假面，并且不承认法律假面底下的事实势力。漫说这都是办不到的事体，就是眼前勉强办到，成就了暂时的小和平，恐怕要酿成将来大不和平，请和平会议南北代表诸君十分注意！

（六）宪法问题

现在和平会议里所谓宪法问题，乃是制宪问题，不是讨论宪法的内容。我们倘有丝毫尊重法律的观念，前次宪法会议二读会通过的宪法，当然有效，这制宪问题，本来不应该发生的。万分想不到我们只顾自己的主观不顾法律客观的中国人，对于大部分已成的宪法，忽然不算，竟提出另外制宪问题。

我第一请问的，就是全国公认的正式国会所组织的宪法会议二读会所通过的宪法，有什么理由可以根本取消？若说有不满人意的地方，你们要晓得世界上就再过一万万年，也没有完全满人意的事，何况我们幼稚时代的立法事业。若是因为不满人意，就要根本取消，便永远没有公布宪法的日子。况且你们所谓不满人意的地方，尽可用合法的手续，一部分一部分的渐渐改造，也断没有轻轻的将全案一笔勾销，另起炉灶的道理。为那几条无用的宪法，也不知闹了多少闲气，才好容易通过了二读会。如今又要废掉从头再来一回，何以慰国民和友邦对于中华民国宪法成立的热望？

第二样要请问的，若废去已成的基础，另由新国会制宪，这新国会的本身有没有法律的根据？若在国会以外另创制宪机关，是否违法？

国会议宪的权柄，根据约法。非由国会用制宪的手续修改约法，当然不能在国会以外另设制宪的机关。约法诚然不满人意，他成立的手续诚然不完备。但是当时没有第二个合法的立法机关，自从开国以来，又没有第二种根本法。未经合法的手续修改以前，这约法当然完全有效。若随意说他无效，试问民国八年以来，根据约法所发生的对外条约对内法令有效无效呢？我想除了袁皇帝的余孽以外，没有人能说约法无效的。约法既然有效，旧国会便无法解散，国会制宪的权柄，也无法取消。

有一班人主张宪法应当由国民自己制定，不能委之国会。因为国会有政党作用，他们议定的宪法，是合于多数党的意思，不合于全国国民的意思。这话却似是而非：试问国民制议，是国民直接行动呢？还是用代表的方法呢？若是主张国民直接行动，我却十分赞成，这种办法若当真实行起来，恐怕他们要吓死。若是仍旧选举代表来组织一个制宪机关，却仍免不掉政党作用，和国会的性质和形式有什么分别？

署名：只眼

随 感 录

（一九一九年二月九日）

呜呼特别国情！

租界上的领事裁判权和警察权，海关的协定税法，世界上受外国这种不平待遇的，现在只有我们中国一国。若问各国何以待我们这样特别，他们必定爽爽快快答道：就是你们常说的"中国有特别国情"的缘故。

公理战胜强权

我们对于参战，简直算没有出力。如今若在和平会议席上，提出无数的要求，固然可耻；但是在各国方面，要把这个理由来拒绝中国，难道公理战胜强权的解说，就是按国力强弱分配权利吗？

揭开假面

协约国攻击德国的旗帜，就是"公理战胜强权"。如今那海洋自由问题，国际联盟问题，巴尔干问题，殖民地占领问题，都是五个强国在秘密包办。至于弱小国的权利问题，缩小军备问题，民族自决问题，更是影儿没有。我们希望这公理战胜强权的假面，别让主张强权的德意志人揭破才好。

谁的罪恶？

政府令军警督察处检查军人私贩烟土，总算胆子不小。这位不会做官的马处长，却当真的去严行搜查；查出贩土的人不是师长的兄弟，便是阔人的马弁，弄得没有办法，听说要想辞职。禁烟本是一件好事，马处长总算一个好人，好人竟办不下这好事，请问是谁的罪恶？

威　大　炮

有一班人因为孙中山好发理想的大议论，送他一个诨名，叫做孙大炮。威尔逊总统的平和意见十四条，现在也多半是不可实行的理想，我们也可以叫他做威大炮。

公 理 何 在

此次欧洲的大战，比利时真是义侠可风，牺牲的程度也算不小。如今会议席上，五强国竟垄断起来，可怜吃了千辛万苦的比利时，竟做了门外汉，连日本也比不上，试问公理何在？过激派的行为，纵或有不是的地方，但是协约国把他们破坏俄、德两大专制的功劳，一笔抹杀，又试问公理何在？德皇未败以前，反对战争始终不屈的，只有李普克尼希一派，从前附和德皇的人，如今却逼迫李普克尼希，而且加害他的生命，又试问公理何在？

光明与黑暗

近来日本黎明会里的人，是抱着"反对军阀专制，资本家专制"的新思想。反对他们的守旧党，就是黑龙会里的人。这两边一黑一明的旗帜，倒也鲜明。

特 别 国 情

前筹安会的重要职员景耀月，近来发布他在国民制宪倡导会招待席上的演说。大意说是宪法要按照一国的历史、习惯、民情、风俗，特别制定，不可模仿欧美的成法。我看什么共和，什么宪法，都是欧美人特有的制度。按照我们中国的历史、习惯、民情、风俗，都不必勉强学他。我劝景某还是拿古德诺"特别国情"的话头，去鼓吹帝制罢；何苦谈什么共和国的宪法呢？

署名：只眼

《每周评论》第八号

1919 年 2 月 9 日

再质问《东方杂志》记者

（一九一九年二月十五日）

记者信仰共和政体之人也，见人有鼓吹君政时代不合共和之旧思想，若康有为、辜鸿铭等，尝辞而辟之；虑其谬说流行于社会，使我呱呱坠地之共和，根本摇动也。前以《东方杂志》载有足使共和政体根本摇动之论文，一时情急，遂自忘固陋，竟向《东方》记者提出质问。乃蒙不弃，于第十五卷十二号杂志中，赐以指教，幸甚，感甚。无论《东方》记者对于前次之质问如何非笑，如何责难；即驳得身无完肤，一文不值，记者亦至满意。盖以《东方》记者既不认与辜鸿铭为同志，自认非反对臣权自由，自认非反对立宪共和；倘系由衷之言，他日不作与此冲突之言论；则记者质问当时之根本疑虑，涣然冰释，欣慰为何如乎。惟记者愚昧，对于《东方》记者之解答，尚有不尽明了之处；倘不弃迁笨，对于下列所言，再赐以答；则不徒记者感之，谅亦读者诸君之所愿也。

（1）辜氏著书之志，即在自炫其二千五百年以来君道臣节名教纲常等之固有文明，对于欧人元君臣礼教之伦理观念，加以非难也。《东方》记者既郑重征引其说，且称许之，则此心此志当然相同。前文设为疑问者，特避武断之态度，欲《东方》记者自下判断耳。不图东方记者乃云："夫征引辜氏著作为一事，与辜同志为又一事；二者之内包外延，自不相同。"此何说耶？夫泛泛之征引，自不发生同志问题。若征引他人之著作，以印证自己之主张，则非同志而何？譬若记者倘征引且称许尼采之"强权说"或托尔斯泰之"无抵抗说"，当然自认与尼采或托尔斯泰为同志，以其主张之宗旨相同也。记者未云：辜鸿铭主张君臣礼教，《东方》记者亦主张君臣礼教，由是而知《东方》记者即辜鸿铭。且并未云：《东方》记者乃辜鸿铭第二。但以《东方》记者珍重征引辜氏生平所力倡之言论宗旨，且称许之，遂推论其与辜为同志。倘谓此二者内包外延自不相同，所推论者陷于谬误；则此等逻辑，非记者浅学所可解矣。

（2）德国政体，君主政体也；孔子伦理，君臣等之五伦也。君臣尊卑者，孔子政治伦理之一贯的大原则也。辜鸿铭、康有为、张勋皆信仰孔子之伦理与政治，主张君主政体者也：此数者本身之全体，虽为异物，而关于尊重君主政体之一点，则自然互相连缀；《东方》记者倘承认吾人思想域内有观念联合之作用，自不禁其并为一谈。德国政体，君主政体也；孔子伦理，尊君之伦理也。此二者，当然可并为一谈。辜鸿铭所主张之孔子伦理，尊君之伦理也；其所同情之德国政体，君主政体也。此二者，当然可并为一谈。辜鸿铭之所言，尊孔也，尊君也。张勋之所言，亦尊孔也，尊君也：此二者，更无不可并为一谈。孔子伦理，尊君之伦理也。张勋所言所行，亦尊君也：当然可作一联带关系。此数者，关于尊重君主政体之一点，乃其共性；苟赞同其一项者，则其余各项，当然均在赞同之列。诉诸逻辑，"凡尊崇孔子伦理，而不赞同张勋所言所行，为其人之言不顾行者也"。《东方》记者对于前次之质问，未曾将此数项所以不能并为一谈之理由，及各项中赞同者何项，不赞同者何项，一一说明。但云："对于《新青年》记者所设问题，以为过于笼统，不能完全作答。"《东方》记者之答词，如此笼统；则《新青年》记者，未免大失所望。

（3）民权自由立宪共和与功利主义，在形式上虽非一物；而二者在近世文明上同时产生，其相互关系之深，应为稍有欧洲文明史之常识者所同认也；所谓民权，所谓自由，莫不以国法上人民之权利为其的解，为之保障。立宪共和，倘不建筑于国民权利之上，尚有何价值可言？此所以欧洲学者或称宪法为国民权利之证券也。不图《东方》记者，一则曰："欧美民权自由立宪共和之说，非功利主义所能赅括；吾国人之为此，则后于功利主义。"再则曰："夫批评功利主义之民权自由，非反对民权自由，批评功利主义之立宪共和，非反对立宪共和。"是明明分别功利主义之民权自由立宪共和，与非功利主义之民权自由立宪共和为二矣。以记者之浅学寡闻，诚不知非功利主义之民权自由立宪共和果为何物也。《东方》记者以应试做官之读书及金钱运动之选举，比诸功利主义之民权自由立宪共和，斯亦过于设解功利主义，拟不于伦矣。《东方》记者谓可以逻辑之理审察之，则所谓逻辑者，其《东方》记者自己发明之形式逻辑乎？否则应试做官之读书，乃读书者腐败思想；金钱运动之选举，乃选举中违法行为；功利主义之所谓权利主张，所谓最大多数之最大幸福等，乃民权自由立宪共和中重要条件；若举前二者以喻后者，为之例证，诉谓因明与逻辑，得谓为不谬于事实之喻与例证乎？

（4）通常所谓功利主义，皆指狭义而言；《东方》记者之所非难者，亦即此物，此不待郑重声明者也。惟广狭乃比较之词，最广与最狭，至于何度，是固不易言。余固彻头彻尾颂扬功利主义者，原无广狭之见存。盖自最狭以至最广，其间所涵之事相虽殊，而所谓功利主义则一也。《东方》记者所排斥之功利主义，与余所颂扬者虽云广狭不同；即至最狭，亦不至与其相反之负面同一意义。但在与其负面相反以上，虽最狭之功利主义，与《东方》记者所排斥者同一内包外延，余亦颂扬之。盖以功利主义无论狭至何度，倘不能证明其显然为反对之罪害事实，无人能排斥之也。倘排斥之，自不能不立于与其相反之地位。《东方》记者乃不谓此推论为然，且设一例证云："凡反对图利之人，即赞成谋害者；凡反对贪功之人，即赞成犯罪者。"此推论果合乎否乎？余则以此不足为非反对功利主义，即赞成罪害主义之证明。盖以功利主义与图利贪功，本非一物；若以恶意言之（既以其人谋利贪功而反对之，必其为不应谋而谋，不应贪而贪之恶方面也），且与功利主义为相反之负面。审是，则图利与谋害，贪功与犯罪，同属恶的方面，而无正负之分，固不能谓反对其一者必赞成其一；若夫功利主义之与罪害主义，为相反之正负两面，反对其一者为赞成其一，不容两取或两舍也。《东方》记者，以此例证批评记者推论之不合，合前条所举之例证观之，得发见其有一公同之误点。其误点为何？即《东方》记者不明功利主义之真价值，及其在欧美文明史上之成迹；误以贪鄙，不法苟且，势利之物视之；其千差万错，皆导源于此。《东方》记者，倘亦自承之乎？

（5）自根本言之，学术无所谓高深；其未普及之时，习之者少，乃比较的觉其高深耳。且今日柏格森之哲学，可谓高深矣；乃其在大学公开之演讲，往各国游行之演讲，听众率逾千人；贩夫走卒，亦得而与焉。此非高深亦可普及之例乎？况《东方》记者以高深学术为教育文化中心之说，记者本不反对。特以其专重高深之学，而蔑视普及教育，遂不无怀疑耳。明言"教育普及而廉价出版物日众，不特无益学术，反足以害之。"此非谓教育普及廉价出版物日众，为有害学术之事乎？谓为有害学术，非反对而何耶？不图《东方》记者复遁其词曰"所谓廉价出版物之有害学术者，自指勃氏所言之书报及坊肆中诲盗诲淫之书而言。"夫诲盗诲淫之书，与廉价出版非同一物，与教育普及更毫无关系。今反对诲盗诲淫之书，不知以何缘因而归罪于廉价出版？更不知以何因缘而归罪有教育普及？《东方》记者倘承认其因噎废食之推论为不谬，最好再归罪于苍颉之造字。《东方》记者强不承认明说"教育普及，廉价出版物日众，有害学术"，为反对教育普及之言，已觉可怪；复设一相类之例以自证曰："民国成立而定期出版物日多，言论荒谬，如某日报之鼓吹某事，杂志之主张某说。"云云。则此例中所指为言论荒谬者，自然指某日报某杂志而言。若以此例所言为"反对民国，反对出版物，以定期出版物为荒谬。"果当乎否乎？！

余以为《东方》记者此等例证，只益自陷于谬误而已，未见其能自辨也。此例之文倘改曰："自民国成立以来，定期出版物日众，其中佳者固多，惟言论荒谬如某日报之鼓吹某事，某杂志之主张某说。"此不过泛论当时出版界之现象，或无语病之可言；因其所谓荒谬者，乃专指某日报某杂志而言，与民国成立而定期出版物日多，不生因果联带之关系也。今《东方》记者所设之例，其本意之反对民国反对定期出版物与否不必论；第据其例词，显然以民国成立而定期出版物日多为之因，以某日报某杂志之言论荒谬为之果；二者打成一片，未尝分别其词，虽欲谓之非反对民国非反对定期出版物而不可得也。以此比证前例，亦以教育普及而廉价出版物日众为之因，以有害学术为之果，虽欲谓之非反对教育普及而不可得也。倘易其词曰："教育普及而廉价出版物日众，学术因以发展；惟若勃氏所言之书报及坊肆中海盗海淫之书，则不特无益学术，反足以害之。"使《东方》记者如此分别言之，不使海盗海淫有害学术之书，与教育普及廉价出版发生因果联带之关系，虽欲谓之反对教育普及而亦不可得也。

（6）学术之发展，固有分析与综合二种方向，互嬗递变，以赴进化之途。此二种方向，前者多属于科学方面，后者属于哲学方面，皆得谓之进步，不得以孰为进步孰为退步也。此综合的发展，乃综合众学以成一家之言；与学术思想之统一，决非一物。所谓学术思想之统一者，乃黜百家而独尊一说，如中国汉后独尊儒术罢黜百家，欧洲中世独扬宗教遏抑学术，是也。易词言之，即独尊一家言，视为文明之中心，视为文化之结晶体，视为天经地义，视为国粹，视为国是；有与之立异者，即目为异端邪说，即目为非圣无法，即目为破坏学术思想之统一，即目为混乱矛盾庞杂纠纷，即目为国是之丧失，即目为精神界之破产，即目为人心迷乱。此种学术思想之统一，其为恶异好同之专制，其为学术思想自由发展之障碍，乃现代稍有常识者之公言，非余一人独得之见解也。

《东方》记者之所谓分化，当指异说争鸣之学风，而非谓分析的发展；所谓统整，当指学术思想之统一，而非谓综合的发展；使此观察为不误，则征诸历史，诉之常识，但见分析与综合，在学术发展上有相互促进之功；而不见分化与统整，在进化规范上有调剂相成之事。倘强曰有之，而不能告人以例证，则亦无征不信而已。反之统整（即学术思想之统一）之为害于进化也，可于中土汉后独尊儒术，欧洲中世独扬宗教征之。乃《东方》记者反称有分化而无统整，不能谓之进步；且征引"中国晚周时代，及欧洲文艺复兴以后之文明，分化虽盛而失其统整，遂现混乱矛盾之象"以为例证。夫晚周为吾国文明史上最盛时代，与欧洲近代文明之超越前世，当非余一人之私言。不图《东方》记者因其学术思想不统一也，竟以"混乱矛盾"四字抹杀之；且明言以晚周与汉、魏、唐、宋比较其文明，不能谓其彼善于此；诚石破天惊，出人意表矣。即以汉、魏、唐、宋而论，一切宗教思想文学美术，莫不带佛、道二家之彩色；否则纯粹儒家统一，更无特殊之文化可言。盖文化之为物，每以立异复杂分化而兴隆，以尚同单纯统整而衰退；征之中外历史，莫不同然，《东方》记者之所见，奈何正与历史之事实相反耶？《东方》记者又云："至于文明之统整，思想之统一，决非如欧洲黑暗时代之禁遏学术，阻碍文化之谓，亦非附和雷同之谓。"按欧洲中世所以称为黑暗者无他，以其禁遏学术阻碍文化故。其所以禁遏学术阻碍文化者亦无他，乃以求文明之统整思想之统一故。夫统一与黑暗，皆比较之词；黑暗之处，乃以统一之度为正比例；一云统一，即与黑暗为邻，欧洲中世特其最甚者耳。《东方》记者倘不以欧洲黑暗时代之禁遏学术，阻碍文化为然，亦当深思其故也。《东方》记者以"孔子之集大成，孟子之拒邪说，皆致力于统整者"为高；复以"后世大儒亦大都绍述前闻未闻独创异说"为贵；此非附和雷同而何？此非以人间思想界为留声机器而何？

《东方》记者意谓：吾人在西洋学说尚未输入之时，本有圣经贤传名教纲常之统一的国是；今以西洋学说之输入，乃陷于混乱矛盾，乃至国是丧失，乃至精神界破产；遂至希此"强有力主义，果能压倒一切主义主张，以暂定一时之局"。此非禁遏学术阻碍文化而何？

　　《东方》记者一面言："吾人不宜仅以保守为能事。""西洋学说之输入，夙为吾人所欢迎。""尽力输入西洋学说。"一面乃谓："西洋在中古以前，宗教上之战争与虐杀，史不绝书；其纷杂而不能统一，自古已然。文艺复兴以后，思想益复自由；持独到之见以风靡一世者，如卢骚、达尔文等，代有其人；而集众说之长，立群伦之鹄者，则绝少概见。"（记者按：西洋学者，若康德、孔特、卢骚、达尔文、斯宾塞之流，莫不集众说以成一家言，为世宗仰；只以其族尊疑尚异，贵自由独到，不欲独定一尊，以阻碍学术思想之自由发展，故其新陈代起，日益美备。《东方》记者乃以其不独定一尊，谓为立群伦之鹄者绝少概见，其病在不细察文化之实质如何，妄以思想统一与否定优劣，不知适得其反也。）又谓："吾人今日在迷途中之救济，决不能希望于自外输入之西洋文明，而当希望于亡国固有之文明，此为吾人所深信不疑者。盖产生西洋文明之西洋人，方自陷于混乱矛盾之中，而亟亟有待于救济；吾人乃希望藉西洋文明以救济吾人，斯真问道于盲矣。西洋人之思想，为希腊思想与希伯来（犹太）思想之杂合而成；希腊思想，本不统一；斯笃克派与伊壁鸠鲁派，互相反对；其后为希伯来思想所压倒。文艺复兴以后，希伯来思想又被希腊思想破坏；而此等哲学思想，又被近世之科学思想所破坏；今日种种杂多之主义主张，皆为破坏以后之断片，不能得其贯串联络之法，乃各持其断片，欲藉以贯彻全体，因而生出无数之障碍。故西洋人于物质上虽获成功，得致富强之效，而其精神上之烦闷殊甚。"（按：《东方》记者所非难之西洋文明，皆在中古以前及文艺复兴以后，殆以其思想不统一之故乎？独思想统一之中古时代，则未及之。不知《东方》记者之所谓宗教上之战争与虐杀，正以正教统一，力排自由思想之异端，造成中古黑暗时代耳；此非中古以前文艺复兴以后之所有也。）似此一迎一拒，即油滑官僚应付请托者之言，亦未必有此巧妙也。若此等"战争与虐杀"之文明，"自陷于混乱矛盾"之文明，"破坏以后之断片"之文明，致"精神上烦闷"之文明，《东方》记者明知其不足为"吾人今日在迷途中之救济"，乃偏欲尽力输入而欢迎之；是直引虎自杀耳，岂止"问道于盲"已耶？《东方》记者其狂易耶？不然，明知"此等主义主张之输入，直与猩红热梅毒等之输入无异"。何苦又主张尽力输入而欢迎之？不更使吾思想界混乱矛盾不能统一，使吾精神界破产，使吾国是丧失耶？是则愚不能明也。

若云："西洋之种种主义主张，骤闻之，似有与吾固有文明绝相凿枘者；然会而通之，则其主义主张，往往为吾固有文明之一局部，扩大而精详之者"耶？若假定此等"丙种自大派"（见本志第五卷第五号五一六页第十三行）之附会穿凿为不谬，则《东方》记者所诅咒西洋文明之恶名词，皆可加诸吾固有文明之上矣。既认定其为吾固有文明之一部，且扩大而精详之，又何独以其在西洋而诅咒之耶？若云："尽力输入西洋学说，使其融合于吾固有文明之中"耶？将输入其同者而融合之乎？使其所谓同者为非同，则附会穿凿耳；使其所谓同者为真同，则尽力输入为骈枝，为多事。将输入其异者而融合之乎？则异者终不能合，适足以使吾人思想界增其混乱矛盾之度，非所以挽回国是之丧失，精神界之破产，而为吾人迷途中救济之道也。无已，惟有仍遵《东方》记者"不希望于自外输入西洋文明"之本怀，且用"强力压倒一切主义主张"之方法，使吾国数千年统整之文明不至摇动；则《东方》记者之主张，方为盛水不漏也。

《东方》记者又谓："民视民听，民贵君轻，伊古以来之政治原理，本以民主主义为基础。政体虽改而政治原理不变；故以君道臣节名教纲常为基础之固有文明，与现时之国体，融合而会通之，乃为统整文明之所有事。"呜呼！是何言耶？夫西洋之民主主义（Democray）乃以人民为主体，林肯所谓由民（by people）而非为民（for people）者，是也。所谓民视民听、民贵君轻，所谓民为邦本，皆以君主之社稷（即君主祖遗之家产）为本位。此等仁民爱民为民之民本主义，民本主义，乃日本人用以影射民主主义者也。其或径用西文 Dcemocoaracy，而未敢公言民主者，回避其政府之干涉耳。皆自根本上取消国民之人格，而与以人民为主体，由民主主义之民主政治，绝非一物。倘由《东方》记者之说，政体虽改而政治原理不变；则仍以古时之民本主义为现代之民主主义，是所谓蒙马以虎皮耳，换汤不换药耳。毋怪乎今日之中国，名为共和而实不至也。即以今日名共和而实不至之国体而论，亦与君道臣节名教纲常，绝无融合会通之余地。盖国体既改共和，无君矣，何谓君道？无臣矣，何谓臣节？无君臣矣，何谓君为臣纲？如何融合，如何会通，敢请《东方》记者进而教之，毋再以笼统贪混之言以自遁也。若帝制派严复"大总统即君"之谬说，乃为袁氏谋叛之先声；今无欲自称帝之人，《东方》记者谅不至袭用严说，重为天下笑欤！

就历史上评论中国之文明，固属世界文明之一部分，而非其全体。儒家又属中国文明之一部分，而非其全体。所谓君道臣节，名教纲常，不过儒家之主要部分而亦非其全体。此种过去之事实，无论何人，均难加以否定也。至若《东方》记者所谓：《新青年》于"共和政体之下，不许人言固有文明中有君道臣节名教纲常诸大端"，又云"固有文明中有君道臣节名教纲常诸大端，乃已往之事实，非新青年记者所得而取消。已往之事实既不能取消则不能禁人之记忆之称述之"，斯可谓支吾之遁词也矣。吾人不满于古之文明者，乃以其不足支配今之社会耳，不能谓其在古代无相当之价值；更不能谓古代本无其事，并事实而否认之也。不但共和政体之下，即将来竟至无政府时代，亦不能取消过去历史中有君道臣节名教纲常及其他种种黑暗之事实。若《东方》记者之所云，匪独前次质问中无此言，即全部《新青年》亦未尝有此谬说。前次质问中所谓：共和政体之下，君道臣节名教纲常，当作何解者；乃以《东方》记者力言非统整己国固有君道臣节名教纲常之文明，不足以救济精神界之破产，不足以救济国是之丧失，不足以救济国家之灭亡。然若实行以强力压倒一切主义主张，恢复君道臣节名教纲常，以图思想之统整，以救国家之灭亡；则无君臣之现行制度，不知将以何法处之？疑不能明，是以为问。非谓吾固有文明中无君道臣节名教纲常，而欲取消历史上已行之事实，禁人记忆之称述之也。《东方》记者所谓焚书坑儒；所谓前清专制官吏，动辄以大逆不道谋为不轨之罪名，压迫言论；此正君道臣节名教纲常时代以强力压倒一切主义主张者之所为；而混乱矛盾之共和时代，或不至此。公等倘欲享言论自由之权利而恶压迫，慎毋反对混乱矛盾之西洋文明，慎毋梦想思想统整，而欲以强力压倒一切主义主张以自缚束也。

（7）《东方》记者所谓"原文明言强有力主义之不能压倒一切反足酿乱"。今细检原文，未见有此。有之则所谓"特恐其辗转于极短缩之周期中，愈陷吾人于杌隉彷徨之境耳"。于表示欢迎之下，紧接此词；盖惟恐其寿命不长，未能压倒一切为憾；固非根本反对强力主义，谓为足以酿乱也。其他极力赞扬之词则曰：

强有力主义者，……即以强力压倒一切主义主张之谓。当是非淆乱之时，快刀斩乱麻，亦不失为痛快之举。……古之人有行之者，秦始皇是也。百家竞起，异说争鸣；战国时代之情状，殆与今无异；焚书坑儒之暴举，虽非今日所能重演；而如此极端之强有力主义，实令后世之人，有望尘勿及之叹。今日之欧洲，又与我之战国相似，乃有德意志主义出现。……无所谓正，无所谓义，惟以强力贯彻者，斯为正义。……秦始皇主义，德意志主义，与我国现时政治界中一部分之强有力（当指段内阁而言）主义，实先后同揆。……秦始皇主义，在我国已经实验；虽获成功，不旋踵而殁；……然中国统一之局，汉室四百年之治，亦未始非始皇开之。德意志主义，正在试验时代，成败尚不能预料。吾人就历史上推测强力主义之效果，则当文治疲敝是非淆乱之时，强力主义出，而纠纷自解。……故我国之强有力主义，果能压倒一切主义主张，以暂定一时之局，则吾人亦未始不欢迎之。

《东方》记者眼中之战国时代及欧洲现代之文明，皆百家竞起，异说争鸣，是非淆乱之文明也：颇希望强有力者，出其快刀断麻之手段，压倒一切主义主张，以定于一。此言也，《东方》记者固笔之于书，谅非《新青年》记者推想之误；其是非可否，请读者加以论断，余则不欲多言矣。若余之所感者，乃《东方》记者所崇拜，所梦想，所称为"痛快之举"、"望尘勿及"、"纠纷自解"、"吾人未始不欢迎之"——之三种强力主义——其一秦始皇主义，固可以开汉室四百年统一之江山，颂其功德；其他二种强力主义，均已成败昭然，效果共睹；——坐令是非淆乱之今日，无有能快刀断麻，压倒一切，以定时局，以解纠纷者；吾知《东方》记者对于德帝威廉及段内阁，当挥无限同情之热泪也欤。

《工艺杂志》序文中所云："虽周孔复生亦将无所措手。"固属述其当年之感想；而后文对于自给自足之工艺，则仍谓亟宜提倡，未见取消前说；谓为反面文字，亦未得当。

（8）所谓梦呓者，乃指《中西文明之评判》之著者日人而言。盖自欧战以来，科学、社会、政治，无一不有突飞之进步；乃谓为欧洲文明之权威，大生疑念。此非梦呓而何？正以此事乃稍有常识者之所周知，而况《东方》记者之博学方闻，宁不识此，故未详加事理上之诘责耳。何谓反唇相讥耶？

（9）辜氏《春秋》大义主旨在尊王，并以非难欧洲人之伦理观念也。台里乌司氏亦谓欧洲文化，不合于伦理之用，而称许辜氏所主张之二千五百年以来之伦理为正当，是非崇拜君权而何耶？《东方》记者译录其说而称许之，故敢以辜氏伦理上之主张为正当与否为问。此何谓罗织？

（10）辜氏谓中国人不洁之癖，为中国人重精神而不注意于物质之一佐证。夫注意物质则洁，注重精神则不洁；独重精神者可与不洁为缘，重物质者则否。是以中国人以重精神故，致有不洁之癖，致有种种臭恶之生活；岂非精神之为物，我使中国人不洁至此哉？余是以有精神为何等不洁之物之叹也。

此外，若前次质问中之（5）、（6）、（7）、（13）、（14）、（15）等条，及（9）条中之第四项与第七项之前半段，并乞明白赐教；倘仍以"不暇一一作答"六字了之，不如一字不答也。

此中最要之点，务求赐答者，即：

（一）自西洋混乱矛盾文明输入，破坏吾国固有文明中之君道臣节名教纲常，遂至国是丧失精神界破产国家将致灭亡。

（二）今日吾人迷途中之救济，非保守君道臣节名教纲常之固有文明不可。

（三）欲保守此固有文明，非废无君臣之共和制不可。倘废君臣大伦，便不能保守君道臣节名教纲常，便不能救济国是丧失，精神界破产，国家灭亡。

此推论倘有误乎否耶?

署名：陈独秀

《新青年》第六卷第二号

1919 年 2 月 15 日

随　感　录

（一九一九年二月二十三日）

司令部土多

前几天《顺天时报》上，有一段日下三多的文章，说京中某司令部包贩烟土，司令部土多，是三多之一。查京中有两个司令部：一是京畿警备司令部，一是奉军驻京司令部。这土多的不知是那一个司令部？我要请问军警督察长和警察总监。

信　实　通　商

如若有人想买鸦片土，可以送现洋四百五十元到东城某胡同某军机关处，比时就取得收条，烟土一百两随即送到。并且有了他发的收条，这烟土就算保了险，不怕警察查拿。这不算得信实通商吗？

理想家哪里去了？

法兰西国民，向来很有高远的理想，和那军国主义狭义爱国心最热的德意志国民，正是一个反对。现在德意志不但改了共和，并且执政的多是社会党，很提倡缩减军备主义。而法兰西却反来附和日本、意大利，为着征兵废止、国际联盟、军备缩小等问题，和英美反对，竟使威总统有主张将平和会议迁移他国的风传。不知理想高远的法兰西国民，都到哪里去了？

第一次警告

德意志未败的时候，协约国口口声声都是主张公理反对强权，到了现在把从前说的话简直忘了。那武力称雄的迷梦，倘不彻底醒觉，恐怕这回过激派暗杀法国总理的事，乃是第一次警告！

不准百姓点灯

上海某报记者，曾经批评别的报不应该骂人，自己却时常大骂人而特骂人，并且时常用极轻薄的图画骂人。他又曾骂人独断，不懂得多方面的研究。而见了和自己意见不同的言论，便拿出独断的排斥的态度，怒目张筋、面红耳赤的大骂。却不守着多方面研究的方法，和反对派平心静气的讨论。这就是常言所道："只准官家放火，不准百姓点灯。"

署名：只眼

《每周评论》第十号

1919 年 2 月 23 日

随 感 录

（一九一九年三月二日）

旧党的罪恶

言论思想自由，是文明进化的第一重要条件。无论新旧何种思想，他自身本没有什么罪恶。但若利用政府权势，来压迫异己的新思潮，这乃是古今中外旧思想家的罪恶，这也就是他们历来失败的根原。至于够不上利用政府来压迫异己，只好造谣吓人，那更是卑劣无耻了！

中 日 亲 善

欧洲和会，已有反对秘密外交的趋势。而口口声声说中日亲善的日本，偏偏不许我们宣布中日秘约。此次欧战，乃是公同对敌的义举。所以出力的各国，不曾向塞比、波兰要求酬报。而口口声声说中日亲善的日本，偏偏要把山东的铁道矿山，做青岛交还的条件。中日亲善，原来就是这样！

亡国与卖国

亡国总是一件不幸的事体，卖国也是一种不好的行为。却不能因为亡在哪一国，卖到哪一国，在道路远近上，人种差别上，分别幸与不幸，好与不好。同一亡国卖国，若说亡在卖在道路较近人种较同的国家手里，就算是亲善，不算是亡国卖国，这个道理无人能懂。

铁道管理问题

中国现在及将来自己管理的铁道很少，大部分的管理权，都落在外人手里。同是外人管理，各国分管和国际公管，究竟有多大的利害分别呢？我以为只要运输权不落在外人手里，和其他用人行政上有相当的条件，就是归国际管理，也不能说照现在各国分管有弊无利。若不问青红皂白，提到国际管理，便一口断定是"亡国政策"、"卖国行为"，这个道理恐怕也无人能懂。

署名：只眼

《每周评论》第十一号

1919 年 3 月 2 日

人种差别待遇问题

（一九一九年三月九日）

自正义公理人道而论，人种差别待遇，是应该反对的。所以我曾主张东洋民族应该在世界平和会议，提出人种平等的意见，合力要求（见二号《每周评论》社论）。日本特使居然在巴黎提议此案，当时我们听了，大为佩服。不知因为什么缘故，又鬼鬼祟祟的自行撤回，我们听了，又大为失望。现在不知道又因为什么缘故，日本人又大吹大擂地提出这个问题。而且因为这问题，特地不满意于美国，更特地不满意于威尔逊总统。

在道理上说起来，黑人姑且不论，我们黄色人种的文明和经济程度，将来都很有希望。就以现在而论，虽然比不上白色人，也未必到了应该受差别待遇的程度。此时巴黎会议，既然是打算在世界永久的和平上着想，我们黄色人种散在世界各国的很多，若不打破那人种差别待遇的观念，日后酿成黄色人种不平之声，岂不是世界永久和平的障碍吗？

所以日本人这种提议，我们当然是根本上赞成的。但是我们中国人有应该注意的几件事：

第一是我们中国人应当联合全体的黄种人，正正堂堂的向巴黎会议要求平等的待遇，不能附属日本，做美日对抗的机械。

第二是我们中国内地还没有十分开辟，边界荒地更多，用不着向国外移民。所要求的是华工及侨商的待遇，和日本移民政策的内容不同。

第三是我们黄人既然对于白人要求平等待遇，我们黄人自己对于黄人，先要平等待遇。若是我们黄人对于黄人的什么在中国的特殊地位，和在朝鲜的主属关系，不能打破，还有什么面孔向白人要求平等待遇呢？

署名：只眼

《每周评论》第十二号

1919 年 3 月 9 日

随 感 录

（一九一九年三月九日）

亡国与亲善

近来日本人的机关报，大张旗鼓地说美国东洋舰队要租借三都澳，如果成为事实，中国就要永远亡国了。又说中美有什么密约，美国得在中国设立造船所，中国聘请美国士官教练海军，这都是亡国的条件。我以为这两种消息，真假利害暂且不论。试问日本在满洲和山东的行动，是叫中国亡国还是和中国亲善呢？二十一条和军事协约，是亡国的条件还是亲善的条件呢？

欢迎英美舰队

日本人的机关报，说英国有派遣东洋舰队三十只，美国有派遣东洋舰队二十只的计划。日本人说这是英美对华的野心。我们说这是东洋一线光明的希望。因为我们东洋各国的国民，都被本国的军阀压迫得无路可走，不得不希望别的救星。请看德意志国民，若不是得了协约国的救星，不仍旧压在黑暗的军国主义的脚下吗？

陕 西 问 题

北方军阀系的人和日本系的人，都说南北和平会议，关于政治法律等国家根本重大问题很多。南方不应该因为陕西一隅的小问题，便要停止会议，便要请外人干涉。我们以为陕西的问题，表面上虽然很小，里面却很重大。因为军阀不从政府停战命令，还说什么政治法律呢？我看他们的意思，是要南方代表专门在和平会议讨论法律政治的大问题，对于陕西问题不发一言，由着北军从陕西打到四川，从四川打到云贵，从云贵打到两广。到了此时，南北和平会议，也就不用会不用议了。如此和平会议，岂不做了北方进兵的掩护吗？他们何尝要尊重什么法律政治大问题，其所以责备南方代表，不过是"项庄舞剑"罢了。

不忘日本的大恩

此次南北战争，只因为有日本的军械和借款，才杀得我中国人妻离子丧，血肉横飞。现在南北和议不大顺手，日本使馆又来说什么按诸商律，参战借款无法停付。倘然因为有了军费，南北又打起仗来。那时就把中国人杀尽，只剩下记者一人，也不能忘记了日本的大恩！

日本人的信用

有人说日本人向来不大有信用，此次居然尊重商律，要将参战借款交出，对于中国的军阀，总算有信用。又有人说，他出点小款，叫你中国人杀中国人，他却得了军事秘约上的利益，还算不来吗？不然参陆两部的出张所，就能在中国设立了吗？

日本人与曹汝霖

你们平时都说日本对于中国有野心，又因为曹汝霖亲日，便凭空加他一个卖国的徽号。现在你们所谓亡国的卖国的铁道国际管理，日本人和曹汝霖却都急的了不得，拼命反对，你们看看日本人是何等亲爱我们！曹汝霖是何等爱国！

国际管理与日本管理

有许多人反对中国铁道归国际管理，我很佩服他们的爱国心。但是不可因为反对国际管理的结果，把中国大部分的铁路归日本管理才好。因为一归日本管理，他那保路的兵队就来了，沿路的巡警也来了，一切商人小工娼妓都来了，甚至于还要设立民政署。欧美各国人就是管理中国铁路，从来没有这种怪现象。

署名：只眼

《每周评论》第十二号

1919 年 3 月 9 日

随 感 录

（一九一九年三月十六日）

东局千零十三号

本来参战军里面，有许多日本人执行重要职务。他们偏偏不肯承认，硬说参战军里没有日本人。请看电话簿上东局千零十三号电话，是参战军训练处坂西室，不知道这位坂西是哪国人？

参 战 军

有人问我：就算是欧战还没有完全了结，就算是西伯利亚还不太平，中国军队的程度都不相上下，都可以用做参战或是边防。为什么定要归一系人编的国防军，才能参战，才能防边呢？参战军本来因为欧战已了，才改个名目叫做国防军，现在为什么又称做参战军呢？中外舆论都主张要裁撤国防军，只有日本人的机关报，极力说现在没有撤废参战军的理由，这又是什么缘故呢？我说：这就是国防军断难裁撤的缘故，也就是国防军断不能不裁撤缘故！

亚洲的德意志

欧洲的德意志，已经抛弃军国主义了。亚洲的德意志，还是毫无觉悟。他对于世界上的事，反对缩减军备与废止征兵，和自由主义的英、美不合。他对于中国的事，袒护军阀，反对裁撤参战军，又和自由主义的英美不合。他如此迷信武力，且看他将来的运命如何。

爱尔兰与朝鲜

欧洲岛帝国有个爱尔兰问题，亚洲岛帝国也有个朝鲜问题。这两个民族自决运动的精神，都已十分表现。可算东西对照，无独有偶了。但是美国众议院，已经多数议决援助爱尔兰独立了，这问题差不多就要解决。再看朝鲜怎么样呢？

署名：只眼

《每周评论》第十三号

1919 年 3 月 16 日

关于北京大学的谣言

（一九一九年三月十六日）

迷顽可怜的国故党，看见《新青年》杂志里面，有几篇大学教习做的文章，他们因为反对《新青年》，便对大学造了种种谣言，其实连影儿也没有。这种谣言传得很远，大家都信以为真，因此北京、上海各报，也就加了许多批评。

上海《时事新报》说道："今以出版物之关系，而国立之大学教员被驱逐，则思想自由何在？学说自由何在？以堂堂一国学术精华所萃之学府，无端遭此侮辱，吾不遑为陈、胡诸君惜，吾不禁为吾国学术前途危。愿全国学界对于此事速加以确实调查，而谋取以对付之方法；毋使庄严神圣之教育机关，永被此暗无天日之虐待也。"

上海《中华新报》说道："北京大学教授陈独秀等创文学革命之论，那般老腐败怕威信失坠，饭碗打破，遂拼命为轨道外的反对，利用他狗屁不值人家一钱的权力，要想用'驱逐'二字吓人。这本来是他们的人格问题，真不值污我这枝笔。"

《中华新报》又说道："北京非首善之区乎？大学校非所谓神圣之学府乎？今之当局者非以文治号召中外者乎？其待士也如

此。呜呼！我有以知其前途矣。"

《中华新报》又说道："自此事之起，舆论界及一般新教育界，当然义愤之极，以为这是辱没了学者，四君等当然不能受此奇耻。惟记者以为究竟是谁的耻辱？与其曰受者之耻辱，毋宁曰施者之耻辱，与其曰四君等之耻辱，毋宁曰中国全体民族之耻辱。"

上海《民国日报》说道："自蔡孑民君长北京大学而后，残清腐败，始扫地以尽（中略）而其出版品如《新青年》、《新潮》等，尤于举世简陋自封之中，独开中国学术思想之新纪元。举国学者，方奔赴弗遑，作同声之应，以相发辉光大，培国家之大本，立学术之宏基，不图发轫方始，主其事者之数人，竟为恶政治势力所摈，而遂弃此大学以去也。"

《北京晨报》说道："思想自由，讲学自由，尤属神圣不可侵犯之事。安得以强力遏抑？稍文明之国家，当不至有此怪谬之事实。故连日每有所闻，未敢据以登载。嗣经详细调查，知此说实绝无影响。不过因顽旧者流，疾视新派，又不能光明磊落在学理上相为辩争。故造此流言，聊且快意而已。"

北京《国民公报》说道："今日之新思想，实有一种不可过抑之潜势力。必欲逆此势力而与之抗，徒然增一番新旧之冲突而已。（中略）昧者不察，对于新者，嫉之若仇。果使旧思想在今日有可以存之理由，记者亦将是认之，而无如其否也。记者往尝读书，常怀一疑问，闻孔孟之言，何以不许人有是否于其间？昔日之帝王实以是术愚民，今而后非其时矣。"

对于新思想存在的价值，和政府不当干涉言论思想的理由，上海、北京各报都说得很痛决，无须我再说。而且政府并没有干涉，更不必"无的放矢"了。但是对于国故党造谣的心理，我却有点感想。

这感想是什么呢？就是中国人有"倚靠权势"、"暗地造谣"两种恶根性。对待反对派，决不拿出自己的知识本领来正正堂堂地争辩，总喜欢用"倚靠权势"、"暗地造谣"两种武器。民国八年以来的政象，除了这两种恶根性流行以外，还有别样正当的政治活动吗？此次迷顽可怜的国故党，对于大学制造谣言，也就是这两种恶根性的表现。

这班国故党中，现在我们知道的，只有《新申报》里《荆生》的著者林琴南和《神州日报》的通信记者张厚载两人。林琴南怀恨《新青年》，就因为他们反对孔教和旧文学。其实林琴南所作的笔记和所译的小说，在真正旧文学家看起来，也就不旧不雅了。他所崇拜所希望的那位伟丈夫荆生，正是孔夫子不愿会见的阳货一流人物。这两件事，要请林先生拿出良心来仔细思量！

张厚载因为旧戏问题，和《新青年》反对，这事尽可从容辩论，不必藉传播谣言来中伤异己。若说是无心传播，试问身为大学学生，对于本校的新闻，还要闭着眼睛说梦话，做那"无聊的通信"（这是张厚载对胡适君谢罪信里的话，见十日《北京大学日刊》），岂不失了新闻记者的资格吗？若说是有心传播，更要发生人格问题了！

《新青年》所讨论的，不过是文学孔教、戏剧、守节、扶乩这几个很平常问题，并不算什么新奇的议论。以后世界新思想的潮流，将要涌到中国来的很多。我盼望大家只可据理争辩，不用那"倚靠权势"、"暗地造谣"两种武器才好。

署名：只眼

《每周评论》第十三号

1919 年 3 月 16 日

为什么要南北分立？

——南北人民分立呢？还是南北特殊势力分立呢？

（一九一九年三月二十三日）

前年张勋复辟的时候，我曾主张仿奥、匈制度南北分治。那时我的意思，以为中国无论南北，都有一大部分人相信君主政治或大权政治，不妨画定北方几省，让他们去过那"磕头请安"、"打板子"的生活。那相信欧美自由政治的人，可在南方另设自治政府和国会。免得南北意见分歧，种种都说不到一处。

但是现在细细想起来，我这种观察很浅薄，我这种主张很鲁莽灭裂。

听说上海会议的南北代表中，颇有主张南北分立的人。我就简单问他们一句："为什么要南北分立？"

我不是迷信统一的人，但主张分立也须有个理由。在人种、宗教、语言、历史上当然不发生南北分立的问题。他们回答的唯一理由，必说是"因为南北政见不同"。

我以为他们所持的这个理由，和我从前所想的是同样的观察浅薄。除了人种、宗教、语言、历史不同以外，多年共同生活的国民，实没有分立的理由。

若因为政见不同，便主张分立，这理由却十分薄弱：

（一）全国民的政见，永远没有相同的时候。要因政见不同而分立，必至人人分立而后已，便永远没有公同生活的组织。

（二）所谓不同的政见：第一层要分别他是南北两方人民的意思，还是少数野心家的意思。第二层要分别他是正当的政见或是不正当。若是少数野心家不正当的政见（例如从前南美蓄奴制度，和此时中国北方军阀的军治主义），就应该用多数民意正当的政见，来征服他们才是。不应该承认他们利用分立的名义，施行他们的野心和不正当的政见。

说南北政见不同应当分立的人，必是假定南方人相信自由政治，北方人相信大权政治和军国主义，南北政见如此不同，所以只好分立。我看南方人是否都相信自由政治，这个问题且不必讨论。试问相信大权政治和军国主义，是北方多数人民的意思，还是少数野心家不正当的政见呢？若真正是多数民意，或者还可以分立。若是少数野心家不正当的政见，便万万没有分立的理由了。因为一国的分裂，既没有人种、宗教、语言、历史上异同问题，又非出于利害感情的真正民意，但凭少数野心家不正当的政见，便把国家分裂起来，这只可以叫做"割据"，不能叫做"分立"。

果然要实行分立，请问这南北的界线，是如何分法？若是由军人政客们以意为之，那沿江各省属南属北，用什么来做标准呢？若是以西南护法几省属南，其余的都属北，那湖北、安徽、江西、江苏、浙江、福建六省的人，难道都是相信大权政治军国主义吗？若是各省人民投票决定，现在军治下的人民，能自由表示意思吗？

我看解决中国政治问题的根本要点，不在南北分立与否，而在能否合舆论的内力和友邦的外力，铲除这南北军阀的特殊势力。倘能铲除这特殊势力，不但南北分立不成问题，就是什么陕西问题，福建问题，湖南问题，川、滇问题，粤、桂问题，湘、桂问题，也都根本解决了。这种特殊势力倘不能铲除，就是南北果然分立，北方且不必论，那南方将来层出不穷的唐、陆、川、滇、粤、桂、湘、桂，种种问题，试问如何解决? 试问有什么方法，可以调和团结这种利害感情冲突的特殊势力，来建设南方的自由政治呢? 难道又牺牲民意的本位，来就特殊势力的本位，分立什么"滇国"、"桂国"吗?

仅就一时特殊势力少数野心家造成的现象，便主张毫无民意根据的南北分立，固然没有理由。就是那理由充足有历史习惯根据的各省地方分治，在军阀特殊势力未铲除以前，也没有主张的价值。因为军阀不铲除，无论名义上是南北分立，或是各省地方分治，那实质上都是"藩镇割据"，和地方分权人民自治的精神，隔得太远。

署名：只眼

《每周评论》第十四号

1919 年 3 月 23 日

朝鲜独立运动之感想

（一九一九年三月二十三日）

　　这回朝鲜的独立运动，伟大、诚恳、悲壮，有明了正确的观念，用民意不用武力，开世界革命史的新纪元。我们对之有赞美、哀伤、兴奋、希望、惭愧，种种感想。

　　我们希望朝鲜人的自由思想，从此继续发展。我们相信朝鲜民族独立自治的光荣，不久就可以发现。我们希望朝鲜独立以后，仍然保守今日"用民意不用武力"的态度，永远不招一兵，不造一弹，做世界上各民族新结合（不叫做国）的模范。受过军国侵略主义痛苦的人，当然抛弃军国侵略主义。既然抛弃军国侵略主义，当然没有养兵的必要。

　　我们希望日本人，纵然不能即时承认朝鲜独立，也应当减少驻留朝鲜的军警，许他们有相当的自治权利。第一对于这回参加独立运动的人，一概不加以刑罚，正所以表示日本人的文明程度。因为这回独立运动，乃是朝鲜人的正当权利，并没有触犯日本的国体和扰乱日本国的安宁秩序。我想富于自由独立大和魂的日本人，对于朝鲜人这回悲壮的失败，都应该流几点同情的热泪。

　　有了朝鲜民族活动光荣，更见得我们中国民族萎靡的耻辱。

共和已经八年，一般国民，不曾一天有明了正确意识的活动（辛亥革命，大半是盗贼无赖，借光复的名义抢劫）。国民和政治，隔离得千百丈远。任凭本国和外国的军阀联合压迫，不敢有丝毫反抗。西南护法军，竟和国民分做两截。不但乡下的农民老百姓，不敢做声，就是咭咭叫的名流、绅士、政客、商人、教育界，都公然自己取消了主人翁国民的资格，降作第三者来调和政局。请看这回朝鲜人的活动，是不是因为没有武器，便不敢反抗，便抛弃主人翁资格来做第三者？我们比起朝鲜人来，真是惭愧无地！

　　这回朝鲜参加独立运动的人，以学生和基督教徒最多。因此我们更感觉教育普及的必要，我们从此不敢轻视基督教。但是中国现在的学生和基督教徒，何以都是死气沉沉？

署名：只眼

《每周评论》第十四号

1919 年 3 月 23 日

随 感 录

（一九一九年三月二十三日）

你护的什么法？

日本鉴于世界大势，要将朝鲜和台湾的总督，改用文官，免得军治制度招朝鲜人和台湾人的反抗。

想不到我们中华民国里，曰称护法的人，还有分设九军区的主张。划分军区，就是承认军人有管辖区域，就是承认军治制度。这是比日本人对待被征服的朝鲜、台湾还不如，请问你们护的什么法？

和平的根本障碍

南方派说陕西问题是重大问题，北方派说是枝叶问题。我也说是枝叶问题；不但陕西问题，就是福建问题，参战军问题，也都是枝叶问题。只有造成这三个枝叶问题的原动力，乃是和平障碍的根本问题。若不除去这根本障碍，那上海的和平会议，终久是要破裂的。

试问造成欧洲战乱的威廉第二，若仍旧在德国执掌兵权，那巴黎的和平会议，能够成立吗？

中国的李完用宋秉竣是谁？

昨天在中央公园听甲乙二人闲谈，甲问乙道：现在朝鲜受日本这样虐待，都是那包办卖国李完用、宋秉竣二贼的罪恶。我们中国也快到朝鲜的地位了，你可晓得那李完用、宋秉竣是谁？乙答道：我是戏迷，不谈国事。昨夜在第一舞台看得好戏，余叔岩唱过打鼓骂曹，接着就是龚云甫的徐母骂曹。那姓徐的小子虽然不是好东西，跟着曹氏去干坏事，他母亲那一顿痛快骂，却算是女中豪杰！

希望各国干涉

唐少川因为和议要破裂，通告外交团，许多人说他不对。试问，国事被武人败坏到这步田地，国民既不能起来解决，除了希望外国干涉，还有什么法子呢？况且光明正大的希望各友邦用好意来干涉，比秘密和一国亲善，勾引外力来巩固个人的地位大不相同。

莫 做 傀 儡

传闻段芝泉对他部下说：说现在国内国外都反对参战军，你们偏要把持，不肯放手。你们为着饭碗抬我做傀儡实在是要不得。

何人的命令？

政府里普通停战命令，特别陕西停战命令，都已经发布。何以援陕的北军，还在进攻呢？他们在政府命令以外，还受了何人的命令呢？

停 止 纳 税

上海各商业团体，十九日在商帮协会开会提议，南北倘不停战，商民便停止纳税。这是欧洲人民裁制政府伸张民权最初的利器，这是人民对待政府最稳健的态度；这是中国人民觉悟的第一步！

署名：只眼

《每周评论》第十四号

1919 年 3 月 23 日

随 感 录

（一九一九年三月三十日）

更 加 肉 麻

梁节庵先生常对人说：我听见什么维新党革命党谈自由平等民权，已经是肉麻了；如今更听见许多前朝的官吏老儒，投降了革命党，做了他们民国的官吏议员，已经可耻，还要厚着脸学我们谈纲常名教，我听了更加肉麻！

林纾的留声机器

林纾本来想藉重武力压倒新派的人，那晓得他的伟丈夫不替他做主；他老羞成怒，听说他又去运动他同乡的国会议员，在国会里提出弹劾案，来弹劾教育总长和北京大学校长。无论哪国的万能国会，也没有干涉国民信仰言论自由的道理。我想稍有常识的议员，都不见得肯做林纾的留声机罢？

日本人可以在中国随便拿人吗？

　　各国的治外法权，不出使馆以外。就是对于可怜的中国，扩充一点，向来也不能出租界以外。现在日本使馆，竟公然在北京捕拿朝鲜人；无论所拿的是政治犯或是窃犯，不请求中国警察代拿，都是侵犯中国的主权。试问东京的中国使馆，若有这样行动，日本的政府应该怎样对待呢？

署名：只眼

《每周评论》第十五号

1919 年 3 月 30 日

随 感 录

（一九一九年四月六日）

冤哉洪述祖！

洪述祖判了死刑，固然是罪有应得；但是那教唆洪述祖去谋杀宋教仁的袁世凯，乃是真正首犯，虽然死了不能加刑，何以政府里人人都还尊敬他了不得呢？

南 北 一 致

人人都说南北意见不能一致，其实不然。请看陈树藩在陕西提倡种烟，唐克明也在鄂西照办。北方某军驻京的机关，和某旅长某司令部，都为包贩鸦片发了横财，云贵军队也全靠这宗生意才有兵饷。这岂不是南北一致吗？再看护法军不提护法的事；国防军不肯担任国防的事；这不又是南北一致吗？

纲 常 名 教

欧洲各国社会主义的学说，已经大大地流行了。俄、德和匈牙利，并且成了共产党的世界。这种风气，恐怕马上就要来到东方。日本人害怕得很，因此想用普通选举，优待劳工，补助农民，尊重女权等等方法，来消弭社会不平之气。但是这种希奇古怪的外国事，比共和民权更加悖谬，自古以来不曾有过，一定传不到我们中国来。即便来了，就可以用"纲常名教"四个字，轻轻将他挡住。日本人胆儿太小，我们中国人不怕！不怕！

中国和平的障碍

吴佩孚听了赵恒惕"这回南北战争，不是北军攻打南军，简直是日本攻打中国"的话，才主张停战。当时有人说赵恒惕这话，是故意造谣，离间北洋团体的。前几天日本前外相加藤，在宪政会议员总会的演说，也说"彼参战借款，军事协约，兵器供给等，为中国和平之障碍者，多属前内阁之失策所遗留。"大家应该相信赵恒惕的话，不是故意造谣了罢。

太监与缠足

世间事理，固然没有绝对一定的是非；但是太监和缠足这两件事，总算得非多而是少罢。不料广州有一位新闻记者，居然称赞缠足，说是有关风化。北京某大学有一位教员，在讲堂上说宦官是中国特有的好制度。中国人复古思想，竟然到了这步田地，只有令人叹气罢了！

安徽省议会的笑话

倪嗣冲的议会，因为安徽绅民反对盐斤加价，警务加征，一五加征三个议案，曾由议长提交大会议决，要取缔人民嗣后对于议会议决各案不得函电干涉。这件事我们用不着批评他，只写下来当作中国议会史的附录里一段笑话材料就得了。

婢 学 夫 人

林琴南排斥新思想，乃是想学孟轲辟杨墨，韩愈辟佛老。林老先生要晓得如今虽有一部分人说孟轲、韩愈是圣贤，而杨、墨、佛、老却仍然有许多人尊重，孟轲韩愈的价值，正因为辟杨墨佛老减色不少。况且学问文章不及孟、韩的人，更不必婢学夫人了。

倪嗣冲的儿子

　　议员倪幼丹，听说参议院要弹劾教育总长，他说道：咱们国会何必干涉学堂的事？照这样看来，那位自称参议院代表去恐吓傅总长的人，他的知识程度，还不及倪嗣冲的儿子！

署名：只眼

《每周评论》第十六号

1919 年 4 月 6 日

随　感　录

（一九一九年四月十三日）

衍圣公和张天师同声一哭

全国基督教会，推举代表，到欧洲和会，请愿信教自由的规定，大概如下：（一）各国政府应该对于各教的人民，一律平等看待，不得规定一教为国教。（二）各国政府应该革除宗教的仪文礼节，政教分离，免得政界人员有教规不同的障碍。（三）政府不得拿国家的公款，供一教的需用，像建筑祭祀岁俸等类。凡用公款建设的寺产，都收归国有，改做公共事业之用。各项祭祀岁俸，永远停止。（四）各国政府元首，不得敕封各教的教师，和僧道的职员爵位。像衍圣公、张真人等封号一概取消。

不可思议的新旧思潮

日本是君主国，那德莫克拉西主义，和纲常名教主义冲突，原来是当然的事。若在共和国里，纲常名教本当不成问题了，一方面却还把纲常名教当做旧思潮，一方面也把德莫克拉西当做新思潮，两边居然起了冲突，实在是不可思议。更奇怪的竟有一班调和大家，折衷大家，想用那折衷主义来调和新旧。试问德莫克拉西是什么？纲常名教是什么？两下里折衷调和起来是个什么？

林琴南很可佩服

林琴南写信给各报馆，承认他自己骂人的错处，像这样勇于改过，倒很可佩服。但是他那热心卫道宗圣明伦和拥护古文的理由，必须要解释得十分详细明白，大家才能够相信咧！

关 门 会 议

南北代表，都赞成关门主义。《平和日刊》的记者，更劝他们"谢绝外界，暂断交通，远师四大国秘密会议之成规"。要晓得这回巴黎会议，也是分赃会议，所以不得不秘密，所以毫无价值。我看他们议决的事件，大约和从前维也纳的神圣同盟差不多，事后必无效果。请看匈牙利的事，就是个榜样。南方某代表，还主张不见客不看报。像这样"闭门造车"的法子，固然免得议论庞杂，意见纷歧，我看他们这样怕庞杂纷歧，倒不如请出一位皇帝来，下一道上谕解决时局，岂不更简单痛快！

国民参预政治外交的资格

国民参预政治、参预外交，都是我们很盼望的事。但是这两件事，都不大容易。若是一般国民的中坚分子，没有政治和国际的常识，却十分危险。譬如对于政治法律，毫没有是非可否的正当主张，单单求着苟且和平了事，这种国民决没有参预政治的资格。不懂得各国的外交政策，受某国的离间，凭空的给梁任公一个亲日卖国的罪名，这种国民决没有参预外交的资格。

文治主义原来如此

在段内阁武治时代，大学倒安然无事；现在却因为新旧冲突，居然要驱逐人员了。哈哈！文治主义原来如此！

美国也有军械借款吗？

美国军械借款的消息如果不假，不但我们对于美国没有好感情，并且这言行不一，乃是美国国民一大污点。但是还没有听说美国军官在中国参战处办事，所以日本人若因此痛骂美国，可叫做"强盗骂贼"。

形式的教育

日本国民党新发布的政纲第七条，是"教育去形式的积习，宜谋与国民生活的实质相接触。"我们中国的青年，也正要死在形式教育的监牢里面，那教育部直辖的最得意的某专门学校，更是极端的形式主义，内容却是一包糟。

议长串通卖矿

人人都说旧国会捣乱，但是还没有发生议长卖矿的事。有人说北洋派因为筹划削平南方的兵费，卖去的路矿多得很，这两位议长尽这点小小义务算什么！

怪哉插径班！

我现在不反对基督教，也不反对学生信仰基督教。但是像清华、南开等，并不是教会经费所设立的学校，那教职员却用全力要叫基督教做他们的"校教"，要叫他们的学校做教会的附属品，我却不以为然。听说清华学校还有什么"插径班"，这班的用意，乃是拿考试分数做信教的交换条件，这岂不是一桩怪事！

预定的计划

中国式的官僚政治，大弊病在无论什么事都没有预定的计划，总只是随事敷衍，四方八面不得罪人，才好保全他那打不碎的橡皮饭碗。这回北方代表在上海和会提出的议案，我们当然有许多不满意的地方，但总算有了预定的计划。倘能认真照这计划实行，我们也很赞成。

署名：只眼

《每周评论》第十七号

1919 年 4 月 13 日

我们应该怎样？
（录少年中国学会会务报告）

（一九一九年四月十五日）

我们人类的生活诚然是烦闷的生活，是不是永久烦闷固然不敢断定。今日以前和将来几世纪以内恐怕仍然免不掉烦闷。那醉生梦死生活自觉力和下等动物相等的人，现在不去论他。一班有自觉智力的人，对这烦闷生活，有二种危险的人生观：

（一）顺世堕落的乐观主义

（二）厌世自杀的悲观主义

抱第一种主义的人，是看透人类种种黑暗的本性，而且觉得决没有改进的希望。抱第二种主义的人，是误在高视人类，以为他生来的善良灵贵和别种动物不同，而眼见的周围事实，却大为失望。这两种人对于人生的观察，都是没有彻底，而且没有勇气，所以不堪烦闷生活的痛苦，便自然发生这两种危险的人生观。

我们若是觉得个人和社会还有继续存在的价值，这两种危险的人生观，有时虽有用处，却不可做社会中个人普遍的唯一信仰。

在生物学上看起来，人类也是一种物。人性黑暗的方面，像贪得、利己、忌妒、争杀等，和别种动物是一样，并不比他们高明。而且有虚伪、欺诈的特长，比别种动物更坏。但是人性光明的方面，像相爱、互助等，也和别种脊椎动物一样，而且比他们更是发达。至于分别及抉择善恶的心灵作用（即道德意识），或者可以说是人类独有的本能。若是人类没有这种先天的本能，那几个圣贤的教训，必然毫无效果。

顺世和厌世主义的两种人，都只见得人类黑暗的一面，没有留心那光明的一面。就是留过心，若是没有努力改造的勇气和自信心，也必定自然而然走到那顺世堕落或厌世自杀的境界。我们要逃出这两种境界，首先对于人性必须有黑暗光明两方面彻底的观察和承认。其次的需要，就是努力改造世界的勇气和自信心。社会中有勇气和自信心的先知先觉，应该用个人的努力，渐渐减少人性黑暗的方面，渐渐发展人性光明的方面。

我相信这种努力，不但可以唤醒没有生活自觉力的人，并且可以指导一班有自觉力而胆怯的人，叫他们都抛弃那"顺世堕落的乐观主义"和"厌世自杀的悲观主义"，都来跟着努力的人信仰这"爱世努力的改造主义"和人类种种黑暗奋斗。到了这种"爱世努力的改造主义"成了社会中个人普遍的唯一信仰，这时代的人类，就快脱离烦闷生活的时代不远了。

有一班研究生物进化的人说：生物中的人类肉体上精神上一方面可说是进化，一方面也可说是堕落。所谓道德的意识，被和一般动物同样的贪残利己心及生活困难逼迫而去，这便是人类堕落，以至于将来自灭的原因，无论如何努力，恐怕终久达不到改造的目的，也就终久免不掉灭亡的运命。我看这种疑问，诚然是很有价值的疑问，但是这班人也只见得人类黑暗的方面，没有留心那光明的方面。我总相信由我们个人的努力，拿光明的方面去改造那黑暗的方面，不见得是绝对不可能的事，我相信他可能，是有两个证据：

（一）在理论上说起。我们若不能否认相爱、互助，及分别抉择善恶的心灵作用，也是一种人种的本能，便不能断定没有改造希望。况且我们自己既然发见了自己堕落以至灭亡的原因，这就是人类最可宝贵的心灵作用，这就是人类或者不至灭亡的幸运，这就是我们自己有改造自己的可能性的证据。

（二）在事实上看起来。自从始祖以至现在，我们个人的肉体、精神、和社会的组织，都曾经时时努力时时改造时时进化，未尝间断。就是那最难改造的道德意识，也没有人能说毫无成绩。拿过去现在推测将来，何至叫我们绝望呢？至于生活困难，大部分是因为社会组织及经济制度不良，和人类本性上的黑暗无关，更没有不能改造的道理。

现在时代的国际强权，政治的罪恶，私有财产的罪恶，战争的黑暗，阶级的不平（贫富男女贵贱官民尊卑名分等问题，都包含在内），以及种种不近情理不合人类自然生活的法律道德，四面黑暗将我们团团围住，不用说这都是我们本性上黑暗方面和一般动物同样的贪残利己心造成的恶果。有这些恶果，才造成我们现在这样难堪的烦闷生活。不用说这些恶果不是一时造成的，也自然不是一时能够除去的了。但是总可以由个人的努力，奋斗，利用人性上光明的方面，去改造那黑暗的方面，将造成这些恶果的恶因减少，这恶果便自然减少，他减少的程度和迟速，自然以我们努力的强弱为标准了。

我们的烦闷生活，将来可不可以完全脱离，都是个难以解答的疑问。但是由我们的努力改造能够比现在逐渐减少，这是可以相信不疑的。若是我们妄想以为上说的国际强权那些恶果一齐除去，我们便完全享受幸福，便完全脱离烦闷生活，这是和中国人起初妄想以为清朝倒了人民便有自由幸福，后来又妄想以为袁世凯倒了人民便有自由幸福同一谬误。人类本性上黑暗方面一日不扫除干净，个人的努力改造一日不能休息。一民族不努力改造，一民族必堕落以至灭亡。人类不努力改造，人类必堕落以至灭亡。努力改造纵然不能将人性上黑暗方面和烦闷生活完全扫除，总可以叫他比现在逐渐减少，除此便没有救济堕落以至灭亡的方法。我所以敢说，我们应该把"爱世努力的改造主义"当做社会中个人普遍的唯一信仰。

署名：陈独秀

《新青年》第六卷第四号

1919 年 4 月 15 日

随　感　录

（一九一九年四月二十日）

二十世纪俄罗斯的革命

英、美两国有承认俄罗斯布尔札维克政府的消息，这事如果实行，世界大势必有大大的变动。十八世纪法兰西的政治革命，二十世纪俄罗斯的社会革命，当时的人都对着他们极口痛骂；但是后来的历史家，都要把他们当做人类社会变动和进化的大关键。

多谢倪嗣冲张作霖

中国资产社会和劳动社会都不很发达，社会革命一时或者不至发生。但是倪嗣冲在安徽拼命搜刮金钱，包办煤矿铁矿，不许旁人插手。张作霖在奉天因为要扩张自家的银号，霸占全省的财权，弄得别家银行钱庄纷纷破产。我看这两位财神，倒是制造社会革命的急先锋！

伤寒病和杨梅毒

军人的武治主义，是发大热的伤寒病，现出早晚就要性命的样子，但是热退病就好了。官僚的文治主义，是毒菌传遍血液的杨梅疮，眼前表面上虽不大觉得什么痛苦，一旦毒中脑部或是脊髓等处，却是无法可治。中国政界伤寒病还没好，杨梅毒又正在那里极力发展，非赶快把"安体匹林"和"六百零六"并用不可！

土 匪 世 界

陕西全省的兵，除了胡景翼的一旅和管金聚的一旅，无论南北都是土匪。现在要救济陕西的人民，非把胡、管两旅以外的兵一齐调开，绝对没有办法。若用匪剿匪，真是欺人之谈。

却没有了自己

我曾经遇见一位反对《新青年》和《新潮》杂志的人，问他反对的是哪一篇文章哪一种议论。他说："我并没有看过《新青年》和《新潮》，只听见别人都这样说。"又有一班看过《新青年》和《新潮》的人，他反对的理由，是因为他们的议论和古人所说的不合。我看这两种人只晓得有别人，有古人，却没有了自己！

四 大 金 刚

章宗祥、曹汝霖、江庸、陆宗舆，都是很有知识和能力的人，不知道社会上因为什么说他们是亲日派四大金刚。这次章公使由日本回国，许多中国留学生，都手拿上面写着"卖国贼"三个字的旗子，送到车站。我们是没有血性的国民，只好希望章等四人有点觉悟。

世界第一恶人

英文《京津时报》所载日本寺内内阁时代联合俄、德帝党缔结三国同盟的计划，如今虽还没有十分证实，但照他扶助中国军阀压迫人民的毒计看起来，却有几分令人相信。寺内！寺内！真是世界第一恶人，罪在德帝威廉第二以上！

毕竟南方军人有良心

林葆怿、莫荣新、李烈钧、吕公望、方声涛、李根源、程潜七人，通电痛说军人干政的罪恶和军费过大的弊病，十分痛快。

毕竟南方军人有点良心。

署名：只眼

《每周评论》第十八号

1919 年 4 月 20 日

随 感 录

（一九一九年四月二十七日）

苦了章宗祥的夫人

驻日章公使回国的时候，三百多中国留学生，赶到车站，大叫卖国贼，把上面写了"卖国贼""矿山铁道尽断送外人""祸国"的白旗，雪片似的向车中掷去，把一位公使的夫人吓得哭了。其实章宗祥他很有"笑骂由他笑骂"的度量，只苦了他的夫人。留学生何必这样恶作剧！

怎么商团又要"骂曹"？

段内阁和寺内内阁时代，前后二万万元的借款，抵押了无数的矿山铁道和森林，不用说都是日本西原氏，中国章、曹、陆诸人的大功。破坏铁道统一的功劳，也算曹汝霖第一。这回设法妨害巴黎专使提案的亲日派卖国贼，还没有查实是谁，上海商业公团，又居然归功于曹汝霖。我想曹汝霖必然暗中笑道：就是你们中华民国的全国国民都站起来骂我，我不但不怕，而且正于我有大大的利益。

陆宗舆到底是哪国的人？

有人说中华汇业银行是中日合办的，有人说完全是日本的银行，我们实在弄不清楚。为了吉、黑两省金矿森林借款的事，那中华汇业银行总理陆宗舆，给中华民国农商总长财政总长的信，满纸的贵国、贵政府。这中华汇业银行到底是哪国的银行，陆宗舆到底是哪国的人，我们实在弄不清楚！

再看江庸的戏

日本人宝爱江庸，也不在章、曹、陆之下。章、曹、陆在外交界做的好戏，我们都已经看过，实在不忍再看了。有人说江庸的父亲是一位旧文学家，很讲道德，必然有家教，不许他儿子卖国。

法律是什么东西？

吸鸦片烟和赌钱，自然不是好事，法律应该禁止的。但是那有钱有势的老爷太太们，在公馆里吸鸦片烟，打麻雀，打扑克的，天天不知道有多少。大老官赌起钱来，输赢到十万八万，都是常有的事。就是那惩办烟犯赌犯的法官警察官，吸烟赌钱的也不少，那个敢说他们犯法？单单寻着那吸烟赌钱的穷苦男女，捉来又是拘留，又是罚钱，说他们犯了刑法，违了警章。原来刑法和警章，就是这么一件东西！

干政的军人反对军人干政

南方军人通电反对军人干政，北方的参、陆两部也通电大表同情。他们是真心还是假意，已经令人怀疑了。至于那用兵保段内阁上台的张作霖，用兵赶黎总统下台的倪嗣冲，也来通电说军人干政的不是，未免太滑稽了。

破坏约法的人拥护约法

有了新国会就没有约法，有了约法就没有新国会，这是人人都知道的。想不到新国会的议员，也主张国会议宪的权柄是约法赋与的，不许旁人代劳。王郅隆竟电告北方代表，说国会根据约法，应该拥护。冤哉约法，破坏的是他们，拥护的也是他们，这件事刚巧和北方军人通电反对军人干政同时发生，可算是"无独有偶"了。

克伦斯基与列宁

克伦斯基本是俄国温和派的首领，现在居然致电劳农政府，说他的思想渐渐和布尔什维克主义接近。可是世界上温和的人都要渐渐的激烈起来了，这是什么缘故呢？

南北代表有什么用处？

新国会议员说南北代表无权解决法律问题，我也以为诚然不错。不但法律问题，就是裁兵废督问题，将来也不过议决几个空言的议案，实际上都不是他们能够解决得了的。若想真和平，非多数国民出来，用那最不和平的手段，将那顾全饭碗阻碍和平的武人议员政客扫荡一空不可。像那二十个毫无力量的代表，是湖南人说的话"没得寸用"。

护法？丑！套狗索！

你们不是到过广州非常国会高谈护法吗？你们所骂的非法政府非法内阁所设的战后经济调查会，二百多会员当中，旧国会议员倒占了四分之三以上，内中有许多到过护法国会的。如今为了每月三百大洋，居然摇尾伸头套了非法内阁的"套狗索"。这种轻骨头，比三钱灯草灰还轻。战后经济调查，是何等重大事件，怎么拿人民的血汗钱，来做这项不经济的"套狗"用，这种黑骨头，比漆比墨还黑。

署名：只眼

《每周评论》第十九号

1919 年 4 月 27 日

贫民的哭声

（一九一九年四月二十七日）

"肚子饿极了，我们两天没得吃了。想问对门借点米熬粥喝，怎奈他们的口粮还没领下来，也在那里愁眉叹气。"

"好冷呀！老天为什么又要下雪？这风雪从窗户吹进来还不打紧，只是从屋顶漏湿了一家人这条破被，怎么好！"

"我的可怜的丈夫，他拉车累的吐血死了，如今我的儿子又在这大风雪中拉车，可怜我那十二岁的孩子，拉一步喘一口气！"

"我七十一岁的爸爸，昨天拉煤回来，不知道怎么一到家倒在地下，就死了。像这样热的六月天气，没有棺材收尸怎么好！"

"我家娘儿俩没饭吃，把我卖到窑子里，天天挨打挨骂受不了，要求巡警老爷做主。"

这是北京城里一片贫民的哭声！

据警察厅最近的调查，北京人口，合共有男女九十三万二千五百四十名。那纯粹没有职业的贫民，占十分之一。东洋车夫有四万多人。排字的工人，差不多有一万。公娼私娼，总也在一万人以外。北京城里九十几万人当中，要算这十几万人最苦恼了。

这十几万苦恼的人，常常发出他们可怜的哭声，我们七十几万市民都听见没有？

这十几万人，何以到了这样苦恼的境遇？懒惰，没有能力，并不是他们人人造成苦恼的唯一原因。有些享福的老爷太太，能力不比他们高，而且比有些贫苦的人还要懒惰十倍。

那么到底是什么缘故呢？

在欧美各国，他们贫富悬隔的原因，乃是有钱的人开设工厂，雇佣许多穷人替他做工，做出来的钱财，大部分进了他的腰包，把一小部分发给工人，叫做工价。工厂越大越多，那少数开工厂的资本家越富，那无数做工的穷人仍旧是穷。所以穷苦的工人时常和开工厂的资本家为难，渐渐造成那无产阶级对于有产阶级的社会革命，这就是现在各国顶紧急顶重大的问题。

我们中国却不是这样。那有钱的人，他的钱还并不是费了些心血开设工厂赚来的，乃是做文武官卖国借款拿回扣搜刮抢劫来的。通国的钱财，都归到这班文武官和他们子孙的手里。弄得中等人家，仅能够穿衣吃饭，穷苦的人连衣食都没有，若是有工厂去做牛马似的苦工来糊口，还算是福气。

北京城里头一个懒惰无能力而且奢侈的，就是溥仪那一家人。他家有多少人口，凭什么一年要用什么皇室经费几百万？只要他省出十分的一二来，办几个贫民工厂，也可以帮北京的满、汉穷人开一条生路，免得他们男的没饭吃去拉车，女的没饭吃去卖淫。

今天这样捐，明天那样税，弄得民穷财尽，钱用到哪里去了？替人民办了什么事？呵！呵！我知道了：养了议员去嫖、赌、恭维督军。养了文官去刮地皮，借外债卖路矿得回扣。养了武官去杀人、抢劫、贩卖烟土。养了法官警察官去捉拿那贫苦的烟犯赌犯来罚钱。现在的时代，还无人敢说政府官吏没什么用处，可惜他们的功效，只造成一片贫民的哭声！

这班文武官，用卖路矿借外债拿回扣，搜刮抢劫，贩卖烟土种种手段，将通国的钱财聚在自手里享用，还留给那懒惰无能力的子孙享用，天天吃燕窝，打扑克，逛花园，跑汽车。那不能卖路矿借外债得回扣，不敢搜刮抢劫贩卖烟土的良民，当然穷得没衣着，没饭吃。

现在人心大变了，马上就要和从前两样。所以欧、美、日本连政府也都在那里赶紧讲究什么贫民生计、保护劳工、劳工组合、劳工教育、分配公平、遗产归公，等等政策，好预防那社会革命。

我们中国的文武官，还正在那里聚精会神兴高彩烈地弄那造孽的钱，预备一辈子享用，子孙万代享用。他们哪里知道什么社会革命！他们哪里听见什么贫民的哭声！就是听了那可怜的哭声，也只笑着说道：这是他们命该如此。

单是北京一处，就有十几万苦恼的人发出他们可怜的哭声，这不是一个小问题。

我想这可怜的哭声，早晚就要叫他们听见，叫他们注意，叫他们头痛，最后还要叫他们发出同样的哭声！

署名：只眼

《每周评论》第十九号

1919 年 4 月 27 日

随 感 录

（一九一九年五月四日）

公 同 管 理

　　无论铁路问题，青岛问题，大而至于全国政权问题，不用说我们最希望的是自己管理。倘若自己不能管理，只好让列强公同管理。我们最反对的，是让日本管理。因为日本管理的地方，不但兵队警察要来，那卖淫的，卖药的，卖鸦片的，卖吗啡的，收买铜钱的，一齐都要来，都要把中国人踩在脚底下当狗打。打过了还要中国人和颜悦色的同他"亲善"，不然就加上你一个"排日"的罪名。老实不客气，我们中国若免不得亡国的运命，宁可亡在欧美列国手里，不愿亡在日本手里。联合亚洲的黄人，持抗欧美白人的鬼话，我们绝对不相信。因为黄人待黄人，比白人待黄人还要残狠十倍。日本人在东三省和山东的情状，比从前俄人德人怎么样，这就是个明白的榜样。

两个和会都无用

上海的和会，两方都重在党派的权利，什么裁兵废督，不过说说好听做做面子，实际上他们哪里办得了。巴黎的和会，各国都重在本国的权利，什么公理，什么永久和平，什么威尔逊总统十四条宣言，都成了一文不值的空话。那法、意、日本三个军国主义的国家，因为不称他们侵略土地的野心，动辄还要大发脾气退出和会。我看这两个分赃会议，与世界永久和平人类真正幸福，隔得不止十万八千里，非全世界的人民都站起来直接解决不可。若是靠着分赃会议里那几个政治家外交家，在那里关门弄鬼，定然没有好结果。

署名：只眼

《每周评论》第二十号

1919 年 5 月 4 日

孔 教 研 究

（一九一九年五月四日）

四月三十日北京《顺天时报》上有一篇论说，题目叫做《孔教研究之必要》。细看他文章的内容，题目应该改作《孔教拥护之必要》才对。因为他开口便说："新学白话文之鼓吹，乃为知识普及社会进步起见，吾人极表赞成，当俟别论。至排击孔教，则为吾人所不取。"他已经决定不取排击孔教，便不是研究的态度了。若取研究的态度，将来研究的结果，排击或是拥护，却不能预定的。

我对于这篇论说，分析起来，觉得他有三个谬误的观念：

第一，不以能否适合现代社会定孔教价值　他说："孔教由其文字之表面观之，固多不适于现时。例如君臣之义，全然为共和国所无。即关于亲子、夫妇之道，及其他关于一般道德之说明，亦多与现代人心不甚相合。盖现代于法律上、政治上、经济上，均认人类个人之平等，同受国家之保障。于是亲子、夫妇，及其他一切人与人的关系，自与古时'以人类不平等为原则之时代'不能相同。仅就此等处排斥孔教，以为不合于时势，亦可谓不思之甚矣。"我们反对孔教，并不是反对孔子个人，也不是说他在古代社会无价值。不过因他不能支配现代人心，适合现代潮流，还有一班人硬要拿他出来压迫现代人心，抵抗现代潮流，成了我们社会进化的最大障碍。《顺天》记者既然承认孔教在法律上、政治上、经济上都和现代社会人心不合，不知道我们还要尊崇孔教的理由在哪里？

第二，不在遗书文字上研究孔教教义　他说："凡文字不可拘泥读之，所可读者乃其精神。今欲知孔子，若专就其遗书详细解释，终难得其真相。"又说："至其研究之方法，则不可拘泥文字，更不可为古人之解释所拘束。……倘为朱熹、王阳明之徒所束缚，则必难得孔子之真意矣。"我对于这几段话，发生了左列两个疑问：

（1）孔教非自心现量不立语言文字的佛教可比，又不能在乩坛上请孔子的灵魂来自己说明，除了依据遗书文字和后儒的解释以外，还有什么研究的材料？

（2）除了君臣、亲子、夫妇（三纲）之道及其他关于一般道德之说明，孔子的"精神"、"真相"、"真意"究竟是什么？

第三，不以孔子生存时学说主张为根本　他说："论者欲知孔子之真义，请先假定孔子生于现代，与己对座，自为颜、曾诸子，对孔子发问，而思孔子将为如何之回答。试观孔子当时对颜子、曾子、子贡、子路诸人之问答，各异其趣。可知孔子若对于现代之吾人，其所答者，必更与告诸子者判若霄壤，自不待言。试思之，使孔子对于林琴南氏将如何答之乎？对于陈独秀氏将如何答之乎？使孔子生于个人平等、共和制之现代，而为新闻记者，则其所论又将如何乎？"我对于这一段话，也有几个疑问如左：

（1）孔子答现代人的话究竟如何，《顺天》记者和我都不曾在乩坛上听过，都不能够凭空断定他对不对。但是他生存时所答颜、曾诸子的话虽然各异其趣，试问有没有和他平常君臣、亲子、夫妇之道及其他关于一般道德之说明大不同的地方？

（2）对于已往的人，无论他生存时学说主张如何，若可以假定他生在现代，他的学说主张就能合现代潮流，必和他生存时不同，就断定他有尊崇的价值，那么我们对于秦始皇、张献忠、拿破仑、梅特涅等人，也都可以这样假定吗？那么我们对于自古以来学说不完全、不正确的学者，也都可以这样假定吗？

（3）就假定孔子生存在现代，他的学说主张，必合现代潮流，必然可以施行，必然可以尊崇，可惜他现在还没有像耶稣那样复活起来，给我们一点新教训。我们只能研究未复活以前，他的旧教训的价值在哪里，未复活以前，他的君臣、亲子、夫妇之道，及其他关于一般道德的说明，对于现代生活和世界潮流，还有施行尊崇的必要没有。

署名：只眼

《每周评论》第二十号

1919 年 5 月 4 日

对日外交的根本罪恶

——造成这根本罪恶的人是谁？

（一九一九年五月十一日）

国民呵！爱国学生诸君呵！外交协会诸君呵！我们对日外交，差不多十有九分是失败的了！而且我们对日的外交失败，又何止一个"山东问题"！眼前已经是可悲可惨，日后亡国的可悲可惨，更加十倍百倍千倍万倍无量数倍呵！

是什么没良心的畜生造成我们这样悲惨的境遇！

日本人因为自国的权利欺压我们，这是他们被狭隘的爱国心所驱使的，我们不必怨他。曹、陆、章等亲日派固然有相当的罪恶，但是他们不过是造成罪恶的一种机械，种种罪恶的根本罪恶还不在曹、陆、章诸人，我们也不必专门怨他。

况且曹、陆、章等未必真有卖国的行为，他们如果卖国，政府怎肯让他们都站在重要的地位？

曾记得袁世凯要做皇帝的时候，革命党用炸弹打了薛大可所办的亚细亚报馆，薛大可大叫冤屈。现在曹、陆、章等也受了同样的冤屈。

欺压我国的日本人，为了"山东问题"正在他们国里日比谷公园开国民大会，好几万人天天闹个不休，他们的政府不曾丝

毫干涉，他们是何等高兴？我们被日本欺压的中国人，也为了
"山东问题"，想在中央公园开国民大会，做政府的后盾，政府
却拿武力来殴逐国民，不许集会，满街军警，断绝交通，好像对
敌开战一般。日本人看了岂不活活笑死！

若说是恐怕破坏安宁秩序，尽可多派警察监视，也没有事前
揣测就要剥夺人民集会自由权的道理。若说恐怕和前回学生一样
闹出事来，前回学生集会，被害的只曹、章两人，公共的秩序安
宁并没有丝毫扰乱。政府无故禁止国民集会，对于欺压中国的日
本，亲善主义固然表示得十足，但是对于被日本欺压的本国的人
民怎么样？

曹、陆、章等究竟有没有卖国的事实，姑且不论。但是他们
的恶名已经遍传全国，无人不知，无人不晓。他们自己不曾辩
明，又不避嫌辞职。政府也不避嫌，仍旧把他们放在重要地位，
我真百思不得其解。

汪大燮、林长民都曾经做过政府的阁员，现在也还居政府中
有责任的地位，对于卖国党都发过有责任的言论。究竟谁是谁
非，政府何以置之不理？

听说司法界因为学生聚众事件，正在搜查证据，预备提起公
诉。试问政府官吏有了卖国的评判，检察官有没有搜查证据提起
公诉的责任？司法官是否可以在司法独立的美名之下，因私交紊
乱国法？

就说二十一条辱国的密约，是日本用兵力迫胁的，试问拿军
事协定和济顺、高徐的合同，去换军械军费杀南方的百姓，也是
日本用兵力迫胁的吗？参战借款和济顺、高徐的垫款，都不过因
为区区日金二千万，便把重要兵权和山东权利轻轻送与日本，这

是什么勾当？此外还有许多铁路、矿山、电话、森林，都用贱价卖给日本，到底是何人主持，是何人经手？是不是日本用兵力迫胁的？

甘心把本国重大的权利、财产，向日本换军械军费来杀戮本国人，这是什么罪恶？造成这罪恶的到底是什么人？

国民发挥爱国心做政府的后援，这是国家的最大幸事。我们中国现在有什么力量抵抗外人？全靠国民团结一致的爱国心，或者可以唤起列国的同情帮我们说点公道话。人心已死的中国，国民向来没有团结一致的爱国心，这是外国人顶看不起中国人的地方，这是中国顶可伤心的现象。现在可怜只有一部分的学生团体，稍微发出一点人心还未死尽的一线生机。仅此一线生机，政府还要将他斩尽杀绝，说他们不应该干涉政治，把他们送交法庭讯办。像这样办法，是要中国人心死尽，是要国民没丝毫爱国心，是要无论外国怎样欺压中国，政府外交无论怎样失败，国民都应当哑口无言。不然便要送交法庭，加上他一个干涉政治扰害公安的罪名。这样办法好极了！好极了！

禁止国民集会，拿办爱国的学生，逼走大学校长，总算对得起日本人了！听说亲日的军阀派还要解散大学封禁报馆哩！这也未免过于要好了！你们可晓得有许多富于爱国心的国民，现在虽没有像学生这样出头说话，看见你们这样行径，都在那里暗中落泪呵！

曹、陆不过是一种机械，章宗祥更不比曹、陆，他的罪恶，只是他的现职连累了他，此外也没有什么特别积极卖国的大罪恶。国民呵！爱国学生诸君呵！外交协会诸君呵！你们若是当真把这根本大罪恶都加在曹、陆、章诸人身上，实在冤屈了他们呵!

署名：只眼

《每周评论》第二十一号

1919 年 5 月 11 日

为山东问题敬告各方面

（一九一九年五月十八日）

（一）敬告协约国国民

呵！现在还是强盗世界！现在还是公理不敌强权时代！可怜为公理破产的比利时，所得权利尚不及亲德的日本，还有什么公理可说？横竖是强权世界，我们中国人也不必拿公理的话头来责备协约国了。但是拿破仑时代的世界大战争了后，仍是强权得势，所以造成第二次大战争。这次威廉时代的世界大战了后，仍是强权得势，恐怕又要造成第三次大战争。要想免第三次大战争的痛苦，非改造人类的思想，从根本上取消这蔑弃公理的强权不可。什么"国际竞争"，什么"对外发展"，什么"强国主义"，什么"强力即正义"，都是造成世界大战的根本原因。有因必有果，将来受这痛苦的，却不单是我们中国人，希望诸协约国国民都要有点觉悟，别做第二德意志。

（二）敬告中国国民

"对外发展主义"，固然是中国人现在做不到的，而且我们也不赞成这不合公理的思想。但是"民族自卫主义"（就是在国土以内不受他民族侵害的主义），我们是绝对赞成的。若因民族自卫，就是起了黑暗无人道的战争，我们都不反对。现在日本侵害了我们的东三省，不算事，又要侵害我们的山东，这是我们国民全体的存亡问题，应该发挥民族自卫的精神，无论是学界、政客、商人、劳工、农夫、警察、当兵的、做官的、议员、乞丐、新闻记者，都出来反对日本及亲日派才是。万万不能把山东问题当做山东一省人的存亡问题，万万不能单让学生和政客奔走呼号，别的国民都站在第三者地位袖手旁观，更绝对的万万不能批评学生和政客的不是。像这种全体国民的存亡大问题，可怜只有一部分爱国的学生和政客出来热心奔走呼号，别的国民都站在旁边不问，已经是放弃责任不成话说了。若还不要脸帮着日本人说学生不该干涉政治不该暴动，又说是政客利用煽动（全体国民哪个不应该出来煽动？煽动国民爱国自卫，有什么错处？），这真不是吃人饭的人说的话，这真是下等无血动物，像这种下作无耻的国民，真不应当让他住在中国国土上呼吸空气。

（三）敬告日本国民

若说中国没有开发的利源很多，因为缺少资本和经验，工商业又不容易振兴，一方面日本因地小人多，有对外发展的必要。在人类共同生活的大义说起来，日本人若真心实行中日亲善主义，不占据中国土地，不侵害中国主权，不垄断中国的交通机关和矿山，破坏中国民族生存的基础，至于相当的工商业的和平发展，我们不但不反对，并且觉得有相互的利益。在日本民族发展上说起来，若定要实行军阀派的侵略野心，未必就能够将中国人斩尽杀绝，徒然弄得两民族感情日恶，一方面工商业上受绝大的影响，一方面势力范围日渐扩张，旅居中国的日人日渐加多，虚荣上经济上虽有利益，而旅居中国的日人种种不法行为，不但大召中国人的恶感，并且影响于日本国民品行，不能不算是极大的损失。所以我要奉劝日本国民，若求日本民族在中国真实的稳健的发展，应当用和平的工商主义，不应当用强迫的侵略主义。若说商业发展要有政治的强力保护，那么此时基督教在中国，何以比从前各国用强力保护干涉的时代还要发达呢？若说日本倘不侵略，就难免让欧美人捷足先得，我看这种话头，正是逼迫中国人仇恨日本接近欧美的原因。

（四）敬告外交当局

我们国民是何等昏惰，政府是何等糊涂，外交失败也不好专责备哪一方面。单说这山东问题，我们提出巴黎和会对德直接索回青岛或是各国暂时公管的希望，十有八九是一场春梦了。我们现在要提醒外交当局的，就是万不得已到了中日直接交涉地步，我们要抱定宗旨：若是日本肯把青岛和胶济路完全交还中国，并不要求他项权利，单是要求赔偿攻打青岛的兵费，我们还可以允许。若只是名义上的交还，除了承认他继承德国已得权利以外，不能再添上丝毫别的矿山铁道等经济上的利益。至于济顺、高徐两条铁路，是从山东问题又向北扩张到直隶问题、向南扩张到江苏问题，更是断断不能承认的。政府若是听从亲日卖国派的诡计，凭空断送重大权利，酿成直隶、山东、江苏三省的问题，这种卖国大罪，国民是万万不能再恕的了！

署名：只眼

《每周评论》第二十二号

1919 年 5 月 18 日

山东问题与上海商会

（一九一九年五月十八日）

（一）上海总商会的佳电

北京分呈大总统、国务院、外交部、农商部均鉴：青岛问题激成全国公愤，皆由章使宗祥不胜其任。查章使于洪宪未成之后，不愿长农商，长司法，而独愿出使日本，其意不知何居？又查欧战开端，日本以哀的美敦书致青岛德军云："尔曹不退出，当以兵车相见。若青岛为我所占，待欧战平定交还中国。"此言也，全球皆知，岂能更变？今欧战既停，章使应如何商承政府，询问日本作何手续交还。乃计不出此，电请我政府提交欧会公决。不料因有英日、法日、意日密约之牵制，致遭失败。又不奉命遽回本国。甫抵都门，忽有辞职之意。携眷到津，复潜住曹寓。其父其兄，久处京城，何以舍而寓曹？情甚诡秘，人之猜疑，实由自召。值此舆论哗然，群情鼎沸，尚系对于章使具有愤懑不平之现象。而对于日本外交，并无别种举动。凡我国民、深知国步维艰，当静以处事。为此电请钧座，迅赐遣派资格声望足以胜任大使者，任命日使，克日起程，前往坚持欧战平定交还中国一语，径与日廷磋商交还手续。和平解决，免贻伊戚。并请电知陆专使，对于协约各国声明交还青岛之语，日本发表在先，与他条约并无牵制，应将此项议案提出大会，由中国派员与日本直接交涉。际此人心浮动，伏乞将办理情形晓示天下，俾安大局而免鼓噪。无任迫切待命之至。上海总商会叩，佳。

（二）日人对于佳电的欢感

日本人见了上海总商会的佳电，正合他们的意旨，所以十分欢迎，十分感谢。十三日北京《顺天时报》有一篇论说，题目叫做《读沪总商会对山东问题佳电之感言》。内中说道：

> 值此舆论喧嚣，纷纷自扰，或者煽惑学生，胁迫治安，以为争夺势利之计。或者利用谋伤两国关系，以为鹬蚌渔父之计。吾人夙为东亚大局忧之。顷读上海商务总会对山东问题呈请大总统、国务院、外交农商两部之佳电，吾人实不能不有无限之感慨。盖全国商会之领袖，其镇静公正之态度，达观大局之见识，自有与一般嚣嚣者流不同者焉。

又说道：

> 该电又云："舆论哗然，群情鼎沸，尚系对于章使。而对于日本外交，并无别种举动。凡我国民，深知国步维艰，当静以处事。电请迅赐遣派资格声望足以胜任大使者，任命

日使，克日起程，前往坚持欧战平定交还中国一语，径与日
廷磋商交还手续。和平解决，免贻伊戚。并电知陆专使声明
交还青岛之语日本发表在先，与他种条约并无牵制，应由中
国派员与日本直接交涉"云云。此尤为正当议论，正当办
法。何其处心平静，而谋策宏远耶！苟中国国民及政府当
局，有此了解，有此用意，东亚两国之事，更无何等困难之
问题矣。上海总商会诸君看见日本人这样夸奖他们，不知道
难受不难受？惭愧不惭愧？后悔不后悔？

（三）上海商民反对总商会的函电

佳电发表后，上海商民大惊失措，痛恨总商会媚外辱国，群
向商业公团联合会请求反对。亲向该公团询问办法的人很多，就
中的商会会员实占多数。商业公团因此特开会议公决，除致函该
商会诘责外，并为釜底抽薪的法子，电致北京声明否认佳电的主
张。上海总商会久已众叛亲离，自有此次违犯众怒的佳电，尤足
使旧日声名扫地以尽。兹将电函并录如下：

（一）商业公团致北京电　急。北京大总统、国务院、外交
部、农商部钧鉴：上海总商会佳电，主张青岛问题与日本直接交
涉，极端否认。并请转电巴黎专使。上海商业公团联合会五十六
公团叩。

（二）公团致总商会函　敬启者：顷阅报登贵总商会分呈大
总统、国务院、外交部、农商部佳电，不胜疑讶。查青岛问题，

我全国主张请求欧洲和议，由德国直接交回中国，并取消"二十一条"及各种密约，此万口一声，天下皆知者也。今读佳电，一则曰请遴派大使克日起程，径与日廷磋商交还手续；再则曰由中国派员与日本直接交涉等语。以上云云，是我全国人民所誓死坚拒，而日本所求之不得者，何以贵总会佳电违反民意，适为该国之愿。本会同人至愚，不解所谓，纷纷来函询问，应请高明详晰见复，以释群疑，是所切祷。此致上海总商会。

（三）赵锡恩致总商会函　总商会主任干事暨诸君大鉴：所贵乎商会者，以法定之机关，为商人之保障，谋利源之发展，助国家之富强，事至繁，任至重也。今我中国大势亟矣，外侮纷乘，其目的在夺我商人之生活。内乱蜂起，其结果亦以我商人为牺牲。商人于此更宜如何竭智代谋，翼护同类。……乃我观于我上海之总商会，则有惭骇悚惧大惑不解者，如青岛问题，关系我国在欧参预和议之成败，亦即关系我商业前途之存亡。失此不争，转瞬为高丽之续。我商人生计行见剥夺以尽。北京学生集合奋兴，共击误国之官。全国学生，闻风继起。商业团体联合会已于青岛问题、学生风潮有所建议，实力能及之举动，亦已沈毅进行。独我总商会徘徊瞻顾，若恐一经表示，即致开罪于强邻者。报纸宣传总商会重要分子，多欲顾全与日本人之私交，雅不愿其手掌中之商会，有违日本人之片面亲善主义。其言虽未可尽信，要之国人多数认我商会为麻木不仁之形式机关，益证以此次之态度，固已无可讳饰者也。鄙人亦商会一分子，诚欲湔雪此耻，敢求诸公振作精神，速图自白。今日报载我商会上政府电，主张派使赴日争回青岛，是不啻与虎谋皮。外人仍疑我商会暗助日本，贯彻其中日自决之主张，脱离欧洲和会公理之拘束。是虽勉发一电，仍未足餍人望。愚见以为我商会当此谴诟丛集之时，宜速召集全体大会，共同研究挽回主权稳保商业之策。或电恳我国驻欧议和代表，向列强要求直接收回青岛，撤废"二十一条"苛约。如不得请，则拂袖径归，以示公理之不可屈伏。义愤所激，或能感动和会中人之良心，力持正谊，保全中国。或更分电欧美各国大商会，表示我国商人之意思、痛陈中日交涉之不平。欧美各国商人不乏爱慕公道之士，度能出一言以为声援。此外更须警告日本商会，晓以利害，使知两国人民恶感愈深，日本商人将不能立足于中国。彼等怵于生计之丧失，当必苦劝政府收拾野心，改变政策。一面由我商会提倡相当御侮之法，以促野心家之返省。苟能同心戮力，持久不懈，而谓毫无效果可收者，吾不信也。惟事机万急，稍纵即逝。……鄙人本责备贤者之义，所以切望于我商会者至重。……急不择言，诸希鉴察。

（四）沈卓吾致总商会函　顷见报纸载贵会对于青岛问题所发之佳电，言人所不忍言。此种独得之见解，究出谁人之主张？且佳电之责任，抑仅贵会会长负之耶？抑此外有无代为负责之人也？事关国家，不得不有以奉询，务祈明示为祷。

（四）提交和会与中日自决的利害

山东交涉问题，中国人主张在巴黎和平会议交涉，日本人原来希望不提交和会，由中日两国直接自决，这两种不同的办法，和中日两国的国际地位及将来山东的利害关系极大。日本希望直接交涉有三种意思：（一）是青岛问题若不提出和会公决，由中日私自议决，这便造成中日两国在和会里不能列在国际平等地位，这便造成日本代表东亚诸国立在盟主地位，这便造成日本在亚洲的蒙罗主义。同一交还青岛，由和会议决与中日自决，关系两国的国际地位很大。所以十四日《顺天时报》明白说道："关于山东问题最可注意之点，即日本力争由日本将青岛交还中国者果为何故是也。日本所争者，非区区之青岛，非区区之山东，实为维持东洋唯一强国之体面。而所谓维持体面者，又非徒在虚荣，实为东洋百年之安宁计也。"（二）是由和会议决，精神上还是中德的交涉。由中日自决，精神上形式上都是中日交涉。青岛问题完全归到中日交涉，便根本上已经承认日本在山东的权利了。（三）是由中日直接交涉，日本便可以用兵力和贿赂对待中国政府，藉口交还名义上的青岛，又可以取得一大批德国权利以外的济顺、高徐铁路和许多矿山的权利。为日本利益打算，自然是中日直接交涉的好，所以曹汝霖也说日本必将青岛交还中国，倘不交还，他也出来反对。上海总商会这样糊涂的主张（其实用不着他们主张，已经到了这不幸的地位了），一定说他们暗助日本，或者有点冤枉。但是他们不读书，不看报，不求知识，不明白世界潮流大势，随便妄谈国事，实在是万分危险呵！

署名：只眼

《每周评论》第二十二号

1919 年 5 月 18 日

山东问题与国民觉悟

——对外对内两种彻底的觉悟

（一九一九年五月二十六日）

山东问题，我们原来希望在欧洲和会要求由德国直接交还青岛、胶州湾和胶济路；现在所以要失败的缘故，一是受了英、法、意、日四国用强权拥护那伦敦密约的束缚，二是受了我们政府和日本所订的二十一条密约及胶济换文，济顺、高徐合同的束缚。有这层层束缚，所以日本人敢于高视阔步，目无公理，目无世界各国的非难，要夺取我们的山东。

我国民眼见这种失败，自然应该愤恨，自然应该责备日本，自然应该抵制日本，唤起他们不要侵略中国的觉悟。但是我们仅仅为了山东问题的刺激，才知道愤恨，才知道责备日本，才知道抵制日本，而且仅仅知道愤恨，仅仅知道责备日本抵制日本，而且眼光仅仅不出一个山东问题，我以为这种观察很浅薄，这种觉悟很不彻底，简直算得没有觉悟。

我们国民因为山东问题，应该有两种彻底的觉悟：

（一）不能单纯依赖公理的觉悟；

（二）不能让少数人垄断政权的觉悟。

这回欧洲和会，只讲强权不讲公理，英、法、意、日各国硬用强权拥护他们的伦敦密约，硬把中国的青岛送给日本交换他们的利益，另外还有种种不讲公理的举动，不但我们心中不平，就是威尔逊总统也未免有些纳闷。但是经了这番教训，我们应该觉悟公理不是能够自己发挥，是要强力拥护的。譬如俄、德两国的皇帝都是强横不讲公理，若没有社会党用强力将他们打倒，他们不仍旧是雄赳赳地在那里逞武力、结密约，说什么国权国威对于国民和邻邦称强称霸吗？袁世凯想做皇帝，若不是护国军用强力将他打倒，恐怕如今还坐在金銮殿上称孤道寡哩。现在中、日两国的军阀，不都是公理的仇敌吗？两国的平民若不用强力将他们打倒，任凭你怎样天天把公理挂在嘴上喊叫，他们照旧逆着公理做去，你把他们怎样？所以我们不可主张用强力蔑弃公理，却不可不主张用强力拥护公理。我们不主张用强力压人，却不可不主张用强力抵抗被人所压。我们不可不承认托尔斯泰（Tolstoi）的不抵抗主义是辱没人格、民族自灭的谬说。我们不可不承认尼采（Nietzsche）、斯特勒（Stinor）诸人的强力唯我主义有不可磨灭的价值。一个人一民族若没有自卫的强力，单只望公理昌明，仰仗人家饶恕和帮助的恩惠才能生存，这是何等卑弱无耻不能自立的奴才！

我们国民的生存权利，被历来政府当局断送的已不知有多少，又何止山东的一个青岛几条铁路。这些权利当中，因为国力不能抵抗，明白断送的至多不过一半。其余一多半都是因为交换私人利益和保全私人地位秘密断送的（曹汝霖辞职呈文中已明白说出）。这种秘密断送的黑暗外交，不但现在的政府当局不能免，若让少数人垄断政权，就是再换一班人来组织政府，也是半斤等于八两。因为人性恶的方面人人都是一样，若没有社会制裁，那自专利己贪得心，谁也不免，这就是一人或少数人专制政治所以不能存在的根本。根本救济的方法，只有"平民征服政府"。由多数的平民——学界、商会、农民团体、劳工团体——用强力发挥民主政治的精神（各种平民团体以外，不必有什么政党），叫那少数的政府当局和国会议员都低下头来听多数平民的命令。无论内政外交政府国会，都不能违背平民团体的多数意思。至于那"妄干政治"、"妨害公安"、"破坏秩序"、"凌蔑法纪"、"希图扰乱"、"荧惑众听"、"破坏国家"、"弁髦命令"、"纠众滋事"、"政府自有权衡"等等废话，一概免开尊口。倘不能照这样征服他们，凭空想他们拿出良心对外不秘密断送国民的生存权利，对内不违法侵害国民的自由权利，真算是望梅止渴了。

我们因为山东问题，应该发生对外对内两种彻底的觉悟。由这彻底的觉悟，应该抱定两大宗旨，就是：

　　　　强力拥护公理。
　　　　平民征服政府。

署名：只眼

《每周评论》第二十三号

1919 年 5 月 26 日

随　感　录

（一九一九年五月二十六日）

卖国都有凭据吗？

小卖国——卖军用地图、外交秘密文件等——往往有凭据，大卖国倒往往没有凭据。若已经有了事实上的证明，只因为没有特别凭据可以到法庭起诉，就说不能加他卖国的罪名，那么世界公认朝鲜卖国贼李完用、宋秉畯，除了亲日的事实以外，难道有什么卖国的特别凭据吗？

只有叹气！

为了山东问题，我们国民除了口头上慷慨悲歌的排斥日本以外，没有丝毫别种觉悟。就以排斥日本而论，只知道单纯而且不能实行的排斥日货，不从根本上振兴工艺着想，我对于这种很浅薄的思想和运动，又不忍反对他们，只有叹气罢了！

自家人不及外国人

政府对于山东问题，是何等软弱退让！对于南方的八条要求，是何等强硬拒绝！难道国家的利权，尽可以让给外国，却断断不可让给自家吗？请问政府当局是什么肺肝？

署名：只眼

《每周评论》第二十三号

1919 年 5 月 26 日

随　感　录

（一九一九年六月一日）

"本是同根生，相煎何太急！"

德意志是战败国，战败国的外交失败本是当然的事，然而他们国民对于屈辱条约的示威运动，非常激烈，他们政府未曾丝毫禁止。意大利和日本是战胜国，战胜国侵略别人土地的外交，就是失败也不算是屈辱。但是意大利和日本的国民，还说是屈辱的外交，对于政府的示威运动，也非常激烈，他们的政府却也未曾丝毫禁止。我们索回青岛的外交，既不是因为打了败战，又不是去侵占别人的土地，政府为什么要禁止国民卫国的运动呢？我们现在忍不住要发出极悲惨可怜的声音，奉劝军警诸同胞道："本是同根生，相煎何太急！"

同盟会与无政府党

从前清朝未倒的时候，官厅拿人，私人害人，不论青红皂白，都用"同盟会"三字做罪案。后来革命成功了，许多无耻的官僚侦探，都设法加入"同盟会"，而且大摇大摆地在众人面前冒充"老同盟会"。如今想倾陷人的又换了一种罪名做武器，叫做什么"无政府党"。请问中国哪里有许多无政府党呢?

北京十大特色

有一位朋友新从欧洲回来，他说在北京见了各国所没有的十大特色:（1）不是戒严时代，满街巡警背着枪威吓市民。（2）一条很好的新华街的马路，修到城根便止住了。（3）汽车在很狭的街上人丛里横冲直撞，巡警不加拦阻。（4）高级军官不骑马，却坐着汽车飞跑，好像是开往前敌。（5）十二三岁的小孩子，六十几岁的老头子，都上街拉车，警察不曾干涉。（6）刮起风来灰尘满天，却只用人力洒水，不用水车。（7）城里城外总算都是马路，独有往来的要道前门桥，还留着一段高低不平的石头路。（8）分明说是公园，却要买门票才能进去。（9）总统府门前不许通行，奉军司令部门前也不许通行。（10）安定门外粪堆之臭，天下第一!

署名: 只眼

《每周评论》第二十四号

1919 年 6 月 1 日

随 感 录

（一九一九年六月八日）

立宪政治与政党

立宪政治在十九世纪总算是个顶时髦的名词，在二十世纪的人看起来，这种敷衍不彻底的政制，无论在君主国民主国，都不能够将人民的信仰、集会、言论出版三大自由权完全保住，不过做了一班政客先生们争夺政权的武器。现在人人都要觉悟起来，立宪政治和政党，马上都要成历史上过去的名词了，我们从此不要迷信他罢。什么是政治？大家吃饭要紧。

六月三日的北京

民国八年六月三日，就是端午节的后一日，离学生的"五四"运动刚满一个月，政府里因为学生团又上街演说，下令派军警严拿多人。这时候陡打大雷飐大风，黑云遮天，灰尘满目，对面不见人，是何等阴惨暗淡！

吃 饭 问 题

常言道："天要下雨，娘要嫁人，无法将他止住。"我看人要吃饭，也无法将他止住。各国都有许多雄赳赳虎狼似的军警，要立什么密约便立什么密约，要侵占人家土地便侵占人家土地，要怎样横蛮不说理便怎样横蛮不说理。独有人民要饭吃，却无法将他止住。无法止住，所以成了二十世纪劈头第一个大问题。

研究室与监狱

世界文明发源地有二：一是科学研究室，一是监狱。我们青年要立志出了研究室就入监狱，出了监狱就入研究室，这才是人生最高尚优美的生活。从这两处发生的文明，才是真文明，才是有生命有价值的文明。

爱情与痛苦

我的朋友胡适之在我的朋友张慰慈折扇上写了两句："爱情的代价是痛苦，爱情的方法是要忍得住痛苦。"我看不但爱情如此，爱国爱公理也都如此。

南　北　一　致

这回外交问题，政府自有办法，全国的学生和上海的商民瞎热心，添了政府许多麻烦。惟有西南护法诸将帅，除唐继尧外都一言不发，颇与政府宣示外交命令所说"外交繁重，责在当局"，"国人惟当持以镇静，勿事惊疑"的话相合，总算是好孩子，政府应当优待他们。

政学会与桂系

政学会系的军人发了军人不干政的通电，桂系的军人接着就恭恭敬敬打电给徐大总统、钱总理，单说"护国"，不提"护法"了。不知道他们内中闹的什么猴？

署名：只眼

《每周评论》第二十五号

1919 年 6 月 8 日

我们究竟应当不应当爱国？

（一九一九年六月八日）

爱国！爱国！这种声浪，近年以来几乎吹满了我们中国的各种社会。就是腐败官僚蛮横军人，口头上也常常挂着爱国的字样，就是卖国党也不敢公然说出不必爱国的话。自从山东问题发生，爱国的声浪更陡然高起十万八千丈，似乎"爱国"这两字，竟是天经地义，不容讨论的了。

感情和理性，都是人类心灵重要的部分，而且有时两相冲突。爱国大部分是感情的产物，理性不过占一小部分，有时竟全然不合乎理性（德国和日本的军人，就是如此）。人类行为，自然是感情冲动的结果。我以为若是用理性做感情冲动的基础，那感情才能够始终热烈坚固不可摇动。当社会上人人感情热烈的时候，他们自以为天经地义的盲动，往往失了理性，做出自己不能认识的罪恶（欧战时法国、英国市民打杀非战派，就是如此）。这是因为群众心理不用理性做感情的基础，所以群众的盲动，有时为善，有时也可为恶。因此我要在大家热心盲从的天经地义之"爱国"声中，提出理性的讨论，问问大家，我们究竟应当不应当爱国？

若不加以理性的讨论，社会上盲从欢呼的爱国，做官的用强力禁止我们爱国，或是下命令劝我们爱国，都不能做我们始终坚持有信仰的行为之动机。

要问我们应当不应当爱国，先要问国家是什么。原来国家不过是人民集合对外抵抗别人压迫的组织，对内调和人民纷争的机关。善人利用他可以抵抗异族压迫，调和国内纷争。恶人利用他可以外而压迫异族，内而压迫人民。

我们中华民族，自古闭关，独霸东洋，和欧美日本通商立约以前，只有天下观念，没有国家观念。所以爱国思想，在我们普遍的国民根性上，印象十分浅薄。要想把爱国思想，造成永久的非一时的，和自古列国并立的欧洲民族一样，恐怕不大容易。

欧洲民族，自古列国并立，国家观念很深，所以爱国思想成了永久的国民性。近来有一部分思想高远的人，或是相信个人主义，或是相信世界主义，不但窥破国家是人为的不是自然的没有价值，并且眼见耳闻许多对内对外的黑暗罪恶，都是在国家名义之下做出来的。他们既然反对国家，自然不主张爱国的了。在他们眼里看起来，爱国就是害人的别名。所以他们把爱国杀身的志士，都当做迷妄疯狂。

我们中国人无教育无知识无团结力，我们不爱国，和那班思想高远的人不爱国，决不是一样见解。官场阻止国民爱国运动，不用说更和那班思想高远的人用意不同。我现在虽不能希望我们无教育无知识无团结力的同胞都有高远思想，我却不情愿我们同胞长此无教育无知识无团结力。即是相信我们同胞从此有教育有知识有团结力，然后才有资格和各国思想高远的人公同组织大同世界。

我们中国是贫弱受人压迫的国家，对内固然造了许多罪恶，

"爱国"二字往往可以用做搜刮民财压迫个人的利器，然而对外一时万没有压迫别人的资格。若防备政府利用国家主义和国民的爱国心，去压迫别国人，简直是说梦话。

思想高远的人反对爱国，乃是可恶野心家利用他压迫别人。我们中国现在不但不能压迫别人，已经被别人压迫得几乎没有生存的余地了。并非压迫别人，以为抵抗压迫自谋生存而爱国，无论什么思想高远的人，也未必反对。个人自爱心无论如何发达，只要不伤害他人生存，没有什么罪恶。民族自爱心无论如何发达，只要不伤害他族生存，也没有什么罪恶。

据以上的讨论，若有人问：我们究竟应当不应当爱国？我们便大声答道：

　　我们爱的是人民拿出爱国心抵抗被人压迫的国家，不是政府利用人民爱国心压迫别人的国家。
　　我们爱的是国家为人谋幸福的国家，不是人民为国家做牺牲的国家。

署名：只眼

《每周评论》第二十五号

1919 年 6 月 8 日

在《国民》杂志成立
周年大会上的致词[*]

（一九一九年十月十二日）

久闻贵志发达，惜未细读。又闻"五四运动，诸君出力独多，窃以为此番运动，实为国民运动之嚆矢，匪可与党派运动同日而语。"国人及今已至觉悟之时期，但其觉悟之程度，却不一律，是可分为三步观之。其一，爱国心之觉悟——国民自保及民族自决之精神——最为普遍。此在一般国民，均具有此种觉悟，不独参与五四运动者为然，即反对斯举之官僚——甚至曹、章辈——虽以地位关系，不得不尔，然亦非绝对无此感悟。其二，则政治不良之觉悟。吾人日者屡闻各方面有请愿之举，多涉内政问题，可见国人已有此种觉悟；特以例前者，则觉悟之程度，及具此觉悟者之人数，殊形减少，盖仅五四运动中学生之一部分而已。其三，则社会组织不良之觉悟，有如杜威博士所云："从前的社会组织有病，非把他改良不可。"具此种觉悟者，即在学生界亦殊少矣。要之，此等觉悟之进程，以系由外交而及内政，由内政而至社会组织者。希望贵社以后对于国民觉悟之程度务使其

---

* 原题为《本社成立周年纪念大会纪事，陈独秀讲话》。

增高，一方面使具此种觉悟者之人数增加，则尽美尽善矣。

署名：陈独秀

《国民》第二卷第一期

1919 年 11 月

实行民治的基础

（一九一九年十一月二日）

"地方自治与同业联合两种小组织"

民治是什么？难道就是北京《民治日报》所说的民治？杜威博士分民治主义的原素为四种：

（一）政治的民治主义　就是用宪法保障权限，用代议制表现民意之类。

（二）民权的民治主义　就是注重人民的权利：如言论自由，出版自由，信仰自由，居住自由之类。

（三）社会的民治主义　就是平等主义：如打破不平等的阶级，去了不平等的思想，求人格上的平等。

（四）生计的民治主义　就是打破不平等的生计，铲平贫富的阶级之类。

前二种是关于政治方面的民治主义，后二种是关于社会经济方面的民治主义。原来"民治主义"（Democracy），欧洲古代单是用做"自由民"（对奴隶而言）参与政治的意思，和"专制政治"（Autocracy）相反；后来人智日渐进步，民治主义的意思也就日渐扩张；不但拿他来反对专制帝王，无论政治、社会、道德、经济、文学、思想，凡是反对专制的、特权的，遍人间一切生活，几乎没有一处不竖起民治主义的旗帜。所以杜威博士列举民治主义的原素，不限于政治一方面。

我们现在所盼望的实行民治，自然也不限于政治一方面。而且我个人的意思：觉得"社会生活向上"是我们的目的，政治、道德、经济的进步，不过是达到这目的的各种工具；政治虽是重要的工具，总不算得是目的；我敢说若要改良政治，别忘了政治是一种工具，别拿工具当目的，才可以改良出来适合我们目的的工具；我敢说最进步的政治，必是把社会问题放在重要地位，别的都是闲文。因此我们所主张的民治，是照着杜威博士所举的四种原素，把政治和社会经济两方面的民治主义，当做达到我们目的——社会生活向上——的两大工具。

在这两种工具当中，又是应该置重社会经济方面的；我以为关于社会经济的设施，应当占政治的大部分；而且社会经济的问题不解决，政治上的大问题没有一件能解决的，社会经济简直是政治的基础。

杜威博士关于社会经济（即生计）的民治主义的解释，可算是各派社会主义的公同主张，我想存心公正的人都不会反对。至于他关于政治的民治主义的解释，觉得还有点不彻底；我们既然是个"自由民"不是奴隶，言论、出版、信仰、居住、集会这几种自由权，不用说都是生活必须品；宪法我们也是要的，代议制也不能尽废；但是单靠"宪法保障权限"，"用代议制表现民意"，恐怕我们生活必须的几种自由权，还是握在人家手里，不算归我们所有。我们政治的民治主义的解释：是由人民直接议定宪法，用宪法规定权限，用代表制照宪法的规定执行民意；换一句话说：就是打破治者与被治者的阶级，人民自身同时是治者又是被治者；老实说：就是消极的不要被动的官治，积极的实行自动的人民自治；必须到了这个地步，才算得真正民治。

我们中国社会经济的民治，自然还没有人十分注意；就是政治的民治，中华民国的假招牌虽然挂了八年，却仍然卖的是中华帝国的药，中华官国的药，并且是中华匪国的药；"政治的民治主义"这七个好看的字，大家至今看了还不大顺眼。但是我决不因此灰心短气，因为有三个缘故：一是中国创造共和的岁月，比起欧美来还是太浅，陈年老病哪有着手成春的道理。二是中国社会史上的现象，真算得与众不同；上面是极专制的政府，下面是极放任的人民；除了诉讼和纳税以外，政府和人民几乎不生关系；这种极放任不和政府生关系的人民，自己却有种种类乎自治团体的联合：乡村有宗祠，有神社，有团练；都会有会馆，有各种善堂（育婴、养老、施诊、施药、积谷、救火之类），有义学，有各种工商业的公所；像这些各种联合，虽然和我们理想的民治隔得还远，却不能说中国人的民治制度，没有历史上的基础。三是中国人工商业不进化和国家观念不发达，从坏的方面说起来，我们因此物质文明不进步，因此国民没有一致团结力；从好的方面说起来，我们却因此没有造成像欧洲那样的资产阶级和军国主义；而且自古以来，就有许行的"并耕"，孔子的"均无贫"种种高远理想；"限田"的讨论，是我们历史上很热闹的问题；"自食其力"，是无人不知道的格言；因此可以证明我们的国民性里面，确实含着许多社会经济的民治主义的成分。我因为有这些理由，我相信政治的民治主义和社会经济的民治主义，将来都可以在中国大大地发展，所以我不灰心短气，所以我不抱悲观。

现在政象不佳，没有实行民治主义的缘故，也有好几层：一是改建共和未久。二是我们从前把建设共和看得太容易，革命以前宣传民治主义的工夫太做少了。三是共和军全由军人主动，一般国民自居在第三者地位。四是拥护共和的进步、国民两党人，都不懂得民治主义的真相，都以为政府万能，把全副精神用在宪法问题、国会问题、内阁问题、省制问题、全国的水利交通问题，至于民治的基础——人民的自治与联合——反无人来过问。五是少数提倡地方自治的人，虽不迷信中央政府，却仍旧迷信大规模的省自治和县自治，其实这种自治，只算是地方政府对于中央政府的分治，是划分行政区域和地方长官权限的问题，仍旧是官治，和民治的真正基础——人民直接的实际的自治与联合——截然是两件事。我们现在要实行民治主义，首先要注重民治的坚实基础，必须把上面说的二、三、四、五这几层毛病通同除去，多干实事，少出风头，把大伟人、大政治家、大政客、大运动家、大爱国者的架子收将起来，低下头在那小规模的极不威风的坚实的民治基础——人民直接的实际的自治与联合——上做工夫；不然，无论北洋军人执政也罢，西南军人执政也罢，交通系得势也罢，北方的安福部得势也罢，南方的安福部（就是政学会）得势也罢，进步党的内阁也罢，国民党的内阁也罢，旧官僚的内阁也罢，我可以断定中国的民治，仍旧是北京《民治日报》的民治，不是杜威博士所讲《美国之民治的发展》的民治。

我不是说不要宪法，不要国会，不要好内阁，不要好省制，不要改良全国的水利和交通；也不是反对省自治、县自治。我以为这些事业，必须建筑在民治的基础上面，才会充分发展；大规模的民治制度，必须建筑在小组织的民治的基础上面，才会实现；基础不坚固的建筑，像那沙上层楼，自然容易崩坏；没有坚固基础的民治，即或表面上装饰得如何堂皇，实质上毕竟是官治，是假民治，真正的民治决不会实现，各种事业也不会充分发展。

社会经济的民治主义，哪一国都还没有实行；政治的民治主义，英美两国比较其余的国家，总算是发达的了。他们所以发达的由来，乃是经许多岁月，由许多小组织的地方自治团体和各种同业联合，合拢起来，才能够发挥今天这样大规模的民治主义；好像一个生物体，不是一把散沙，也不是一块整物，乃无数细胞组织、器官组织合拢起来，才能够成就全体的作用。他们的民治主义，不是由中央政府颁布一部宪法几条法令，就会马上涌现出来的，乃是他们全体人民一小部分一小部分自己创造出来的。所以杜威博士在他《美国之民治的发展》讲演中说道："美国是一个联邦的国家，当初移民的时候，每到一处，便造成一个小村，由许多小村，合成一邑，由许多邑合成一州，再由许多州合成一国。小小的一个乡村，一切事都是自治。"又说道："美国的联邦是由那些有独立自治能力的小村合并起来的，历史上的进化是由一村一村联合起来的。美国的百姓是为找自由而来的，所以他们当初只要自治不要国家，后来因有国家的需要，所以才组成联邦。"

我们现在要实行民治主义，是应当拿英、美做榜样，是要注意政治经济两方面，是应当在民治的坚实基础上做工夫，是应当由人民自己一小部分一小部分创造这基础。这基础是什么？就是人民直接的实际的自治与联合。这种联合自治的精神：就是要人人直接的，不是用代表间接的；是要实际去做公共生活需要的事务，不是挂起招牌就算完事。这种联合自治的形式：就是地方自治和同业联合两种组织。

现在有许多人的心理，以为时局如此纷乱，政府哪里顾得到地方自治的问题；而且地方自治的法案，还未经正式国会详细规定出来，我们怎样着手？至于同业联合的组织法，政府国会都还未曾想到，更是无从组织。我想这种见解是大错而特错，是有两个根本上的错误：第一个错误，是以为地方自治和同业联合都要政府提倡，才能够实现。我以为这种从上面提倡的自治联合，就是能够实现，也只是被动的官式的假民治，我们不要；我们所要的，是从底下创造发达起来的，人民自动的真民治。第二个错误，是以为法律能够产生事实，事实不能够产生法律。我的见解恰恰和他正相反对，我以为法律产生事实的力量小，事实产生法律的力量大，社会上先有一种已成的事实，政府承认他的"当然"就是法律，学者说明他的"所以然"就是学说。一切法律和学说，大概都从已成的事实产生出来的。譬如英、美两国的自治制度，都是先由他们的人民创造出来这种事实，后来才由政府编成法典，学者演成学说；并不是先由政府颁布法典，学者创出学说，他们人民才去照办的。所以我觉得时局纷乱不纷乱，政府提倡不提倡，国会有没有议决法案，都和我们人民组织地方自治、同业联合不生关系。

我所说的同业联合，和那由店东组织的各业公所及欧洲古时同业协会（Guild）不同，和欧洲此时由工人组织的职工联合（旧译工联，Trade Union）及其他各种劳动组合也不同；因为此时中国工商界，像那上海、天津、汉口几个大工厂和各处铁路矿山的督办总办，都是阔老官，当然不能和职工们平起平坐；其余一般商界的店东店员，工界的老板伙计，地位都相差不远，纯粹资本作用和劳力没有发生显然的冲突以前，凡是亲身从事业务的，都可以同在一个联合。

关于地方自治和同业联合的种种学说、制度，非常之多；至于详细的办法，一时更说不尽；我现在单只就中国社会状态的需要而且可以实行的，举出几条原则，免得失了直接的实际的精神，就会发生笼统、涣散、空洞、利用、盘踞、腐败种种不可救药的老毛病。

最小范围的组织

乡间的地方自治，从一村一镇着手，不可急急去办哪一乡的自治；城市的地方自治，要按着街道马路或是警察的分区，分做许多小自治区域，先从这小区域着手，不可急急去办哪城自治市自治。同业联合是要拿一个地方的一种职业做范围，譬如一个码头的水手、船户、搬运夫，一个矿山的矿夫，一条铁路的职工，一个城市的学校教职员、新闻记者、律师、医生、木匠、瓦匠、车夫、轿夫、铁工、纺织工、漆工、裁缝、剃头匠、排印工人、邮差、脚夫等，各办各的同业联合；商业的店东管事和店员，在小城市里便归在一个联合，在大城市里，譬如上海地方，就按行业或马路分办各的同业联合；万万不可急于组织那笼统空洞的什么"工会"，广大无边的什么"上海商界联合会"，什么"全国工人联合会"。凡是笼统空洞没有小组织做基础的大组织，等于没有组织；这种没有组织的大组织，消极方面的恶结果，就是造成多数人冷淡、涣散、放弃责任；积极方面的恶结果，就是造成少数人利用、把持、腐败。

人人都有直接议决权

这种小组织的地方团体和同业团体，人数都必然不多，团体内的成年男女，都可以到会直接议决事务，无须采用代表制度。若是一团体的事务，各个分子都有直接参与的权利，他所生的效果：在消极方面，可以免得少数人利用、把持、腐败；在积极方面，可以养成多数人的组织能力，可以引起大家向公共的利害上着想，向公共的事业上尽力，可以免得大家冷淡旁观团体涣散。中国现在的地方自治办不好，就是因为大家让少数的绅董盘踞在那里作恶；同业联合没有好效果，就是因为现在各业公所的组织，只是店东管事独霸的机关，与多数的职工店员无涉。我所以主张小组织，就是因为小组织的人少，便于全体直接参与，一扫从前绅董、店东、工头少数人把持的积弊，又可以磨练多数人办事的能力。若有人疑心多数的教育程度不够，还是用代表制度的好，我便拿杜威博士《美国之民治的发展》讲演上的话来回答："民治主义何以好呢？因为他自身就是一种教育，就是教育的利器，叫人要知道政治的事不是大人先生的事，就是小百姓也都可以过问的。人民不问政事，便把政治的才能糟塌完了，再也不会发展了。民治政治叫人去投票，叫人知道对于政治有很大的责任，然后自然能养成一种政治人才；美国的浩雷斯曼说：'我们的主张不是说人生下来就配干预政治，不过总要叫他配干预才是。'这就是民治主义的教育。从前美国的选举也有财产、教育、男女的限制，现在才把这些限制去了；去了限制之后，从没听人说过哪个人不会选举，可见得政治的才能是学得的，不是生来的。"若有人疑心女子不便加入，我以为男女应该有同等权利的理论，姑且不提；单就事实上说，女子加入的坏处，我一时想不出；我却想出许多女子加入的好处，女子的和平、稳静、精细、有秩序、顾名誉、富于同情心等，可以使团体凝结的性质，都比男子好；他们第一美点，就是不利用团体去夤缘官做。

执行董事不宜专权久任

执行团体议决事务的董事，由团体全员投票选举；选举权和被选举权都不应当有教育、财产、男女、地位的限制。董事的人数宜多，任期宜短，不能连任；每半年改选三分之一，满期退任的次第，抽签预定。无论大会或是董事会，都只设临时主席，取合议制，不设会长总董。这都是防备少数人盘踞必不可缺的制度。

注重团体自身生活的实际需要

地方自治应该注重的是：教育（小学校及阅书报社），选举（国会、省县议会及城乡自治会），道路，公共卫生；乡村的地方，加上积谷、水利、害虫三件事。同业联合应该注重的是：教育（补习夜学，阅书报社，通俗讲演），储蓄，公共卫生，相互救济（疾病、老、死、失业等事），消费公社，职业介绍，公共娱乐，劳工待遇等事。上海工业界现在有许多同业的联合会发生，我们十分欢迎；但是我们也有十分担心的两个疑问：（一）是否仅仅为了外交的感触？还是另有团体本身生活上实际需要的觉悟？（二）是否店东管事们在那里包办？上海各马路的商界联合会，颇和我主张的小组织相同；但我们不能满意的地方：（一）到会的会员都只有各店代表一百多人，不但不是全体，并没有过半数。（二）这些代表恐怕多半是店东管事，没有店员的分。（三）本身的组织和实际生活需要的问题，都没有谈起，请了许多事外的人来演说，发些救国裕商的空套议论，这是做什么！我盼望社会上理想高明的人，不要以为我所注重的实际生活需要讨价过低，说我主张不彻底；我相信照中国现社会的状况，只有这种小组织，注重这种实际生活的需要，乃是民治主义坚实的基础，乃是政治经济彻底改造必经的门路。我盼望官场中神经过敏的人，不要提起地方自治，马上就联想到破坏统一；不要提起同业联合，马上就联想到社会革命。我主张的这种小组织，实在平易可行，实在是共和国家政治经济的实际需要，实在说不上什么破坏统一，什么社会革命；这种小组织的地方自治，固然和你们政权无涉，于你们官兴多碍，就是这种小组织的同业联合所注重的实际需要，也都是在现社会现经济制度之下的行动，并非什么过激的办法；不但比不上法国的工团主义（Syndicalism）那样彻底，就是比英国的工联（Trade Union）还要和平简陋得多。

断绝军人官僚政客的关系

军人、官僚、政客是中国的三害，无论北洋军人、西南军人、老官僚、新官僚、旧交通系、新交通系、安福系、巳未系、政学会，可以总批他"明抢暗夺误国殃民"八个大字；一定要说哪个好哪个歹，都是一偏之见，缺少阅历。自从五四运动以来，我们中国一线光明的希望，就是许多明白有良心的人，想冲出这三害的重围，另造一种新世界；这新世界的指南针，就是唤醒老百姓，都提起脚来同走"实行民治"这一条道路。这条道路的基础上最后要留意的，就是别让三害鬼混进来，伸出他背上的那只肮脏黑手，把我们的一线光明遮住了。蝇营狗苟的新官僚（就是政客先生），惯会看风头，乘机窃取起来，更是眼明腿快，我们要格外严防，别让他利用我们洁白的劳动工人和青年学生，来办什么政党什么劳动党，做他当总长的敲门砖；最好是各种小组织的事务所，都贴上"小心扒手"，好叫大众留神。我所以主张小组织，固然重在民治要有坚实的基础，也是故意摆出矮户低檐的景象，好叫这班阔人恐怕碰坏了纱帽翅，不来光顾才好。

这篇文章刚做好寄到上海付印，就看见张东荪先生新做的

《头目制度与包办制度的打破》那篇文章（见《解放与改造》的一卷五号）说得很透彻，可以补我这篇文章的遗漏，读者务必要参看。我所主张的小组织好叫人人有直接参与权，似乎是打破一切寡头制度（头目包办制度自然包含在内）的根本方法；这种思想倘然能够成为事实，成为习惯，不但现在经济方面的恶制度可以扫除，就是将来较大的政治方面经济方面的大组织，自然也不会有寡头专制的事发生，真民治主义才会实现。我所主张的同业联合，也含着有"两元的社会组织"的性质。但是我心中所想的未必和《联合会日刊》所说的尽同，而且我不愿意采用"两元"的名词；因为本来我们所痛苦的是现代社会制度的分裂生活，我们所渴望的是将来社会制度的结合生活，我们不情愿阶级争斗发生，我们渴望纯粹资本作用——离开劳力的资本作用——渐渐消灭，不至于造成阶级争斗；怎奈我们现在所处的不结合而分裂的——劳资、国界、男女等——社会，不慈善而争斗的人心，天天正在那里恶作剧（现在美国劳资两元组织的产业会议，就是一个例）。我心中所想说的话，不愿说出，恐怕有人误作调和政策，为一方面所利用，失了我的本意。此话说来太长，而且不是本篇的论旨，改日再谈罢。

十一月二日夜

署名：陈独秀
《新青年》第七卷第一号
1919 年 12 月 1 日

本 志 宣 言

（一九一九年十二月一日）

本志具体的主张，从来未曾完全发表。社员各人持论，也往往不能尽同。读者诸君或不免怀疑，社会上颇因此发生误会。现当第七卷开始，敢将全体社员的公同意见，明白宣布。就是后来加入的社员，也公同担负此次宣言的责任。但"读者言论"一栏，乃为容纳社外异议而设，不在此例。

我们相信世界上的军国主义和金力主义，已经造了无穷罪恶，现在是应该抛弃的了。

我们相信世界各国政治上、道德上、经济上因袭的旧观念中，有许多阻碍进化而且不合情理的部分。我们想求社会进化，不得不打破"天经地义"、"自古如斯"的成见；决计一面抛弃此等旧观念，一面综合前代贤哲当代贤哲和我们自己所想的，创造政治上、道德上、经济上的新观念，树立新时代的精神，适应新社会的环境。

我们理想的新时代新社会，是诚实的、进步的、积极的、自由的、平等的、创造的、美的、善的、和平的、相爱互助的、劳动而愉快的、全社会幸福的。希望那虚伪的、保守的、消极的、束缚的、阶级的、因袭的、丑的、恶的、战争的、轧轹不安的、懒惰而烦闷的、少数幸福的现象，渐渐减少，至于消灭。

我们新社会的新青年，当然尊重劳动；但应该随个人的才能兴趣，把劳动放在自由愉快艺术美化的地位，不应该把一件神圣的东西当做维持衣食的条件。

我们相信人类道德的进步，应该扩张到本能（即侵略性及占有心）以上的生活；所以对于世界上各种民族，都应该表示友爱互助的情谊。但是对于侵略主义、占有主义的军阀、财阀，不得不以敌意相待。

我们主张的是民众运动社会改造，和过去及现在各派政党，绝对断绝关系。

我们虽不迷信政治万能，但承认政治是一种重要的公共生活；而且相信真的民主政治，必会把政权分配到人民全体，就是有限制，也是拿有无职业做标准，不拿有无财产做标准；这种政治，确是造成新时代一种必经的过程，发展新社会一种有用的工具。至于政党，我们也承认他是运用政治应有的方法；但对于一切拥护少数人私利或一阶级利益，眼中没有全社会幸福的政党，永远不忍加入。

我们相信政治、道德、科学、艺术、宗教、教育，都应该以现在及将来社会生活进步的实际需要为中心。

我们因为要创造新时代新社会生活进步所需要的文学道德，便不得不抛弃因袭的文学道德中不适用的部分。

我们相信尊重自然科学实验哲学，破除迷信妄想，是我们现在社会进化的必要条件。

我们相信尊重女子的人格和权利，已经是现在社会生活进步的实际需要；并且希望他们个人自己对于社会责任有彻底的觉悟。

　　我们因为要实验我们的主张，森严我们的壁垒，宁欢迎有意识有信仰的反对，不欢迎无意识无信仰的随声附和。但反对的方面没有充分理由说服我们以前，我们理当大胆宣传我们的主张，出于决断的态度；不取乡愿的、紊乱是非的、助长惰性的、阻碍进化的、没有自己立脚地的调和论调；不取虚无的、不着边际的、没有信仰的、没有主张的、超实际的、无结果的绝对怀疑主义。

未署名

《新青年》第七卷第一号

1919 年 12 月 1 日

随　感　录

（一九一九年十二月一日）

法律与言论自由

　　法律是为保守现在的文明，言论自由是为创造将来的文明；现在的文明现在的法律，也都是从前的言论自由，对于他同时的法律文明批评反抗创造出来的；言论自由是父母，法律文明是儿子，历代相传，好像祖孙父子一样；最奇怪的是旧言论自由造成了现在的法律文明，每每不喜欢想创造将来法律文明的新言论自由出现；好像一个儿子，他从前并不孝顺父母，到了他做父母的时候，他的儿子稍有点意思不和他一样，他便要办他儿子忤逆不孝的罪；认真严办起来、岂不要断绝后代！

　　世界上有一种政府，自己不守法律，还要压迫人民并不违背法律的言论，我们现在不去论他，我们要记住的正是政府一方面自己应该遵守法律，一方面不但要尊重人民法律以内的言论自由，并且不宜压迫人民"法律以外的言论自由"。法律只应拘束人民的行为，不应拘束人民的言论；因为言论要有逾越现行法律以外的绝对自由，才能够发见现在文明的弊端，现在法律的缺点。言论自由若要受法律的限制，那便不自由了；言论若是不自由，言论若是没有"违背法律的自由"，那便只能保守现在的文明，现在的法律，决不能够创造比现在更好的文明，比现在更好的法律。像这种保守停滞的国家社会，不但自己不能独立创造文明，就是跟着别人的文明一同进步，也不容易。

过激派与世界和平

俄国 Lenin 一派的 Bolsheviki 的由来，乃是从前俄国的社会民主党在瑞典都城 Stockholm 开秘密会议的时候，因为要不要和 Bourgeoisie（工商社会）谋妥协的问题，党中分为两派，Lenin 一班人不主张妥协的竟占了多数，因此叫做 Bolsheviki，英文叫做 Major group（多数派），乃是对于少数派（英文叫做 Lesser group）Mensheviki 的名称，并非是什么过激不过激的意思。日本人硬把 Bolsheviki 叫做过激派，和各国的政府资本家痛恨他，都是说他扰乱世界和平。Bolsheviki 是不是扰乱世界和平，暂且不去论他，痛恨 Bolsheviki 的各强国，天天在那里侵略弱小国的土地利权，是不是扰乱世界和平，我们暂且也不去论他；那第一叫我们觉悟，叫我们注意的，有两件事：

（一）反对 Bolsheviki 的渥木斯克政府，居然无理拿大炮来打我们的军舰，又拿中、俄、蒙条约来抗议蒙古取消自治。

（二）反对李普克内希所创斯巴达苦司党（他们的主张和 Bolsheviki 相同，都是马克司派，都想建设劳农政府）的德国的现政府，又在那里鼓吹德意志帝国主义，又在那里讨论扩充海军预算等。

扰乱世界和平，自然是极大的罪恶，Bolsheviki 是不是扰乱世界和平，全靠事实证明，用不着我们辩护或攻击；我们冷眼旁观的，恐怕正是反对 Bolsheviki 的先生们出来扰乱世界和平！换一方面说：Bolshevikism 的内容，和他们如果得志思想上有无变迁，能不能叫世界和平，固然没有人能够断定；但是现在反对他们的人，还仍旧抱着军国侵略主义，去不掉个人的、一阶级的、一国家的利己思想（日本压迫朝鲜，想强占青岛的土地和山东的经济利权，就是一个显例），如何能够造成世界和平呢？

调和论与旧道德

现在社会上有两种很流行而不祥的论调，也可以说是社会的弱点：（一）是不比较新的和旧的实质上的是非，只管空说太新也不好，太旧也不好，总要新旧调和才好；见识稍高的人，又说没有新旧截然分离的境界，只有新旧调和递变的境界，因此要把"新旧调和论"号召天下。（一）是说物质的科学是新的好西洋的好，道德是旧的好中国固有的好。这两层意见，和我们新文化运动及思想改造上很有关系，我们应当有详细的讨论，现在姑且简单说几句。

新旧因调和而递变，无显明的界线可以截然分离，这是思想文化史上的自然现象，不是思想文化本身上新旧比较的实质。这种现象是文化史上不幸的现象，是人类惰性的作用；这种现象不但在时间上不能截然分离，即在空间上也实际同时存在：同一人数中，各民族思想文化的新旧不能用时代划分，同一民族中，各社会各分子思想文化的新旧，也不能用时代划分，这等万有不齐新旧杂糅的社会现象，乃是因为人类社会中惰性较深的劣等民族劣等分子，不能和优级民族优级分子同时革新进化的缘故；我们抱着改良社会志愿的人，固然可以据进化史上不幸的事实，叙述他悲悯他实在是如此，不忍心幸灾乐祸得意扬扬的主张他应该如此。譬如人类本能上，有侵略、独占、利己、忌妒、争杀、虚伪、欺诈等等恶德，也没有人能不承认是实在如此。然断乎没有人肯主张应该如此。惰性也是人类本能上一种恶德，是人类文明进化上一种障碍，新旧杂糅调和缓进的现象，正是这种恶德这种障碍造成的；所以新旧调和只可说是由人类惰性上自然发生的一种不幸的现象，不可说是社会进化上一种应该如此的道理；若是助纣为虐，把他当做指导社会应该如此的一种主义主张，那便误尽苍生了。譬如货物买卖，讨价十元，还价三元，最后的结果是五元，讨价若是五元，最后的结果不过二元五角；社会进化上的惰性作用，也是如此，改新的主张十分，社会惰性当初只能够承认三分，最后自然的结果是五分；若是照调和论者的意见，自始就主张五分，最后自然的结果只有二分五，如此社会进化上所受二分五的损失，岂不是调和论的罪恶吗？所以调和论只能看做客观的自然现象，不能当做主观的故意主张。

再说到道德问题。这是人类进化上重要的一件事。现在人类社会种种不幸的现象，大半因为道德不进步，这是一种普通的现象，却不限于西洋、东洋。近几百年，西洋物质的科学进步很快，而道德的进步却跟他不上；这不是因为西洋人只重科学不重道德，乃因为道德是人类本能和情感上的作用，不能像知识那样容易进步。根于人类本能上光明方面的相爱、互助、同情心、利他心、公共心等道德，不容易发达，乃是因为受了本能上黑暗方面的虚伪、忌妒、侵夺、争杀、独占心、利己心、私有心等不道德难以减少的牵制；这是人类普通的现象，各民族都是一样，却不限于东洋、西洋。我们希望道德革新，正是因为中国和西洋的旧道德观念都不彻底，不但不彻底，而且有助长人类本能上不道德的黑暗方面的部分，所以东西洋自古到今的历史，每页都写满了社会上、政治上悲惨不安的状态，我们不懂得旧道德的功效在那里；我们主张的新道德，正是要彻底发达人类本能上光明方面，彻底消灭本能上黑暗方面，来救济全社会悲惨不安的状态，旧道德是我们不能满足的了。所以若说道德是旧的好，是中国固有的好，简直是梦话。旧的中国固有的道德是什么，好处在那里？勤俭二字用在道德的行为上，自然是新旧道德都有的，不算旧道德的特色；若是用在不道德的行为上，像那刻薄成家的守财奴，勤俭都是他作恶的工具，如何算是道德的标准呢？忠、孝、贞节三样，却是中国固有的旧道德，中国的礼教（祭祀教孝、男女防闲，是礼教的大精神）、纲常、风俗、政治、法律，都是从这三样道德演绎出来的；中国人的虚伪（丧礼最甚）、利己、缺乏公共心、平等观，就是这三样旧道德助长成功的；中国人分裂的生活（男女最甚），偏枯的现象（君对于臣的绝对权，政府官吏对于人民的绝对权，父母对于子女的绝对权，夫对于妻、男对于女的绝对权，主人对于奴婢的绝对权），一方无理压制一方盲目服从的社会，也都是这三样道德教训出来的；中国历史上、现社会上种种悲惨不安的状态，也都是这三样道德在那里作怪。

章行严先生说："中国人之思想，动欲为圣贤、为王者、为天吏、作君、作师，不肯自降其身，仅求为社会之一分子，尽我一分子之义务，与其余分子同心戮力，共齐其家，共治其国，共平天下。"这种偏枯专制，没有人己平等的思想，也正是旧道德造成的。这种道德就是达到他"人人亲其亲长其长"的理想，也只是分裂的生活，利己的社会；去那富于同情心、利他心、相爱互助全社会公同生活的理想，还远的很，所以我们对于中国固有的旧道德，不能满足。西洋的男子游惰好利，女人奢侈卖淫，战争、罢工种种悲惨不安的事，那一样不是私有制度之下的旧道德造成的？现在他们前途的光明，正在要抛弃私有制度之下的一个人、一阶级、一国家利己主义的旧道德，开发那公有、互助、富于同情心、利他心的新道德，才可望将战争、罢工、好利、卖淫等等悲惨不安的事止住；倘若他们主张物质上应当开新，道德上应当复旧，岂不是"抱薪救火，扬汤止沸！"

"笼统"与"以耳代目"

头脑不清的人评论事，每每好犯"笼统"和"以耳代目"两样毛病。这两样毛病的根原，用新术语说起来，就是缺乏"实验观念"，用陈语说起来，就是"不求甚解"。这种不求甚解的脾气，和我们中国人思想学术不发达的关系很大，详细说起来，不但太长，而且要惹出许多无谓的是非和可笑的辩论，现在且举一个极浅显的例：

几十年前，毫无教育、脑筋极简单的蠢男女，对于一切学堂都叫做武备学堂，一切报纸都叫做《申报》，一切新派的人都叫做吃洋教的，像这样不求甚解，像这样"笼统"，这样"以耳代目"，你说可笑不可笑！

我真想不到现在北京竟有一班士大夫，攻击蔡孑民先生说他是耶稣教徒；又有一班留美学生，攻击胡适之先生，也说他是一个耶稣教徒。蔡、胡两先生是不是耶稣教徒，他们曾在本志发表的文章可以证明，硬相信他们是耶稣教徒，未免犯了"以耳代目"的毛病；即令他们的确是耶稣教徒，也不算什么错处，拿这个来做攻击的材料，未免犯了"笼统"的毛病。

我并不是替蔡、胡二人辩护，他们也用不着我辩护，我所伤感的是中国现在的士大夫、留学生，还是和几十年前毫无教育、脑筋极简单的蠢男女一样！

留 学 生

日本历史上，有两次派遣留学生的事：一次是古代派到中国，一次是现代派到西洋。这两次的留学生，在日本文化史上，都有重大的位置，简直可以说日本全部文化史，都是这两次留学生造成的。我们中国派遣学生出洋的时间、人数都不算很少，东洋留学生和中国文化史未必有什么关系，和中国卖国史却是关系很深了。西洋留学生除马眉叔、严几道、王亮畴、章行严、胡适之几个人以外，和中国文化史又有什么关系呢？这班留学生对于近来的新文化运动，他们的成绩，恐怕还要在国内大学学生、中学学生的底下（至于那反对新文化的老少留学生，自然又当别论）。这是什么缘故？各部里每月用几百张纸钱，可怜裹住了多少英雄！我奉劝已回国未回国的留学生诸君，别抛弃你自己在中国文化史上的位置！

段派，曹、陆，安福俱乐部

那个军人不横暴不抢钱？那个官僚不卖国肥家？那个政客不结党营私？我们从前专门骂段派，骂曹、陆，骂安福俱乐部，以为中国人要算这班分子最坏，中国必断送在他们手里；以为别的军人，别的官僚，别的政客，总要比他们好些，其实这种观察是一偏之见，大错而特错。

南京、武昌、广州也都禁止国民爱国运动，拘捕学生，打伤学生，比北京还要利害。广州的护法军人居然赶跑了议员，打毁了报馆，枪毙了主笔；北海的鱼都飞了，佛也跑了，河间府的田地现在也买不着了；南昌的商会叫苦连天；全国督军的荷包都满了；吴佩孚一旦做了湖南督军，假面就会揭穿。我们为什么专门反对段派呢？

中国实业公司是些什么人主持，在那里内外勾结大卖而特卖呢？北京的中、交票是何人弄到这步田地，现在还设法阻碍他兑现呢？"新华储蓄"的功德是谁做的呢？各条铁路是那一系的人把持舞弊弄到这步田地呢？北京□□胡同新造的大洋房，这钱是从那里来的？军事协定究竟有没有得过日本贿赂的人？北方官场中能找得出几个像董康那样干净的人呢？南方官场中能找得出几个像伍廷芳那样干净的人呢？我们为什么专门反对曹、陆？

上海某某制药公司是那些人帮他运动注册的？第一次北方议和代表用的八十万，南方代表都毫无沾染？倪嗣冲盐斤加价的事，安徽人无不痛心切齿，偏偏有个进步党的首领说是义举。新思潮的运动，已经很受压迫了，现在又加上一个国民党的要人大骂无产社会，说是："将来之隐患"、"大乱之道"。广东财政厅，盐运使，关税余款，西南银行的问题，闹得鸭屎臭；北京固然是一派人的家天下，广州也是政学会的家天下；军人反对旧国会的军政府改组案，不是他们指使的吗？他们上海的机关报，现在开始攻击新文化运动了。我们为什么专门反对安福俱乐部？

我并不是为段派、曹陆、安福部辩护，我只希望我们青年国民要有彻底的觉悟。所谓彻底的觉悟，并不是要来彻底的攻击他们，是要一方面彻底的觉悟他们都不可靠，一方面彻底的觉悟只有我们自己可靠。不管他们怎样横暴贪污，只要我们自己万万不可再像他们那样横暴贪污，从自己个人起，要造成完全公正廉洁的人格，再由自己个人延长渐渐造成公正廉洁的社会。这公正廉洁的部分渐渐延长，那横暴贪污的部分自然就渐渐缩小。照这样办法，虽说过于迟缓，就怕比用特别大气力、求急速改造社会的效果还大，还要实在。就是攻击他们，也不可偏责一方，因为他们通是一路的人，若是责甲恕乙，不但甲心不服，乙必暗笑这班书生容易欺骗。

署名：陈独秀

《新青年》第七卷第一号

1919 年 12 月 1 日

告北京劳动界

（一九一九年十二月一日）

我现在所说的劳动界，是指绝对没有财产全靠劳力吃饭的人而言。就职业上说，是把那没有财产的木匠、泥水匠、漆匠、铁工、车夫、水夫、成衣、理发匠、邮差、印刷排字工、佣工、听差、店铺的伙计、铁路上的茶房、小工、搬运夫合成一个无产的劳动阶级。

劳动界诸君呀！十八世纪以来的"德莫克拉西"是那被征服的新兴财产工商阶级，因为自身的共同利害，对于征服阶级的帝王贵族要求权利的旗帜。现在宪法都有了，共和政体也渐渐普遍了，帝王贵族也都逃跑或是大大的让步了，财产工商业阶级要求的权利得到了手了，目的达了，他们也居了帝王贵族的特权地位了。如今二十世纪的"德莫克拉西"，乃是被征服的新兴无产劳动阶级，因为自身的共同利害，对于征服阶级的财产工商界要求权利的旗帜。我想一班失势的帝王贵族，何妨把横竖不能够阔吃阔用的财产送给劳动界同人，自己也归到无产劳动阶级之旗帜底下，来和那班新帝王贵族一决雌雄。像这种"以其人之道还治其人之身"的办法，虽然有点滑稽，我想那班帝王贵族——财产工商阶级——断乎不便说："只许官家放火、不许百姓点灯。"

欧战以后，各国劳动界的问题都闹得天翻地覆，就是新旧帝王贵族，勾结盘踞的日本政府，也要添设"劳动事务局"和"社会局"。社会局附属在内务部，办的是工场法、劳动保险、失业保险、最低工价、利益分配几件事务。劳动事务局是在农商部的劳动局之外，直隶内阁和各部平行的机关，办的是贫民救助、职业介绍、住屋改良、贱费医诊、孤儿贫儿养育、盲哑保护、儿童俱乐部、儿童图书馆、公共卫生、传染病预防、禁烟、禁酒、消费公社、公设市场等项事务。

现在我们中国的劳动问题怎么样？中国的资本家虽然没有欧美日本那样发达，但不能说中国产业界没有纯粹资本作用（例如地租、房租、债息、股票之类），不能说中国社会经济的组织绝对不是资本制度，不能说中国各都会各商埠没有财产工商阶级，不能说中国那一省那一县没有大地主，不能说中国没有多数无产劳动穷苦不堪的人（许多无地劳动、无力劳动、不肯劳动的贫民，还不在此内）。如此，我们现在要提出劳动问题、贫民救济问题来讨论，大概不是"无中生有""无病而呻"罢？像日本社会局、劳动事务局打算办的各种事务，未见得不比"祀孔"、"文官考试"、"西北边防"、"封禁报馆"、"建立功德祠"更加要紧。因为多数人没有饭吃，是一件最要紧最危险的事啊！

据本月十七日北京《民治日报》的《北京的见闻录》上说：单是内右四区，就有赤贫的一八二八户，七七四九人。我从前做过一篇《贫民的哭声》，想替北京贫民诉点苦况，必是财产阶级的先生们都看不上眼，所以没有发生丝毫影响。前几天梅兰芳一班戏子，在新明大戏院唱戏为车夫休息所筹款，倒很令人佩服，不知道北京的士大夫对于这件事作何感想？

劳动界的痛苦自然很多，一时也说不尽。北京劳动界有三件特别痛苦的事：（一）是中交纸币，不吃他工价暗亏的直接痛苦，也受他物价加高的间接痛苦。（二）是满街灰尘和不洁的饮水，简直是车夫苦力的催命符。（三）是十一二岁的小孩子，五六十岁的老头儿，也靠拖车餬口。

我现在所盼望劳动界的，并不是妄想大家像欧美劳动界那样有力量的运动，只盼望大家有自身所处的是什么境遇，并且有努力改善这境遇的觉悟。消极的努力，就是不赌钱，不吃酒，不吸烟，不扎吗啡针，不去当兵，不要早婚配多养儿女。积极的努力，就是创设同业联合（参看《新青年》七卷一号我做的《实行民治的基础》）、劳动休息所、职业介绍所、补习夜学、储蓄机关，这几件事紧急，要提前先办。

北京的车夫有两三万人，是要在车行车厂以外另行组织。成衣和理发匠本来都有团体，不过组织的方法要大大的改变。排字印刷制版的工人也有一两万，内中认识字的很多，应当容易组织。邮差都认识字，又和交通机关接近，组织起来更快，并可以帮助别的劳动团体的活动。北京虽然没有很大的制造厂，但是像东单牌楼一带的铜铁厂、制靴铺，骡马市大街的木工厂、"祥聚"、"福盛"、"德善"、"骏生"、"振纶"等织布厂，"丹凤"火柴、洋烛两公司，首善工艺厂，度量衡制造厂，彰仪门大街的工艺局，彰仪门内的"富兴"、"长顺"两个纸坊，据我所知道的这些地方，合拢起来，工人也不在少处，只是没有联合的组织，便拿不出你们办事的力量。商会是店东资本家把持的机关，和店员伙计们没有利害关系，各店铺掌柜以下的伙计是要另外组织一个商业联合。各校学生的联合组织成绩很好，我盼望各种劳动团体和他们接近，请他们帮助，我也盼望他们恳恳切切的来做你们的朋友。你们各种同业各自联合起来，讲究自己的教育，清洁自己的卫生，维持自己的生计，一不造反，二不罢工，政府和资本家都未必忍心反对。

我盼望官场和资本家，你们既然反对"无政府主义"，就应该尽政府的职分，就应该注重民生问题，就应该把政府当做全国人的公共机关，不应该把政府当做专门保护少数人财产工商阶级利益的机关，不应该把多数人无产劳动阶级的痛苦不放在眼里。你们何妨趁夺利争权的余暇，把杀人的军费省下一点，把中交票抬高一点，或者也仿照日本政府"社会局"、"劳动事务局"的办法，对劳动界施点"仁政"。你们对于劳动问题，一向漠不关心，现在国际劳动会议催派代表到会，我看是用什么"临时抱佛脚"的法子对付！

我盼望自命为智识阶级的士大夫，不要太高兴，不要以为无产劳动阶级永远可以欺负，不要永远把他们踏在朝靴底下不当做人看待。法兰西从前的贵族，鄙薄那激烈的革命党人，送他们一个"无〔套〕裤汉"（Sane Cultte）的混号，现在他们这班无裤汉，内中恐怕有些人穿上军服礼服，自命为知识阶级的绅士了。我们的中华革命党，现在也有个人居然自命为智识阶级的士大夫，挺起胸脯歪着嘴骂无产阶级的人是"将来之隐患"、"大乱之道"，我看你们刚才穿上裤子没有几天，不必像煞有介事！

署名：陈独秀

《晨报》

1919 年 12 月 1 日

对于国民大会底感想

（一九一九年十二月十一日）

国民大会，是我们人民对于本国政府及世界各国表示我们公共意见底一个顶好的方法，前回国民大会，因为政府里人胆子小疑心大没有开成，很觉可惜。昨天的国民大会居然开成了，而且到会底人很多，秩序很好，所以我个人对于昨天的大会有两个乐观：一是可以令政府放心，令政府觉悟，市民聚众开会只要官厅不来无理压制，未见得就一定要做出破坏秩序底事；从今以后政府可以安心让我们大家发布意见，免得无理压制反来激成事变。一是向来不大热心公益底安会长，昨天也到会签字，担任抵制日货日币底完全责任，我们十分感谢他。

我有一个小小不满意底地方，就是学生所散传单，内有"日奴""日本小鬼"等字样，这实在不是正当的态度。

我对于今后国民大会应该做什么，也有二种意见：一是对内，一是对外。

对内我们只要想法子指导政府，不要想法子推倒政府，指导政府不是说空话，是叫他们要明白非遵照人民底公共意见办事不可，是叫他们不敢贪赃枉法卖国殃民。推倒一个政府若是再建一个政府，张王李赵无论谁来组织政府，都是"鲁卫之政"，指导政府是根本的、永久的办法，若是不能指导政府，徒然推倒政府，不过升官图上改换了几个姓名，于实际上并没有什么变化，只添上一些无谓的扰乱罢了。大家如若不信，请看民国底政府比前清怎么样？现在的内阁比以前的内阁怎么样？

对外我们现在只有一个抵制日货底方法。我并不是反对排货底运动，我觉得我们要有有组织的运动，而且应当乘此时机振兴工商业，才是根本办法，单是空口抵制日货，恐怕不但没有什么效果，而且我们自己白受经济上的损失。在日本方面看起来，我们抵制日货，并不是表示仇恨底意思，是要拿排货底手段，造成他们产业界底危机，促进他们抛弃侵略主义底觉悟。但是有一位日本底社会党人告诉我说："日本社会党很盼望中国抵制日货，但必须各重要的商埠都有持续六个月底精神，日本工商界才能够发生危机"。可见短期的排货手段，恐怕不能叫日本觉悟，我们的商界反大受损失。在中国方面看起来，纸、糖、布等许多日常必需品，十有八九都是日货，严格抵制实在是一件很困难的事。无论那一国人，爱国心鼓励底力量总没有经济压迫底力量大，况且中国人爱国心底力量更是薄弱得很，少数人乘着感情说大话，那里会有实际的效果？所以我以为排货底办法，若是乘着一时的热情，向一团散沙底群众，摇旗呐喊，决计没有用处，一定要将头脑冷静下来，仔细研究，究竟拿什么组织，用什么方法，才能够达到我们圆满的目的。我以为一方面用消极的排货方法，涣散的十人团还不济事，是要急速设立各种的同业组织，相约绝对停购日货底奢侈品，尽量减少日货底必需品。代以国货或西洋货。一方面用积极的振兴工业方法，先从纸、布、糖这几项消费最多的着手。以前我们的排货政策屡次失败，都是没有组织，和没有国货填补两个原因。今后仍然脱不了因果关系，我们应该有大大的觉悟！若是有组织的排货运动，不是散沙的排货运动，而且渐渐有国货填补，日子久了，必能够叫日本产业界发生危机，必能同日本底明白人联络起来，扫荡东方底侵略主义。若是没有组织的散沙运动，又没有国货填补，这种短期的偶发的排货运动，不过徒然叫本国商人受经济的损失罢了，那能够促起日本人底觉悟呢？

署名：陈独秀

《晨报》

1919 年 12 月 11 日

自 杀 论
——思想变动与青年自杀
（一九二〇年一月一日）

一九一九年十一月十七日上午，北京大学学生林德扬君在三贝子花园投水自杀了。他自杀底原因，大概是厌世。

林君底同学罗志希君做了一篇文章，叫做《是青年自杀还是社会杀青年?》，说林君不是因病想免除痛苦而死，乃是万恶社会迫他自杀的；他并说出三个救济底方法：（一）美术的生活，（二）男女朋友交际的生活，（三）新的人生观。

北大教授蒋梦麟先生也做了一篇文章，他不把青年自杀的罪恶都加在社会身上，他说："社会本来不能自己改良，要我们个人去改良他。"他主张"奋斗到极点还要奋斗"，"用大刀阔斧斩一条路，为后人造幸福"，"从地狱里造天堂"。他以为"自杀是自示其弱"，"自杀是一个大罪恶"。他以为自杀算是杀了社会上一个人，而且是杀了社会上一个有用的好人。

北京《晨报》上登了一首《读〈自杀论〉有感》的诗：

凡物皆有死。死了仍再生。死死生生何劳苦！不若永死了不复生。

我昔曾绝望。自杀，岂粗鲁？当我自杀时，万象皆空，情志自由，乐难数。

神魂即与体魄离，茫然如睡，无知无识，更何怵？

谁谓自杀是懦夫？懦夫岂能自杀，甘为虏？

利己利他两不亏。何罪，求死不自主？

今且追恨援救我的人，把我解了；死乃生之祖。

茫茫宇宙何时停？我怎能够永久死了不复生？我怎能够永久死了不复生？

有一个外国人，听见蒋梦麟先生谈学潮后青年底三种心理：（一）事事要问做什么，就是对于事事怀疑；（二）思想自由；（三）改变人生观。他便说：好危险！将来恐怕有许多青年要自杀。

我的朋友李守常先生也要做一篇论青年自杀的文章，他这篇文章虽然还没有做出来，他的意思大概是：能自杀的人固然比偷生苟活的人好，但是再转一个念头，能用自杀的精神去改造世界，比消极的自杀更好。

杜威夫人说："我不自杀。若是我自杀，必须先用手枪打死两个该死的人。"

以上都是对于林君自杀底各种感想。我以为林君自杀，是青年自杀中底一件，青年自杀，是全般自杀中底一件，要评论林君自杀底问题，不得不从全般自杀问题说起。

自杀是一种重大的社会现象，在社会学上是一个重大的问题；因为自杀若成了一种普遍的信仰，社会便自然破灭，那里还有别的现象，别的问题发生呢？这样重大的问题，不是简单的感想可以解答的。我现在从各种方面分别讨论如下：

一、自杀底趋势

二、自杀底时期

三、自杀底原因

四、自杀底批评

五、自杀底救济

一、自杀底趋势　据社会学者说，自杀底人数，有随着文明程度（我以为是思想发达和经济压迫底程度）加增底趋势，因此各国自杀底人数多寡不同。从一八八七年到一八九一年，五年间平均计算，欧洲各国底人口一百万里，自杀底人数如下表：

丹麦	二五三
法兰西	二一八
瑞士	二一六
普鲁士	一九七
奥地利	一五九
比利时	一二二
瑞典	一一九
巴威利亚	一一八
英格兰	八〇
那威	六六
荷兰	五八
苏格兰	五六
意大利	五二
爱尔兰	二四

有一位意大利底社会学者也说自杀底事，多发生在智识阶

级，曾统计意大利和法兰西百万人中，自杀的人职业如下：

法兰西	
自由职业	五一〇
工业家	一五九
原料制造者	一一一
商人，运送业	九八
仆婢	八三
意大利	
科学家、文学家	六一四
军人	四〇四
教育家	三五五
行政官	三二四
商人	二七七
司法官	二一八
医生	二〇一
工业家	八〇
原料制造者	二五

二、自杀底时期　欧洲自杀底时期，每年从一月起，渐渐增加；自七月起，渐渐减少。日本人底自杀期，每年七八月间最盛。

三、自杀底原因　据统计学者底话：自杀事件，文明人比蛮族多，教育程度高的比程度低的人多，青年老年比少年人多，妇女比男子多，未婚的人比已婚的多，都会比乡村多，穷人比富人多。照统计学上自杀底人数看起来，可以发见自杀底三个原因：

（一）智识信仰发达——{ 文明人
有教育的人
青年老年人

（二）情绪压迫——{ 妇女
              未婚的人

（三）经济压迫——{ 都会里的人
              穷人

这三个自杀底原因，详细地追本求原，社会压迫自然是这三个原区底总原因；但分别说起来，前两个是偏于主观的，后一个是偏于客观的。偏于主观的自杀，虽然受了社会压迫或暗示的影响，而自杀者的意志在主观上多少总与压迫的或暗示的意志相结合；偏于客观的自杀，大部分是因为社会的压迫。

再就自杀事件底各种直接的原因，除精神病之外，可以类别如下：

（1）厌世及解脱
（2）烈女殉夫
（3）忠臣殉君及奴仆殉主人 } 第一类，关于知识信仰。
（4）义士殉国家及朋友
（5）教徒殉教及志士殉主义

（6）失恋
（7）羞惭
（8）忏悔
（9）名誉被污
（10）考试落第 } 第二类，关于情绪压迫。
（11）刑罚底痛苦
（12）虐待底痛苦
（13）疾病底痛苦
（14）愤恨

（15）饿寒所迫 } 第三类，关于经济压迫。
（16）债务所迫

　　第一类底男子殉忠，女子殉节，都是中国、日本重要的道德，最大的荣誉，印度还有寡妇自焚的事。像这类的自杀，完全是被社会上道德习惯压迫久了，成了一种盲目的信仰；因为社会上不但设立许多陷阱似的制度，像昭忠祠、烈士墓、旌表节烈、节孝牌坊等奖励品，引诱一班男女自杀；而且拿天经地义的忠孝大义，做他们甘心自杀底暗示；这种压迫和暗示受久了，便变成一种良知，觉得殉忠殉节，真是最高的道德，不如此便问心不过。殉教、殉主义、厌世、求解脱，这几种自杀，一方面固然是因为客观上社会直接的压迫，一方面也因为主观上受了一种新信仰新思潮的暗示，暗示也算一种间接的压迫。Wundt 把暗示（Suggestion）叫做"醒的催眠"（Watch-hypnose），因为他也有催眠作用，受了暗示的人，便入了"意识逼窄"（Narrowing of consciousness）的状态，暗示底力量压迫着他的思路向一定的方向进行，他自己的意志完全失去效力（略用 Christensen 底意思，见 Politic and crowd-morality p. 12）。Christensen 分暗示为二大类：一是别人的暗示（Foreign suggestion），一是自己的暗示（Auto-suggestion）；别人的暗示又分两种：一种是人身的暗示（Person-ality suggestion），一种是社会的暗示（Social suggestion）。人当恐怖、猜疑、冥想、迷信底时候，多起自己暗示的作用，中国人怕鬼，就是这种作用。人身的暗示，最有力量的是两亲、业师、宗教家、医生、演说家、音乐家、演剧家、大思想家、社会改革运动者、大文豪、爱国者，不但同地同时，就是在远方古代，他们也都有暗示底力量；社会的暗示就是历史、传说、习惯、舆论、道德、时代精神、社会风尚、思想潮流，这几样暗示底力量强大而且久远。个人底行为或者不能说全没有意志自由底时候，但是造成他的意志以前，他的意志自由去选择信仰行为以后，都完全受环境暗示底支配，决没有自由底余地。自杀也是一种行为，所以不能说不是受环境底压迫和暗示。压迫和暗示紧紧地逼窄了他的意识，意识失了觉性，意志失了效力，好像鬼迷了一般，压迫在后面追赶，暗示在前面指引，所以不知不觉地只看见自杀是唯一的道路，不容他看见第二条道路；而且暗示占领了他的知识界域，成了信仰，也不愿意走别的道路；所以平常人看做极悲惨，可恐怖的事，自杀的人看做平常，绝不回顾。这一类自杀的人所以多是文明有教育的青年，因为知识信仰发达的结果，比蛮族、无教育的人、少年容易接受这种暗示。

第二类底（6）、（7）、（8）、（9）四种自杀，都是因为情绪上受了道德习惯和舆论的压迫；（10）、（11）、（12）、（13）、（14）五种自杀，都是因为情绪上受了社会制度的压迫。人是社交的动物，一旦受了压迫，社会上无立足之地，断绝社交又是人生最大的痛苦，像这种人自然毫无生趣；但是他们倘不受厌世思想、解脱主义的暗示，恐怕还没有自杀底决心。因为自杀多兼两种原因：一是社会的压迫，一是思想的暗示；蛮族、无教育的人、少年，比较自杀的少，都是思想不发达，缺少第二种原因；倘若二种原因俱全，无论怎样勇于奋斗的人，一方面为社会底道德制度所驱逐，一方面为厌世思想所引诱，还有不自杀的道理吗？妇女的情绪易于感动，未婚的人情绪容易失调，所以自杀底人数比男子比已婚的人多。

第三类的自杀，纯粹是因为经济的压迫，受思想暗示底影响很小。都会里的人生活更艰难，所以自杀的比乡村多。物质文明越发达，富人兼并的力量越大，穷人所受经济压迫的痛苦越深，所以文明人自杀的比蛮族多。这是社会组织经济制度不良底结果，不能说是文明本身底弊害。至于学说思想随着别的文明发达，而且传播加快，厌世主义的暗示，也随着效力加大，所以各国自杀底人数，有随着文明程度加增底趋势，这只可以说是厌世主义的弊害，不能归罪文明本身。这种受了思想暗示的自杀，应该归到第一类，和第三类的自杀关系很浅。因为受经济压迫而自杀的人，大半教育知识底程度很低，未必有学说、思想上的信仰；所以有许多困苦不堪老年残废的乞丐，还要贪生怕死，有为的青年却往往自杀，就是这个缘故了。少年人自杀的少，也因为他感觉痛苦和暗示的力量薄弱。有几种蛮族不但他们自己不自杀，并不相信人类真有自杀底事，正因为他们一方面思想不发达，一方面经济的压迫也不甚利害。

以上三类十六种自杀底原因，综合起来，不外两大总原因：

（一）社会的压迫（精神的，物质的两方面）；

（二）思想的暗示（个人的，社会的两方面）。

四、自杀底批评　古来对于自杀底批评，有反对非反对两派：

（甲）反对派

（一）佛教反对一切杀，自杀也包含在内，而且他们相信轮回，杀这世的肉身，无济于事。

（二）基督教极端反对自杀，以为犯了自杀罪的人不能够到天堂。罗马圣奥古斯丁（St. Augustine）主张就是受污的女子也不应该自杀。

（三）意大利神学者阿奎纳斯（Thomas Aquinas）说自杀有三样罪：一是违背了好生恶死的自然性；二是减少了社会底分子；三是侵犯了上帝底生杀权。

（四）费希特（Fichte）说为人生存时有义务，自杀是想免除义务，所以不道德。

（五）叔本华（Schopenhauer）说自杀不是应该非难的行为，乃是糊涂的行为，因为自杀只能够灭绝肉体，不能够灭绝本体（即意志）。他又以为自杀底真正目的，在求得精神底平安，否定意志是达此目的底唯一方法。否定意志是什么？就是无我主义。

（乙）非反对派

（一）希腊禁欲派（The Stoics）说自杀可以解脱一切痛苦。

（二）英国哲学家休谟说："人类处置自己的生命，若算是侵犯上帝底权利，那么人要延长上帝用自然法限定的生命，岂非也不应该吗？"又说："我若是没有力量为社会造福，或是为社会底累赘，或是因为我的生命妨碍别人为社会尽力，那么我若是自杀了，不但无罪而且有功。"

（三）法国孟德斯鸠（Montesquieu）反对国家设立没收自杀者的财产，和处罚自杀未成的等法律。

（四）福录特尔（Voltaire）说："若说自杀有害于社会，那么屠杀生命的战争，何以各国底法律都认可？"

我们对于这些评论，可以看出两种趋势：一是古代宗教家大半反对自杀，一是后来自由思想的哲学家大半不反对自杀。希腊古代的风气，本和自由思想的近代相仿佛，所以有 Stoic 一派的主张，完全与基督教相反。自由思想的希腊人，事事与基督教相反，不止自杀一端。

五、自杀底救济　讨论自杀底救济，第一个先决问题，就是究竟有没有救济底必要？

我们为什么要救济自杀？因为自杀若成了一种普遍的信仰，社会便自然破灭。各国政府所深恶痛绝的是共产主义和无政府主义，说他们是破灭社会的危险思想；到是真有两个可以破灭社会的危险思想，他们却不曾看见。这两个思想是什么呢？一个是独身主义（我以为不婚主义和独身主义是两样），一个就是自杀。

更进一步讨论，我们为什么要维持这社会不让他破灭呢？这种疑问是很难解答的疑问，是哲学上的疑问；厌世自杀的人，正是这种疑问达到他心境最深的处所，感得人生没有什么价值，所以才发生一种彻底的觉悟，最后的决心；这种自杀是最高等的自杀，是哲学的自杀，是各种自杀底源泉、模范，各种自杀多少都受了他暗示底影响。这种对于人生根本上怀疑的自杀，决非单是改良社会制度减轻压迫所可救济；他心境深处底疑问倘没有圆满的解答，对他说什么生活好，什么生活不好，什么社会制度好，什么社会制度不好；对他说自杀道德不道德，犯罪不犯罪，于社会有害无害；对他说什么死得值不值，什么徒死不能收改良社会的效果，什么为人类造幸福应该奋斗到底，什么自杀是女性，是示弱，是懦夫。像这一类的话，都是隔靴搔痒，在他的眼里都没有一看的价值。只有能解答他心坎里面深处所藏人生哲学的疑问，才能够改变他的人生观，才能够做他不去自杀的暗示。

　　我以为这种疑问，是两种心理造成的：一是苟且心，一是偏见。苟且心出于宗教上"空观"底暗示，以为人生百年，终久是死，死后底社会更和我没有关系，为什么要维持他不让他破灭呢？偏见出于哲学上"性恶"底暗示，以为人类生来性恶，救济、希望，终久是绝对的不可能，像这种黑暗万恶的社会，为什么要维持他不让他破灭呢？

　　这两种心理都可以造成厌世自杀，懦弱的人就是不自杀，也要变成顺世堕落一派；顺世堕落原来就是厌世自杀的变相，都是极危险的人生观。这两种人生观，对于人生底价值都是根本地怀疑：一切皆空，人生底意义是什么，价值在那里？黑暗万恶，人生底价值又在那里？人生既然无意义，无价值，活着徒受痛苦，不自杀便是无意识的苟活。

　　人生果然完全是空？人性果然完全是黑暗？人生果然无意义，无价值？

　　相信"空观"的人，未必都相信灵魂转生（果然灵魂转生，不但现世界空而不空，并且死后底社会还和我关系不断），就是我也不相信灵魂转生；但是"种性不灭"、"物质不灭"，我们是相信的；一切现象是转变不是断灭，一切空间时间都无实在性，都是这永续无间的转变现象上便于说明的一种假定，我们也可以相信的。我们个体的生命，乃是无空间时间区别的全体生命大流中底一滴；自性和非自性，我相和非我相，在这永续转变不断的大流中，本来是合成一片，永远同时存在，只有转变，未尝生死，永不断灭。如其说人生是空是幻，不如说分别人我是空是幻，如其说一切皆空，不如说一切皆有；如其说"无我"，不如说"自我扩大"。物质的自我扩大是子孙、民族、人类；精神的自我扩大是历史。各种历史都是全体生命大流底记录，我与非我一切有生命底现象、痕迹，都包含在这些记录里面。我们个体生命和全体生命底现象、痕迹，无论是善或恶，是光明或黑暗，总算是"有"不是"空"。

复次讨论人性问题，"性恶说"本是一种偏见，人性本有善恶两方面如下表：

善的方面：	恶的方面：
创造的冲动	占有的冲动
利他心	利己心
互助的本能	掠夺的本能
同情心（即恻隐心）	残忍心
爱慕心	嫉妒心
哀哭的本能	嗔忿的本能

在生物进化上看起来，人类也是一种动物，他本性上恶的方面，也和别的动物一样；不过恶的方面越减少，善的方面越发达，他的品格越进化到高等地位，并不是一成不变的。人虽是最高等动物，"下等动物的祖先"所遗传的恶性固然存在，他们所遗传的善性也未尝不存在；况且现在正在进化途中，恶性有减少底可能，善性有发展底倾向，何以见得绝对没有救济底希望呢？受厌世主义暗示的人，只看见人性上恶的方面，没有留心那善的方面，岂不是偏见吗？

"空观"是世俗囿于现世主义底一种反动，"性恶底悲观"是过于把人类看得高明底一种反动。反动不合真理底本来面目。我们现在要了解人生不完全是空；而且要了解这不空的人生不完全是恶，我们要了解人生有相当的意义与价值。了解得人生底意义与价值是什么，他心境最深处所怀的疑问，便自然有了解答，自然会抛弃那危险的人生观。

危险的人生观，厌世的自杀，乃是各种自杀底母亲，这种自杀底救济，也就是各种自杀底根本救济。因为自杀底原因虽各不相同，多少都受点厌世思想的暗示，这种暗示可以算是各种自杀底共性。解除了暗示，抛弃了危险的人生观，对于人生根本的怀疑有了解释，方才可以和他说什么改良生活状况，反抗社会压迫，由个人改造社会，奋斗到底一类的话。这种自杀有了救济，其余自杀底救济才有路可寻。

厌世观以外，其余的自杀：像上文所列的（2）、（3）、（4）、（7）、（8）、（9）六种，都是为了社会道德习惯上积极的压迫；（5）、（6）两种，都是为了宗风名教学说道德上消极的压迫；（10）是因为社会制度上积极的压迫；（11）、（12）都是因为社会制度上消极的压迫；（13）、（14）都是因为社会制度上积极的或消极的压迫。

社会成了固定性底时候，他的道德的组织和制度的组织，往往发挥一种极有势力的集合力，压迫、驱逐那和他组织不同的分子；那被他积极的（就是奖励）或消极的（就是禁止）压迫而没有集合力和他反抗的分子，往往出于自杀。这种被压迫、驱逐而自杀的分子倘然多了，决不是全社会中底好现象。救济底方法分两方面：一方面是压迫的社会要觉察自己的组织底缺点，要有度量容纳和自己组织不同的新生分子，要晓得这种分子将来也会有集合力，也会有一种新组织，取自己的地位而代之；一方面是被压迫的分子倘然发见了社会底罪恶，不要消极的自杀，要有单人匹马奋勇直前的精神，要积极的造成新集合力和压迫的社会反抗。反抗是好现象不是坏现象，反抗与结合，是相反相成的作用，是社会进化所必经的现象；社会上倘永远没有反抗的现象，便永远没有进步。

经济压迫的自杀，自然也是社会制度不良的结果。世界上对于这种自杀底积极的救济，正闹得天翻地覆，现在不用多说了。我相信社会经济制度果然能够改变，生产机关、工具和生产物，都归到生产者自己手里，不被一班好吃懒做的人抢去，那时便真能达到孔子"均无贫"的理想。因为贫富是比较的现象，缺乏乃是对于不缺乏相形见绌的情况，分配果然平均，哪里会有贫的现象？生产物果然按劳力分配平均，无论生活如何困难，哪里会有心怀不平愤而自杀的人呢？

据以上讨论，自杀底救济，仍用因果法则，照着自杀底总原因分为两事：

（一）解除思想的暗示（改造人生观）；
（二）解除社会的压迫（改造道德的制度的组织）。

现代青年的自杀，大多数是（1）、（6）两种原因；林君自杀自然是厌世不是失恋。这班现代的青年，心中充满了理想，这些理想无一样不和现社会底道德、信条、制度、习惯冲突，无一样不受社会的压迫；他们的知识又足以介绍他们和思想潮流中底危险的人生观结识，若是客观上受社会的压迫，他们还可以仗着信仰鼓起勇气和社会奋斗，不幸生在思潮剧变的时代，以前的一切信仰都失了威权，主观上自然会受悲观怀疑思想的暗示，心境深处起了人生价值上的根本疑问，转眼一看，四方八面都本来空虚、黑暗，本来没有奋斗、救济的价值，所以才自杀。象这种自杀，固然是有意义有价值的自杀；但是我们要注意的，这不算是社会杀了他，算是思想杀了他呵！忠节大义的思想固然能够杀人，空观、悲观、怀疑的思想也能够杀人呵！主张新思潮运动的人要注意呵！要把新思潮洗刷社会底黑暗，别把新思潮杀光明的个人加增黑暗呵！

近代思潮中有这种黑暗的杀人的部分吗？有的，有的，但是最近代最新的思潮不是这样。思潮底趋势如下表：

古代思潮：	近代思潮：	最近代思潮：
理想主义	唯实主义	新理想主义、新唯实主义
纯理性的	本能的	情感的
超自然的	自然的	以自然为基础的
天上的	地上的	人生的
神的	物的	人的
全善的	全恶的	恶中有善的
全美的	全丑的	丑中有美的
未来的	现世的	现世的未来
人性超越万物	人性与兽性同恶	人性比兽性进化
理想万能	科学万能	科学的理想万能
玄想	现实	现实扩大
无我	唯我	自我扩大
主观的想像	客观的实验	主观的经验
个人的非国家的	国家的	社会的非国家的

古代的思潮过去了，现在不去论他。所谓近代思潮是古代思潮底反动，是欧洲文艺复兴底时候发生的，十九世纪后半期算是

他的全盛时代，现在也还势力很大，在我们中国底思想界自然还算是新思潮。这种新思潮，从他扫荡古代思潮底虚伪、空洞、迷妄的功用上看起来，自然不可轻视了他；但是要晓得他的缺点，会造成青年对于世界人生发动无价值无兴趣的感想。这种感想自然会造成空虚、黑暗、怀疑、悲观、厌世，极危险的人生观。这种人生观也能够杀人呵！他的反动，他的救济，就是最近代的思潮，也就是最新的思潮；古代思潮教我们许多不可靠的希望，近代思潮教我们绝望，最近代思潮教我们几件可靠的希望；最近代思潮虽然是近代思潮底反动，表面上颇有复古的倾向，但他的精神、内容都和古代思潮截然不同，我们不要误会了（参看《新青年》六卷六号中《文艺的进化》）。

最近代最新的思潮底代表，就是英国罗素（Bertrand Russell）底新唯实主义的哲学，和法国罗兰（Romain Rolland）底新理想主义的文学，和罗丹（Rodin）底新艺术。这也是我们应该知道的（参看《新青年》七卷一号中《精神独立宣言》）。

这思想变动的时代，自然是很可乐观的时代，也是很危险的时代，很可恐怖的时代，杜威博士和蒋梦麟先生所虑的，想必也就是这个意思；但是主张新思潮运动的人，却不可因此气馁，这是思想变动底必经的阶级〔段〕；况且最近代的最新的思潮，并不危险，并无恐怖性，岂可因噎废食？

署名：陈独秀

《新青年》第七卷第二号

1920 年 1 月 1 日

随　感　录

（一九二〇年一月一日）

《浙江新潮》——《少年》

　　《浙江新潮》是《双十》改组的。《少年》是北京高等师范附属中学"少年学会"出版的。《少年》的内容，多半是讨论少年学生社会底问题，很实在，有精神；《浙江新潮》的议论更彻底，《非"孝"》和攻击杭州四个报——《之江日报》、《全浙公报》、《浙江民报》和《杭州学生联合会周刊》——那两篇文章，天真烂漫，十分可爱，断断不是乡愿派的绅士说得出的。

　　我读了这两个周刊，我有三个感想：（1）我祷告我这班可爱可敬的小兄弟，就是报社封了，也要从别的方面发挥"少年"、"浙江潮"的精神，永续和"穷困及黑暗"奋斗，万万不可中途挫折。（2）中学生尚有这样奋发的精神，那班大学生，那班在欧、美、日本大学毕业的学生，对了这种少年能不羞愧吗？（3）各省都有几个女学校，何以这班姊妹们都是死气沉沉？难道女子当真不及男子，永远应该站在被征服的地位吗？

新　出　版　物

近来新出了许多杂志，并且十种里总有八九种是说"人"话的新杂志，不用说中国社会上只有这件事是乐观。但是我对于这件事，更有数种进一步的感想：

（一）出版物是文化运动底一端，不是文化运动底全体。出版物以外，我们急于要做的实在的事业很多，为什么大家都只走这一条路？若是在僻远的地方——云南、甘肃等处——发行杂志，到也罢了，像北京、上海同时出了好些同样的杂志，人力上、财力上都太不经济了。

（二）我们的民族性，是富于模仿力，缺少创造力。有了大舞台，便有新舞台，更有新新舞台，将来恐怕还有新新新舞台，还有新新新新无穷新……舞台出现，像这点小事，都只知道模仿，不知道创造！现在许多人都只喜欢办杂志，不向别的事业底方面发展，这也是缺少创造力底缘故。就以办杂志而论，也宜于办性质不同、读者方面不同的杂志，若是千篇一律，看杂志的同是那一班人，未免太重复了。

（三）凡是一种杂志，必须是一个人一团体有一种主张不得不发表，才有发行底必要。若是没有一定的个人或团体负责任，东拉人做文章，西请人投稿，像这"百衲"杂志，实在是没有办的必要，不如拿这人力财力办别的急于要办的事。

保守主义与侵略主义

我从前总觉得尊孔与复辟，有必然的因果关系，现在又觉得保守主义与侵略主义，也有必然的因果关系。

日本要侵略我们土地利权的，是那军阀、财阀、外交官和保守主义的新闻记者，那进步主义的社会党人，却都以为不应该侵略中国。进步主义的列宁政府，宣言要帮助中国，保守主义的渥木斯克政府，自己已经是朝不保夕了，还仍旧想侵略蒙古和黑龙江；他若是强起来，岂不是第二个日本吗？现在保守主义的英、法政府，仍旧在那里梦想侵略主义的、帝国主义的虚荣，而倾向社会主义的劳动家、学者，却都宣言侵略主义不合人道。最近最明白的一个例，就是意大利底大政变。大政变底原由，是因为国会议员分为两派：一是保守派，主张侵略主义，主张兼并非麦；一是社会民主派，反对侵略主义，攻击段迪阿底行动。保守派底军队枪杀社会党员，劳动界便全体罢工，要求政府卸去保守派阿尔兰特兵队底武装。军阀财阀们脑子里装满了弱肉强食的旧思想，所以总是主张侵略主义；社会党人脑子里装满了人道、互助、平等的新思想，所以反对侵略主义；这不是必然的因果吗？我们中国人对于日本人底侵略主义，没有不切齿痛恨的，但是我们究竟应该走哪一条路？

裁兵？发财？

裁兵自是人民最希望的事，但像政府现在的办法，实在令人失望得很：（一）查八年度预算案，陆军费在二万万以上，裁兵二成，岁费应该减少四千万元，何以只能减二千万？（二）八年度预算案及路电邮航四政特别会计预算案，每年短少有三万万之多，只节省军费二千万，何济于事？（三）各处军队底空额何止二成，现在只裁二成，便是不裁一兵反可以得一笔裁兵费，岂不是无上妙计？（四）公文上虽然裁去二成，倘再招警备队，每年节省的二千万，是否改个名目，还要政府拿将出来？（五）整顿丁漕、税契、一切杂捐，何以和裁兵做在一篇文章里面？是不是又要借裁兵来横敲人民底骨髓？

阔 处 办

我看见多少青年，饮食起居，婚丧酬应，都想着朝阔处办才有面子，他眼中底朴素生活，大约是很寒酸可耻。

我回想从前有许多亲戚朋友，都因为喜欢朝阔处办，才破坏了家产，牺牲了气节，辱没了人格，造成了痛苦，我想起来，我浑身战栗！

现在的青年他们又想朝阔处办，然而没有钱。没有钱仍然想朝阔处办，所以身为大学生不得不投降安福部，不得不听安福部底命令拥护胡仁源，不得不利用胡仁源来分配他们自身的位置；现在失败了，大家看穿了，丑得不好意思和旧同学见面了。

阔处办！阔处办！过去已堕落的青年，现在方堕落的青年，都被你害得苦了。我盼望未堕落的青年，倘若这位先生叩门求见底时候，总要挡驾才好，现在你若见了他，将来你就不好意思见你的朋友了。

青年体育问题

健全思想，健全身体，本是应该并重的事，现在青年不讲体育，自然是一大缺点。

听说杜威博士说奉天底学生体魄好，不像南方和北京底学生都现出疲弱的样子，这是学生界应当警觉的一件大事。但是备〔讲〕体育应有三戒：（一）兵式体操，（二）拳术，（三）比赛的剧烈运动。

这三件事在生理上都背了平均发达的原则（小学教育更不相宜），在心理上都助长恶思想。军国民教育的时代过去了，什么兵式的杀人思想，少输入点到青年底脑筋里罢。庚子年"神拳"底当，我们已经上够了，现在马师长底武艺我们也领教了，别再把孔夫子所不说的"怪力乱神"来"贼夫人之子"。比赛的剧烈运动，于身体不但无益而且有害，至于助长竞争心、忌妒心、虚荣心，更是他的特色。

约法底罪恶

从前旧人骂约法，现在新人也骂约法，这约法合该要倒运了。

旧人骂约法，是骂他束缚政府太过；新人骂约法，是骂他束缚人民太过。但照事实上看起来，违法的违法，贪赃的贪赃，做皇帝的做皇帝，复辟的复辟，解散国会的解散国会，约法不曾把他们束缚得住，到是人民底出版、集会自由，却被约法束缚得十分可怜。约法！约法！你岂不是一个有罪无功的厌物吗？

政府拿《治安警察条例》和《出版法》两种武器，来束缚人民出版、集会底自由，许多人背着眼睛骂政府违法，其实政府何尝违法？约法里明明说："本章所载人民之权利，有认为增进公益，维持治安，或非常紧急必要时，得依法律限制之。"正因为约法对于人民底权利，原来有这样一手拿出、一手收回底办法，政府才订出许多限制的法律，把人民底出版、集会自由，束缚得和钢铁锁练〔链〕一般。这本是约法底罪恶，何尝是政府违法呢？这种约法护他做什么？我要请问护法的先生们，护法底价值在那里？

男系制与遗产制

对于李超女士底事件（见《新潮》二卷二号），我们可以看出社会制度上两大缺点：一是男系制，一是遗产制。

远古乱婚或同姓为婚时代，曾经过女系制（或是母长制）及父母同长制，这是各国社会学者所同认的了。在他们渔猎为生家族初成立底时候，社会上固不尽是男子掌权，家族以内更多半是母长制，这也是自然之理。后来农业发达，人口加增，土地所有权底观念一天深似一天，战争也就多起来了，那战胜的部落把掳来战败的男子为奴，女子为妻。（古代的掳妻 Capture-wife，自然不能和本族的自由妻平等，仿佛和后世的妾相似；后来妾底制度，也是从掳妻变化出来的，所以汉文妾字从立从女，就是罪人底意思。）在社会学上，这就叫做"掳妻"或"掠夺婚姻"。又有一种和平的方法，乃是用农产物或家畜交换，这就叫做"买卖婚姻"。因为这两种婚姻制度，女子在家族、在社会底地位，自然发生和以前不同底两种现象：一是女子不能和男子平等，一是女子变为个人的私有物。自从女子变为个人的私有物，所以女子底身体便不能归自己所有，在家归父所有，出嫁归夫所有，夫死归夫家或子所有。既是个人的所有物，便和别的动产、不动产一般，所以他的物主任意把他毁坏、赠送、买卖，都不发生什么道德的、法律的问题。在家从父，出嫁从夫，夫死从子，这是东方礼教国女教底"三从"大义，也就是男系制完全胜利底正式宣告，也就是女子终身为男子所有底详细说明，铁板注脚，不如此便不算孝女、良妻贤母。只可惜中国人底三从主义，女子归男子所有主义，还不及匈奴发达。匈奴父死，父底妻和别的财产都归儿子所有。这种从子大义，这种把女子也归在遗产以内一同承袭底制度，比中国人更做得淋漓尽致。

从前在女系制底下的子女，只知有母，不知有父，那遗产自然是男女平分或是专归女子。到了女子专归那一个男子（女子底夫）私有以后，接着许多教主、圣人都说出一篇男尊女卑底大道理，女子底地位自然渐渐低将下去，自然由女系制变为男系制，由母长制及父母同长制变为完全父长制。同时父子关系也分明了，遗产也自然变为男子专有了。后来宗法观念和家长观念发达起来，长子、嫡子底地位又比次子、庶子加高，便发生了长子或嫡子承袭爵位底习惯。由这个习惯，一切没有爵位底平民，也模仿他们造成了长子一人承袭遗产底习惯。东洋各民族男系的血族观念，格外发达，女子底地位也格外低，所以宁可以承继旁系的男子，嫡系的女子反没有承袭遗产底权利。

现在已经不是宗法社会，什么男系制、女系制，都是过去的历史问题，不是现在的社会问题，除了几个贱丈夫，自然没有人明目张胆的拿男系制来做道德、法律底标准。至于遗产制度，也应该随着社会底趋势有个应时的改革才好。有一班思想彻底的人，总觉得劳力所得以外，不会有许多正当的财产；就说凡是财产都算是劳力所得，都算是正当，那绝对不劳力的子孙，也没有安坐而得遗产底道理；就勉强说不劳力的子孙所得遗产，是他劳力的先人自由遗赠底权利，也断乎没有嫡系的女子不能承袭遗产，旁系的男子反来可以独霸底道理。这是什么道理，什么法律，我想了三日三夜，也想不出头绪来。

李女士底承继的哥哥，固然是残忍没有"人"的心；但是我以为不能全怪他，我对于社会制度要发两个疑问：

（一）倘若废止遗产制度，除应留嫡系子女成年内教养费以外，所有遗产都归公有，那么李女士是否至于受经济的压迫而死？

（二）倘若不用男系制做法律习惯底标准，李女士当然可以承袭遗产，那么是否至于受经济的压迫而死？

李女士之死，我们可以说：不是个人问题，是社会问题，是社会底重大问题。

解　放

我们中国人不注重实质上实际的运动，专喜欢在名词上打笔墨官司，这都是迷信名词万能底缘故。

现在大家对于"妇女解放"这个名词也是这样。有人方才主张妇女解放，实际上还没有一点事做出来；又有人并不反对"妇女解放"这个事实，却反对"妇女解放"这个名词，说解放不是自动，辱没了妇女底人格，惹得大家怀疑，慢说实际运动，连口头上也几乎不好说了，这是图什么！

解放就是压制底反面，也就是自由底别名。近代历史完全是解放底历史，人民对君主、贵族，奴隶对于主人，劳动者对于资本家，女子对于男子，新思想对于旧思想，新宗教对于旧宗教，一方面还正在压制，一方面要求自由、要求解放，事实本来是这样，何必要说得好听，男子也是如此，并非专门辱没妇女，况且解放重在自动，不只是被动的意思，个人主观上有了觉悟，自己从种种束缚的不正当的思想、习惯、迷信中解放出来，不受束缚，不甘压制，要求客观上的解放，才能收解放底圆满效果。自动的解放，正是解放底第一义。

我们生在这解放时代，大家只有努力在实际的解放运动上做工夫，不要多在名词上说空话！名词好听不好听，彻底不彻底，没有什么多大关系。在思想转变底时候，道理真实的名词，固然可以做群众运动底公〔共〕同指针，但若是离开实际运动，口头上的名词无论说得如何好听，如何彻底，试问有什么用处？

我们迷信名词万能，还是八股底余毒。名词若果万能，"共和"这个名词，自然比"专制"、"君主立宪"都好听得多，彻底得多，可是中国现在总算有了"共和"这个名词了，实质上实际的效果怎么样？所以我们要觉悟：（一）我们所需要的是理想底实质，不是理想底空名词；（二）我们若要得到理想底实质，必须从实际的事业上一步一步的开步走，一件一件的创造出来。不要睡在空名词圈里，学那变戏法的，把名词当作一种符咒，只是口中念念有词，就梦想他等候他总有一天从空中落下，实现在我们的眼前。空名词固然没有价值，就是他所代表底实质，也只有他本身相当的价值，没有像"万应丸"百病包治的价值。我们被那些"先王之法"、"圣人之道"等包含一切金科玉律的空法〔泛〕名词贻误已久，此后不可再误了。

学生界应该排斥底日货

中国古代的学者和现代心地忠厚坦白的老百姓，都只有"世界"或"天下"底观念，不懂得什么国家不国家。如今只有一班半通不通自命为新学家底人，开口一个国家，闭口一个爱国；这种浅薄的自私的国家主义爱国主义，乃是一班日本留学生贩来底劣货（这班留学生别的学问丝毫没有学得，只学得卖国和爱国两种主义）。现在学界排斥日货底声浪颇高，我们要晓得这宗精神上输入的日货为害更大，岂不是学生界应该排斥的吗？有的人说：国家是一个较统一较完备的社会，国家是一个防止弱肉强食，调剂利害感情冲突，保护生命财产底最高社会。这都是日本教习讲义上底一片鬼话，是不合天理人情底鬼话，我们断乎不可听这种恶魔底诱惑。全人类底吃饭、穿衣、能哭、能笑、做买卖、交朋友，本来都是一样，没有什么天然界限，就因为国家这个名儿，才把全人类互相亲善底心情上挖了一道深沟，又砌上一层障壁，叫大家无故地猜忌起来，张爱张底国，李爱李底国，你爱过来，我爱过去，只爱得头破血流，杀人遍地。我看他的成绩，对内只是一个挑拨利害感情，鼓吹弱肉强食，牺牲弱者生命财产，保护强者生命财产底总机关；对外只是一个挑拨利害感情，鼓吹弱肉强食，牺牲弱者生命财产，保护强者生命财产底分机关。我们只看见他杀人流血，未曾看见他做过一件合乎公理正义底事。

这个名儿原来是近代——十九世纪后半期更甚——欧洲底军阀财阀造出来欺人自肥底骗术。这种骗术传到日本，日本用他骗了许多人（日本底平民和朝鲜人、中国人都包含在内），中国留学日本底人，现在又想从日本传到中国。其实大战以后，欧洲底明白人已经有了觉悟（参看本志前号中《精神独立宣言》），想把这流血的陈年账簿烧去不用了；就是日本也有几个想烧流血账簿底明白人，武者小路先生就是其中底一个；中国人原来没有用这种账簿底习惯，现在想创立一本新的从第一页写起，怎么这样蠢笨！

但是我们对于眼前拿国家主义来侵略别人的日本，怎样处置他呢？我以为应该根据人道主义、爱公理主义，合全人类讲公理不讲强权底人（日本人也包含在内），来扑灭那一切讲强权不讲公理底人（日本人也包含在内），不要拿那一国来反对那一国；若是根据国家主义、爱国主义，来排斥日货，来要求朝鲜独立，未免带着几分人类分裂生活的彩色，还是思想不彻底。拿日人来排斥日货，在人类进化史上仍是黑暗的运动，不是光明的运动，我们学生界应当有深一层的觉悟，应当发展在爱国心以上底公共心。至于那连爱国心都没有底奸商奸官，根据个人的私利主义，贩卖日货，贩卖中国米出口给杀中国人底人吃，我不承认他们的见解和我一样。

署名：独秀

《新青年》第七卷第二号

1920 年 1 月 1 日

中国革命党应该补习的功课

（一九二〇年一月三日）

前几天北京方面复辟派谣传很利〔厉〕害，许多朋友听了很气愤，我听了丝毫不以为异。我们现在仍然是帝政底下的奴隶，并不是共和政治底下的自由民，小孩子出来做元首和老头儿做元首没有什么分别，就是复辟，又何必大惊小怪呢？

昨天有一位日本大阪大正日日新闻记者和我谈话，他问我对于中国政治底见解，我告诉他"取消帝政，改建共和"八个大字，他当时大为诧异。我问他："中国现政治底实质是帝政还是民治呢？"他笑道："自然还是帝政。"既然还是帝政，我们的中国革命党在建设的积极的改建共和之前，一定还要做破坏的消极的取消帝政底苦功。

我们的君主不天天在那里下圣谕叫我们安分守己的读书吗？叫我们兴办实业吗？他用的各省督、抚、司、道不都比光绪、宣统时代还要威风万倍吗？封禁报馆，监禁主笔，不比光绪皇帝、宣统皇帝还要利害吗？贪赃枉法的文武官吏遍满全国，皇帝左右连一个铁面御史都没有了，这是什么世界中？

我们的中国革命党，去做了帝国官吏的，现在不用理他；还有一班未做官的老同志，自孙中山先生起，赶快回复到辛亥以前的生活。一面宣传民治主义普及人民，一面设法取消帝政。一切设想、运动，都要当做未曾宣布共和以前一样。

同盟会底三民主义，后来变成了一民主义，好像三脚儿去了两只脚，焉有不倒的道理？从前宣传民治主义的功夫简直没有做，取消帝政的力量也没尽得足，匆匆忙忙挂上了共和招牌，十分冒昧可笑。譬如一个素不用功侥幸及第的学生，倘不赶紧补习功课，那里会有毕业的希望？

我们的中国革命党诸君呵！我们的事业，我们的责任，不但辛亥年未曾完结，现在还未曾起首呵！我们不可以革命成功的伟人自命，我们应该以侥幸及第的学生自命。我们应该补习的功课有三门：

（一）多数人民应该懂得民主政治究竟是什么；

（二）怎样完全取消帝政；

（三）怎样建设民主政治。

什么召集国会，什么制定宪治，什么发展实业，都要建筑在这三门功课上面，基础才算巩固。现在大家迷信的国会和宪法，都是帝政时代的产物，他们骨髓里充满了帝政的腐败臭味，我们实在不满意，实在没有恢复底价值。

我们希望赶紧补习三门功课，补习好了，我们希望从〔重〕新创造纯粹民治的国会、宪法。

署名：陈独秀

《星期评论》第三十一号

1920 年 1 月 3 日

欢迎湖南人底精神

（一九二〇年一月五日）

在我欢迎湖南人底精神之前，要说几句抱歉的话，因为我们安徽人在湖南地方造的罪孽太多了，我也是安徽人之一，所以对着湖南人非常地惭愧。

湖南人底精神是什么？"若道中华国果亡，除非湖南人尽死。"无论杨度为人如何，却不能以人废言。湖南人这种奋斗精神，却不是杨度说大话，确实可以拿历史证明的。二百几十年前底王船山先生，是何等艰苦奋斗的学者！几十年前底曾国藩、罗泽南等一班人，是何等"扎硬寨"、"打死战"的书生！黄克强历尽艰难，带一旅湖南兵，在汉阳抵挡清军大队人马；蔡松坡带着病亲领子弹不足的两千云南兵，和十万袁军打死战；他们是何等坚韧不拔的军人！湖南人这种奋斗精神，现在那里去了？

我曾坐在黑暗室中，忽然想到湖南人死气沉沉的景况，不觉说道：湖南人底精神那里去了？仿佛有一种微细而悲壮的声音，从无穷深的地底下答道：我们奋斗不过的精神，已渐渐在一班可爱可敬的青年身上复活了。我听了这类声音，欢喜极了，几乎落下泪来！

后来我出了暗室，虽然听说湖南人精神复活底消息，但是我盼望有许多事实，可以证明他们真实的复活，不仅仅是一个复活底消息，不使我的欢喜是一场空梦。

个人的生命最长不过百年，或长或短，不算什么大问题，因为他不是真生命。大问题是什么？真生命是什么？真生命是个人在社会上留下的永远生命，这种永远不朽的生命，乃是个人一生底大问题。社会上有没有这种长命的个人，也是社会底大问题。

Olive Schreiner 夫人底小说有几句话："你见过蝗虫他们怎样渡河么？第一个走下水边，被水冲去了，于是第二个又来，于是第三个，于是第四个；到后来，他们的死骸堆积起来，成了一座桥，其余的便过去了。"（见六卷六号《新青年》六〇一页）那过去底人不是我们的真生命，那座桥才是我们的真生命，永远的生命！因为过去底人连脚迹也不曾留下，只有这桥留下了永远纪念底价值。

不能说王船山、曾国藩、罗泽南、黄克强、蔡松坡已经是完全死去的人，因为他们桥的生命都还存在，我们欢迎湖南人底精神，是欢迎他们的奋斗精神，欢迎他们奋斗造桥的精神，欢迎他们造的桥，比王船山、曾国藩、罗泽南、黄克强、蔡松坡所造的还要雄大精美得多。

1920 年 1 月 5 日

未署名
《独秀文存》卷一
1920 年 1 月

告新文化运动的诸同志

（一九二〇年一月十一、十二日）

现在主张新文化运动的诸同志，自然是觉得旧文化有不足的地方。我们中国底社会上有发生新文化运动的必要，这是不用说的了。但是我现在要敬告诸君的有三件事：

（一）出版物是新文化运动底一端，不是全体；

（二）新文化运动只当向前的发展，不当向后的反动；

（三）不应该拿神圣的新文化运动做射利底器具。

出版物自然是新文化运动中很要紧的一件事。但此外要紧的还很多，不必大家都走一条路。我们富于模仿力，缺乏创造力。有了大舞台，便有新舞台，更有新新舞台。有了王麻子底剪刀店，接着就有汪麻子、旺麻子出复。有了稻香村，接着就有稻香春、桂香村出现。现在大家都来办报，不肯向别的事业方面发展，也就是缺乏创造力底缘故。照我们现在的学问程度人才力量，一个地方只配办两三种报，多了便要人力分散，勉强杂凑起来，一个报也办不好。这是何苦来！就是办报，也应当办性质不同，读者方面不同的报，不必办许多性质相同的报。现在性质相同，读者方面相同的报已经不少了。我们有什么高明的见解，果然有价值，尽可送到各报发表，各报没有不欢迎的。一定要自己独立办一个人云亦云的报，这是什么一种心理？我曾劝许多在上海的朋友要办报不必办和人雷同的报。上海工商业都很发达，像《店员周刊》、《劳动周刊》，倒有办的必要，但至今无人肯办。难道不高兴张嘴和店员劳动家说话吗？难道因为这种报不时髦，不能挂"新思潮""新文化运动"时〔的〕招牌吗？我实在不忍这样说，实在不敢"以小人之心度君子之腹"。现在差不多每星期都有新报出现，内容都大同小异（内中有几种牛鬼蛇神的报，又当别论）。看报的还是那一班人，实在人力财力都太不经济。所以我总希望大家拿这些人力财力，去办新文化运动中比出版物更进一步更要紧的事业。

死抱着祖宗牌位向后退走的顽固派，我们不去论他。就是那半新半旧的先生们，像那帮着警察厅大骂同学的人，又像那挂起留美学生的金字招牌办杂志，却仿照无聊的医生底办法，请出许多名人介绍，这班人既然可怜没有当顽固派的魄力，头脑中又抛不了祖宗牌位底偶像，我们也不去论他。我们深以为憾的，正是我们很推重的杂志，我们很希望的青年，也发出似是而非的议论：说什么"这种直觉的新学问家同古代的中国学者，有什么分别，恐怕还不及他们有人生与社会的经验呢"。试问大科学家底直觉哲学，是否毫无价值？试问中国现在是否有人算得是直觉的新学问家？试问古代的学者底人生与社会的经验，现在有什么价值？说什么"现在一班著名的新杂志（除去《北京大学月刊》同《科学杂志》），都是满载文学的文字同批评的文字。……世界新思潮，在学术上是真正的自然科学的精神，在社会上是真自由真平等的互助主义同新式的社会组织，在文学上是写实主义同人道主义。试看他们的文字，有几篇真有科学的精神（发阐科学的更少），有几篇用科学方法彻底研究社会问题，又曾有几篇写实文学的大著作"。他列举的三种新思潮固然不错，可惜这三种新思潮虽然都受了科学的影响，却不是他没头崇拜的自然科学所能包办的呵！他用"趾高气扬的态度，夸大眇视的心胸"，骂倒一切新杂志，固然痛快，但独独推重北京大学月刊同科学杂志。除了因为这两种杂志多讨论自然科学以外，不知道还有何种理由？他说："我们要打破中国人的文学脑筋，改造个科学脑筋"，这句话固然有理。但科学脑筋却不限于自然科学，不反背科学精神的文学艺术，也都是人类最高精神的表现。岂可一概抹杀！我们只应当拿科学的方法研究别的学问，却不可拿自然科学说明别的学问。拿生物学说明社会学，就是一个失败的先例。现在中国底杂志无不幼稚，难道只有讨论自然科学的杂志特别进步吗？他说："今日之士，大弊有二：人人竞言科学，而实不知科学。……其所以不知科学者，科学艰深，非一蹴可几。玄谈易操，又且有功，故舍难就易也。顷年以来，思想革新，诚甚盛矣。然试登高远瞩，国内书报，刊行者何限，亦尝有专言精确科学者乎。……美洲之科学北京之大学月刊数理杂志，其言论文章，稍近科学矣。然其销行之度，能如其他鼓吹谬论者乎。……方今之人，震于西学之势，痛诋中学。……而抑知性理之学，经数千年之蕴蓄，其中固有至贵者存乎。夫理学与科学，两事也。科学之效，在利用厚生，使吾辈有精严之宇宙观；理学之用，在存养省察，使吾辈有正确之人生观。故理学不患其旧。虽羲皇之言，苟其果善，亦皆可从。所谓'推之万世而准'也。而科学则力求其新，非新则绌矣。……又说新者多拾人牙慧之余，似是而非之妄解，虚诞无实之谬谈耶！此其二大弊也。此二弊者深入人心，小之可害中一人，大之可害遍族类"。这一段议论，恰和主张"中学为体西学为用"的张之洞所著《劝学篇》，好像是一人手笔。前半段极为独尊西洋的科学（看他科学玄谈对举，又不满于近来的思想革新，又专门推重讨论自然科学的三个杂志，想必是专指自然科学），别的关于思想艺术的学问，都一笔抹杀。这还是几十年前中国人慑于西洋物质文明底极幼稚的观念。至于西洋各地学术文化底发达，简直未尝梦见。当真西洋文明只有科学吗？我们只应该输入他们的科学，不输入他们的别种学问艺术思想制度吗？哲学、社会学、心理学、人类学、言语学等，不比科学更难几倍吗？都可一蹴而几吗？后半段忽然又把中国底性理学抬起来和西洋底科学并重，而且分作两事，实在令人莫明其妙。大约他还是抱着张之洞以来"科学是新的好，道德是旧的好。物质文明是西洋好，精神文明是中国好"的一种成见。中国底性理学，和西洋底哲学伦理学学类，难道是中国独有的国粹吗？西洋底近代哲〈学〉伦理学都受过科学的洗礼，所以可贵。中国底性理学怎么样？中国底性理学，果然只谈人生观，不曾涉及宇宙观吗？科学果然只可以教我们的宇宙观，不能教我们的人生观吗？非科学的性理学，怎能够教我们的人生观正确不至错误。理学只问善不善，不问旧不旧，这话固然不错，但在理论上科学又何尝不如此呢？照他这样分别科学和性理学底不同，是否有科学的根据？科学的精神重在怀疑、研究、分析、归纳、实证，这几层工夫。"推之万世而准"这句话，是一种妄想。是演译〔绎〕法最大的流弊，决不是科学家脑筋里应有的东西呵！我们现在一面要晓得自然科学只是各种学术底一种，不能够拿他来取消，代替别的学术；一方面要晓得别的学术（道德学、性理学也包含在内），多少都要受科学精神的洗礼，才有进步，才有价值。

　　像那德国式的歧形思想，一部分人极端的盲目崇拜自然科学万能，造成一种唯物派底机械的人生观，一部分人极端的盲目崇拜非科学的超实际的形而上的哲学，造成一种离开人生实用的幻想。这都是思想界过去的流弊，我们应该加以补救才是。若是把这两种歧形思想合在一处，便可标是"中学为体西学为用"底新注脚了。我以为珍重研究介绍新思潮的人，他若真是打破了中国人的文学脑筋，改造了一个科学脑筋，就应该指出那种思潮是新的，是合乎科学的，是可以发生好的效果；那种思潮是旧的，是不合乎科学的，是可以发生恶的效果。不可以笼统说凡属自然科学以外的新思潮，都是"玄谈"，都是"谬论"，都是"空谈"，都是"燎原之祸"，都是"拾人牙慧"（义皇之言，何尝不是人之牙慧），都是"似是而非之妄解"，都是"虚诞无实之谬谈"，都是"可害中一人"，都是"可害遍族类"。像这种笼统不举实例的谩骂武断，在官场文告中时常看见，学理的讨论果然是这样吗？科学家底态度果然是这样吗？自己说"一种学理，还没有彻底的了解觉悟，就不应当拿出来鼓吹青年"，"我们学理不曾真正研究，怎么能鼓吹他人评论他人呢？""还须虚心观察，不敢独断底人"，怎样竟出以非科学家的态度呢？谬论与空论不同。说他是谬论，必须要指出他所以然的谬处，才算是科学态度的批评。若拿出科学家的态度，实际批评那种新思潮是何以好，那种新书报，那篇文章，有那种谬论，他谬处在那里。像这种学理的讨论，正可以使新文化运动向前发展。若是不问青红皂白，对于一切新思潮笼统加以"鼓吹谬论"的徽号，这简直是从根本上反对新文化运动，助守旧官僚张目，要造成向后的反动。若是明目张胆的守旧派说出这种话，我们不以为奇。某杂志似乎也是一班主张新文化运动的人办的，竟然有向后反动的现象。像这种挂起"毋忘国耻"招牌卖日货的办法，我们断然不能容忍！

有一个人写信给在北京的朋友说：请你告诉秦先生，"我赞成新思潮，新文学，请他邀同全体教员学生打电报给山东督军，快快派我的差事"。上海有一位朋友写信给我说："因为现在关于新思潮的报销路都很好，此地有许多做黑幕小说的做红男绿女香艳小说的朋友，都打算改做这种投机的事业了"。我得了这两个消息，不禁替新思潮捏了一把冷汗！我们所欢迎的新思潮，不是中国人闭门私造的新思潮，乃是全人类在欧战前后发生的精神上物质上根本改造的公同趋势。这是何等神圣事业！我们中国人腐败、堕落，精神上物质上都到了破产的运命。最后的希望，就是想随着全人类大改造的机会，来做鼓吹这大改造的新思潮新文化运动，或者是起死回生底一线生机。这种最后救济的新运动，不过才有一点萌芽。倘若仍然把他当作从前的维新、立宪、革命运动一样，当作一种做官发财的器具，这便是明明要把中国人和全人类同样做人的一线生机斩断了。做官发财的路道很多，何必做这样黑良心的事！鼓吹新思潮的报，自然没有人能够专利。容人悔过，也算是一种伟大的精神。但是没有觉悟的人，仍然是拿投机射利的动机来办鼓吹新思潮的报，所以不得不替新思潮捏一把冷汗。我有一位山东朋友，他有一种偏见。他总说："上海社会中了'苏空头'的害，无论什么事发生，总有许多人乘热闹出风头；决不会有真实的新文化运动"。这位朋友虽然学问见识都好，却不曾到过上海一次。他的观察未必正确。我是住过上海好几年，却不敢像他那样一体轻视上海底朋友。但是我很希望在上海的同志诸君，除了办报以外，总要向新文化运动底别种实际的改造事业上发展，才不至为这位山东朋友所轻视！就以办报而论，也要注重精密的研究，深厚的感情，才配说是神圣的新文化运动。像现在这样的浅薄、粗疏、空泛，谬论还不彻底，小区区就是一个首先要自首悔罪的人，持论谬不谬，和精密的学理，原来是两件事。有时很精密的学理也许是谬论，有时学理虽不精密也许不是谬论。可是我们所希望的，持论既不谬，又加上精密的学理研究才好。像克罗马底资本论，克波客拉底互助论，真是我们持论底榜样。但也许有人说他们是鼓吹谬论。某杂志骂倒一切书报，除研究自然科学的都是鼓吹〈谬〉论。又没有举点证据出来，固然是很糊涂。我恐怕他这样非科学的笼统论调，要生出向后反动的流弊。所以上面不得不稍化辩驳几句。至于他主张"发表一篇文字都要有学理的价值"（胡适之先生不主张离开问题空谈学理，我以为拿学理来讨论问题固然极好。就是空谈学理，也比二十年前的申报和现在新出的民心报上毫无学理八股式的空论总好得多）、"要打破中国人的文学脑筋，改造个科学脑筋"，这几句话，却真是我们的昏夜警钟呵！

署名：陈独秀

《大公报》

1920 年 1 月 11、12 日

基督教与中国人

（一九二〇年二月一日）

（一）

　　凡是社会上有许多人相信的事体，必有他重大的理由，在社会上也必然是一个重大的问题。基督教在中国已经行了四五百年，奉教的人虽然不全是因为信仰，因为信仰奉教的人自必不少，所以在近代史上生了许多重大的问题。因为我们向来不把他当做社会上一个重大的问题，只看做一种邪教，和我们的生活没有关系，不去研究解决方法，所以只是消极的酿成政治上社会上许多纷扰问题，没有积极的十分得到宗教的利益。现在若仍然轻视他，不把他当做我们生活上一种重大的问题，说他是邪教，终久是要被我们圣教淘汰的；那么，将来不但得不着他的利益，并且在社会问题上还要发生纷扰。因为既然有许多人信仰他，便占了我们精神生活上一部分，而且影响到实际的生活，不是什么圣教所能包办的了，更不是竖起什么圣教底招牌所能消灭了。所以我以为基督教底问题，是中国社会上应该研究的重大问题，我盼望我们青年不要随着不懂事的老辈闭起眼睛瞎说！

（二）

在欧洲中世，基督教徒假信神信教的名义，压迫科学，压迫自由思想家，他们所造的罪恶，我们自然不能否认。但是欧洲底文化从那里来的？一种源泉是希腊各种学术，一种源泉就是基督教，这也是我们不能否认的。因为近代历史学、自然科学都是异常进步，基督教底"创世说"、"三位一体说"和各种灵异，无不失了威权，大家都以为基督教破产了。我以为基督教是爱的宗教，我们一天不学尼采反对人类相爱，便一天不能说基督教已经从根本崩坏了。基督教底根本教义只是信与爱，别的都是枝叶；不但耶稣如此，《旧约》上开宗明义就说：

> 有害你们生命流你们血的，无论是兽是人，我必讨他的罪。人与人是弟兄，人若害人的生命，我必讨他罪。凡流人血的，人也必流他的血，因为上帝造人，是按着自己形像造的。（《创世记》第九章之五、六）

所以基督徒或是反对者，都别忽略了这根本教义。

（三）

基督教在中国行了几百年，我们没得着多大利益，只生了许多纷扰,这是什么缘故呢?是有种种原因:(1)吃教的多,信教的少,所以招社会轻视。(2)各国政府拿传教做侵略的一种武器,所以招中国人底怨恨。(3)因为中国人底尊圣、攘夷两种观念,古时排斥杨、墨,后来排斥佛、老,后来又排斥耶稣。(4)因为中国人底官迷根性,看见《四书》上和孔孟往来的人都是些诸侯、大夫,看见《新约》上和耶稣往来的,是一班渔夫、病人,没有一个阔老,所以觉得他无聊。(5)偏于媚外的官激怒人民,偏于尊圣的官激怒教徒。(6)正直的教士拥护教徒底人权,遭官场愤恨,人民忌妒;邪僻的教士袒庇恶徒,扩张教势,遭人民怨恨。(7)基督教义与中国人底祖宗牌位和偶像显然冲突。(8)白话文的《旧约》、《新约》没有《五经》、《四书》那样古雅。(9)因为中国人没有教育,反以科学为神奇鬼怪,所以造出许多无根的谣言。(10)天主教神秘的态度,也是惹起谣言的引线。

上列十种原因当中,平心而论,实在是中国人底错处多,外国人底错处不过一两样。他们这一两样错处,差不多已经改去了,我盼望他们若真心信奉耶稣最后的遗言——《马太传》底末章最后二节所说——今后不要再错了。我们中国人回顾从前的历史,实在是惭愧。但现在是觉悟到什么程度?我盼望尊圣卫道的先生们总得平心研究,不要一味横蛮!横蛮是孟轲、韩愈底态度,孔子不是那样。

（四）

我们今后对于基督教问题，不但要有觉悟，使他不再发生纷扰问题；而且要有甚深的觉悟，要把耶稣崇高的、伟大的人格和热烈的、深厚的情感，培养在我们的血里，将我们从堕落在冷酷、黑暗、污浊坑中救起。

支配中国人心底最高文化，是唐虞三代以来伦理的道义。支配西洋人心底最高文化，是希腊以来美的情感和基督教信与爱的情感。这两种文化的源泉相同的地方，都是超物质的精神冲动；他们不同的地方，道义是当然的、知识的、理性的，情感是自然的、盲目的、超理性的。道义的行为，是知道为什么应该如此，是偏于后天的知识；情感的行为，不问为什么只是情愿如此，是偏于先天的本能。道义的本源，自然也出于情感，逆人天性（即先天的本能）的道义，自然算不得是道义；但是一经落到伦理的轨范，便是偏于知识理性的冲动，不是自然的、纯情感的冲动。同一忠、孝、节的行为，也有伦理的、情感的两种区别。情感的忠、孝、节，都是内省的、自然而然的、真纯的；伦理的忠、孝、节，有时是外铄的、不自然的、虚伪的。知识理性的冲动，我们固然不可看轻；自然情感的冲动，我们更当看重。我近来觉得对于没有情感的人，任你如何给他爱父母、爱乡里、爱国家、爱人类的伦理知识，总没有什么力量能叫他向前行动。梁漱溟先生说："大家要晓得人的动作不是知识要他动作的，是欲望与情感要他往前动作的。单指出问题是不行的，必要他感觉着是个问题才行。指点出问题是偏于知识一面的，而感觉他真是我的问题都是情感的事。"梁先生这话极有道理，但是他说："富于情感是东方人的精神。"又说："这情感与欲望的偏盛是东西两文化分歧的大关键。"他这两层意思，我都不大明白。情感果都是美吗？欲望果都是恶吗？情感果能绝对离开欲望吗？只有把欲望专属物质的冲动，情感专属超物质的冲动，才可以将他两家分开。其实情感与欲望都兼有物质的、超物质的两种冲动，不能把他们分开，不能把他们两家比出个是非高下。欲望情感底物质的冲动，是低级冲动，是人类底普遍天性（即先天的本能，他自性没有善恶），恐怕没有东洋西洋的区别。欲望情感底超物质的冲动，是高级冲动，也是人类底普遍天性，也没有东洋西洋的区别，所以就是极不开化的蛮族也有他们的宗教。所以我以为西洋东洋（殊于中国）两文化底分歧，不是因为情感与欲望的偏盛，是在同一超物质的欲望、情感中，一方面偏于伦理的道义，一方面偏于美的宗教的纯情感。东洋的文化自然以中国为主，阿利安人（Aryan）底美术、宗教，本是介在这两文化系间的一种文化，与其说他近于中国文化，不如说他近于西洋文化；至于希伯来（Hebrew）文化，更不消说的了。

中国底文化源泉里，缺少美的、宗教的纯情感，是我们不能否认的。不但伦理的道义离开了情感，就是以表现情感为主的文学，也大部分离了情感加上伦理的（尊圣、载道）、物质的（纪功、怨穷、诲淫）彩色；这正是中国人堕落底根由，我们实在不敢以"富于情感"自夸。

中国社会麻木不仁，不说别的好现象，就是自杀的坏现象都不可多得，文化源泉里缺少情感至少总是一个重大的原因。现在要补救这个缺点，似乎应当拿美与宗教来利导我们的情感。离开情感的伦理道义，是形式的不是里面的；离开情感的知识是片段的不是贯串的，是后天的不是先天的，是过客不是主人，是机器、柴炭，不是蒸汽与火。美与宗教的情感，纯洁而深入普遍我们生命源泉底里面。我主张把耶稣崇高的、伟大的人格和热烈的、深厚的情感，培养在我们的血里，就是因为这个理由。

（五）

我们一方面固然要晓得情感底力量伟大，一方面也要晓得他盲目的、超理性的危险；我们固然不可依靠知识，也不可抛弃知识。譬如走路，情感是我们自己的腿，知识是我们自己的眼或是引路人的眼，不可说有了腿便不要眼。

基督教底"创世说"、"三位一体说"和各种灵异，大半是古代的传说、附会，已经被历史学和科学破坏了，我们应该抛弃旧信仰，另寻新信仰。新信仰是什么？就是耶稣崇高的、伟大的人格和热烈的、深厚的情感。

不但那些古代不可靠得传说、附会，不必信仰；就是现代一切虚无琐碎的神学、形式的教仪，都没有耶稣底人格、情感那样重要。耶稣说：

我告诉你们，现有一比神殿更大者在此。（《马太传》十二之六）

又说：

我不为祭祀而为怜悯。(《马太传》十二之七)

犹太人杀害耶稣的罪状，就是因为他说：

我能破坏这神殿，并且三日内造成。(《马太传》二十六之六十一)

我们应该崇拜的，不是犹太人眼里四十六年造成的神殿(《约翰传》二之二十)，是耶稣心里三日再造的，比神殿更大的本尊。我们不用请教什么神学，也不用依赖什么教仪，也不用藉重什么宗派；我们直接去敲耶稣自己的门，要求他崇高的、伟大的人格和热烈的、深厚的情感与我合而为一。他曾说：

你求，便有人给你；你寻，便得着；你敲门，便有人为你开。(《马太传》七之七)

（六）

耶稣所教我们的人格、情感是什么？

（1）崇高的牺牲精神。他说：

　　我是从天降下的活面包，吃这面包的人永生；为了人世底生命，我所贡献的面包就是我的肉。(《约翰传》六之五十一)

　　我的肉真是食物，我的血真是饮物。(《约翰传》六之五十五)

　　吃我肉饮我血的人，与我合一，我也与他合一。(《约翰传》六之五十六)

　　爱父母过于爱我的人，不配做我的门徒；爱子女过于爱我的人，不配做我的门徒。(《马太传》十之三十七)

　　不背着他的十字架随我的人，不配做我的门徒。(《马太传》十之三十八)

　　想保全他的生命的人，将来必失去生命，他为我失去生命，将来必得着生命。(《马太传》十六之二十五)

耶稣在将要被难之前，知道他的十二门徒中，有一人要出卖他，他举起酒杯向他们道：

　　请你们满饮此杯，因为这是我的血，为誓约为众人赦罪流的血。(《马太传》二十六之二十七、二十八)

(2) 伟大的宽恕精神。他说：

　　你们宽免别人的罪，天父也要宽免你们的罪。(《马太传》六之十四)

　　悔改与赦罪将由他的名义从耶路撒冷起，宣传万国。

（《路加传》二十四之四十七）

一人悔罪，天使大喜。（《路加传》十五之十）

我告诉你，那妇人许多罪恶都赦免了，因此他爱也多；被赦免的少，爱也少了。（《路加传》七之四十七）

神欢喜一个有罪的人悔改过于欢喜九十九个正直的人无须悔改。（《路加传》十五之七）

别人告诉你们：爱你们的邻人恨你们的敌人。我告诉你们：爱你们的敌人，为迫害你们的人祈祷；这样才是天父底儿子：他的日光照善人也照恶人，他降雨给正义的人也给不义的人。（《马太传》五之四十三、四十四、四十五）

勿敌恶人：有人打你右边脸，你再把左边向他。有人到官告你，取去你的上衣，再把外套给他。（《马太传》五之三十九、四十）

我不是为无罪的人而来，乃为有罪的人而来。（《马太传》九之十三）

（3）平等的博爱精神。他说：

使瞎子能看，跛子能走，聋子能听，有癞病的人洁净，死的人复活，穷人得着福音。（《马太传》十一之五）

尊敬你的父母，爱邻人如爱你自己。（《马太传》十九之十九）

卖你所有的东西，送给穷人，如此你将得着天国底财宝。（《马太传》十九之二十一）

富人入天国，比骆驼穿过针孔还难。（《马太传》十九

之二十四）

　　第一尽全心全精神全意爱你的神，第二爱邻人如爱你自己，一切法律、预言者，都是遵这两大诫。（《马太传》二十二之三十七、三十八、三十九、四十）

　　你们须相爱，你们须相爱如同我爱你们。（《约翰传》十三之三十四）

　　穷人少的布施，多过富人多的布施，因为富人布施的是他的有余，穷人布施的是他的不足，是尽其所有。（《路加传》二十之三、四）

Pharisee 人与学者讥诮耶稣和税吏及罪人同食，耶稣对他们说道：

　　你们堂中，谁有一百只羊，若失去一只，他不离开这九十九只，去将那失去的寻得吗？寻得了，是要喜欢的把他背在肩上。他回到家里，他要邀集他的朋友，他的邻人，向他们说，恭喜我寻回来了我失去的羊。我告诉你们，神喜欢一个有罪的人悔改过于喜欢九十九个正直的人无须悔改，也是这样。（《路加传》十五之一至七）

　　这就是耶稣教我们的人格，教我们的情感，也就是基督教底根本教义。除了耶稣底人格、情感，我们不知道别的基督教义。这种根本教义，科学家不曾破坏，将来也不会破坏。

（七）

耶稣说："听到我的话而不实行的人，好比一个愚人，把房屋做在沙上。风吹，雨打，洪水来了，这屋是要倾覆的，这是很大的倾覆。"（《马太传》七之二十六、二十七）

现在全世界底基督教徒都是不是愚人？把传教当饭碗的人不用说了，各国都有许多自以为了不得的基督教信者，何以对于军阀、富人种种非基督教的行为，不但不反抗，还要助纣为虐？眼见"万国人祈祷的家做了盗贼的巢穴"，不去理会，死守着荒唐无稽的传说，当做无上教义；我看从根本上破坏基督教的，正是这班愚人，不是反对基督教的科学家。大倾覆底责任，不得不加在这班愚人身上！

中国底基督教状况怎么样？恐怕还是吃教的人占多数。

最可怕的，政客先生现在又来利用基督教。他提倡什么"基督教救国论"来反对邻国，他忘记了耶稣不曾为救国而来，是为救全人类底永远生命而来；他忘记了耶稣教我们爱邻人如爱我们自己；他忘记了耶稣教我们爱我们的敌人，为迫害我们的人祈祷。他大骂无产社会是"将来之隐患"、"大乱之道"，他忘记了基督教是穷人底福音，耶稣是穷人底朋友。

署名：陈独秀

《新青年》第七卷第三号

1920 年 2 月 1 日

新教育之精神

——在武昌高等师范学校的演讲

（一九二〇年七月三十一日）

　　我并没有什么学问（先生自称），不过蒙海内同胞推奖，年来奔走四方，唤醒民气，也不过稍尽一点国民责任而已，实在抱歉得很。

　　今日承诸君之请，来此讲演，仓促之间，我也没有充分的准备；但诸君现在是读书师范学校，为教育界之重要分子，将来出身办事，主要是教育界上，又如社会上的中坚人物，而教育为国家的命脉所依托，故诸君的责任，实在非轻。我今天演说之题目，也就是新教育之精神。我对于新教育一项，素少研究，而在座诸君，尽是研究教育的，想平日对于教育一项特有心得，以不知教育的人，而对研究教育之人讲教育，岂不班门弄斧吗？

　　我所谓新，非绝对除去一切经史诗书考据……之谓，更在知其所以新之之道耳。譬如研究经史，而能知其新之之法则，则昔日读圣经，考训诂，讲道学，仍然是新。若不然，那怕日日读ABCD，习数学，习理化，还不能够算得新，甚至比较旧的，还要差些呢！

　　今就以教育一方面讲，要怎样才算得新呢？我们中国的学校教书，是最腐败的，你看现在各省的学校，有些因经费都被外人拨扣，以致陷于无教育之地步，那是一不消说了！还有一些办得最热闹的，校舍固然好看，是"巍巍峨峨"的洋房，内面学生的教科如何？教员的教授法如何？以后学生的勤奋如何？一切都不管问；只顾外面好看——这是中国人的特性，非独办教育的如此，即凡百举动，亦莫不然。譬如架个茅厕一样，外面只用白灰粉粉饰，内面是屎是尿，臭不可闻，那都不管了。你看现在的学校，那一个不是如此，都是以空相尚，讲究形式。学校的大权，掌在教长及少数教职员的手中，学生的困苦，全然不顾。教职员程度有不好的，学生不能非论，如有违着的，就拿那些诽谤师长、侮辱职员的条例来压迫学生，把学生当作机械的、被动的。学生只能在书桌子上做自己的功课，于外面社会上的实况，一点都不知道。学校是学校，社会是社会，出了学校，更不能在社会上立足，那还能望他改造社会吗？似这种学校，不过造出几个书呆子出来罢了！于国家没有一点益处，故今日要学新教育有几个要点。

1. 宜注意社会方面，

2. 当以学生为主体，

3. 打破形式的教育，以实际为主。

第一，怎样要注重社会方面呢？因为社会是我们人类组成的，我们人原是社会的成分，假如我们没有社会，那么，我们以一人，能够供给自己的要求吗？倒可日常的用品，寝室的器具，断不是一个人可以做得到的。又如外界的侵袭——洪水猛兽之类，又不是一人可以防御得住的，故必定聚而为社会，顺我们人类同情协力之自然趋势。此自古各大学者，所承认的，是以我们人类，是决不可与社会分离人。教育是教养人类，使有经社会生活的能力人，故第一要注意社会方面；譬如教授小学的地理，若开口就把〔讲〕巴黎、纽约如何繁荣，如何重要，他知道巴黎、纽约在哪块儿呢？我的意思以为教地理应先从本讲堂讲起，然后教本校的校址，以及本城市、本县、本省，实地考察，庶儿学得有益处。若讲到历史一项，小学的历史教授只好取消，何故？要晓得小学生，本无学问可讲，他的教育宗旨，原是启导他的智能和开发他的思想。你若对他讲什么唐虞三代，五霸七雄，他的耳未曾听过，目未曾见过，他知道是什么？如此教授，不惟更差，适是以惑其思想，乱其脑力，故不如不要为好。又如教授理科，更用不着书本子了，顶好将本地方所产生的动、植、矿物的活标本，实地考察，还得益较多。他如修身、农业、商业、图画等科，更好就社会的实在情况研究，使儿童能应用于社会上，得实在的效果。

第二，怎样要以学生做主体呢？从来我们中国的学校，都是把校长、教职员做主体，学生反放在客位，当作被动的和机械的。教员在讲堂上教授，只知把自己的学问和知识，装入学生的脑子内去，殊不知学生固有他的知识和学问，不得要拿先生的来装入进去；如先生的能够引导他们所能做的，启发他们所同有的，和学生自动的本能就是了。故现今大教育家杜威博士，他说："在当时，是先生教学生，若在今日，更是学生教先生了。"实在不错，怎么说？在当时先生教学生，只晓得把书本子装入学生的脑子里去，那更不消说了。若在今日小学教育，学生正当少年时代，恰如春天的草木一样，正是萌芽时期，他的脑髓，优圆美满，思想力、记忆力，一切都比先生强得多。年幼的儿童的心理，还足以先生研究。若在教授时间，有些事情先生想不到的，而学生反而想得到，先生不能说明的，学生反能充分了解，并能提出许多疑问事情来，能启发先生的思想和脑力，这岂不是学生教先生吗？又如学生在校求学，于校中一切事情，知得明瞭。而现今学校的事情，专靠着校长和少数教职员掌办，开口就说他们是研究教育有经验的人，先前他也做过学生过来，办学校一定是好的。殊不知，天下无百年不变的法则，没有一定的规矩，即我们中国的孔夫子，和西洋的亚底士多德，在当时，他的学说，是"质诸鬼神而无疑，俟诸百世而不惑"的，然至今日，又"时移事变"，那就不行了。要知教育的事业，是与世界一齐变化的，若说"往日是先生教学生"为正理，今日是学生教先生为不正。专只就古时的理论，而不考察今日的事实，那就不可以了。学校的事情，学生所知的比较多，怎么说呢？学生在校内求学，所谓亲莅其境了。对于学校的事件，要如何改良？如何配置？如何办法？何者有□于学校。对于学生有不便利处，更要废除。何者学校缺乏，对于学生有益，更要兴办，学生一一透底明白。故学校若以学生为主体，遵学生提议办去，没有办得不好的。若靠着几个教职员，我恐怕办去，只有退步，那还能够与时俱进吗？系看现今的学校，那一个不是以学生做客体，拿他当被动的机械的，学校的事情，学生不唯不能参与，反而动辄拿那些通则规例，来压迫学生，终日如此，教育又怎能与世界一齐进步呢？又何怪每一个学生，进了一个学校，至毕业后，若是压得背驼足软、了无生气呢？如此学校教育，只能造成一班奴隶性质的国民，只知道服从，那还能够自动吗？那还敢望他来出力为国家和改造社会呢？

　　第三，何以打破形式的教育，以实质为重呢？我们中国人，是最爱讲形式，不顾实际的，我听闻北京清华学校，建筑图书馆，费了三十几万，仅仅买了二万元银元的书，这又何苦要讲这种形式；若要不讲形式，多买些书，供众人的阅览，岂不好吗？现今各省的学校，无一不是讲究形式，如外面的校舍，学生的制服，都是讲形式的，至内面学生的科学，教员的授法，却一切都不管问，这是什么缘故？因为我们中国的教育制度，自教育部起，至国民学校，都是讲究形式的。当真说起来，要打破形式教育，必先取消教育部人员起，因为他是最好讲形式的，取消了他们，然后注重实际的教育，庶几较易。

　　还有最奇怪的，就是一般的农业学校，外面挂了某某农业专门学校的招牌，学生和教员，坐在学校内讲农业，外面田间的事情，不独不能耕种，简直一点都不知道。这种学校，我倒不晓得办了有什么益处？此外，尚有好多的学校，常常逼迫学生进校的时候缴纳制服费，学生无论在校内校外，一年四季，都是要穿制服，这又何苦要讲这种形式？甚至学生家里贫寒的，连学膳费钱都没有，那有钱来缴制服费呢？并且学生在校，读书就读书，穿什么皮鞋，戴什么制服帽，若是穿便衣便帽，岂不是好么？再进一层讲，若留了些□费，把学生买书，岂不是更好吗？所以我劝诸君，此后出钱办事，不必讲形式，多注意实效就好了。那么，学校经费多，就多开办几班，学校经费少，就少办几班。把学生的科学，认真教，提高学生的自身必须的本能，切莫压迫他。至外面的校舍，那更可以不问——茅屋亦可以做学校，不必一定要洋房，没有桌凳，坐在地上亦可以讲学，只要认真教授，形式尽可以不管他。

　　以上三个意见，更是新教育之精神，我望诸君此后在教育界上办事，是最要注重的。第一，就是要注重社会方面，教学生，宜就社会上一般的事情，为儿童所时常知道的；或亲自看见的；那就自然易于了解，没有"莫名其妙"的弊处了。第二，学校当以学生为本位，教育以启发儿童的本能，引起儿童的兴味，不可压制他。第三，更宜实事求是，不可虚张形式，讲尽外观。今天时间太仓促，自知没有十分准备好，有负诸君之雅意，还望诸君原谅，原谅罢！

署名：陈独秀

《教育学术研究室杂志》第一期

1920 年 7 月 31 日

马尔塞斯人口论与中国人口问题

（一九二〇年三月一日）

（一）

我向来有两种信念：一是相信进化无穷期，古往今来只有在一时代是补偏救弊的贤哲，时间上没有"万世师表"的圣人，也没有"推诸万世而皆准"的制度；一是相信在复杂的人类社会，只有一方面的真理，对于社会各有一种救济的学说，空间上没有包医百病的良方。我对于马尔塞斯底人口论，就是这种见解；不但马尔塞斯人口论是这样，就是近代别的著名学说，像达尔文自然淘汰说，弥尔自由论，布鲁东私有财产论，马克斯唯物史观，克鲁泡特金互助论，也都是这样。除了牵强、附会、迷信，世界上决没有万世师表的圣人、推诸万世而皆准的制度和包医百病的学说这三件东西。在鼓吹一种理想实际运动的时候，这种妄想、迷信，自然很有力量、价值；但是在我们学术思想进步上，在我们讨论社会问题上，却有很大的障碍。这本是我个人的一种愚见，是由种种事实上所得一种归纳的论断，并且想用这种论断演绎到评判各种学说，研究各种问题的态度上去。

（二）

马尔塞斯人口论的内容，简单总括起来，就是：（1）自然界一切生物（人类也包含在内）底增殖，常有超过食物范围以上的倾向。（2）这种不断的倾向底结果，生物常苦于食物不足，自然界所以发生种种悲惨，人类社会底贫困罪恶不能绝迹也就为了这个缘故。（3）因此人类社会要想断绝这个祸根，凡是没有赡养家属资力的人，不得不遏制性欲，守独身主义，来防止人口过多的自然力。

后来新马尔塞斯派，对于前列的（2）、（3）两项大加修正。这修正派的人，以为人类底贫困和罪恶，不仅是人口过多的结果；社会组织的缺陷，的确也是一种原因。他们又以为拿制欲和独身主义来限制人口，未免太酷，不如实行预防受胎的法子，因为预防受胎比制欲合乎自然，而且不损身体底健康。

后来无论赞成马尔塞斯底学说或是反对的人，对于修正派底意见，反对的却少得多了。但是他们对于马尔塞斯底（2）、（3）两项意见，虽然加了多少修正，却于他的根本学说，还是不曾动摇。因为马尔塞斯主张底大前提，是在前列的（1）项，马尔塞斯得了永久不朽的大名，迷信他的学说当做万古不动的一大真理，也就在（1）项，因此人口论底研究，便不得不集中于（1）项了。

（三）

人口底增殖率，果然是照马尔塞斯底推算，每二十五年必定增加一倍吗？

生物底生殖力，自然都很伟大，即以一切动物中生殖力最低〔的〕象而论，他一生百年间，平均生殖六子，这六子果然都能生存蕃殖，从最初的一对夫妇起，经过七百四五十年，应有一千九百万匹子孙；生殖力最高的微生物，有几种一昼夜可以生殖一万倍以上。若照马尔塞斯底主张，单就生物生殖力底理论，便可以推断生物在事实上计年增加底倍数。那么单是生殖力最低〔的〕象一项，也已经充满地球了。

生物底生殖力和蕃殖力，本来不是一件事。人类也和他种生物一样，事实上蕃殖增加底倍数，决不能拿理论上的生殖力用数学式来武断推算的。人类底生殖力固然伟大，克鲁泡特金所谓自然的破坏力（寒冷、大雪、暴风雨、旱灾、水灾等），亦复伟大，战争的、瘟疫的破坏力更是不用说的了。据中国底历史，三千年间，人口增加不过二十倍；再加上调查不精密，国土古今广狭不同，合并异族的人口增加等原因，实际增加当然还没有二十倍；可见马尔塞斯底人口增殖率，未免离事实太远了。在马氏他自己也知道在历史的事实上因有自然的限制，人口增加率不是这样快，所以他说：“人口若无限制，是按几何的比例增加。”（《人口论》第一版十一、十四页）后来迷信马氏学说的人，只注意下半句，忘记了上半句，因此比马尔塞斯更要武断一点。

在马氏著书之时，机器初兴，失业的人多，一时现出人口过剩的假象；马氏不在这多人失业上研究救济方法，却想用限制人口来根本解决，已经和用石条压平驼背的法子同样可笑；自从他死后一直到现今，欧洲大陆各国，不但没有人口过多的现象，而且都有人口不足的恐慌，这真是马氏警告、豫言当时所想不到的了。如今大战后更是不用说的了，就在战前，即以法、德两国而论，如何使人口增加，不是两国几十年来政治家和学者苦心研究的问题吗？法国因为人口减少，Bertillon 有三百年后降为三等国，五百年后种族灭亡的警告。"法国人口增加奖励协会"（Alliance nationale pour l'accroissement de la population Francaise）曾提出奖励人口增加议案十二条。议会也屡次提出同样的议案。德国自从一九〇〇年以来，产儿力非常低减，因此国论沸腾，一九一一年至一九一四年间，关于这个问题的著书多至二百十六种。Julius Wolf 教授等所组织的"德国人口政策学会"（Deutsche Yesellschalf fur Bevolkerungspolitik），他们的政策：（1）产儿底限制；（2）产儿底障碍，如花柳病预防、女工保护、产妇保护等；（3）保护现生的小儿。此等现象，岂不正和马尔塞斯底警告、豫〔预〕言相反吗？

（四）

生物底增殖，果然和食物底增殖不能保平均的速度吗？文化进步的社会，果然不能按照人口增殖速度，扩张食物底范围，增加食物增殖底速度吗？

多数的生物一方面是食物底需求者，一方面又是食物底供给者；伤〔像〕这种生物自己吃别的生物而生存，同时别的生物又吃他而生存；因此可以说生物底增殖速度增加，同时也就是食物底增殖速度增加。例如猛类鱼吃普通鱼而生存，普通鱼吃小鱼及甲壳虫而生存，他们在一方面是食物底需求者，同时在他方面不又是食物底供给者吗？

即以最进步的人类而论，一方面吃别的生物而生存，一方面也算是别的生物底食物，像那最大的猛兽和最小的微菌，不都是吃人的生物吗？前一项现在或者可以说渐渐减少，后一项无论医术卫生如何进步，将来能否绝迹，还是一个疑问。

人类底人口递增固然是事实，食物随着递增也不是空想。在文化进步的社会，除了宗教上、私有财产上、非生活品的工业上等障碍；又加上科学底发达和生产技术底进步，那时食物增加底速度，恐怕不是现在时代的人想像得到的，何以能断定他只能照算术的比例增加呢？

人口增殖率当然不能每二十五年增加一倍，供给人类吃的生物，他们的生殖力，每二十五年却可以增加数十倍或数百倍。倘用科学来选择、培养和人力保护，不叫别的生物侵占，增殖底速度更要大大的无限增加。例如有许多我们现在不吃的生物，若是利用科学来选择、消毒，我们食物底范围便自然扩张了。我们现在所吃的生物，若是用科学来培养和人力来保护：像养鱼隔离法（产卵期内和他鱼隔离，防止卵为他鱼所吃），农业上蚕业上驱除害虫法、家畜防疫法、牧场防兽法，都严密实行起来，食物增殖底速度，自然没有不意外增加底道理。

私有财产废止底好处：（1）社会资本在真能集中；（2）全

社会资本完全用在生产方面，不会停滞；（3）人人都有劳动生产底机会；（4）可以节省用在拥护私有财产（国内、国际）大部分的劳力资本，到生活品的生产事业上去。在这时候，自然可以实现"无旷土无游民"的理想，再加上农业化学天天进步，农产物增加底速度，自然非常伟大了。

姑且让一步说，这都是未来的空想；就以现在的经济制度，现代的科学程度而论，自从马尔塞斯死后现在八十五年间，因为资本集中、机器广行、交通发达、殖民地开拓这四个缘故，欧美经济状况生了绝大的变化，和马尔塞斯时代迥不相同。一方面农产物输入多量，毫没有收获渐减底恐慌；一方面工业物却有收获渐增底效果，生产过剩底恐慌居然成了经济学上一个原则。因为有生产过剩的恐慌，所以他们寻找销场的希望比寻找殖民地的希望，更要热烈得万倍。他们用极强大的海陆军保护殖民地还不过是一种手段，扩充销场，拥护商业，才真是他们的根本目的。所以近代的国际战争，往往拿出极大的牺牲，所争得的并不是一块土地，不过是几项有利的通商条约。

再让一步说，这种过剩的生产物，乃是资本私有制度之下，分配不均；劳动者无力购买的结果，不是实际的过剩。这话固然不错，但无论分配如何不均，也必定在勉强维持社会生存以上，资本家才能够拿过剩的名义输出国外；像现在俄、奥两国产业界底情况，无论有如何大力的资本家，也不能够把维持国内底生存尚嫌不足的生产物，用过剩的名义输出国外。在一种生产过剩急找销场的国家，若是没有资本私有制度，平均分配起来，当然有维持生存以上的余裕了。因此就是这种非实际的生产过剩，一方面可以证明社会上贫困的现象，不是因为生产物不足，乃是因为

分配不均；一方面可以证明马尔塞斯食物增加和人口增加不能保
持平均速度的理论，确有不验的地方，不验的时代。况且棉纱、
米谷更是生活品中第一不可少的东西，决没有绝对不足还可以输
出的道理，近代中国、日本、美国底人口都非常增加，而棉纱、
米谷反是大宗的输出品，这岂不正和马尔塞斯底预料相反吗？

（五）

　　科学发达，生产技术也进步，人类食物底范围，自然有无限
扩大底可能性；但是对于土地这一层，有一以为土地底丰腴力有
一定的限度，因此对于这一定丰度的土地上所加劳动底生产力，
也不能不有一定的限度，这就叫做"收获递减法则"。这种法则
都是马尔塞斯人口论底一个有力的帮助，因为这种法则若是真
理，在人类食物范围扩大上有很大的影响。这种法则就是说：一
块土地底收获分量，决不能随劳力分量比例增加。例如第一年十
人耕种一块土地，有百分的收获；第二年加十人耕种，收获分量
虽有增加，决不能照人数增加的比例增加一倍。照人数比起来，
反有劳力递加收获递减的现象，如下表：

	一年度	二年度	三年度	四年度	五年度
劳动人数	10	20	30	40	50
收获总量	100	180	240	280	300
最后增加的劳力所收获		80	60	40	20

第一，我们要晓得我们的食物不全靠农产物；第二，我们要晓得化学发达可以人工增加不须耕种的食物；第三，我们要晓得将来农业化学发达，收获底增加还可以在人数增加的比例以上；第四，我们要晓得此时地球上未开垦的荒地还多得很，假定收获递减法则是真理，人口有加无减也是事实，这种真人满的恐慌，也不知道在多少年以后；若是把眼前的社会问题放下不理，预先忧虑那多少年以后的事；那么有人说地球将来也要毁坏的，我们应该怎样预防呢？

（六）

有人把经济思想分为二大系统：一是富底哲学，说明富底性质及原因；一是贫底哲学，说明贫底性质及原因。斯密亚丹属于前者，马尔塞斯属于后者。人类底贫困不单是食物一样，乃是衣、食、住、知识、娱乐一切等等不足者对于足者比较的现象。不但没有衣、食、住是贫困，吃素菜的比吃肉的是贫困，着布衣的比着绸缎的是贫困，住茅屋的比住大屋的是贫困，着短衣的比着长衣外套的是贫困，没有钟表用的比有钟表的是贫困，步行的比坐马车、汽车的是贫困，无钱结婚的比妻妾成群的是贫困，无力量读书的比学者是贫困。倘在均产社会里，权利均等，机会均等，没有足不足底比较，个人贫困底现象便不会发生了。个人比较的贫底现象，不一定是因为人口超过了生活资料，大部分是因为财产私有分配不均，一阶级人底占据有余造成一阶级人底不足；若拿有余补不足，岂不立刻成了"均无贫"的社会吗？到了均产社会时代，若公共觉得生活资料不足，那时才可以拿人口过剩算贫底一种原因，也不是全原因；因为还有科学不发达，生产技术不精，劳力底数量不充分，交通不便，也都是造成生活资料不足底一种原因。马尔塞斯说明贫底性质只注重食物一样，已经不大周到了；他说明贫底原因只注重人口过剩这一层，把分配不均、科学不发达、生产技术不精、劳力底数量不充分、交通不便这五种贫底重大原因都忽略了；他这种贫底哲学，恐怕还不及斯密亚丹富底哲学稍有根据。

马氏生在盛唱均产人权的时代，不肯盲从时论，对于 Godwin 及 Condorcet 加以有系统的攻击，我们不能不佩服他有胆识。发明了贫底一种原因——即人口过剩，我们不能不承认他在社会经济学上有很大的贡献。但是他过于偏重他发明的这一种原因，和别的发明家、持论家陷于同样的偏见。不但如此，假令人口过剩是造成贫困的唯一原因，此外没有别的原因，非限制人口不能救济，也没有理由专门要限制下层贫民，上流富裕阶级就有孳生的权利，他们的这权利是从那里来的？又何至主张贫民没有生存权，又何至说没有得父母财产的人没有吃饭的权利，好比宴会里未请的宾客没有入座的权利一样呢？（《人口论》第二版五三一页）Place 说马尔塞斯否决无事的穷人有吃饭的权利，却许无事的富人有这种权利。像马氏这种掩护资本家底偏见，不免要发生学者良心问题。

贫民多子，自然是社会上一种悲惨的现象，我们应该设法救济的；但是救济的方法，不能够像限制人口那样简单。第一要向〔问〕贫民是怎么会贫的，是不是社会制度底罪恶？第二要问贫民底子女何以没有公共教育底机关，是不是社会制度底缺点？若丢开这两个问题，专门限制贫民人口，这种劫贫济富的办法，就不说什么生存权和人道主义，社会上必招两项实际的损失：（1）贫民底子孙中往往有许多伟大的人物，倘限制贫民多子，社会上岂不是要受绝大的损失么？（2）富人底子弟多游惰，贫民底子弟多勤劳，倘专门限制贫民多子，社会上游惰的分子渐渐增加，勤劳的分子渐渐减少，岂不是可怕的么？

优种论虽有点和个人自由、人权平等冲突，比人口论似乎还好些。因为优种论所要淘汰的，在他的观察总是社会上恶劣分子，还没有贫富底分别。

（七）

说到中国人口问题，有一班糊涂人常常以我们中国人口众多自豪，实在是梦话。第一，我们要晓得我们中国一百万人口左右的都市，不过上海、武汉（合武昌、汉口、汉阳而言）、广州、北京四处，拿人口和土地比例起来，是不是人口众多，还是一个问题。第二，我们要晓得无知识、无能力、无职业、游惰偷生的人口越多，社会越发不得了，单是人多不一定就可以自豪。单是我们人口数目比别国多不算是真人多，必须我们人口和土地的比例比别国多，才真是人口众多。单是人口众多也不能自豪，必须是有知识和生产能力的人多，才可以自豪。

但是中国人口问题，也不曾是马尔塞斯底学说可以解决的。中国不生产而消费的人过多，人口增加似乎是超过了生活资料之上，这也是到处发生生活困难底一种原因，但这种原因，不是专

靠限制人口可以解决的。因为中国人口过多底现象，不是和土地
比例的人口过多，乃是不生产而消费的游惰人口过多；生活资料
不足，不是生活资料增加底可能性赶不上人口增加，是增加生活
资料底方法赶不上人口增加。照现在增加生活资料底方法和
"游惰神圣"的社会制度，若不改造，就照现在的人口减去一
半，恐怕仍然免不掉贫困的现象。若依马尔塞斯底主张专门限制
下层阶级，不承认贫民有生存权；那么，中国式的上流阶级——
即富贵游惰分子——渐渐增加，贫苦的劳动的生产分子渐渐减
少，不知道将来要变成一种什么社会？

　　所以我主张要解决中国人口问题，应该并行下列的几个
方法：

　　（1）发展生产事业　劳动方面，大都市底工厂里，每天工
值两三角做十二点钟的工，大家还惟恐谋不到手；人口稠密的农
村里，因为租地竞争，地主除收租外还有种种不法的需索，佃户
终年辛苦还不能够饱暖；农家底帮工，每年工价不过十余元；这
都是人口过多，工价过低到这样地步。但是我们中国不但矿业、
工业、交通事业都还有无穷的发展；就是已经发达的农业，不但
东北西北底边地，就是内地各省底荒地荒山也不知有多少，拿这
一样就可消纳无穷的人口。

　　（2）发展交通事业　此事对于人口问题有两种效果：（一）
增加能生产的人口；（二）利用有余以补不足，等于增加生活
资料。

　　（3）发达科学　此时欧美各国底物质文明虽是进步，将来
科学越发达，衣食住各种生活资料，还要随着无限的增加，至于
我们科学还未萌芽的中国更是不用说的了。

（4）发达生产技术　　无论农产工产品，技术越发进步，生活资料增加底速度越发增加。

（5）增加劳力底数量　　土地劳力在生产要素上应该居首要地位，在我们"游惰神圣"的国里，不但劳动底人数过少，劳动底力量也不充分，一般劳动者做工底时虽多，大半等于西洋的怠工。现在要增加生活资料，应该在社会制度上、经济组织上取消那"游惰的上流阶级"和"游惰神圣"的风尚，使劳力底数量充分增加。

（6）分配平均　　现在军阀集中资本，人民已经是受不了；财阀倘再来集中一下，将来恐怕只有极少数的人生活余裕，那最大多数最大痛苦的人，连一班拥护资本主义大骂社会主义的学者自己或是他的子孙，都要变成没有生活资料的贫民，都要被马尔塞斯取消他们的生存权了。在财产权私有社会里，似乎不可因为有许多穷人生活资料不足，便马上断定是人口过剩，便马上断定人口常有在生活资料以上增加的倾向，因为若将全社会合拢起来平均分配，不见得生活资料真是不足，恐怕是一班强盗太有余了，别人便当然不足呵。所以若要讨论社会上究竟是不是人口过剩，究竟生活资料足不足，候实行分配平均后再谈，似乎才能够得到真相。纵然大家说平均分配是一种不能实现的空想，那就请大家狠狠心肠拿出一部分剩余价值（他们说是什么红利）来，办几个贫儿公育院，这总是做得到的罢。这种分配底法子固然离平均还差得远，但是也可以救济人口问题一部分的危急。

（7）限制人口　　在以上几种方法没有收效以前，用限制人口的法子减轻社会上一部分生活困难，也可使的。但限制底方面应该注重在游惰的上流社会，不限于贫苦的劳动者，这却和马尔塞斯底主张有点不同。

署名：陈独秀

《新青年》第七卷第四号

1920 年 3 月 1 日

关于西南大学之谈话

——反对在沪设立

（一九二〇年三月八日）

自军政府政务会议通过西南大学大纲，并决定校址设立在沪后，陈君独秀极不谓然。此间各界要人，如唐少川、孙伯兰，皆反对在沪之议。谢无量更谓大学在沪设立，必当派员筹备，其结果购置地皮不得，建造校舍不成，而大学基金已归于尽，届时西南大学四字，已成为历史上理想的名词，盖上海地皮昂贵，建造艰难，非主张在沪设立诸公所能梦想也。兹陈君独秀又发表其反对在沪设立之种种理由，略记如左，陈君云：

大学在沪设立，主张最力者为吴稚晖、胡汉民诸君，其主张之理由，谓在沪设立有四种利益：（一）上海在外人势力之下，不受政潮牵制；（二）广州恐不免战争，一有战争，大学设备难保根本破坏；（三）为川湘黔三省学生交通计，以上海为便利；（四）大学基金出于关税余款，此项余款，属于中央，故大学宜设在沪。此四种理由，皆不能使吾人信赖，何则？政潮影响，不能及于大学，北京大学自辛亥以来，经几许政潮，始终屹然无恙，即其明证。若恐武力破坏，则吾国武人，野蛮似不至此，北京大学亦曾从京津兵变、张勋复辟两次纷扰，未尝动其毫发，亦足使吾辈安心。如谓不信赖中国政府与社会，必求依赖外人，则全国大小学校，非尽迁入租界不可，匪第学校，其他事业亦宁有安全发表之余地。故以谋安全讲学为理由，主张在沪设立，实有置北京大学与广州高等师范及全国一切学校于化外之意味，吾人绝不敢承认。至于交通，以现时状况论，在沪可谋川湘黔三省之便，而招粤桂滇三省之不便，便不便各半，所谓便利者，已两相抵消。况大学为百年大计，吾人言交通，至近当以川汉粤汉两路成立为标准，两路成立后，川黔湘皆以赴粤为便，则所谓上海便利者，更无理由。至谓经费出于关余云云，其理由直有否认西南政府之意味，实属矛盾之极。且关余为国家收入，西南大学当然为国立大学，初与在粤在沪不生关系，此在沪有利之说，吾人不能信赖之理由也。且大学在沪，尚有三大弊害，吾人不可不知：（一）办大学而寄生外人肘下，精神上为莫大痛苦，况以国立大学置诸政权不及之地，尤为不成事体。（二）上海租界，地皮昂贵，大学须用地基，必须数百亩，欲觅数百亩地面，已为事实上所不可能。即曰能之，而开办之初，即耗去地价数十万，他种设备，不能不趋于易简，结果所至，恐不出谢无量君所言主张。在沪之人，希望同济学校旧址，无论该校旧址不能敷用，而该校尚在法人手中，交还手续，亦非一时所能办到，且非经过北京政府，不能接管该校产业，不识主张者将以何法经营之，此吾人所惑者也。（三）近代教育原理，专门学校皆斟酌社会状态，为适宜之配布，比如都会设文科理科，商业地设商科，工业地设工科，因学校教育不能不受社会地，所谓闭户读书与社会隔离者，非近代教育原则所许也。上海为工商社会，不宜设立文理两科，西南大学断无专设工商科，以迁就社会之理。且先设文科理科，为已定之计划，将校址安置上海，直与教育原理反背。更就广州言，大学设在广州，尚有五大利益：（一）广州社会，有多数市民及讲学之人，不似上海之纯为工商社会，设立文理两科，合于教育原理；（二）校址有公地可拨，不必销耗巨金；（三）两粤民风勇健，输以高尚文化，必能奋发有为；（四）南洋华侨归国就学，以广州为便，设有大学，可通南洋教育；（五）中国三大流域，黄河流域已有北京、南开两校，长江流域亦有复旦、南洋及其他各校，惟珠江流域完全缺乏，为国家教育配置，必在广州设一大学，以启发珠江文化，使与江河流域，平均进步，今恰好有此机会，若移归上海，则上海锦上添花，而将来广州大学之建设，不知何时矣。凡此五种利益，主张在沪者，皆不记忆及之，已属异事，更有一显明之理由，即以西南政府创办之大学，不置诸其自己之领地，而寄诸东南海滨之外人肘下，名称矛盾，系统冲突，尽人皆知，而主张者亦未注意及之，诚令人无从索解也。至李石曾、吴稚晖两君主张设立西南大学外国部于法国里昂，已均得军府承认，岁拨经费二十万，此举尤令人骇怪。法国文化中心为巴黎，里昂不过机织发达之一工业地，何以吾国必设大学于此？况区区二十万，何足以语大学，更何足以语外国大学。吾人留学法国，何必自设大学，吾人欲学中国学问，何必远航赴法。凡此种种，真令人入五里雾中，莫知所措矣云云。

署名：陈独秀

《申报》

1920 年 3 月 8 日

教 育 缺 点

——在江苏省教育会上的演讲

（一九二〇年三月三十日、三月三十一日、四月一日）

今天所讲的，统合说起来，是教育上的缺点，也可说就是教育上的罪恶。并且这种缺点和罪恶，并不是腐败的学校所有的现象，却是在平日声誉很好的学校，都免不了的。真正腐败的学校，倒也赶不上这种缺点咧。我所说的教育上缺点和罪恶，一种是犯主观主义，一种是犯形式主义。这两种主义，是牵连一起。因为是主观的，所以有了形式的，因为有形式的，所以有主观的。这种弊病，在欧美各国亦不得免。在我国不但中等以上的学校，是这样，就是小学教育，也都是这样两种主义。先把主观主义的缺点说出来。教师只知道他自己做本位教授的时候，不管学生能不能领受，一味照他意思灌输进去，这就是主观主义的现象。要知道好的教育，应该学生教先生，这句话说来很奇，怎样学生反而教起先生来呢？就是先生在教授时候，必定要拿学生做本位，细细考察这一班许多学生。因为一个学生，有一个学生的特性，一个学生，有一个学生的天才，用什么教材放进，便有什么反应发生，不是随便可以教授的，做教师的，应该从学生的个性里得到种种经验来。做教育的，依据我国现在教育，所以没有进步，坏在主观主义。这种主义，和以前教授经史百家的旧教育，有什么分别！不过拿经史百家的旧教材，改了史、地、理化等等新教材罢了。我们要知道新旧教育之不同，全在主观教育和客观教育上分别，不是在教材上的关系，是在活用教材方法的关系。我们所以反对旧教育，并不是说西洋来的教育都是好，中国的旧教育都是坏。不过在主观、客观的分别，旧教育的弊病，不问学生是否明了，用他主观的眼光，随便灌输学生。什么伦理科、历史科、地理科，所授教材，全凭讲演，不切实用，就像伦理重在实践，不是说空话便算了事，在理应该把这科取消。历史科，排列了许多不相干的古事，崇拜偶像的说话，教给学生记忆，有什么用处？地理科，在乎简单明了，并不是罗列许多无用的地名，硬要学生牢记，这样教法和以前的旧教育的，教学生念"大学之道在明明德"，有什么分别呢？不说旁的，就是北京很有名的某学校，教职员的思想，也算很新的了，不过他们所授的教科，糊涂的很，陈列的文字，学生大都不懂。这也是中了主观主义的害处。欧美各国无论那种学校，每礼拜至多不过二十多个钟头，分了许多科目，好使学生欢喜那种就学习那种，倒是事半功倍，很有效验。总之，无论什么学校的功课，倘使和学生个性适应的尽管教他，不是这样，尽管定了许多课程，教了许多材料，但是于学生实际上丝毫没有影响。那是何苦呢！吾觉得现在国内学校，往往不肯细细考察个性，随便教育，就是大学也免不了这种弊病咧。

讲到形式主义的流弊和罪恶，不在主观主义之下。很多的学校，只重外面好看，装璜华丽，气象焕然，就是茅厕的门面，都有种种装饰，某地方还有一种牢不可破的样子，校门总是做来很高，建筑必求新式，而于内容反一点不讲。实际上这样，教育到底有什么益处？推原其故，因为教育部平时只在形式上考求。所以上行下效，弄得教育一点没有实际。最可笑的，称了工业学校，没有工场，农业学校没有农场，不但使学生进了这种学校，如入五里雾中，一些没有领会，就是教的人自己也莫明其妙咧。我有一种感想，要使教育发达，先应该废除教育部。你想他们住在京里，社会生活程度、人情风俗习惯，一点不懂，定了什么许多章程法令，硬要人家遵守。不依照他，他就要驳他不合部令，依照了他，事实上又是不能做到，这明明是叫人家进于虚伪的境界。照教育部的意思，定要把全国的学校统一起来。其实中国这样的大，风俗人情各处不同，怎样可以统一呢！譬如做了一件衣服，说是不管那一个人的身体长短大小，都要照这件衣服的尺寸，那岂不是笑话吗？简直说一句话，教育部存在一天，中国的教育，一定办不好一天。还有考试一件事，完全是形式主义的产物。这种弊病，很多很大。因为有了考试，就有什么毕业问题，文凭问题，引起了学生的虚荣心。教师学生平常多都不注意，临到考试时候，在这一二礼拜以内拼死用功，不但临场时夹带枪替，于道德上很有影响，并且废食忘眠，在身体上大有妨害。到了考试完毕，把所有临时强记的完全忘掉了。有人说学生求学底目的，一种是要增加学问，一种是为社会进步、生活改良。像现在学生的求学，专为考试，这不过是为了毕业问题，希望早一天毕业，那文凭可早一天到手。所以种种罪恶，都从考试发生，道德上、身体上、思想上都没有好处。

你看欧美的大学问家，尽有在学校里考试时候，屡次落第，到了后来，偏享盛名。日本教育大家某博士，在学生时代，每逢考试总是不利。后来他在大学校里当了教员，很反对考试。其实考试及格不足为荣，考试落第不足为辱。考试得利的不定是荦荦大才，考试失利的不全是庸劣无能。有人主张考试的，说一朝废去了考试，那学生的学业，不能够看出他进步不进步。这句话实在是差误的。照他说没有了考试，不能知道学业的进步，那末以前私塾先生惯用扑责，警诫学生，现在废掉了扑责，难道学生就不及从前吗？总之，学生的学业，并不因考试提进的。并且做了教师，平日里不能知道自己学生品行学业的好歹，偏要凭着考试方才知道，这样漫不经心的教员，他平日的教育成绩也可想而知了。吾们要望学生道德上学业上进步，不在乎考试。另有好的方法——譬如作文、英文等科，只要平常多方练习，自然能够进步。地理只要注重实地观察，化学注重在实验室里试验，那才可以得着好的效果。何必定要形式考试来贻误青年呢？所以我敢说，现在教育的流弊，不出这两种主义——主观主义、形式主义。这两种主义不破，中国的教育决不会有进步的希望。自从杜威氏来吾国，到处演讲教育，他竭力攻击的就是这以上所说的两种主义。他说不但中国犯这种弊病，就是美国也未尝没有。日本更比中国不如，所以杜威到中国来最精要的讲演，却不在伦理学，也不在社会学，是在教育学。可惜我国人对于他所讲最精要的教育，不十分注意。现在我们教育界应该大家注意这点。因为这是教育上一个很重大的问题。我们所见教育上种种不好现象，归纳起来，不出这两个主义。

署名：陈独秀

《申报》

1920 年 3 月 30 日、31 日、4 月 1 日